绍兴市文化广电旅游文物工作年鉴

（2019—2021）

绍兴市文化广电旅游局　编

方志出版社
Publishing House of Local Records

《绍兴市文化广电旅游文物工作年鉴（2019—2021）》编纂委员会

主　任：何俊杰

副主任：杨坚祥　戚建刚　葛建民　周宏亮　潘永松　谢文权
　　　　赵　海　陈　斌　赵　喆　高　军　何建通　何宝娟
　　　　茹万传

成　员：周志红　徐　锐　王银苗　孙陈超　孙赛英　高雪军
　　　　袁　巍　梁智渊　巨　红　周　波　孙小东　何伟平
　　　　马峰燕　何鸣雷　李海英　沈小龙　刘　翔　金伟锋
　　　　俞　斌　那　艳　许金辉　李龙彬

《绍兴市文化广电旅游文物工作年鉴（2019—2021）》编辑人员

（排名无先后）

蔡　彦　陈芳敏　陈菊芬　陈玲紫　陈　莹　董　雨　傅一群
龚吉丹　郭益昌　李　斌　梁一奇　倪晓雪　沈琛幸　石　飞
宋　冰　童　谣　王　佳　杨菊萍　杨　杨　俞鹏炯　俞潇瑶
余　珍　支佳荧　钟　靓

编辑说明

一、《绍兴市文化广电旅游文物工作年鉴（2019—2021）》是绍兴市文化广电旅游局编纂的行业性年鉴，主要记录绍兴市文化广电旅游（行政）系统情况，以绍兴市文化广电旅游局和局直属单位为主，兼及区、县（市）有重大影响的文化旅游事项与活动。

二、《绍兴市文化广电旅游文物工作年鉴（2019—2021）》以马克思列宁主义、毛泽东思想、邓小平理论、"三个代表"重要思想、科学发展观、习近平新时代中国特色社会主义思想为指导，坚持辩证唯物主义和历史唯物主义的立场、观点和方法，客观、真实地反映2019—2021年绍兴文化和旅游融合的基本情况和工作面貌，为社会各界了解和研究绍兴文化旅游提供基本资料。

三、本年鉴记述时限为2018年12月25日至2021年12月31日。为保持连续性和完整性，个别事物的记述时间适当上溯或下延。

四、本年鉴体例采用栏目体，设工作综述、创新性成果、文化艺术、公共文化、文物考古、博物馆、非物质文化遗产、文化旅游资源、文化旅游产业、广播电视、文化旅游市场管理、文化旅游推广交流，以及各区、县（市）文化旅游局和文旅融合重要新闻报道辑录等专题。专题下设分目、条目，条目为主要记述单元，条目标题加【 】表示。

五、本年鉴所载稿件信息、统计数据由绍兴市文化广电旅游局各处室和局直属单位以及各区、县（市）文化广电旅游局相关人员提供，经审核后确定。

领导关怀

2018 年 12 月 25 日，绍兴市文化广电旅游局（绍兴市文物局）机构改革后正式挂牌

2019 年 10 月 8 日，绍兴市文化市场综合行政执法队执法体制改革后正式挂牌

2021 年 1 月 29 日，绍兴市演艺集团有限责任公司正式挂牌

2020 年 12 月 22 日，浙东考古基地落户绍兴揭牌仪式举行

2020 年 4 月 22 日，时任浙江省委书记车俊（左六）考察绍兴市名人馆

2021 年 12 月 6 日，文化和旅游部党组成员、副部长张旭（左三）到绍兴市调研文化和旅游工作

2021 年 9 月 25 日，文化和旅游部党组成员、副部长杜江（左四）到绍兴市调研文化和旅游工作

2019 年 9 月 24 日，文化和旅游部党组成员饶权（时任国家图书馆馆长）（左三）调研绍兴图书馆建设工作

2022 年 7 月 21 日，文化和旅游部党组成员、副部长卢映川调研绍兴市文化和旅游工作，图为参加第五届中国越剧艺术节开幕式

2019 年 5 月 11 日，国家文物局副局长宋新潮（左二）一行调研绍兴宋六陵遗址考古工作

2021 年 7 月 19 日，时任绍兴市委书记马卫光（右二）专题调研绍兴市文旅数字化工作

2020 年 10 月 1 日，时任绍兴市市长盛阅春（右一）调研绍兴市智慧文旅中心

2022 年 2 月 22 日，绍兴市委副书记、市长施惠芳（左四）专题调研绍兴文创大走廊建设工作

2021 年 11 月 4 日，绍兴市人大常委会党组书记、主任谭志桂（右四）带队调研“一廊三带”建设情况，图为视察新昌县浙东唐诗之路文化园

2021 年 6 月 28 日，绍兴市政协党组书记、主席魏伟（右三）带队调研“一廊三带”建设情况，图为视察柯桥区诗路驿站（浙东唐诗之路数字化馆）

2022 年 6 月 28 日，浙江省文化和旅游厅党组书记陈广胜（左四）到绍兴市调研指导文物保护工作

2021 年 8 月 5 日，浙江省文化和旅游厅厅长褚子育（左二）调研绍兴市文化和旅游工作，图为参观浙江省文化基因解码展示

2022 年 6 月 7 日，浙江省文化和旅游厅党组副书记（正厅长级）、副厅长芮宏（左四）到绍兴市调研文化和旅游工作

2019 年 7 月 9—10 日，浙江省文化和旅游厅党组成员、副厅长许澎（左三）到绍兴市开展文旅融合调研和“三服务”工作，并指导创建绍兴市“东亚文化之都”

2021 年 7 月 28 日，浙江省文化和旅游厅党组成员、省文物局局长杨建武（右二）一行到绍兴市调研汛期后文物防灾减灾情况和石窟寺保护工作

2020 年 9 月 5 日，浙江省文化和旅游厅党组成员、副厅长刁玉泉（右二）调研建设中的绍兴市演艺中心大楼

2019 年 8 月 28 日，浙江省文化和旅游厅党组成员、副厅长叶菁（右三）调研绍兴非遗客厅

2021 年 9 月 28 日，浙江省文化和旅游厅党组成员、副厅长朱海闵（左二）到绍兴参加国家文化和旅游消费试点城市创建暨绍兴文化旅游消费季启动仪式，图为参观文旅市集

2019 年 8 月 28 日，绍兴市委常委、市纪委书记、市监委主任陈灿（左一）出席“清白泉”清廉图书馆开馆仪式

2020 年 5 月 22 日，绍兴市委常委、宣传部部长丁如兴（左二）一行调研城市书房、农家书屋建设

2021 年 1 月 13 日，绍兴市委常委、组织部部长王琴英（右三）专题调研绍兴艺术学校

2021 年 7 月 26 日上午，绍兴市副市长胡敏（右二）到吕府、大善寺塔、八字桥等全国重点文物保护单位开展防汛防台检查工作

绍兴市文旅融合发展
三大标志性成果

01 成为“东亚文化之都”

1 2021 年 3 月 31 日，“东亚文化之都 · 中国绍兴活动年”正式启动

2 2021 年 3 月 31 日，中国“东亚文化之都”城市工作机制成立

3 2021 年 12 月 7 日，绍兴、西安、济南三市文旅局受到文化和旅游部表彰

2020 年 12 月 20 日，绍兴市与敦煌市、日本北九州市、韩国顺天市共同当选 2021“东亚文化之都”，掀开绍兴城市国际化新篇章。2021 年，举办“东亚文化之都 · 中国绍兴活动年”十大系列百余项主题活动；推动成立“东亚文化之都”城市工作机制，发布共建“东亚文化之都”绍兴倡议，“东亚文化之都”城市间交流从此进入常态化；绍兴市文化广电旅游局两次受到文化和旅游部发文表彰。

02 成为“国家文化和旅游消费试点城市”

2021 年 10 月 27 日，绍兴市入选文化和旅游部“第二批国家文化和旅游消费试点城市”，文旅消费成为推动绍兴稳进提质、拉动内需的重要引擎。先后创新举办“越潮·越好”梦幻文旅消费夜、万人金秋游绍兴、绍兴人游绍兴等数百项文旅消费活动，绍兴市文旅经济指标恢复率和增长率高于浙江省平均水平。

1 夜鲁镇·周末市集，融合了传统文化与现代时尚，集观光、购物、文化展示、休闲娱乐、居住体验等功能于一体（摄于 2020 年 7 月）

2 2021 年 9 月 28 日，“越潮·越好”梦幻文旅消费夜活动举行

3 2021 年 9 月 28 日，国家文化和旅游消费试点城市创建暨绍兴文化旅游消费季系列活动启动仪式举行

03 成为“中国研学旅行十大热门城市”

1

2

3

2021 年 11 月 8 日，绍兴市入选文化和旅游部（中国旅游研究院）发布的“中国研学旅行十大热门城市”。绍兴率先在全国制定首个研学旅行建设地方标准，联合中国旅游研究院发布《2021 中国研学旅行发展报告》《中国研学旅行发展的绍兴实践》，开展“走读浙江 · 研学绍兴”系列活动，拓展研学游从学生年龄段到全年龄段、全生命周期的研学旅行，推动绍兴市成为全国研学旅行思想策源地和实践样板地。“打造中国研学旅行目的地城市”被纳入省委、省政府文件。

1 兰亭研学游活动——曲水流觞（摄于 2021 年 11 月）

2 2021 年自 11 月 1 日，央视《跟着书本去旅行》栏目“鲁迅的绍兴岁月”系列节目开播

3 2021 年 11 月 9 日，“走读浙江 · 研学绍兴”——中国研学旅行报告发布研讨活动现场

绍兴市文旅融合发展
十大影响力印记

01 “红动绍兴” 赓续红色根脉

2021 年 3 月 17 日，“红动绍兴”绍兴市红色研学旅行活动启动仪式举行

以“红动绍兴”为主要品牌，扎实开展“不忘初心、牢记使命”主题教育、党史学习教育。原创越剧《核桃树之恋》成为建党百年全国唯一晋京展演的越剧作品；开展“红动绍兴、全城有戏”逾千场展览展演活动；成立红色文旅宣讲团；创排“音乐党史课”，打造“博物馆里的思政课”；编辑出版《稽山红遍》绍兴革命文物书籍；在俞秀松纪念馆、梁柏台故居建立“红色根脉·红动绍兴”服务基层联系点，推进“三为”专题实践走深走实。

02 抗击新冠疫情 “组合拳”成效显著

2020 年 1 月 29 日，省文旅厅副厅长刁玉泉（右二）一行到绍兴调研文旅行业疫情防控及企业发展情况

2020 年以来，先后制定推进文旅企业“两战赢”工作“十大机制”、支持旅游企业共渡难关“十条措施”、复兴行业“十条政策”、金融服务文旅企业“十大措施”等抗疫防疫和行业振兴政策；第一时间以 3500 万元“真金白银”支持绍兴市涉旅企业。与金融部门合作，向绍兴文旅企业授信 300 亿元。落实专项奖励资金 2500 余万元，惠及旅游企业 316 家，先后发放文旅消费券 2 亿元。组建 5 批次近百人党员突击队参与疫情防控工作。“抗疫”主题文艺创作、线上文化服务精彩纷呈。

03 创新提出绍兴 π 形文态格局

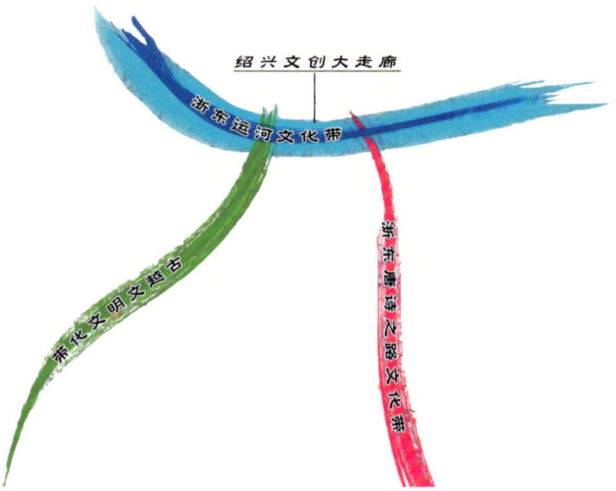

绍兴 π 形文态格局

编制发布《绍兴市文化和旅游“十四五”规划》；创新提出绍兴“一山两核三带”的 π 形文态格局，“一山”即会稽山，“两核”即古越和兰亭，“三带”即浙东运河文化带、浙东唐诗之路文化带、古越文明文化带。在浙江省率先启动文旅资源普查，发布《浙江禹迹图》《浙江尧舜禹迹图》《中国禹迹图》，落地绍兴禹迹文化标识，翻译日本、韩国禹迹图，彰显绍兴在中华文明起源中的地位。全域成为浙江省首个旅游创建示范城市。推进建设绍兴博物馆新馆、绍兴美术馆、绍兴艺校改扩建工程等一大批文化基础设施。

04 在浙江省率先创新实施“激活名人故居计划”

全面建立文物保护长效机制，各区、县（市）均挂牌成立文物局；在浙江省率先创新实施《绍兴市名人故居激活三年行动计划（2021—2023年）》，对绍兴市107处名人故居落实保护利用措施。这一举措获省文物局肯定，省政府副省长成岳冲批示并在全省推广，引起全国主流媒体关注。

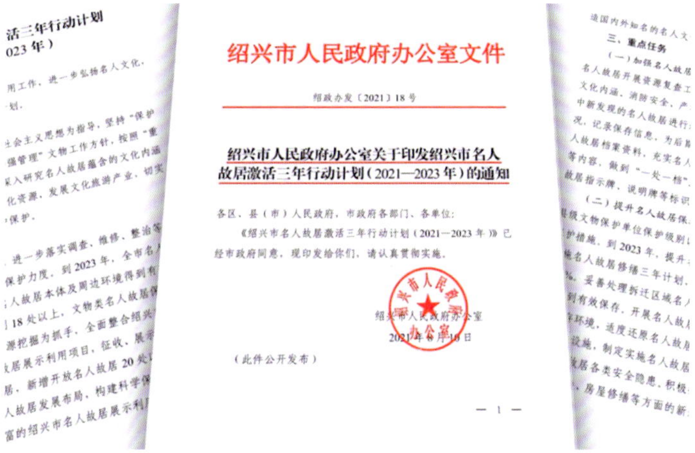
绍兴市人民政府办公室文件

绍政办发〔2021〕18号

绍兴市人民政府办公室关于印发绍兴市名人故居激活三年行动计划（2021—2023年）的通知

各区、县（市）人民政府，市政府各部门、各单位：

《绍兴市名人故居激活三年行动计划（2021—2023年）》已经市政府同意，现印发给你们，请认真贯彻实施。

绍兴市人民政府办公室

（此件公开发布）

— 1 —

《绍兴市人民政府办公室关于印发绍兴市名人故居激活三年行动计划（2021—2023年）的通知》发布

05 文化遗产保护持续发力

2020年12月，宋六陵二号陵园遗址发掘现场

“浙东考古基地”在绍兴挂牌；2021年，宋六陵遗址被列入国家大遗址保护利用“十四五”专项规划。《宋六陵保护规划》《宋六陵考古遗址公园规划》经省政府、市政府批准公布。宋六陵考古遗址公园建设先后被列入省级考古遗址公园和浙江省宋韵文化传世工程标志性成果。宋六陵成功申报国家考古遗址公园。设立宋六陵考古遗址公园保护中心、扩建绍兴市考古研究所。宋六陵遗址、王阳明故居遗址、大湖头遗址、下方山及周边墓群等相关考古成果分别入选2018年度、2020年度、2022年度浙江重要考古十大发现和“新时代浙江考古十大发现”。非遗保护发展指数连续五年位居浙江省前三名。

06 第五届中国越剧艺术节越韵流芳

2022年8月20日，第五届中国越剧艺术节闭幕会上，《中国越剧传承创新发展绍兴倡议》发布

第五届中国越剧艺术节发布《中国越剧传承创新发展绍兴倡议》。45台优秀越剧剧目展演好戏连台，邀请全国10余位越剧梅花奖和文华奖得主联袂演出。柯桥区（越剧）、新昌县（新昌调腔）入选第二批浙江省戏曲之乡。“绍兴有戏”艺术创新持续擦亮文化金名片，成为绍兴市文化艺术亮丽风景线。嵊州越剧文化传承生态保护区入选省级保护区，并作为浙江省唯一创建国家级项目上报文旅部。

07 第二届中日旅游论坛

举办第二届中日旅游论坛，发布《绍兴宣言》，强调采取积极有效措施促进中日旅游交流的恢复和发展，建立并强化旅游高层交流定期对话机制；设立绍兴文化旅游日韩、东南亚推广中心，国际新媒体矩阵搭建海外名人传播体系，依托众多海外名人、知名账号的关注、点赞和转发二次宣推绍兴文旅国际形象，获“海外社交媒体平台优秀奖”。评选并发布“绍兴市十大文旅国际化事件”，引发关注。

2021 年 12 月 7 日，第二届中日旅游论坛举行

08 大师对话、中日韩共话“故乡精神”

举办 2021 大师对话——故乡对话会，邀请中日韩共话“故乡精神”；自首次举办大师对话“鲁迅对话雨果”以来，每年举办系列活动，推动“大师对话”国际人文交流品牌构建。2021 年举办中日韩三国学生同上一堂课——《故乡》，用“鲁迅符号”链接世界，铺展“精神丝路”，推动绍兴文化“出海”，构筑人类共同的精神家园。

2021 年 10 月 19 日，“大师对话”鲁迅与萧伯纳活动，以线下线上形式同时在绍兴、上海、都柏林举行

09 首届“北京·绍兴周”全面展现绍兴城市文化品质

承办市委、市政府“北京·绍兴周”活动，以最有文化味的推广吸引近万名北京和绍兴市民关注，进一步拉近了江南水乡与“首善之区”的距离。创新文旅推广模式，依托绍兴异地商会、香港绍兴同乡会、澳门绍兴联谊会等乡贤平台，分别在北京、上海、广州、深圳、南京、宁波、香港和澳门8个城市（特区）设立“绍兴文化旅游推广中心”，以此作为绍兴文化旅游的一扇窗，使绍兴文旅推广获得了“根的力量”。

2019年11月5日，“北京·绍兴周”活动期间绍兴市党政代表团拜谒蔡元培铜像

10 拓展渠道讲好绍兴故事

2019年以来，《人民日报》《新华每日电讯》等国家级主流媒体主动关注绍兴文旅报道达320余篇次，其中59篇报道阅读量超100万人次，《中华文脉宋六陵》《鲁迅笔〈社戏〉的发生地成了公共文化服务基层联系点》两篇文章阅读量达500多万人次，获浙江省各市、区文化和旅游局新闻宣传工作第一名，“跟着唐诗游绍兴”活动宣传案例入选“浙江省文化和旅游系统十大宣传案例”，市文广旅游局荣获“浙江省文化和旅游系统新闻宣传工作先进集体”称号。构建“两微一端一抖”文旅新媒体国内宣传推广矩阵，17次入选全国市级文旅新媒体传播力指数TOP10榜单。组织开展穿“越”宋“潮”绍兴宋韵文化沉浸式体验活动，全网曝光量超1亿人次。

影定格 9版
2021年12月31日 星期五
了便成了路
百年

10 新华每日电讯 2021年终特别报道
百年风华的侧影定格
2021年12月31日 星期五
百年《故乡》和鲁迅故乡百年
"闰土的后人"：爷爷做梦都不敢想的日子
从"柄二嘴"到"老屋热线"
千年古城：打造"没有围墙的博物馆"
"鲁迅外婆家"：家家户户好才是真的好
名士之乡：永别了，孔乙己！
14亿人走在大路上

04 专题
中国文化报
走进绍兴 读懂中国 看见世界
——浙江绍兴"文旅融合"三周年实践与探索
以文塑旅 打好文化牌
以旅彰文 打好融合牌
以人兴城 打好名人牌
以城聚魂 打好产业牌

千年古城，向世界文化遗产目标迈进
——写在绍兴获批全国首批历史文化名城40周年之际
制定规划 出台法规 千年古城描绘新蓝图
彰显特色 有机更新 古城申遗呼之欲出
拔解功能 活态保护 城市"旧"了也"新"了

人民日报 世界遗产 09
跨越千年的禹迹图
一、绍兴成为禹迹研究的重镇
二、《中国禹迹图》体现时代特色
三、集合多学科专家参与
四、需要更多领域进行跨界融合
延伸阅读
链接
多元的禹迹

2019年以来，《人民日报》《新华每日电讯》等国家级主流媒体主动关注绍兴文旅报道320余篇

目 录

文物考古

博物馆

2019 年

2020 年

2021 年

非物质文化遗产

2019 年

2020 年

2021 年

文化旅游资源

2019 年

各区、县（市）文化旅游局

越城区文化广电旅游局

柯桥区文化广电旅游局

文旅融合重要新闻报道辑录

2019 — 2021

工作综述

2019—2021年绍兴市文化广电旅游局工作综述

2018年12月25日，绍兴市文化广电旅游局（挂文物局牌子）正式成立。2019—2021年，绍兴市文化广电旅游局坚持以习近平新时代中国特色社会主义思想为指导，全面贯彻落实中央，省委、省政府和市委、市政府各项决策部署，围绕“融合、转化、服务、创新”四大工作理念，锚定“重塑城市文化体系、打造最佳旅游目的地、争创文旅融合样板地”三大目标，取得了三项标志性成果：成为“2021东亚文化之都”“国家文化和旅游消费试点城市”“全国研学旅游目的地城市”。2019—2021年，绍兴市文旅系统共获省级以上荣誉600余项，其中国家级100余项。

一、担当作为，党建工作有声有色。坚持党建引领，提高政治站位和担当作为。根据2018年市委第三巡察组专项巡察整改方案，落实具体措施，完成问题整改61个，完善和出台有关制度14项。开展第二批“不忘初心、牢记使命”主题教育，安排中心组学习、集中研讨、专题读书会、专题党课等方式集中学习90余次，组织调研，梳理相关问题31个。以中国共产党成立百年为契机，结合文旅优势和特点，在浙江省较早启动“红动绍兴”活动，推出67项特色主题，其中“红动绍兴 · 全城有戏”庆祝中国共产党成立100周年优秀艺术作品展览展演，呈现包含10台大戏1000余场次的展览展演，成为近年来覆盖范围最广、剧目品质最高的艺术盛会；《核桃树之恋》入选庆祝中国共产党成立100周年优秀舞台艺术作品展演名单，系全国唯一晋京展演的越剧作品；3个节目获“迎建党百年 享美好生活”浙江省第十一届群众曲艺大赛金奖；2部舞台艺术作品、11部优秀剧目入选浙江省庆祝中国共产党成立100周年优秀舞台艺术作品展演，数量位居浙江省前列。做实党史教育，发挥文旅优势，创新组建一支“红色文旅宣讲团”、打造一堂“音乐党史课”、举办一场专题音乐会、推出一堂“博物馆里的思政课”、开展三场“三为”专题实践活动，让文旅特色党史教育走进党校、党政机关、乡镇、景区、社区及校园，受众近万人次，党史学习教育信息录用列市级部门第一。

二、争先进位，成功创建“东亚文化之都”。2020年9月，绍兴与7座国内外城市竞争，以92.21分的第一名成绩当选2021年“东亚文化之都”，为绍兴赢得首张重要国际名片。2021“东亚文化之都 · 中国绍兴活动年”在绍兴举行，文化和旅游部在绍兴成立中国“东亚文化之都”工作机制，成功发布中国“东亚文化之都”建设“绍兴倡议”，实现文都城市之间的常态化交流合作。围绕绍兴市五张“金名片”，落实4000万元专项资金，举办100余项专项活动，先后成功举办公祭大禹陵典礼、兰亭书法节、纪念徐渭500周年诞辰、中日韩工商大会、元培峰会、纪念《故乡》发表100周年系列活动等10余项规格高、影响大的主体活动，承办第二届中日旅游论坛。东亚文都全年工作和第二届中日旅游论坛承办工作2次获文化和旅游部发文表彰肯定。

三、稳进提质，入选“国家文旅消费试点城市”。2021年，绍兴获评“国家文化和旅游消费试点城市”。文旅融合三年以来，绍兴市文旅系统努力克服疫情影响，促消费、优环境、强业态，绍兴市旅游业接待指标恢复率居浙江省前列，绍兴市接待游客人数、旅游总收入每年分别保持5%、15%以上的增长率。一是行业振兴政策抓实抓细。2020年，先后制定推进文旅企业“两战赢”工作“十大机制”、支持旅游企业共渡难关《十条措施》、复兴行业《十条政策》、金融服务文旅企业《十大措施》等推动绍兴市文化旅游抗疫防疫和行业振兴；第一时间以3500万元“真金白银”支持绍兴市涉旅企业；与交通银行战略合作，向绍兴文旅企业授信300亿元；对接担保公司成立1亿元的文旅专项担保额度；落实专项奖励资金2585.3万元，惠及旅游企业316家；落实绍兴市52处AAA级以上旅游景区全年对全国医务工作者免费开放工作。二是文旅消费潜力有效激发。发布“绍兴市十大夜间文旅消费集聚区”，制定印发了《绍兴市夜间文旅消费集聚区培育认定办法》。全面落实“周游绍兴·互游共通”专项活动，投入4000万元推出绍兴旅游线上优惠立减活动和绍兴住宿消费激活行动，帮扶涉旅企业复苏。组织开展“美丽家乡·绍兴有约”市、县、乡三级和抖音主播网络直播互动宣传推广活动，抖音平台总体曝光2236.8万人次；开展线上OTA（在线旅游服务商）宣传营销活动，实现总曝光量超1亿次。打造“越潮·越好”梦幻文旅消费夜，开展“全国招募百名城市体验官”和“‘越惠券’文旅消费补贴发放”等主题活动；举办“‘越’动金秋 文旅先行——万人金秋游绍兴”等六大主题、100项文旅消费系列活动。绍兴入选2021研学旅行十大热门城市。柯岩风景区“夜鲁镇”景区入选第一批省级夜间文化和旅游消费集聚区。

四、勇攀高峰，文艺精品创作持续推进。全力推进文艺精品创作，推动绍兴市文艺事业繁荣发展。一是艺术精品创作有收获。越剧《核桃树之恋》入选庆祝中国共产党成立100周年优秀舞台艺术作品展名单，成为全国唯一晋京展演的越剧作品；复排经典绍剧《孙悟空三打白骨精》入选全国百部优秀剧作典藏；莲花落《核桃树下》等3个节目获浙江省第十一届群众曲艺大赛金奖。绍兴市获省级传统戏剧特色市，越城区获传统戏剧特色县（区），柯桥区、新昌县入选浙江省戏曲之乡。二是重大艺术活动有亮点。绍剧《佘太君》首次亮相2020新年戏曲晚会，习近平总书记和中央政治局常委现场观看并给予好评；越剧首次亮相2020年中央电视台春节晚会。新编绍剧现代戏《喀喇昆仑》在新疆阿拉尔市首演，《东亚文都·绍兴有戏“东亚文化之都城市戏曲经典荟萃”》等活动亮点纷呈。三是培优艺术梯队有成效。绍兴市获中国戏剧梅花奖9人10朵、中国戏剧文华奖3人。2人被列入浙江省舞台艺术“1111”人才培育计划；1人荣获第四届中国舞台美术展新锐设计师奖；2人入选“戏文里的青春”首届浙江省传统戏剧青年演员孵化计划邀请展及专场演出。

五、惠及民生，公共服务提质增效。一是公共文化设施更加健全。“市、县、乡镇、村（社区）”四级公共文化设施网络实现全覆盖。绍兴市103家乡镇（街道）文化分馆普及率、综合文化站面积达标率均达 100%。建成一级以上文化站 73 个，其中特级 25 个，一级站覆盖率达 70%。绍兴市每万人拥有公共文化设施面积达 1800 平方米，建成农村文化礼堂 1721 家，建有城市书房 85 家、博物馆 61 家（含国有、非国有）、乡村博物馆、展示馆 200 余家。乡镇图书分馆 66 家，覆盖率 65%，绍兴市 40% 以上村级基层综合文化中心、农村文化礼堂纳入图书馆业务管理，公共阅读的市、县、乡镇、村四级网络基本形成。二是文化服务品质逐步提高。启动实施了“文化基因解码工程”，大禹祭典等26个项目获评浙江省优秀解码项目，阳明文化、鲁迅文化等 8 个项目被列为首批 100 项浙江文化标识培育项目。2019—2021 年，绍兴市实现演出下乡 4273 场，图书下乡 45.54 万册，讲座、展览下乡 1331 场，文化走亲 182 场。“文艺播撒乡镇行、全民艺术普及月、全民阅读节”等群众文化品牌活动，做到年年有系列、季季有主题、月月有安排、周周有活动。致力建设“文旅融合 · 绍兴有戏”公共文化服务品牌，重点打造“街艺角、我的艺时光、文艺专家门诊”等子品牌，推进全民艺术普及，全年服务群众超 100 万人次。绍兴市 7 家公共图书馆全部被列入浙江省“满意图书馆”。三是公共服务机制日益完善。绍兴市 7 家公共图书馆、7 家文化馆和柯桥区博物馆已实现机构法人治理。绍兴市 103 个乡镇（街道）“三团三社”（合唱团、民乐团、艺术团、文学社、摄影社、书画社）建设全覆盖。文旅志愿服务走在浙江省前列，组建绍兴市文旅志愿者支队，下辖 12 个大队，共有队伍 668 支，总人数达 2.4 万人，为群众提供乡土文化、非遗展示等形式多样的志愿服务。

六、强化保护，文物工作有力有效。一是文物考古成果丰硕。2019—2021 年，绍兴市在古越文化、宋韵文化、阳明文化、瓷源文化等文物考古方面取得重要突破，先后发现并考古发掘了平水兰若寺南宋大墓、兰亭棋盘山古墓群、平水小畚墓地、亭山遗址、南山遗址兰亭野生动物园一期墓地、大湖头遗址等多处文物遗存，出土了大批文物。平水兰若寺南宋大墓、宋六陵 1 号陵园、2 号陵园、王阳明故居遗址、兰亭野生动物园一期墓地等考古发掘项目等先后获得浙江省十大重要考古发现。二是文物资源有力激活。加强文物资源调查、激活工作，致力于名人故居、革命文物利用途径的有益探索，名人故居激活三年行动计划获省领导批示肯定，要求全省学习推广。编制《稽山红遍——绍兴不可移动革命文物保护利用图集》，全面引导革命文物的保护利用。三是文物安全有效加强。签订文物安全责任书，层层落实文物安全责任，出台《绍兴市文物安全三年行动计划》，落实文物安全检查评估制度、文物安全责任人公告公示制度，全面守牢文物安全底线。加大文物保护修缮和消防、安防管理力度，开展文物安全大排查大整治大提升工作，建设不可移动文物管理平台、消防安全标准化管理平台，“不可移动文物智慧监管”应用获浙江省文化和旅游数字化改革最佳应用和数字文化系统第一批优秀应用。

七、高位谋划，博物馆之城建设扎实推进。一是高标准完善博物馆体系。绍兴名人馆、绍兴清廉馆、王阳明纪念馆、绍兴气象馆、徐渭艺术馆等一批博物馆陆续建成开放，成为绍兴重大文旅地标，形成了以市级博物馆为核心、县级综合性博物馆为重点、专题博物馆为特色、非国有博物馆为补充的博物馆体系，为绍兴打造“博物馆之城”奠定了良好基础。绍兴市有登记备案博物馆51家、民营博物馆38家，已成为全国民办博物馆最多的地区之一。二是高规格举办精品展览。各类博物馆年举办展览活动700余场次，观众超300万人次，其中绍兴博物馆联合国内众多博物馆，连续策划举办“圣贤之道——阳明的故事”特展、“畸人青藤——徐渭书画作品展”等重要展览。“徐渭书画作品展”累计参观量超11万人次，获第十六届（2021年度）全省博物馆陈列展览精品奖。持续开展“兰亭的故事”“阳明的故事”全国巡展，累计参观量超60万人次。绍兴博物馆、兰亭书法博物馆、新昌博物馆等先后获得浙江省十大陈列展览精品奖、浙江省免费开放最佳展示推广奖。

八、稳扎稳打，非遗传承保护走在前列。2019—2021年，绍兴非遗保护发展指数评估指标连续三年稳居浙江省前三名。一是体制机制日趋完善。制定《非遗研学游基地认定要求》《非遗形象门店管理规范》两个地方标准，完成《绍兴市非物质文化遗产保护条例》立法调研。传统医药类项目“绍派伤寒”、民俗类项目“绍兴舜王庙会”入选国家级非物质文化遗产名录，国家级非遗名录增至26项；省级名录增至86项、市级名录增至261项；国家级非遗代表性传承人增至21人、省级代表性传承人增至134人、市级代表性传承人增至365人。认定19家非遗景区、培育16家非遗研学游实践基地、推出18条非遗研学经典游线，非遗传承体系进一步完善。2020年，创新打造“绍兴非遗客厅”，首个落地迎恩门风情水街，参观游客超15万人次。二是非遗活动亮点纷呈。2019—2021年，组织15场“绍兴有戏——非遗兴乡大巡游活动”，汇集非遗展示项目100余个，通过非遗巡游表演、项目体验、产品推介等形式，丰富乡村文化生活，带动乡村人气，活动线上直播点击超150万次。举办“文化和自然遗产日”“闹元宵”“祝福·绍兴古城过大年”等活动，其中2020年“文化和自然遗产日”活动中，在腾讯大浙网上创新推出“购·云端非遗集市”“享·成果集锦show”等4个系列活动，全国观众通过云端购买非遗产品、学非遗技艺、赏文博故事，485.9万人次在线观看，专题页点击量183.96万人次。

九、转化利用，文旅资源不断激活。一是全域旅游发展成效显著。新昌县创成全国全域旅游示范县；柯桥区、新昌县创成浙江省首批AAAAA级景区城（浙江省仅3个）；诸暨市创成省AAAA级景区城；6个区（县、市）全部创成浙江省全域旅游示范县（市、区），创建成功率达100%，绍兴在浙江省率先实现省级全域旅游示范县（市、区）全覆盖。绍兴市成功创建9个省级风情小镇，19个AAAA级景区镇（街道），44个AAA级景区镇（街道），165个AAA级景区村。二是唐诗之路建设亮点突出。印发《绍兴“三大文化带”三年行动计划（2020年—2022年）》，高规格成立诗路文化带建设领导小组，以“浙东唐诗之路”为重点，全面推进“三大文化带”建设，明确“一图、五路、十二景”建设的重点工作任务，完成课题29个，通过顶层设计、文化挖掘、节点建设、项目打造、谋划游线、游线推广等推动建设，让“浙东唐诗之路”可见可感。三是项目推进浙江省领先。2019—2021年，绍兴市入库全国文旅项目管理系统文化和旅游重点项目309个，总投资1981.40亿元，其中2021年计划投资240.38亿元，实际完成投资282.46亿元，完成率为118.49%，完成工作任务目标200亿元的141.23%。2021年度“微改造、精提升”考核中，新昌县、柯桥区、诸暨市分列浙江省第1位、第2位、第20位，入围省厅实施的1000公顷规划建设用地指标量化奖励候选单位。

十、扩大影响，创新开展宣传推广。一是文旅营销推广全面推进。组织参加四个“绍兴周”活动、第十五届海峡旅游博览会、2019亚洲文化旅游展、首届大运河文化旅游博览会、中东欧美食与浙江“百县千碗”人文交流活动、“诗画浙江 美好共享”北京天津文旅推介活动、2019宁波国际旅游展、中国—东盟国际旅展、中国（上海）国际旅游交易会、杭州都市圈长三角旅游合作采购大会、浙江省（北京）旅游交易会，参加浙江省“百县千碗”、首届“上海旅游产业博览会”、2021杭州都市圈春季大联展、浙东南联合体（江西）营销、第三届大运河（苏州）文化旅游博览会、第17届海峡旅游博览会、2021中国—东盟博览会旅游展、第16届中国义乌文化和旅游产品交易博览会等推广活动，荣获“首届上海旅游产业博览会优秀参展单位奖”及第16届中国义乌文旅博览会“展会组织一等奖”和“优秀展台奖”双第一的荣誉称号。组织开展东南亚（印度尼西亚、斯里兰卡）、大洋洲（澳大利亚、新西兰）文化旅游宣传促销活动，开拓境外市场，促进文旅交流。二是新媒体宣传全国领先。创新打造“海外推广＋国内新媒体宣传＋地推”全矩阵宣推平台，全力提升绍兴旅游影响力和知名度。绍兴市文旅新媒体矩阵（微信、微博、抖音、头条号）12次入选全国市级文化和旅游新媒体传播力指数TOP10榜单，综合传播力指数连续2个月获浙江省融媒体榜单第1位，晋升至全国市级文化和旅游新媒体传播力指数第4位，绍兴文旅海媒平台（中文名“走读绍兴 读懂中国”）获2021年度政府海外社交媒体平台优秀奖。

十一、守牢底线，文旅市场平稳有序。一是市场监管有力有效。以加强全国两会期间市场监管，护航中华人民共和国成立70周年、中国共产党成立100周年文旅市场攻坚为重点，扎实开展“扫黄打非”“扫黑除恶”“护苗”“绿叶”等专项行动，深入推进疫情防控督查、文物安全巡查、防汛防台隐患排查、文旅市场遏制重大安全事故攻坚等安全生产集中整治工作。结合“文化市场法制宣传日”“世界知识产权日”“中国旅游日”等活动，开展文旅市场法律法规宣传。绍兴市日常巡查出动53893人次，检查经营单位43016家次，查处违规单位219家次；举报（督查）、投诉受理613件；行政处罚立案调查402件，办结案件383件，警告159家次，罚款4044407.56元，没收非法所得37560.30元，没收违法物品40103件，办理重大案件8件。1家单位入选2020年度查处重大侵权盗版案件有功单位。二是广电管理不断强化。以迎接中国共产党成立100周年、庆祝中华人民共和国成立70周年为主线，深入开展境外电视设施设备整治、非法卫星地面接收设施专项整治、非法广告治理、黑广播整治，广电监测中心全年共监测天数1096天，实时监测总量220套/天，实时监测时长总计5786880小时，巡检监测总量859套/天，巡检监测时长总计1052160小时。全年无重大舆情、无重大事故。积极推动广电管理高质量发展，组织参加省广播电视节目奖评选，2019—2021年共获省级奖项145个，其中一等奖15个；2021年，参加浙江省首届广播电视职业技能竞赛，共获省级奖项12个，其中一等奖3个，总成绩浙江省领先。

2019—2022 年绍兴市文化广电旅游局领导分工变动情况表

表 1

序号	姓名	职务	分工安排
1	何俊杰	市委宣传部副部长，局党委书记、局长（2018.12— ）	主持市文化广电旅游局全面工作
2	姜链平	局党委副书记、副局长（2018.12—2020.11）	2019—2020 年协助党委书记、局长负责党务、机构编制、干部人事、体制改革、考评考核、党风廉政建设及文化旅游推广交流等工作。分管局政治处（机关党委）、推广交流处及工、青、妇等群团组织。联系绍兴市旅游形象推广中心（市旅游咨询服务中心）
3	陈文华	局党委委员、副局长（2018.12—2022.2）	2019—2020 年协助局长负责广播电视、行政审批、文化旅游行业管理等工作。分管局广播电视处、市场管理处（行政审批服务处）。联系绍兴市广播电视监测中心。2021 年协助局长负责广播电视、文化旅游产业发展、推广交流等工作。分管广播电视处、推广交流处。联系绍兴新华书店。2021 年 5 月后协助局长负责文化旅游产业发展、推广交流等工作。分管局职能调整后的推广交流处。联系绍兴市新华书店。2022 年协助局长负责文化旅游产业发展、推广交流等工作。分管局职能调整后的推广交流处。联系绍兴市新华书店
4	杨坚祥	局党委副书记、副局长（2018.12—2022.6 任副书记）	2019—2020 年协助局长负责公共文化旅游服务、图书馆事业、专业文化、文化教学、科研等工作。分管艺术处、公共服务处。联系绍兴艺术学校、浙江绍剧艺术研究院、绍兴图书馆、绍兴市文化馆。2020 年 11 月后协助党委书记、局长负责党务纪检、机构编制、干部人事人才、体制改革、考评考核及工青妇群团等工作。分管局政治处（机关党委）及工青妇群团组织。2021 年协助党委书记、局长负责党务纪检、机构编制、干部人事、体制改革、考评考核、专业文化、文化教学科研及工青妇群团等工作。分管局政治处（机关党委）、艺术处及工青妇群团组织。负责绍兴美术馆筹建工作。联系绍兴艺术学校、绍兴市艺术研究院。2022 年 4 月后协助党委书记、局长负责党务纪检、机构编制、干部人事、体制改革、考评考核、专业文化、文化教学科研及工青妇群团等工作。分管局政治处（机关党委）、艺术处及工青妇群团组织。负责绍兴美术馆筹建工作。联系绍兴市演艺集团有限责任公司、绍兴艺术学校、绍兴市艺术研究院
5	杨颂周	局党委委员、副局长（2018.12—2022.4）	2019—2020 年协助局长负责计划财务、基本建设、资源转化与产业发展等工作。分管计划财务处、资源转化与产业发展处。联系兴市艺术研究院、绍兴市旅游经济研究院、绍兴市新华书店。2020 年 11 月后协助局长负责文化旅游推广交流等工作。分管推广交流处。2021 年协助局长负责计划财务、基本建设、资源开发等工作。分管局计划财务处、资源转化与产业发展处。联系绍兴市演艺集团有限责任公司。2021 年 5 月后协助局长负责计划财务、基本建设、资源开发等工作。分管局计划财务处、职能调整后的资源转化与产业发展处。联系绍兴市演艺集团有限责任公司、绍兴市旅游学院。2022 年协助局长负责计划财务、基本建设、资源开发等工作。分管局计划财务处、职能调整后的资源转化与产业发展处。负责局项目投资（标准化）、绍兴艺校提升扩建工程专班工作。联系绍兴市演艺集团有限责任公司、绍兴新华书店

续表 1

序号	姓名	职务	分工安排
6	戚建刚	局党委委员、副局长（2018.12— ）	2019—2021 年协助局长负责不可移动文物保护、地下文物保护、文物安全、博物馆管理等工作。分管文物处、博物馆处。联系绍兴市文物考古研究所、绍兴博物馆。2022 年协助局长负责广播电视工作。分管局广播电视处。联系中广（绍兴）有线信息网络有限公司、绍兴市广电监测中心、绍兴市广电协会
7	葛建民	局党委委员、副局长（2018.12— ）	2019—2020 年协助局长负责行政事务、信访、非物质文化遗产保护等工作。分管局办公室（文化中心管理处）、非物质文化遗产保护处。联系绍兴市非物质文化遗产保护中心。2021 年协助局长负责公共文化旅游服务、图书馆事业、非物质文化遗产保护等工作。分管局公共服务处、非物质文化遗产保护处。联系绍兴图书馆、绍兴市文化馆（绍兴市非物质文化遗产保护中心）。2022 年协助局长负责公共文化旅游服务、图书馆事业、非物质文化遗产保护等工作。分管局公共服务处、非物质文化遗产保护处。负责局优秀传统文化传承创新（文化基因解码、四张清单）专班工作。联系绍兴图书馆、绍兴市文化馆（绍兴市非物质文化遗产保护中心）
8	周宏亮	局党委委员、副局长（2018.12— ）	2019—2020 年协助队长负责市文化市场综合行政执法队工作。2021 年 5 月后协助队长负责市文化市场综合行政执法队工作。协助局长负责行政审批、文化旅游行业管理及安全生产监督管理、法制宣传、依法行政等工作。分管局市场管理处（行政审批服务处）。联系绍兴市旅游协会。2022 年 2 月后协助局长负责文化旅游产业发展、推广交流及数字化改革等工作。分管局职能调整后的推广交流处。负责局文化旅游消费、数字化专班工作。联系绍兴市旅游形象推广中心、绍兴市旅游学校
9	潘永松	局党委委员、副局长（2021.5— ）	2021 年 5 月后协助局长负责广播电视、数字化改革、重大文化旅游活动等工作。分管局广播电视处、职能调整后的市旅游形象推广中心。2022 年协助局长负责不可移动文物保护、地下文物保护、文物安全、博物馆管理等工作。分管局文物处、博物馆处。负责绍兴博物馆新馆筹建工作。联系绍兴市文物考古研究所、绍兴博物馆
10	谢文权	局党委委员、副局长（2022.4— ）	2022 年 4 月后协助局长负责计划财务、基本建设、资源开发等工作。分管局计划财务处、职能调整后的资源转化与产业发展处。负责局项目投资（标准化）、绍兴艺校提升扩建工程专班工作。联系绍兴新华书店
11	陈　斌	局党委委员、绍兴市演艺集团有限公司党委书记、董事长（2020.3— ）	主持绍兴市演艺集团有限责任公司全面工作。联系绍兴市文物有限责任公司
12	赵　喆	局党委委员、绍兴市文化市场综合行政执法队书记、专职副队长（2022.2— ）	2022 年 2 月后协助队长负责市文化市场综合行政执法队工作。协助局长负责行政审批、文化旅游行业管理、安全生产监督管理、法制宣传、依法行政等工作。分管局市场管理处（行政审批服务处）。联系绍兴市旅游协会

续表 1

序号	姓名	职务	分工安排
13	赵　海	二级调研员（2018.12—　）	2019—2020 年协助局长做好执法体制改革工作。协助分管局长做好文化市场管理与执法指导工作。主管绍兴市文化市场行政执法支队。2020 年 11 月后协助局长做好智慧文旅工作。2021 年协助局长负责行政事务、信访、信息等工作。协助分管局长做好数字化专班工作。分管局办公室
14	高　军	二级调研员（2018.12—　）	2019—2020 年协助分管局长做好文物和博物馆工作，主管名人博物馆建设。协助分管局长做好有关文博工作
15	何建通	二级调研员（2018.12—　）	2019—2020 年协助分管局长做好推广交流、文化市场管理与执法指导工作。2020 年 11 月后协助分管局长做好资源转化与产业发展、文化旅游推广交流、文化市场管理与执法指导等工作。2021 年后协助分管局长做好有关旅游工作
16	何宝娟	四级调研员（2018.12—　）	协助分管局长做好有关财务监管工作
17	茹万传	局党委委员、政治处主任（2018.12—2022.11）	协助分管局长做好党务纪检、干部人事人才等工作

绍兴市文广旅游系统 2019 年度省级以上荣誉一览表

表 2

序号	获奖者 / 作品	奖项名称	等级	评奖单位
1	吴凤花	获“庆祝中华人民共和国成立 70 周年”纪念章	国家级	中共中央、国务院、中央军委
2	施洁净	获 2018 年国务院政府特殊津贴	国家级	国务院
3	百鸟峥茗大佛龙井 50g 竹罐装、绍兴花雕酒	2019 中国特色旅游商品大赛金奖	国家级	中国旅游协会
4	路人行 . 袜子（浙江赛乐袜业有限公司）	2019 中国特色旅游商品大赛银奖	国家级	中国旅游协会
5	海半仙同山烧系列（杭州海啦啦文化传媒有限公司）	2019 中国特色旅游商品大赛铜奖	国家级	中国旅游协会
6	新昌县	最美中国文化旅游县	国家级	国际旅游联合会
7	上虞区	首批全国最具特色魅力旅游胜地	国家级	新闻网
8	李钰涵（指导老师：杨丽芳）	2019 年度第二十三届“中国少儿戏曲小梅花荟萃”（个人项目）地方戏业余组金花	国家级	中国戏剧家协会、中国戏曲小梅花荟萃组委会
9	孟娇丽主演的绍兴摊簧《外婆坑》	第十八届群星奖决赛入围奖	国家级	文化和旅游部
10	潘海良、韩会稽、陈巍良表演的绍兴莲花落《绍兴名仕绍兴酒》	全国乡村优秀曲艺展演获优秀展演奖	国家级	中国文联
11	沈建萍、韩会稽撰写的《“直播 +”时代，绍兴莲花落传播模式的创新与回归》	第五届中国曲艺之乡“岳池论坛”优秀论文	国家级	中国曲艺家协会
12	韩会稽创作、表演的绍兴莲花落《言而有信》	第二届中国东部优秀曲艺节目展演优秀展演奖	国家级	中国曲艺家协会
13	韩会稽创作的绍兴莲花落《言而有信》	第三届“通州杯”全国小剧场优秀作品	国家级	中国曲艺家协会
14	越城区文化广电旅游局	全国“扫黄打非”先进集体	国家级	全国“扫黄打非”工作小组
15	绍兴市柯桥区小百花越剧艺术传习中心演出《梁山伯与祝英台》《苏秦》	第六届丝绸之路国际艺术节丝路贡献奖	国家级	丝绸之路国际艺术节组委会
16	韩梦莎	2019 年全国职业院校技能大赛中职组艺术专业技能（戏曲表演）地方戏组一等奖（榜首）	国家级	全国职业院校技能大赛组织委员会
17	邵洪涛	2019 年全国职业院校技能大赛中职组艺术专业技能（戏曲表演）赛优秀指导教师奖	国家级	全国职业院校技能大赛组织委员会
18	《依托“慕课”探寻文化馆培训辅导新路径》	2019 年现代文化馆理论创新发展征文三等论文	国家级	中国文化馆协会
19	《构建县域群众文化一体化辅导机制》《文旅融化我背景下文化馆创新发展的路径探析》	2019 中国文化馆年会征文三等论文	国家级	中国文化馆协会
20	嵊州市文化馆（嵊州市非遗保护中心）姚华江	嵊州市剡韵女子合唱团获“2019 世界青少年合唱节——香港”国际合唱比赛表演金奖，G 组银奖	国家级	世界青少年合唱艺术家协会

续表 2

序号	获奖者 / 作品	奖项名称	等级	评奖单位
21	天姥山风景名胜区	长三角最具网红特质旅游景区	国家级	长三角投资发展论坛组委会
22	绍兴图书馆	荣获全国少年儿童阅读年“绘画作品征集大赛”优秀组织奖	国家级	中图学会
23	陈哲予	荣获“2018 全国少年儿童阅读年系列活动推荐单位先进工作者”称号	国家级	中图学会
24	余楚楚	2018 中国声乐艺术节民族唱法	国家级	人民日报数字传播
25	《青藤》	第三届全国文化馆期刊交流展最佳编辑奖	国家级	中国文化馆协会
26	《我的船 我的梦》	第 25 届中国纪录片学术盛典获短片十优作品	国家级	中国电视艺术家协会
27	《文化馆线上线下开展现代公共文化服务创新策略》	2019 年现代文化馆理论创新发展征文二等奖	国家级	中国文化馆协会
28	我为舞而生，我必舞一生——记绍兴市文化馆退休舞蹈干部叶安男	“文化馆的幸福生活”故事征集令入围奖	国家级	中国文化馆协会
29	小歌剧《外婆桥》	国家艺术基金 2019 年度成果运用项目入围奖	国家级	国家艺术基本管理中心
30	柯桥区、新昌县	浙江省全域旅游示范区	省级	浙江省人民政府
31	东茗乡	省旅游风情小镇	省级	浙江省人民政府
32	音乐作品《遥远的再见》	浙江省农村文化礼堂展演优秀展演奖	省级	浙江省委宣传部
33	音乐作品《吾心光明》	浙江省第十四届精神文明建设五个一工程奖	省级	浙江省委宣传部
34	王莺、张君	第二十九届上海白玉兰戏剧表演艺术奖主角奖	省级	上海白玉兰戏剧表演艺术奖组委会
35	叶婧、章金刚	第二十九届上海白玉兰戏剧表演艺术奖新人配角奖	省级	上海白玉兰戏剧表演艺术奖组委会
36	刘建杨	浙江省文化和旅游厅优秀专家	省级	浙江省文化和旅游厅
37	浙江绍剧艺术研究院《灿烂八戒》	第六届当代小剧场戏曲艺术节优秀剧目奖	省级	北京小剧场戏曲艺术节组委会
38	新昌县梅渚镇	浙江省民间文化艺术之乡	省级	浙江省文化和旅游厅
39	浙江绍剧艺术研究院《美好家园》	第十四届浙江省戏剧节新剧目大奖	省级	浙江省文化和旅游厅
40	浙江绍剧艺术研究院	浙江省文化和旅游创新团队	省级	浙江省文化和旅游厅
41	绍兴莲花落小戏《一刨花》	2019 年浙江省“群星奖”	省级	浙江省文化和旅游厅
42	绍兴摊簧《外婆坑》	浙江省“群星奖”金奖	省级	浙江省文化和旅游厅
43	绍兴摊簧《前世爹》	浙江省第十届曲艺新作大赛金奖	省级	浙江省文化和旅游厅
44	柯桥区、新昌县	浙江省首批 AAAA 级景区城	省级	浙江省文化和旅游厅

续表 2

序号	获奖者 / 作品	奖项名称	等级	评奖单位
45	绍兴莲花落小戏《一刨花》	第二届华东六省一市比赛银奖	省级	浙江省文化和旅游厅
46	章绮珍	第二届“少年非遗说”浙江传说故事讲述大赛浙江省总决赛“一等奖”	省级	浙江省文化和旅游厅
47	张琳	浙江省第十四届戏剧节兰花奖优秀表演奖	省级	浙江省文化和旅游厅
48	董燕	浙江省第十四届戏剧节兰花奖优秀舞台美术奖	省级	浙江省文化和旅游厅
49	绍兴市文化市场行政执法支队	2019 年浙江省文化和旅游法律法规知识竞赛团体优秀奖	省级	浙江省文化和旅游厅
50	钱斌斌	入选第六期浙江省中青年编剧剧本扶持计划	省级	浙江省文化和旅游厅
51	越城区图书馆《爸爸是船 妈妈是帆》	第十五届浙江省未成年人读书节启动仪式暨“家风少年说”大赛决赛中学组二等奖	省级	浙江省文化和旅游厅
52	绍兴莲花落《“孝子”的服务》	浙江省第十届曲艺新作大赛银奖	省级	浙江省文化和旅游厅
53	陈依漪（孙昌隆辅导）	2019 年第十五届浙江省未成年人读书节家风少年说大赛决赛小学组二等奖	省级	浙江省文化和旅游厅
54	绍兴市柯桥区文广旅游局	第二届“少年非遗说”浙江传说故事讲述大赛优秀组织奖	省级	浙江省文化和旅游厅
55	《绣》绍兴市上虞区曹娥街道虞悦舞蹈队	浙江省第六届乡镇（街道）社会艺术团队文艺汇演舞蹈类银奖	省级	浙江省文化和旅游厅
56	周冰洁《爱与非遗共传承》	“安吉杯”最美中国年·浙江年俗 2019 年春节非遗微推文大赛“优秀作品奖”	省级	浙江省文化和旅游厅
57	绍兴摊簧《前世爹》	浙江省第七届曲艺新作会暨第十一届中国曲艺牡丹奖节目选拔赛曲艺新作牡丹奖	省级	浙江省曲艺家协会
58	绍兴宇成生态农业开发有限公司	首批“浙江省采摘旅游体验基地”	省级	浙江省旅游标准化技术委员会
59	新昌县天工坊砖瓦有限公司——砖雕系列	入选首批浙江省优秀非遗旅游商品	省级	浙江省文化和旅游厅
60	柯桥区图书馆《女儿的心声——致妈妈的一封信》	第 15 届浙江省未成年人读书节家风少年说大赛决赛小学组二等奖	省级	浙江省文化和旅游厅
61	《浅析狴犴龙舞的艺术特征与创新策略》《非遗语境下绍兴传统舞蹈发展现状与保护策略思考》	“非遗薪传”——浙江省传统舞蹈理论征文二等奖	省级	浙江省文化和旅游厅
62	《狴犴龙舞》	“非遗薪传”——浙江省传统舞蹈理论征文优秀展演奖	省级	浙江省文化和旅游厅
63	绍剧《战长沙》	浙江省第六届乡镇（街道）社会艺术团队文艺汇演金奖	省级	浙江省文化和旅游厅

续表 2

序号	获奖者 / 作品	奖项名称	等级	评奖单位
64	成志勇	浙江省群文视觉艺术业务干部技能比赛金奖	省级	浙江省文化和旅游厅
65	歌曲《水乡吟》	浙江省旅游歌曲创作演唱大赛银奖	省级	浙江省文化和旅游厅
66	室内水上乐园（东方山水乐园）、飞拉达（绍兴刻石山）	2019 年浙江省运动休闲旅游优秀项目	省级	浙江省体育局、浙江省文化和旅游厅
67	柯桥区非遗保护中心（绍兴莲花落保护传承工作实践）	国家级非物质文化遗产代表性项目优秀保护实践案例	省级	文化和旅游部非遗司
68	俞柏青、俞博《巴渝疯系列一二三》	第 14 届中国义乌文化产品交易博览会工艺美术金奖	省级	中国义乌文化产品交易博览会办公室
69	俞岳良、俞秋红《喜鹊登梅》等 5 个作品	第 14 届中国义乌文化产品交易博览会工艺美术银奖	省级	中国义乌文化产品交易博览会办公室
70	刘毅竹编《八宝翻簧盒篮》等 3 个作品	第 14 届中国义乌文化产品交易博览会工艺美术铜奖	省级	中国义乌文化产品交易博览会办公室
71	新昌县天功坊砖瓦有限公司	第 14 届中国义乌文化产品交易博览会、第 11 届中国国际旅游商品博览会优秀参展企业（单位）奖	省级	中国义乌文化产品交易博览会办公室、第 11 届中国国际旅游商品博览会执委会办公室
72	张琳	燕升频道《播响中华》获“巅峰大奖”和“网络人气王”	省级	西安广播电视台、白燕升戏曲传播研究院
73	指挥、指导管乐合奏《奉献颂》	浙江省第六届乡镇（街道）社会艺术团队文艺汇演金奖	省级	浙江省文化和旅游厅
74	音乐作品《入戏》	浙江省第十八届音乐新作演唱演奏大赛银奖	省级	浙江省文化和旅游厅
75	音乐作品《游夏》	浙江省第五届群众声乐大赛金奖	省级	浙江省文化和旅游厅
76	舞蹈作品《农家乐》	2019 浙江省广场舞大赛入围奖	省级	浙江省文化和旅游厅
77	舞蹈作品《小小美猴王》	2019 年浙江省群众舞蹈大赛入围奖	省级	浙江省文化和旅游厅
78	器乐《鼓韵》	浙江省第五届社会艺术团队文艺汇演银奖	省级	浙江省文化和旅游厅
79	《心声》	浙江省第五届乡镇（街道）社会艺术团队文艺汇演银奖	省级	浙江省文化和旅游厅
80	《绣》	浙江省第六届乡镇（街道）社会艺术团队文艺汇演银奖	省级	浙江省文化和旅游厅
81	歌曲《祝福》	建国七十周年全国征歌三等奖	省级	浙江省文化和旅游厅
82	《农民合作社“空壳化”现象亟待破解》等 9 个作品	浙江省 2018 年度广播电视政府奖新闻类	省级	浙江省广播电视局、省广播电视学会
83	《哪吒》等 5 个作品	浙江省 2018 年度广播电视政府奖文艺类	省级	浙江省广播电视局、省广播电视学会
84	《我不是赵信》等 4 个作品	浙江省 2018 年度广播电视政府奖新媒体类	省级	浙江省广播电视局、省广播电视学会
85	《大唐：因袜而名》	浙江省 2018 年度广播电视政府奖对外传播类	省级	浙江省广播电视局、省广播电视学会

续表 2

序号	获奖者 / 作品	奖项名称	等级	评奖单位
86	《市民与法律——向校园霸凌说不》	浙江省 2018 年度广播电视政府奖服务类	省级	浙江省广播电视局、省广播电视学会
87	《垃圾要分类》等 2 个作品	浙江省 2018 年度广播电视政府奖广告类	省级	浙江省广播电视局、省广播电视学会
88	《“夜泊”枫桥之幕后 9 天 8 夜！白天不懂夜的黑》	浙江省 2018 年度广播电视政府奖报刊与新闻专稿	省级	浙江省广播电视局、省广播电视学会
89	《“微叙事”在电视对外传播中的审美表现》等 2 个作品	浙江省 2018 年度广播电视政府奖学术论文	省级	浙江省广播电视局、省广播电视学会
90	《胡言娜语：阳明心学青年说》等 2 个作品	浙江省 2018 年度广播电视政府奖播音主持类	省级	浙江省广播电视局、省广播电视学会
91	《“潮爷爷”诞生记》等 2 个作品	浙江省 2018 年度广播电视政府奖丹桂奖	省级	浙江省广播电视局、省广播电视学会
92	《长三角·特色小镇 1 + 1》等 10 个作品	浙江省 2018 年度广播电视政府奖对农节目类	省级	浙江省广播电视局、省广播电视学会
93	《大众市场站长手册》等 14 个作品	2019 年度浙江省广播电视科技创新项目金潮奖	省级	浙江省广播电视局、省广播电视学会
94	《青藤》	2019 浙江省群文报刊评比一等奖	省级	浙江省文化馆
95	绍兴博物馆志愿者王雨	“讲好浙江故事——全省博物馆优秀讲解案例推介活动”志愿者组十佳讲解员称号	省级	浙江省文物局、浙江省博物馆协会
96	汪永祥	“最美浙江文物守望者”荣誉称号	省级	浙江省文物局
97	《绍兴黄酒》《眉毛要不要》	第二届“少年非遗说”浙江传说故事讲述大赛特等奖	省级	浙江省文化和旅游厅办公室
98	《考县官》	第二届“少年非遗说”浙江传说故事讲述大赛一等奖	省级	浙江省文化和旅游厅办公室
99	绍兴市上虞区非物质文化遗产保护中心	第二届“少年非遗说”浙江传说故事讲述大赛优秀组织奖	省级	浙江省文化和旅游厅办公室
100	越城区文化馆绍兴词调《十全十美》	第五届浙江省农村文化礼堂“我们的村晚”节目选拔中荣获“优秀表演奖”	省级	浙江艺术职业学院（浙江公共文化管理学院）
101	越城区文化馆陈天、朱曼编导的绍兴词调《十全十美》	第五届浙江省农村文化礼堂“我们的村晚”节目选拔中荣获“优秀创作奖”	省级	浙江艺术职业学院（浙江公共文化管理学院）
102	越城区文化馆吴秋硕论文《新时代文化馆公共文化服务方式的创新实践与思考》	浙江省新时代基层公共文化服务创新理论研讨会论文评审中荣获三等奖	省级	浙江省文化馆、浙江省群众文化学会
103	越城区文化馆朱曼新故事《帮忙》	浙江省第十三届新故事作品征文大赛中荣获三等奖	省级	浙江省文化馆
104	越城区文化馆朱曼诗歌《一座村庄的变迁记》	“农民诗路杯”浙江省第十届“中国梦·故乡情”乡村诗歌大赛中荣获二等奖	省级	浙江省文化馆
105	越城区文化馆陈天舞蹈节目《绍兴阿嫂“闹”咸菜》	2019 浙江省广场舞大赛入围奖	省级	浙江省文化馆

续表 2

序号	获奖者 / 作品	奖项名称	等级	评奖单位
106	越城区文化馆歌曲《风请你告诉我》《流着泪说分手》	“百城联动 歌唱祖国”浙江省庆祝新中国成立 70 周年群众声乐大赛银奖	省级	浙江省文化馆
107	王羽轩（孙昌隆辅导）	2019 第二届“追梦之声”浙江省青少年声乐大赛初中组演唱二等奖	省级	浙江省文化馆
108	施雨欣（孙昌隆辅导）	2019 第二届“追梦之声”浙江省青少年声乐大赛小学低段组演唱三等奖	省级	浙江省文化馆
109	韩会稽创作、表演的绍兴莲花落《言而有信》	浙江省曲艺家协会主办的第七届新作大赛参加比赛获创作银奖、表演金奖	省级	浙江省曲艺家协会
110	陈海淼的作品《南浔百间屋》《南浔寻梦》	入选“诗画浙江·清远湖州”2019 浙江省群文美术写生创作系列活动作品展	省级	浙江省文化馆
111	《乡村振兴背景下农村文艺团队建设探究》	浙江省新时代基层公共文化服务创新理念研讨会论文一等奖	省级	浙江省文化馆 浙江省群众文化学会
112	《浙江农村文化礼堂留住乡愁的基本途径》	浙江省新时代基层公共文化服务创新理念研讨会论文二等奖	省级	浙江省文化馆 浙江省群众文化学会
113	《也谈群众文化活动辅导中的跟踪服务》等 4 篇征文	浙江省新时代基层公共文化服务创新理念研讨会论文三等奖	省级	浙江省文化馆 浙江省群众文化学会
114	《左边长六个指头的人》	浙江省第十三届新故事作品征文二等奖	省级	浙江省文化馆
115	《垃圾箱的故事》	浙江省第十三届新故事作品征文三等奖	省级	浙江省文化馆
116	上虞区文化馆	浙江省第十三届新故事作品征文优秀组织奖	省级	浙江省文化馆
117	《比谁更牛》	浙江省微型故事作品征文大赛三等奖	省级	浙江省文化馆
118	《杨梅红了》《油竹坪的诗》	“农民诗路杯”浙江省第十届“中国梦·故乡情”乡村诗歌大赛二等奖	省级	浙江省文化馆
119	《乡桥之畔》	“农民诗路杯”浙江省第十届“中国梦·故乡情”乡村诗歌大赛三等奖	省级	浙江省文化馆
120	上虞区文化馆	“农民诗路杯”浙江省第十届“中国梦·故乡情”乡村诗歌大赛优秀组织奖"	省级	浙江省文化馆
121	《文旅融化我背景下文化馆创新发展的路径探析》《构建县域群众文化一体化辅导机制》	浙江省第二十一届公共文化论坛征文一等奖	省级	浙江省文化馆 浙江省群众文化学会
122	《依托“慕课”探寻文化馆培训辅导新路径》《农村文化礼堂践行“文化养老”的上虞实践》	浙江省第二十一届公共文化论坛征文二等奖	省级	浙江省文化馆 浙江省群众文化学会

续表 2

序号	获奖者 / 作品	奖项名称	等级	评奖单位
123	上虞区文广旅游局	浙江省第二十一届公共文化论坛征文优秀组织奖	省级	浙江省文化馆 浙江省群众文化学会
124	《妈妈的梦想》	浙江省“歌颂新时代”浙江省歌词大赛金奖	省级	浙江省文化馆
125	《丝路情相连》	浙江省“歌颂新时代”浙江省歌词大赛银奖	省级	浙江省文化馆
126	《新中国的脚步》《时韵新篇》《照片里的故事》	浙江省“歌颂新时代”浙江省歌词大赛铜奖	省级	浙江省文化馆
127	上虞文艺	2019 年度浙江省群众文化报刊评比铜奖	省级	浙江省文化馆
128	诸暨市文化和广电旅游局	“诗路传薪”——2019 年浙江传统体育类非物质文化遗产大会“优秀组织奖”	省级	浙江省非物质文化遗产保护协会
129	绍兴诸暨市“线狮”（草塔抖狮子）	“诗路传薪”——2019 年浙江传统体育类非物质文化遗产大会“创新奖”	省级	浙江省非物质文化遗产保护协会
130	俞琦杰《“非遗 + 旅游”融合发展的探究——以诸暨市非遗项目“越红工夫”为例》	浙江省新时代基层公共文化服务创新理论研讨会论文评审“三等奖”	省级	浙江省文化馆、浙江省群众文化学会
131	诸暨市图书馆	“风雨七十年、荣耀在我心——我与阅读的故事”主题征集活动优秀组织奖	省级	浙江图书馆学会
132	诸暨市图书馆“浣江雅集”	“发现图书馆阅读推广特色人文空间”三等奖	省级	浙江图书馆学会
133	潘玉论文《现代文化馆服务理念的时代变迁及其启示》	浙江省第二十一届公共文化论坛征文活动 一等奖	省级	浙江省群文学会、 浙江省文化馆
134	潘玉《唐诗之路》	2019“歌颂新时代”浙江省歌词大赛金奖	省级	浙江省文化馆
135	骆艳英诗歌《巧英地图》	“农民诗路杯”浙江省第十届“中国梦·故乡情”乡村诗歌大赛一等奖	省级	浙江省文化馆
136	周桂华诗歌《无处落脚的思念——记我沉没的水里故乡》	“农民诗路杯”浙江省第十届“中国梦·故乡情”乡村诗歌大赛二等奖	省级	浙江省文化馆
137	徐俐诗歌《遇见溪西》	“农民诗路杯”浙江省第十届“中国梦·故乡情”乡村诗歌大赛三等奖	省级	浙江省文化馆
138	潘玉	“农民诗路杯”浙江省第十届“中国梦·故乡情”乡村诗歌大赛优秀组织奖	省级	浙江省文化馆
139	林青云新昌调腔《白蛇传下金山》	2019 年浙江省第十届十大城市戏曲演唱联赛个人专场银奖	省级	浙江省文化馆
140	林青云、徐海卿新昌调腔《牡丹亭·入梦》	2019 年浙江省第十届十大城市戏曲演唱联赛 折子戏专场铜奖	省级	浙江省文化馆
141	新昌县图书馆	我爱家乡“魅力声音”青少年儿童故事音频征集活动优秀作品	省级	浙江省图书馆学会

续表 2

序号	获奖者 / 作品	奖项名称	等级	评奖单位
142	王玲玲	我爱家乡“魅力声音”青少年儿童故事音频征集活动优秀组织者	省级	浙江省图书馆学会
143	绍兴图书馆	风雨 70 年 荣耀在我心——我与阅读的故事主题征集活动优秀组织奖	省级	浙江省图书馆、省图书馆学会
144	“绍兴图书馆微信小程序与朗读亭”案例	2019 年浙江省公共数字文化工程优秀数字阅读推广案例大赛“十佳案例”	省级	浙江省图书馆
145	绍兴图书馆张瑶	古籍修复技术考核一级	省级	浙江省古籍保护中心
146	马莉莉创作的诗歌《水乡社戏》	“农民诗路杯”浙江省第十届“中国梦故乡情”乡村诗歌大赛一等奖	省级	浙江省文化馆
147	姚银凤辅导绍剧《于谦》	2019 浙江省第十届十大城市演唱联赛铜奖	省级	浙江省文化馆
148	《文化馆线上线下开展现代公共文化服务创新策略》	浙江省第二十一届公共文化论坛征文二等奖	省级	浙江省文化馆、浙江省群众学会主办
149	《遥远的再见》	浙江省流行音乐大赛银奖	省级	浙江省文化馆
150	《华越 · 礼赞》	浙江省中等职业学校职业能力大赛“文明风采”遴选活动优秀作品奖	省级	浙江省中等职业学校职业能力大赛组委会
151	《德树文明 艺展风采》	浙江省中等职业学校职业能力大赛“文明风采”遴选活动优秀案例	省级	浙江省中等职业学校职业能力大赛组委会
152	刘峰	浙江省第四届职成教美丽校园主题摄影三等奖	省级	浙江省成人教育与职业教育协会
153	绍兴小百花越剧团	永联杯 . 越美中华 . 越剧青年演员大汇演优秀组织奖	省级	中国广播电视网络有限公司、东方卫视中心、国广东方网络（北京）有限公司
154	赵朋等 11 人	永联杯 . 越美中华 . 越剧青年演员大汇演新艺奖（新蕾组）	省级	中国广播电视网络有限公司、东方卫视中心、国广东方网络（北京）有限公司
155	谢小、陈丽	永联杯 . 越美中华 . 越剧青年演员大汇演佳艺奖（越秀组）	省级	中国广播电视网络有限公司、东方卫视中心、国广东方网络（北京）有限公司
156	《滑油山》《忆十八》	“越美中华 · 越剧青年演员大汇演”佳艺奖	省级	中国广播电视网络有限公司、国广东方网络（北京）有限公司 CIBN《东方大剧院》、上海广播电视台公益媒体中心戏剧频道

绍兴市文广旅游系统2020年度省级以上荣誉一览表

表3

序号	获奖者/作品	奖项名称	等级	评奖单位
1	绍兴市	中国“东亚文化之都”城市	国家级	文化和旅游部
2	新昌县	国家全域旅游示范区	国家级	文化和旅游部
3	柯桥区	文旅融合创新示范城市	国家级	中国互联网新闻中心
4	鲁迅故里景区	红色旅游发展典型案例	国家级	国家发展改革委社会司、文化和旅游部资源开发司
5	嵊州市越剧团	“第八届全国服务农民、服务基层文化建设基层文艺院团先进集体”称号	国家级	中央宣传部、文化和旅游部、国家广电总局
6	柯桥区漓渚镇棠棣村、上虞区东澄村、新昌县镜岭镇外婆坑村	全国乡村旅游重点村	国家级	文化和旅游部
7	柯桥区日铸茶文化休闲体验之旅二日游	全国乡村旅游300条精品线路	国家级	文化和旅游部
8	越城区福禄、龙腾凤翔	第15届中国义乌文化和旅游产品交易博览会工艺美术金奖	国家级	文化和旅游部、中国国际贸易促进委员会、浙江省人民政府
9	绍兴博物馆《说苑新序》	第六批《国家珍贵古籍名录》	国家级	文化和旅游部
10	绍兴市文化馆“我的艺时光——午间文化一小时”	2020年全国文化和旅游志愿服务项目线上大赛入围奖	国家级	文化和旅游部
11	浙江绍剧艺术研究院施洁净	2020年全国先进工作者	国家级	中共中央、国务院办公厅
12	上虞区文化市场综合行政执法队唐巧娟、张家栋	2019—2020年度全国文化市场综合执法重大办案单位及办案人员	国家级	文化和旅游部
13	诸暨市、嵊州市	浙江省第三批全域旅游示范县（市、区）	省级	浙江省文化和旅游厅
14	嵊州市、新昌县	浙江省文旅产业融合试验区	省级	浙江省文化和旅游厅
15	柯桥区、新昌县	浙江省首批AAAAA级景区城	省级	浙江省文化和旅游厅
16	嵊州市	浙江省戏曲之乡（县级）、“长三角最佳文旅融合城市”	省级	浙江省文化和旅游厅
17	王坛镇人民政府	省级旅游风情小镇	省级	浙江省人民政府
18	绍兴研学游创新团队	浙江省文化和旅游创新团队	省级	浙江省文化和旅游厅
19	上虞区孝德文化传承生态保护区、嵊州市越剧文化传承生态保护区	省级文化传承生态保护区（创建）	省级	浙江省文化和旅游厅
20	诸暨乃金文化传播有限公司、上虞区浙江运发文化发展有限公司	省级文化产业示范基地	省级	浙江省文化和旅游厅
21	新昌县十九峰片区乡村旅游产业集聚区	省级乡村旅游产业集聚区	省级	浙江省文化和旅游厅
22	新昌县天姥中医博物馆	浙江省中医药文化养生旅游示范基地	省级	省文化和旅游厅、省中医药管理局
23	新昌万丰奥特控股集团有限公司、柯桥区会稽山绍兴酒股份有限公司、诸暨市浙江珍珠生活科技有限公司	浙江省工业旅游示范基地	省级	省文化和旅游厅、省经济信息化委
24	新昌县双彩乡上下宅村	浙江省文化示范村（社区）	省级	浙江省文化和旅游厅
25	嵊州市“乡土文化进校园、人本文化进企业、孝悌文化进农村”文化三走进活动	第四批浙江省公共文化服务体系示范区（项目）	省级	浙江省文化和旅游厅

续表 3

序号	获奖者 / 作品	奖项名称	等级	评奖单位
26	柯桥区安昌街道办事处	省 AAAAA 级景区镇（乡、街道）	省级	省文化和旅游旅厅
27	柯桥东方山水运动休闲基地	浙江省运动休闲示范基地	省级	省体育局和省文化和旅游旅厅
28	柯桥浙江国际赛车场	浙江省运动休闲优秀项目	省级	省体育局和省文化和旅游旅厅
29	上虞区山居岭南	民宿集聚区助推乡村振兴改革试点	省级	浙江省文化和旅游厅
30	上虞区墨隐居花墅	金宿级名宿	省级	省文化和旅游厅
31	上虞区凤凰山考古遗址公园	第三批省级考古遗址公园	省级	浙江省文物局
32	绍兴名人馆主题陈列“鉴湖越台名士乡”	第十四届浙江省博物馆陈列展览精品奖	省级	浙江省文物局
33	绍兴宋六陵二号陵园遗址	浙江考古重要发现	省级	浙江省考古学会
34	绍兴王阳明新建伯府遗址	浙江考古重要发现	省级	浙江省考古学会
35	柯桥区文化和广电旅游局行业管理科（广电科）、上虞区文化市场综合行政执法队、诸暨市文化市场综合行政执法队、新昌泰坦国家大酒店、嵊州市文化广电旅游局防控疫情文艺宣传小分队	浙江省文化和旅游系统 2020 抗疫先进团队	省级	浙江省文化和旅游厅
36	绍兴市广播电视台《“民告官”激增，拷问依法行政“最后一公里”》	广播新闻类一等奖	省级	浙江省广播电视局
37	绍兴市广播电视台《风口上的猪》	服务类节目一等奖	省级	浙江省广播电视局
38	诸暨市广播电视台《长三角 · 特色小镇 1 + 1》	广播对农活动一等奖	省级	浙江省广播电视局
39	中广有线信息网络有限公司柯桥分公司《智慧云社区》、诸暨市融媒体中心《浙江浣江传媒集团有限公司示范区智慧斑马线项目》和《数据中心机房建设项目》	金潮奖一等奖	省级	浙江省广播电视局
40	柯桥区小百花越剧艺术传习中心张琳	第七批浙江省宣传文化系统“五个一批”人才	省级	中共浙江省委宣传部、中共浙江省委组织部、浙江省人力资源和社会保障厅
41	柯桥区小百花越剧艺术传习中心张琳、董燕	浙江省舞台艺术“1111”人才计划培养对象	省级	浙江省文化和旅游厅
42	浙江绍剧艺术研究院应林锋	第五届浙江戏剧奖金桂奖	省级	浙江省文学艺术界联合会、浙江省戏剧家协会
43	绍兴市文化市场综合行政执法队章楠楠	浙江省第四届“最美浙江文物守望者”	省级	省文物局
44	中广（绍兴）有线信息网络有限公司——冯鹏钰、徐杰 中广有线信息网络有限公司柯桥分公司——蒋海炎	电视技术能手竞赛一等奖	省级	浙江省广播电视局
45	胡甜甜、何伟平、周灿军等 19 人	浙江省文化旅游系统和绍兴市 2020 抗击新冠肺炎疫情先进个人	省级	浙江省文化和旅游厅 绍兴市人民政府

绍兴市文广旅游系统 2021 年度省级以上荣誉一览表

表 4

序号	获奖者 / 作品	获奖名称	级别	评奖单位
1	绍兴市	第二批国家文化和旅游消费试点城市	国家级	文化和旅游部
2	绍兴市	研学旅行全国十大热门城市	国家级	中国旅游研究院
3	绍兴市文化广电旅游局	第 16 届中国义乌文化和旅游产品交易博览会“展会组织一等奖”	国家级	文化和旅游部、中国国际贸易促进委员会、浙江省政府
4	绍兴市文化广电旅游局	第 16 届中国义乌文化和旅游产品交易博览会“优秀展台奖”	国家级	文化和旅游部、中国国际贸易促进委员会、浙江省政府
5	柯桥区湖塘街道香林村	全国乡村旅游重点村	国家级	文化和旅游部
6	嵊州市越剧团	全国文化和旅游系统先进集体	国家级	文化和旅游部
7	绍兴市柯桥区文化馆	第五次全国文化馆评估定级中被评为“一级文化馆”	国家级	文化和旅游部
8	王炜荣（上虞区雪花谷民宿）	乡村文化和旅游名人	国家级	文化和旅游部
9	陈秀春（上虞区崧厦街道文化站）	全国文化和旅游系统先进工作者	国家级	文化和旅游部
10	绍兴市越城区文化市场综合行政执法队	2020 年度查处重大侵权盗版案件有功单位（第三批）	国家级	国家版权局
11	黄涧锋（绍兴市越城区文化市场综合行政执法队）	2021 年度查处重大侵权盗版案件有功个人（第三批）	国家级	国家版权局
12	嵊州市	长三角最佳悠享旅游城市	国家级	长三角投资发展论坛组委会
13	嵊州市越剧艺术保护传承中心	参演庆祝中国共产党成立 100 周年优秀舞台艺术作品展演	国家级	中共中央宣传部、文化和旅游部、中国文学艺术界联合会
14	王莺（新昌调腔保护传承发展中心）	文旅部“天下第一团”表演英才传习班	国家级	文化和旅游部艺术司
15	丁华华（绍兴小百花越剧艺术传习中心）	2021 第三届中国扬琴网 / 扬琴圈全国扬琴展演金奖（中老年组）	国家级	中国扬琴网 / 扬琴圈
16	相江（绍兴小百花越剧艺术传习中心）	第二届“松庭龙吟”全国竹笛邀请赛职业青年 B 组金奖	国家级	中国音乐家协会、国家轻工业乐器信息中心、浙江省松庭笛箫公益艺术中心
17	绍兴市兰曦秀服饰设计有限公司	中国义乌文化和旅游产品交易博览会银奖	国家级	中国义乌文化和旅游产品交易博览会组委会
18	浙江毕昌煜文化艺术发展有限公司	中国义乌文化和旅游产品交易博览会银奖	国家级	中国义乌文化和旅游产品交易博览会组委会
19	嵊州市文化馆	庆祝中国共产党成立 100 周年——“百年百首”全国优秀新创歌曲	国家级	中国音乐家协会
20	嵊州市越剧艺术保护传承中心	第十七届中国戏剧节优秀剧目奖	国家级	中国文学艺术界联合会、中国戏剧家协会
21	倪锦锦（嵊州市越剧艺术保护传承中心）	国家艺术基金 2020 年度青年艺术创作人才资助项目（舞台艺术表演）	国家级	国家艺术基金管理中心
22	王嘉瑜（新昌调腔保护传承发展中心）	全国中青年武戏人才高研班	国家级	中国戏剧家协会
23	蒋一帆（浙江绍剧艺术研究院）	第四届中国美术舞台展新锐设计师奖	国家级	中国舞台美术学会
24	张丽君、胡秀苇（绍兴博物馆）	2021 年度“全国文化遗产云传播十佳项目”（云讲堂系列）	国家级	中国电视艺术交流协会、中国文物报社

续表 4

序号	获奖者 / 作品	获奖名称	级别	评奖单位
25	李敏（绍兴越剧艺术发展有限公司）	2021 年中国戏曲像音像工程录制演员（剧目）	国家级	中国戏曲像音像工程办公室
26	成志勇（柯桥区文化馆）	“不忘初心 继往开来第四届全国新钢笔画学术展”入会资格作品	国家级	中国美术家协会
27	陈孜颖（绍兴鲁迅纪念馆）	庆祝中国共产党成立 100 周年全国博物馆讲解大赛三等奖	国家级	中国博物馆协会
28	浙江绍剧艺术研究院	绍剧《孙悟空三打白骨精》入选《百部优秀剧作典藏》	国家级	中国戏剧家协会
29	绍兴市上虞区	浙江省全域旅游示范区	省级	浙江省人民政府
30	绍兴市诸暨市	浙江省全域旅游示范市	省级	浙江省人民政府
31	绍兴市嵊州市	浙江省全域旅游示范市	省级	浙江省人民政府
32	绍兴市嵊州市文化“三走进”系列活动	第四批浙江省公共文化服务体系示范项目	省级	浙江省人民政府
33	绍兴市新昌县	浙江省首批大花园耀眼明珠	省级	浙江省推进“四大建设”工作联席会议办公室
34	浙江绍剧艺术研究院绍剧现代戏《喀喇昆仑》	入选 2020 年浙江文化艺术发展基金资助项目	省级	浙江省委宣传部
35	绍兴市越城区文化广电旅游局	浙江省文化和旅游项目投资工作成绩突出集体	省级	浙江省文化和旅游厅
36	绍兴市柯桥区	上半年投资推进指数浙江省第一	省级	浙江省文化和旅游厅
37	绍兴市柯岩风景区“夜鲁镇”景区	第一批省级夜间文化和旅游消费集聚区	省级	浙江省文化和旅游厅、浙江省发展和改革委员会、浙江省商务厅
38	绍兴市文化馆	“迎建党百年 享美好生活”浙江省第十一届群众曲艺大赛金奖	省级	浙江省文化和旅游厅
39	绍兴市文化馆	“庆建党百年享美好生活”浙江省第二十届群众音乐大赛金奖	省级	浙江省文化和旅游厅
40	绍兴市文化馆	“庆建党百年 享美好生活”浙江省第三十一届群众舞蹈大赛金奖	省级	浙江省文化和旅游厅
41	绍兴市文化馆	“庆建党百年 享美好生活”浙江省第九届群众声乐大赛金奖	省级	浙江省文化馆
42	舒恒兴等	第三届华东六省一市现代地方小戏大赛金奖	省级	江苏省文化和旅游厅
43	吴婕妤	第四届“少年非遗说”浙江传说故事讲述大赛特等奖	省级	浙江省文化和旅游厅
44	张渃汐	第四届“少年非遗说”浙江传说故事讲述大赛特等奖	省级	浙江省文化和旅游厅
45	王雨琦	第四届“少年非遗说”浙江传说故事讲述大赛一等奖	省级	浙江省文化和旅游厅
46	朱玥臣	第四届“少年非遗说”浙江传说故事讲述大赛一等奖	省级	浙江省文化和旅游厅

续表 4

序号	获奖者 / 作品	获奖名称	级别	评奖单位
47	绍兴市柯桥区	第二批“浙江省戏曲之乡”	省级	浙江省文化和旅游厅
48	绍兴市新昌县	第二批“浙江省戏曲之乡”	省级	浙江省文化和旅游厅
49	柯桥区安昌街道	2021 年度“浙江省民间文化艺术之乡”	省级	浙江省文化和旅游厅
50	嵊州市甘霖镇	2021 年度“浙江省民间文化艺术之乡”	省级	浙江省文化和旅游厅
51	新昌县	2021 年度“浙江省民间文化艺术之乡”	省级	浙江省文化和旅游厅
52	新昌县博物馆	2020 浙江十佳影响力博物馆	省级	浙江省文化和旅游厅
53	绍兴图书馆	浙江省第一批“满意图书馆”	省级	浙江省文化和旅游厅
54	越城区图书馆	浙江省第一批“满意图书馆”	省级	浙江省文化和旅游厅
55	柯桥区图书馆	浙江省第一批“满意图书馆”	省级	浙江省文化和旅游厅
56	上虞区图书馆	浙江省第一批“满意图书馆”	省级	浙江省文化和旅游厅
57	嵊州市图书馆	浙江省第一批“满意图书馆”	省级	浙江省文化和旅游厅
58	新昌县图书馆	浙江省第一批“满意图书馆”	省级	浙江省文化和旅游厅
59	新昌县文化广电旅游局	第一批浙江省文化和旅游促进共同富裕最佳实践案例	省级	浙江省文化和旅游厅
60	劳雨欣（绍兴市大香林·兜率天景区）	浙江省第二届“诗路文化带”景区讲解员大赛金牌讲解员	省级	浙江省文化和旅游厅
61	胡安娜（绍兴市兰亭风景区）	浙江省第二届“诗路文化带”景区讲解员大赛金牌讲解员	省级	浙江省文化和旅游厅
62	孙慧珊（绍兴市安昌古镇景区）	浙江省第二届“诗路文化带”景区讲解员大赛金牌讲解员	省级	浙江省文化和旅游厅
63	张忆荷（绍兴市徐渭艺术馆）	浙江省第二届“诗路文化带”景区讲解员大赛金牌讲解员	省级	浙江省文化和旅游厅
64	张舒雁（绍兴市东湖风景区）	浙江省第二届“诗路文化带”景区讲解员大赛金牌讲解员	省级	浙江省文化和旅游厅
65	杨吉芬（绍兴市柯岩风景区）	浙江省第二届“诗路文化带”景区讲解员大赛优秀讲解员	省级	浙江省文化和旅游厅
66	柯桥区文化广电旅游局	浙江省第二届“诗路文化带”景区讲解员大赛优秀组织奖	省级	浙江省文化和旅游厅
67	诸暨鸿佑开颜谷文化养生旅游基地	2021 年浙江省中医药文化养生旅游示范基地	省级	浙江省文化和旅游厅、浙江省卫生健康委员会、浙江省农业农村厅、浙江省中医药管理局
68	绍兴图书馆	“领读浙江 寻路初心”建党百年主题阅读活动优秀领读项目	省级	浙江省文化和旅游厅
69	嵊州市图书馆	“领读浙江 寻路初心”建党百年主题阅读活动优秀领读项目	省级	浙江省文化和旅游厅
70	嵊州市图书馆	“领读浙江 寻路初心”建党百年主题阅读活动优秀领读组织	省级	浙江省文化和旅游厅
71	柯桥区图书馆	优秀建党百年红色主题展览	省级	浙江省文化和旅游厅
72	嵊州市图书馆	2021 年长三角阅读马拉松大赛优秀组织奖	省级	浙江省文化和旅游厅

续表 4

序号	获奖者 / 作品	获奖名称	级别	评奖单位
73	俞悦、陈冲（嵊州市图书馆）	2021 年长三角阅读马拉松大赛特别贡献奖	省级	浙江省文化和旅游厅
74	张舒晗	薪火相传跟党走——百万亲子家庭寻访红色根脉活动	省级	浙江省文化和旅游厅、浙江省教育厅、浙江省妇女联合会
75	王相和	薪火相传跟党走——百万亲子家庭寻访红色根脉活动	省级	浙江省文化和旅游厅、浙江省教育厅、浙江省妇女联合会
76	王熙语	薪火相传跟党走——百万亲子家庭寻访红色根脉活动	省级	浙江省文化和旅游厅、浙江省教育厅、浙江省妇女联合会
77	丁炯涛	“迎建党百年享美好生活”浙江省第七届群星视觉艺术综合大展——优秀书法、摄影作品	省级	浙江省文化和旅游厅
78	浙江绍剧艺术研究院	2021-2022 年浙江省舞台艺术创作重点题材项目	省级	浙江省文化和旅游厅
79	浙江绍剧艺术研究院等	浙江省经典保留剧目	省级	浙江省文化和旅游厅
80	董百根、孟元土等 25 人	第六批浙江省非物质文化遗产代表性传承人	省级	浙江省文化和旅游厅
81	绍兴市崧厦传统食品有限公司等 8 家单位	浙江省第三批优秀非遗旅游商品	省级	浙江省文化和旅游厅
82	绍兴市柯桥区文化馆	“迎建党百年 享美好生活”浙江省第十一届群众曲艺大赛银奖	省级	浙江省文化和旅游厅
83	绍兴市柯桥区文化馆	第三十二届浙江省群众戏剧小品大赛入围奖	省级	浙江省文化和旅游厅
84	柯桥区文化馆（合唱团）	2021“迎建党百年 享美好生活”浙江省群众（乡村）合唱大赛入围奖	省级	浙江省文化和旅游厅
85	成志勇（柯桥区文化馆）	获建党百年 美好生活“浙江省第七届群星视觉艺术综合大展——优秀作品展”银奖	省级	浙江省文化旅游厅
86	兰亭文化旅游度假区	通过省级旅游度假区资源评估和基础评价	省级	浙江省文化和旅游厅
87	浙江百思寒羽绒股份有限公司	2021 年浙江省工业旅游示范基地	省级	浙江省文化和旅游厅、浙江省经济和信息化厅
88	东方山水乐园（水陆两栖车） 浙江国际赛车场（赛车） 鉴湖直升机场（飞行）	2021 年浙江省运动休闲旅游精品线路	省级	浙江省文化和旅游厅、浙江省体育局
89	浙江百思寒羽绒股份有限公司	2021 年浙江省工业旅游示范基地	省级	浙江省文化和旅游厅、浙江省经济和信息化厅
90	浙江同山醉美人酒业有限公司	2021 年浙江省工业旅游示范基地	省级	浙江省文化和旅游厅、浙江省经济和信息化厅
91	喜临门家具股份有限公司	2021 年浙江省工业旅游示范基地	省级	浙江省文化和旅游厅、浙江省经济和信息化厅
92	绍兴禹庄开元酒店管理有限公司等 18 家店	第三批“诗画浙江・百县千碗”省级美食 体验（示范）店	省级	浙江省文化和旅游厅 浙江省商务厅

续表 4

序号	获奖者 / 作品	获奖名称	级别	评奖单位
93	浙江绍剧艺术研究院	绍剧现代戏《喀喇昆仑》入选 2021-2022 年度浙江省舞台艺术创作重点题材扶持项目	省级	浙江省文化和旅游厅
94	徐嘉伟、谢震东	2021 年浙江省旅游饭店服务技能大赛个人赛二等奖	省级	浙江省文化和旅游厅
95	陈燕、赵钱龙、方梦艺、丁雨欣、魏曼曼、赵永才	2022 年浙江省旅游饭店服务技能大赛个人赛三等奖	省级	浙江省文化和旅游厅
96	绍兴市	2021 年浙江省旅游饭店服务技能大赛工装表演赛三等奖	省级	浙江省文化和旅游厅
97	王鑫君（嵊州市文物保护中心）	第五届“最美浙江文物守望者”	省级	浙江省文物局
98	娄烈（绍兴博物馆）	第五届“最美浙江文物守望者”	省级	浙江省文物局
99	王坚梁（绍兴市上虞区文物管理服务中心）	第五届“最美浙江文物守望者”	省级	浙江省文物局
100	杨立新（越城区府山街道办事处）	第五届“最美浙江文物守望者”	省级	浙江省文物局
101	张慧（越城区文物保护所）	2021 年浙江省“新鼎计划”优秀青年文博人才培养对象	省级	浙江省文物局
102	新昌县文化广电旅游局	浙江省第三届不可移动文物保护利用优秀案例	省级	浙江省文物局
103	绍兴博物馆	第十五届（2020 年度）浙江省博物馆陈列展览优秀奖	省级	浙江省文物局、浙江省博物馆学会
104	新昌县文化广电旅游局	第十五届（2020 年度）浙江省博物馆陈列展览优秀奖	省级	浙江省文物局、浙江省博物馆学会
105	曹婷等	2020 年度浙江省新闻奖一等奖	省级	浙江省广播电视局
106	张朝正等	2021 年度浙江省广播电视节目金鼎奖播出技术质量一等奖	省级	浙江省广播电视局
107	范红梅等	2021 年度广播电视对农节目考核和对农节目奖一等奖	省级	浙江省广播电视局
108	冯鹏钰	2021 年浙江省广播电视职业技能竞赛个人第一	省级	浙江省广播电视局
109	赵天恩	2021 年浙江省广播电视职业技能竞赛个人第一	省级	浙江省广播电视局
110	冯鹏钰、茅利锋	2021 年浙江省广播电视职业技能竞赛团体第一	省级	浙江省广播电视局
111	诸暨市融媒体中心	基层优秀科技创新类一等奖	省级	浙江省广播电视局
112	绍兴市文化广电旅游局	“周游绍兴·互游共通”入选“2020 浙江文旅促消费创新优秀案例”	省级	浙江日报报业集团
113	绍兴市文化广电旅游局	“绍兴成功当选 2021 东亚文化之都”入选“2020 浙江文化和旅游业十大新闻事件”	省级	浙江日报报业集团

续表 4

序号	获奖者 / 作品	获奖名称	级别	评奖单位
114	绍兴市文化广电旅游局	2021 上海旅游产业博览会“优秀参展单位奖”	省级	上海旅游产业博览会组委会
115	绍兴市文化市场综合行政执法队	知识产权保护工作中成绩突出集体	省级	省知识产权联席办
116	王章伟	“庆建党百年 享美好生活”浙江省第九届群众声乐大赛 中老年组金奖	省级	浙江省文化馆
117	绍兴图书馆	浙江省“图书馆特色藏书建设创新案例”征集活动一等奖	省级	浙江省图书馆学会
118	绍兴图书馆	浙江省图书馆学会第三届优秀图书馆服务品牌评选活动“最佳影响奖”	省级	浙江省图书馆学会
119	绍兴图书馆	童心向党·2021“魅力声音之寻找家乡的红色印记”浙江省少年儿童音频征集活动优秀组织单位	省级	浙江省图书馆学会
120	绍兴市柯桥区	2020 年浙江文旅融合高质量发展十佳县（市、区）	省级	浙江日报报业集团
121	柯桥区文化馆（绍兴莲花落《龙山星火》）	第十二届曲艺牡丹奖	省级	浙江省曲协
122	柯桥区文化馆（绍兴莲花落《师表》）	第十二届曲艺牡丹奖	省级	浙江省曲协
123	周谷	浙江省名点（名小吃）金奖	省级	浙江省餐饮业点心（小吃）专业委员会
124	戚行长	2021 年浙江（绍兴）工艺美术主题作品展金奖	省级	浙江省工艺美术行业协会
125	俞福均	2021 年浙江（绍兴）工艺美术主题作品展金奖	省级	浙江省工艺美术行业协会
126	宣利清	2021 年浙江（绍兴）工艺美术主题作品展金奖	省级	浙江省工艺美术行业协会
127	嵊州市黄泽镇文化站、嵊州市三江街道文化站	“幸福像花儿一样——首届浙江乡村文化艺术节暨乡村舞蹈大赛”中，分获“金穗奖”优秀奖，人气奖	省级	浙江乡村文化艺术节乡村舞蹈大赛组委会
128	嵊州市越剧艺术保护传承中心	浙江文化艺术发展基金 2020 年度资助（《核桃树之恋》）	省级	浙江文化艺术发展基金管理中心
129	嵊州市越剧艺术保护传承中心	浙江文化艺术发展基金 2021 年度资助（越剧电影《汉文皇后》）	省级	浙江文化艺术发展基金管理中心
130	张丽君、胡秀苇（绍兴博物馆）	2021 年度“全省博物馆十佳新媒体短视频”	省级	浙江省博物馆学会
131	张丽君、胡秀苇（绍兴博物馆）	2021 年度“全省博物馆优秀青少年教育项目”	省级	浙江省博物馆学会
132	台格芮德品购中心	浙江省五星级旅游购物场所	省级	浙江省旅游协会、浙江省文化和旅游标准化技术委员会
133	绍兴鲁迅纪念馆	2021 年度“全省博物馆优秀青少年教育项目”	省级	浙江省博物馆学会
134	绍兴市文化广电旅游局	浙江省中国世界文化遗产 2021 年度优秀监测年度报告	省级	浙江省世界文化遗产监测中心

2019年绍兴市文化行政主管部门基本情况表

表5

地区	单位名称	机构数（个）	从业人员（人）	收入合计（千元）		支出合计（千元）			资产总计（千元）		实际使用房屋建筑面积（平方米）	实际拥有产权面积（平方米）
					财政补贴收入（千元）		基本支出（千元）	项目支出（千元）		固定资产原值（千元）		
绍兴市本级	绍兴市文化广电旅游局	1	33	73270	70869	74072	14131	59941	25935	18730	6248	6248
越城区	越城区文化广电旅游局	1	24	6847	6835	7997	3859	4137	4234	436	500	0
柯桥区	柯桥区文化广电旅游局	1	28	28360	28360	28360	16802	11558	38860	21303	3150	3150
上虞区	上虞区文化广电旅游局	1	30	83107	13298	83107	5345	77762	3159	1699	1500	0
诸暨市	诸暨市文化广电旅游局	1	43	48259	47949	48259	8116	40143	6445	6445	3370	3370
嵊州市	嵊州市文化广电旅游局	1	13	61312	27214	31219	4220	26998	45626	1581	380	956
新昌县	新昌县文化广电旅游局	1	27	33730	32907	33730	8186	25544	21721	1134	1580	0

2020年绍兴市文化行政主管部门基本情况表

表6

地区	单位名称	机构数（个）	从业人员（人）	收入合计（千元）		支出合计（千元）			资产总计（千元）		实际使用房屋建筑面积（平方米）	实际拥有产权面积（平方米）
					财政补贴收入（千元）		基本支出（千元）	项目支出（千元）		固定资产原值（千元）		
绍兴市本级	绍兴市文化广电旅游局	1	33	118865	118865	120009	13585	106424	22747	17989	6248	6248
越城区	越城区文化广电旅游局	1	27	15779	13100	16134	4856	11278	3836	281	500	0
柯桥区	柯桥区文化广电旅游局	1	28	28180	28180	28180	18160	10020	24158	14765	3150	3150
上虞区	上虞区文化广电旅游局	1	30	114898	22354	114898	4709	110189	3159	1637	1500	
诸暨市	诸暨市文化广电旅游局	1	43	69586	50032	69586	10598	58988	15189	6909	3370	3370
嵊州市	嵊州市文化广电旅游局	1	15	13534	13529	14278	5401	8877	9356	83	1637	0
新昌县	新昌县文化广电旅游局	1	20	44586	44033	44586	6877	37709	24314	1216	800	

2021年绍兴市文化行政主管部门基本情况表

表7

地区	单位名称	机构数（个）	从业人员（人）	收入合计（千元）		支出合计（千元）			资产总计（千元）		实际使用房屋建筑面积（平方米）	实际拥有产权面积（平方米）
					财政补贴收入（千元）		基本支出（千元）	项目支出（千元）		固定资产原值（千元）		
绍兴市本级	绍兴市文化广电旅游局	1	34	115426	113725	115426	18411	97015	27206	20086	6248	6248
越城区	越城区文化广电旅游局	1	101	22457	21949	23888	3597	20291	612	384	0	0
柯桥区	柯桥区文化广电旅游局	1	31	36805	36805	36805	7900	28905	12771	12771	3150	3150
上虞区	上虞区文化广电旅游局	1	30	114898	22354	114898	4709	110189	3159	1637	1500	0
诸暨市	诸暨市文化广电旅游局	1	38	64328	39996	64328	12282	52046	9632	5814	2030	0
嵊州市	嵊州市文化广电旅游局	1	16	16848	16848	16848	6085	10763	8870	223	1637	0
新昌县	新昌县文化广电旅游局	1	22	40316	38998	40316	6198	34118	26536	1114	800	0

2019 年绍兴市文化部门机构（文化、文物）经费收支情况表

表 8

项目	收入合计（千元）								支出合计（千元）					资产总计（千元）	
		财政补贴收入		上级补助收入	事业收入	经营收入	附属单位上缴收入	其他收入		基本支出	项目支出	经营支出	工资福利支出		固定资产原价
			基建拨款												
总计	1329663	882136	20074	17252	58365	6693	0	365217	1251636	435568	758643	4256	355237	1253024	848671
一、文化合计	858556	584400	13150	550	23880	5073	0	244653	818797	363335	413980	2436	275157	928441	749517
艺术表演团体	127541	104906	0	0	18707	1800	0	2128	123508	94749	25941	1618	81011	102968	92138
艺术表演场馆	36220	11487	0	550	1073	2885	0	20225	36435	6687	1286	430	3868	27567	20792
公共图书馆	107987	106039	0	0	221	0	0	1727	107257	58533	48722	0	51833	218505	251205
文化馆	78876	78720	0	0	156	0	0	0	78383	49622	28761	0	34681	43575	49628
文化站	86019	81652	0	0	0	0	0	4367	91036	33842	47384	0	13948	284046	224384
其中：乡镇综合文化站	62407	59850	0	0	0	0	0	2557	68031	22487	38057	0	9814	216317	162386
艺术展览创作机构	0	0	0	0	0	0	0	0	0	0	0	0	0	0	0
其中：美术馆	0	0	0	0	0	0	0	0	0	0	0	0	0	0	0
艺术教育业	54559	50446	13150	0	3723	388	0	2	43151	30005	12758	388	25998	96509	52780
文化科研机构	0	0	0	0	0	0	0	0	0	0	0	0	0	0	0

续表 8

项目	收入合计（千元）								支出合计（千元）					资产总计（千元）	
		财政补贴收入		上级补助收入	事业收入	经营收入	附属单位上缴收入	其他收入		基本支出	项目支出	经营支出	工资福利支出		固定资产原价
			基建拨款												
文化行政主管部门	334885	118681	0	0	0	0	0	216204	306744	60659	246083	0	39115	145980	51328
其他文化机构	32469	32469	0	0	0	0	0	0	32283	29238	3045	0	24703	9291	7262
其中： 文化市场执法机构	23673	23673	0	0	0	0	0	0	23674	21984	1690	0	17921	8190	6422
二、文物合计	471107	297736	6924	16702	34485	1620	0	120564	432839	72233	344663	1820	80080	324583	99154
博物馆	115726	112048	6924	3204	1	0	0	473	112735	29292	75770	200	24305	68095	48878
文物保护管理机构	77682	24829	0	13498	34484	1620	0	3251	74760	10031	63102	1620	27139	155594	16351
文物科研机构	1139	1139	0	0	0	0	0	0	1107	928	179	0	858	1117	792
文物商店	7223	0	0	0	0	0	0	7223	6542	0	0	0	0	14378	4242
其他文物机构	269337	159720	0	0	0	0	0	109617	237695	31982	205612	0	27778	85399	28891

2020 年绍兴市文化部门机构（文化、文物）经费收支情况表

表 9

项目	收入合计（千元）								支出合计（千元）					资产总计（千元）	
		财政补贴收入	基建拨款	上级补助收入	事业预算收入	经营收入	附属单位上缴收入	其他收入		基本支出	项目支出	经营支出	工资福利支出		固定资产净值
总计	1455698	1056705	51983	3981	24439	3319	0	367254	1482761	430762	1025765	3108	348353	1355312	857315
一、文化合计	949480	677824	17990	1881	21718	2541	0	245516	968149	349981	593026	2022	272468	957330	626356
艺术表演团体	118213	99370	0	0	17478	0	0	1365	115416	88816	24767	878	79782	90704	62292
艺术表演场馆	20625	8491	0	976	486	2541	0	8131	22211	5108	928	1144	3478	25426	20482
公共图书馆	101565	99352	0	5	79	0	0	2129	103358	58566	44792	0	51899	230796	203687
文化馆	72471	71773	473	0	0	0	0	698	72850	41601	31027	0	33933	13925	10335
文化站	78447	74950	0	0	0	0	0	3497	80113	32557	40644	0	11106	303669	243860
其中：乡镇综合文化站	54179	52331	0	0	0	0	0	1848	56350	21174	0	0	8159	235935	181657
艺术展览创作机构	0	0	0	0	0	0	0	0	0	0	0	0	0	0	0
其中：美术馆	0	0	0	0	0	0	0	0	0	0	0	0	0	0	0
文化和旅游部门教育机构	116289	111702	17517	900	3675	0	0	12	128015	26453	101562	0	24270	174225	35167
文化和旅游科研机构	0	0	0	0	0	0	0	0	0	0	0	0	0	0	0

续表 9

项目	收入合计（千元）	财政补贴收入	基建拨款	上级补助收入	事业预算收入	经营收入	附属单位上缴收入	其他收入	支出合计（千元）	基本支出	项目支出	经营支出	工资福利支出	资产总计（千元）	固定资产净值
文化和旅游行政部门	405428	175744	0	0	0	0	0	229684	407671	64186	343485	0	41073	102759	42880
其他文化机构	36442	36442	0	0	0	0	0	0	38515	32694	5821	0	26927	15826	7653
其中： 文化市场执法机构	22646	22646	0	0	0	0	0	0	22646	21439	1207	0	16736	15387	7314
二、文物合计	506218	378881	33993	2100	2721	778	0	121738	514612	80781	432739	1086	75885	397982	230959
博物馆	147766	143829	33993	0	0	720	0	3217	153898	36563	116300	1029	34649	212284	186074
文物保护管理机构	24360	14848	0	2100	2721	58	0	4633	24360	3861	20442	57	6301	130205	4593
文物科研机构	1259	1259	0	0	0	0	0	0	1278	1037	241	0	931	808	138
文物行政部门	332833	218945	0	0	0	0	0	113888	335076	39320	295756	0	34004	54685	40154
其他文物机构	0	0	0	0	0	0	0	0	0	0	0	0	0	0	0

2021 年绍兴市文化部门机构（文化、文物）经费收支情况表

表 10

项目	收入合计（千元）								支出合计（千元）					资产总计（千元）	
		财政补贴收入		上级补助收入	事业预算收入	经营收入	附属单位上缴收入	其他收入		基本支出	项目支出	经营支出	工资福利支出		固定资产净值
			基建拨款												
总计	1581885	1100707	150717	4760	19588	31671	0	425159	1635205	500638	887417	32462	394265	2607521	1116280
一、文化合计	1019705	692695	90419	4710	19588	1197	0	301515	1030079	370732	614080	3123	295111	1049132	607997
艺术表演团体	129110	107869	0	3300	15606	0	0	2335	129882	98209	30356	502	81734	89516	47400
艺术表演场馆	33928	12058	0	1312	274	1197	0	19087	36088	6019	1480	2621	3451	24001	21073
公共图书馆	102117	101793	0	98	0	0	0	226	103645	61915	41730	0	53522	242034	194678
文化馆	83607	83416	124	0	0	0	0	191	83606	48843	34732	0	39435	27341	17272
文化站	79968	76277	0	0	0	0	0	3691	84447	34081	41645	0	11283	318809	256444
其中：乡镇综合文化站	51138	48775	0	0	0	0	0	2363	53884	19276	0	0	7434	185820	157866
艺术展览创作机构	0	0	0	0	0	0	0	0	0	0	0	0	0	0	0
其中：美术馆	0	0	0	0	0	0	0	0	0	0	0	0	0	0	0

续表 10

项目	收入合计（千元）								支出合计（千元）					资产总计（千元）	
		财政补贴收入		上级补助收入	事业预算收入	经营收入	附属单位上缴收入	其他收入		基本支出	项目支出	经营支出	工资福利支出		固定资产净值
			基建拨款												
文化和旅游部门教育机构	135359	131651	90295	0	3708	0	0	0	135359	24458	104481	0	26477	255327	27269
文化和旅游科研机构	0	0	0	0	0	0	0	0	0	0	0	0	0	0	0
文化和旅游行政部门	411078	135527	0	0	0	0	0	275551	412509	59182	353327	0	47005	88786	42029
其他文化机构	44538	44104	0	0	0	0	0	434	44543	38025	6329	0	32204	3318	1832
其中：文化市场执法机构	23430	23430	0	0	0	0	0	0	23430	21771	1659	0	17265	2386	1673
二、文物合计	562180	408012	60298	50	0	30474	0	123644	605126	129906	273337	29339	99154	1558389	508283
博物馆	179279	175509	58298	50	0	640	0	3080	178992	39994	88512	264	34852	94458	56875
文物保护管理机构	47206	15893	0	0	0	29834	0	1479	89008	43236	4564	29075	27648	1413158	421751
文物科研机构	1568	1568	0	0	0	0	0	0	1568	1422	146	0	1332	808	131
文物行政部门	334127	215042	2000	0	0	0	0	119085	335558	45254	180115	0	35322	49965	29526
其他文物机构	0	0	0	0	0	0	0	0	0	0	0	0	0	0	0

2019年绍兴市文化部门机构数、从业人员数综合情况表

表11

项目	总计						文化部门						其他部门					
	机构数（个）	从业人员（人）					机构数（个）	从业人员（人）					机构数（个）	从业人员（人）				
			专业技术人才						专业技术人才						专业技术人才			
				正高级职称	副高级职称	中级职称				正高级职称	副高级职称	中级职称				正高级职称	副高级职称	中级职称
总　计	1150	22191	3464	74	198	434	180	2660	1221	74	196	427	970	19531	2243	0	2	7
一、文化合计	1118	21310	3253	65	172	359	156	1861	1023	65	172	359	962	19449	2230	0	0	0
艺术表演团体	225	7082	2389	42	90	138	7	442	357	42	90	138	218	6640	2032	0	0	0
其中：公有制艺术表演团体	7	442	357	42	90	138	7	442	357	42	90	138	0	0	0	0	0	0
艺术表演场馆	24	886	227	0	0	9	6	76	29	0	0	9	18	810	198	0	0	0
其中：公有制艺术表演场馆	6	76	29	0	0	9	6	76	29	0	0	9	0	0	0	0	0	0
公共图书馆	7	293	206	6	34	103	7	293	206	6	34	103	0	0	0	0	0	0
文化馆	7	187	145	12	31	55	7	187	145	12	31	55	0	0	0	0	0	0
文化站	107	371	134	0	0	0	107	371	134	0	0	0	0	0	0	0	0	0
其中：乡镇综合文化站	84	279	99	0	0	0	84	279	99	0	0	0	0	0	0	0	0	0
艺术展览创作机构	0	0	0	0	0	0	0	0	0	0	0	0	0	0	0	0	0	0
其中：美术馆	0	0	0	0	0	0	0	0	0	0	0	0	0	0	0	0	0	0

续表 11

项目	总计						文化部门						其他部门					
	机构数（个）	从业人员（人）					机构数（个）	从业人员（人）					机构数（个）	从业人员（人）				
			专业技术人才						专业技术人才						专业技术人才			
				正高级职称	副高级职称	中级职称				正高级职称	副高级职称	中级职称				正高级职称	副高级职称	中级职称
艺术教育业	2	179	130	4	16	41	2	179	130	4	16	41	0	0	0	0	0	0
文化科研机构	0	0	0	0	0	0	0	0	0	0	0	0	0	0	0	0	0	0
文化市场经营机构（不包括非公有制院团和场馆）	533	4455	0	0	0	0	0	0	0	0	0	0	533	4455	0	0	0	0
文化行政主管部门	7	198	0	0	0	0	7	198	0	0	0	0	0	0	0	0	0	0
其他文化机构	14	153	22	1	1	13	13	115	22	1	1	13	1	38	0	0	0	0
其中：文化市场执法机构	5	75	6	0	0	6	5	75	6	0	0	6	0	0	0	0	0	0
二、文物合计	32	881	211	9	26	75	24	799	198	9	24	68	8	82	13	0	2	7
博物馆	17	422	131	8	18	49	9	340	118	8	16	42	8	82	13	0	2	7
文物保护管理机构	7	319	65	1	7	21	7	319	65	1	7	21	0	0	0	0	0	0
文物科研机构	1	5	4	0	0	1	1	5	4	0	0	1	0	0	0	0	0	0
文物商店	1	11	11	0	1	4	1	11	11	0	1	4	0	0	0	0	0	0
其他文物机构	6	124	0	0	0	0	6	124	0	0	0	0	0	0	0	0	0	0

2020年绍兴市文化部门机构数、从业人员数综合情况表

表12

项目	总计						文化部门						其他部门					
	机构数（个）	从业人员（人）					机构数（个）	从业人员（人）					机构数（个）	从业人员（人）				
			专业技术人才						专业技术人才						专业技术人才			
				正高级职称	副高级职称	中级职称				正高级职称	副高级职称	中级职称				正高级职称	副高级职称	中级职称
总　计	1045	20529	2843	78	212	448	179	2567	1191	74	204	423	866	17962	1652	4	8	25
一、文化和旅游合计	984	19530	2605	64	182	357	152	1816	1013	64	182	356	832	17714	1592	0	0	1
艺术表演团体	190	5901	1767	41	85	142	7	400	381	41	85	142	183	5501	1386	0	0	0
其中：公有制艺术表演团体	7	400	381	41	85	142	7	400	381	41	85	142	0	0	0	0	0	0
艺术表演场馆	21	618	239	0	1	9	6	78	35	0	1	9	15	540	204	0	0	0
其中：公有制艺术表演场馆	6	78	35	0	1	9	6	78	35	0	1	9	0	0	0	0	0	0
公共图书馆	7	296	196	6	37	97	7	296	196	6	37	97	0	0	0	0	0	0
文化馆	7	185	138	12	32	53	7	185	138	12	32	53	0	0	0	0	0	0
文化站	103	350	114	0	0	0	103	350	114	0	0	0	0	0	0	0	0	0
其中：乡镇综合文化站	80	258	83	0	0	0	80	258	83	0	0	0	0	0	0	0	0	0
艺术展览创作机构	1	3	2	0	0	1	0	0	0	0	0	0	1	3	2	0	0	1
其中：美术馆	1	3	2	0	0	1	0	0	0	0	0	0	1	3	2	0	0	1
文化和旅游部门教育机构	2	188	133	4	23	45	2	188	133	4	23	45	0	0	0	0	0	0
文化和旅游科研机构	0	0	0	0	0	0	0	0	0	0	0	0	0	0	0	0	0	0

续表 12

项目	总计						文化部门						其他部门					
	机构数（个）	从业人员（人）					机构数（个）	从业人员（人）					机构数（个）	从业人员（人）				
			专业技术人才						专业技术人才						专业技术人才			
				正高级职称	副高级职称	中级职称				正高级职称	副高级职称	中级职称				正高级职称	副高级职称	中级职称
文化市场经营机构（不包括非公有制院团和场馆）	445	4565	0	0	0	0	0	0	0	0	0	0	445	4565	0	0	0	0
旅行社	145	1353	0	0	0	0	0	0	0	0	0	0	145	1353	0	0	0	0
星级饭店	42	5732	0	0	0	0	0	0	0	0	0	0	42	5732	0	0	0	0
A 级旅游景区	0	0	0	0	0	0	0	0	0	0	0	0	0	0	0	0	0	0
文化和旅游行政部门	7	196	0	0	0	0	7	196	0	0	0	0	0	0	0	0	0	0
其他文化和旅游机构	14	143	16	1	4	10	13	123	16	1	4	10	1	20	0	0	0	0
其中：文化市场执法机构	5	84	4	0	2	1	5	84	4	0	2	1	0	0	0	0	0	0
二、文物合计	61	999	238	14	30	91	27	751	178	10	22	67	34	248	60	4	8	24
博物馆	46	629	188	12	26	73	13	437	148	9	19	54	33	192	40	3	7	19
文物保护管理机构	8	160	45	2	4	17	7	104	25	1	3	12	1	56	20	1	1	5
文物科研机构	1	7	5	0	0	1	1	7	5	0	0	1	0	0	0	0	0	0
文物行政部门	6	203	0	0	0	0	6	203	0	0	0	0	0	0	0	0	0	0
其他文物机构	0	0	0	0	0	0	0	0	0	0	0	0	0	0	0	0	0	0

2021年绍兴市文化部门机构数、从业人员数综合情况表

表13

项目	总计						文化部门						其他部门					
	机构数（个）	从业人员（人）					机构数（个）	从业人员（人）					机构数（个）	从业人员（人）				
			专业技术人才						专业技术人才						专业技术人才			
				正高级职称	副高级职称	中级职称				正高级职称	副高级职称	中级职称				正高级职称	副高级职称	中级职称
总计	981	21090	3019	79	231	452	179	3052	1300	74	216	420	802	18038	1719	5	15	32
一、文化和旅游合计	919	19659	2727	63	191	346	152	1981	1081	63	191	345	767	17678	1646	0	0	1
艺术表演团体	200	7062	1970	37	83	136	7	407	396	37	83	136	193	6655	1574	0	0	0
其中：公有制艺术表演团体	7	407	396	37	83	136	7	407	396	37	83	136	0	0	0	0	0	0
艺术表演场馆	20	445	101	0	2	7	6	72	31	0	2	7	14	373	70	0	0	0
其中：公有制艺术表演场馆	6	72	31	0	2	7	6	72	31	0	2	7	0	0	0	0	0	0
公共图书馆	7	284	199	6	38	97	7	284	199	6	38	97	0	0	0	0	0	0
文化馆	7	192	151	11	37	51	7	192	151	11	37	51	0	0	0	0	0	0
文化站	103	394	117	0	0	0	103	394	117	0	0	0	0	0	0	0	0	0
其中：乡镇综合文化站	73	238	78	0	0	0	73	238	78	0	0	0	0	0	0	0	0	0
艺术展览创作机构	1	3	2	0	0	1	0	0	0	0	0	0	1	3	2	0	0	1
其中：美术馆	1	3	2	0	0	1	0	0	0	0	0	0	1	3	2	0	0	1
文化和旅游部门教育机构	2	194	152	8	27	40	2	194	152	8	27	40	0	0	0	0	0	0
文化和旅游科研机构	0	0	0	0	0	0	0	0	0	0	0	0	0	0	0	0	0	0

续表 13

项目	总计						文化部门						其他部门					
	机构数（个）	从业人员（人）					机构数（个）	从业人员（人）					机构数（个）	从业人员（人）				
			专业技术人才						专业技术人才						专业技术人才			
				正高级职称	副高级职称	中级职称				正高级职称	副高级职称	中级职称				正高级职称	副高级职称	中级职称
文化市场经营机构（不包括非公有制院团和场馆）	368	3407	0	0	0	0	0	0	0	0	0	0	368	3407	0	0	0	0
旅行社	154	1371	0	0	0	0	0	0	0	0	0	0	154	1371	0	0	0	0
星级饭店	36	5832	0	0	0	0	0	0	0	0	0	0	36	5832	0	0	0	0
A 级旅游景区	0	0	0	0	0	0	0	0	0	0	0	0	0	0	0	0	0	0
文化和旅游行政部门	7	272	0	0	0	0	7	272	0	0	0	0	0	0	0	0	0	0
其他文化和旅游机构	14	203	35	1	4	14	13	166	35	1	4	14	1	37	0	0	0	0
其中：文化市场执法机构	4	76	4	0	2	1	4	76	4	0	2	1	0	0	0	0	0	0
二、文物合计	62	1431	292	16	40	106	27	1071	219	11	25	75	35	360	73	5	15	31
博物馆	47	672	190	14	32	84	13	447	135	9	19	57	34	225	55	5	13	27
文物保护管理机构	8	527	97	1	8	21	7	392	79	1	6	17	1	135	18	0	2	4
文物科研机构	1	7	5	1	0	1	1	7	5	1	0	1	0	0	0	0	0	0
文物行政部门	6	225	0	0	0	0	6	225	0	0	0	0	0	0	0	0	0	0
其他文物机构	0	0	0	0	0	0	0	0	0	0	0	0	0	0	0	0	0	0

2019年绍兴市艺术表演团体（事业）基本情况表

表14

地区	单位名称	从业人员（人）	本团原创首演剧目（个）	演出场次（场次）	国内演出观众人次（人次）	总收入（千元）	总支出（千元）	资产总计（千元）	实际使用房屋建筑面积（平方米）	实际拥有产权面积（平方米）
绍兴市本级	浙江绍剧艺术研究院	114	2	157	248000	35024	34615	52685	12704	
柯桥区	绍兴市柯桥区小百花越剧艺术传习中心	93	0	260	650000	32990	28587	24221	11624	
上虞区	上虞区公共文化服务中心	59	0	61	120000	12215	12211	4977	1586	
诸暨市	诸暨市文化艺术中心	48	0	235	470000	13712	13712	5308	966	
嵊州市	嵊州市越剧团	54	0	131	302300	17991	17991	7225	1920	1920
新昌县	新昌县调腔保护传承发展中心	61	0	118	271400	14070	15193	7831	2500	

2020年绍兴市艺术表演团体（事业）基本情况表

表15

地区	单位名称	从业人员（人）	本团原创首演剧目（个）	演出场次（场次）	国内演出观众人次（人次）	总收入（千元）	总支出（千元）	资产总计（千元）	实际使用房屋建筑面积（平方米）	实际拥有产权面积（平方米）
绍兴市本级	浙江绍剧艺术研究院	108		124	104700	33137	33710	47684	11575	
柯桥区	绍兴市柯桥区小百花越剧艺术传习中心	90	1	126	78000	29786	29786	22913	11624	
上虞区	上虞区公共文化服务中心	38		60	120000	10535	10535	2090	1586	
诸暨市	诸暨市文化艺术中心	48		129	38700	11219	11219	5852	966	
嵊州市	嵊州市越剧团	55	2	44	12000	17700	15104	7386	1920	1920
新昌县	新昌县调腔保护传承发展中心	58	1	112	224000	14453	14107	3640	2500	

2021 年绍兴市艺术表演团体（事业）基本情况表

表 16

地区	单位名称	从业人员（人）	本团原创首演剧目（个）	演出场次（场次）	国内演出观众人次（人次）	总收入（千元）	总支出（千元）	资产总计（千元）	实际使用房屋建筑面积（平方米）	实际拥有产权面积（平方米）
绍兴市本级	浙江绍剧艺术研究院	106	1	138	100000	37316	37586	48428	11575	
柯桥区	绍兴市柯桥区小百花越剧艺术传习中心	88		93	65000	29521	29521	22437	11624	
上虞区	上虞区公共文化服务中心	51		69	55200	11471	11471	1534	1586	
诸暨市	诸暨市文化艺术中心	48		125	107350	14764	14764	6075	966	
嵊州市	嵊州市越剧艺术保护传承中心	55	2	38	15000	20436	20436	7386	1920	1920
新昌县	新昌县调腔保护传承发展中心	56	1	109	218000	15290	15290	3027	2500	

2019 年绍兴市艺术表演团体（企业）基本情况表

表 17

地区	单位名称	从业人员（人）	本团原创首演剧目（个）	演出场次（场次）	国内演出观众人次（人次）	资产总计（千元）	营业收入（千元）	实际使用房屋建筑面积（平方米）	实际拥有产权面积（平方米）
上虞区	上虞小百花越剧有限公司	13	0	75	112500	721	1522	1586	

2020 年绍兴市艺术表演团体（企业）基本情况表

表 18

地区	单位名称	从业人员（人）	本团原创首演剧目（个）	演出场次（场次）	国内演出观众人次（人次）	资产总计（千元）	营业收入（千元）	实际使用房屋建筑面积（平方米）	实际拥有产权面积（平方米）
上虞区	上虞小百花越剧有限公司	3		25	50000	1139	397	1586	

2021 年绍兴市艺术表演团体（企业）基本情况表

表 19

地区	单位名称	从业人员（人）	本团原创首演剧目（个）	演出场次（场次）	国内演出观众人次（人次）	资产总计（千元）	营业收入（千元）	实际使用房屋建筑面积（平方米）	实际拥有产权面积（平方米）
上虞区	上虞小百花越剧有限公司	3		23	18400	629	312	1586	

2019 年绍兴市艺术表演场馆（事业）基本情况表

表 20

地区	单位名称	从业人员（人）	坐席数（个）	演（映）出场次合计（场次）	观众人次合计（人次）	总收入（千元）	总支出（千元）	资产总计（千元）	实际使用房屋建筑面积（平方米）	实际拥有产权面积（平方米）
上虞区	上虞剧院	5	1031	60	41365	2677	2889	7365	6152	2324
诸暨市	诸暨剧院	10	772	52	27580	4414	4629	5687	3436	3436
嵊州市	嵊州市剧院	4	1000	12	10900	1105	1027	2140	4900	4900
新昌县	新昌县文化中心	7	687	77	46000	1107	924	1575	5252	

2020 年绍兴市艺术表演场馆（事业）基本情况表

表 21

地区	单位名称	从业人员（人）	坐席数（个）	演（映）出场次合计（场次）	观众人次合计（人次）	总收入（千元）	总支出（千元）	资产总计（千元）	实际使用房屋建筑面积（平方米）	实际拥有产权面积（平方米）
上虞区	上虞区艺术推广服务中心	4	1000	40	28000	2177	2313	5396	6152	2324
诸暨市	诸暨剧院	13	772	52	11858	3841	3937	5688	3436	3436
嵊州市	嵊州市剧院	7	1000			923	960	2140	5104	6088
新昌县	新昌县文化中心	7	687	54	19000	940	1053	1542	5252	

2021 年绍兴市艺术表演场馆（事业）基本情况表

表 22

地区	单位名称	从业人员（人）	坐席数（个）	演（映）出场次合计（场次）	观众人次合计（人次）	总收入（千元）	总支出（千元）	资产总计（千元）	实际使用房屋建筑面积（平方米）	实际拥有产权面积（平方米）
上虞区	上虞区艺术推广服务中心	3	384	25	9500	1944	2089	5396	6152	2324
诸暨市	诸暨剧院	13	772	52	18000	4022	4542	5688	3436	3436
嵊州市	嵊州市文化艺术中心	6	1000			746	1111	2140	5104	6088
新昌县	新昌县文化中心	18	687	50	30000	2211	2470	1542	5252	

2019 年绍兴市艺术表演场馆（企业）基本情况表

表 23

地区	单位名称	从业人员（人）	坐席数（个）	演（映）出场次合计（场次）	观众人次合计（人次）	总收入（千元）	总支出（千元）	资产总计（千元）	实际使用房屋建筑面积（平方米）	实际拥有产权面积（平方米）
绍兴市本级	绍兴市演出有限公司（绍兴剧院）	5	770	147	64350	1143	3774	300	4251	
绍兴市本级	绍兴大剧院管理经营有限公司	45	1300	193	144750	9657	15657	6925	26400	

2020 年绍兴市艺术表演场馆（企业）基本情况表

表 24

地区	单位名称	从业人员（人）	席数（个）	演（映）出场次（场次）	观众人次（人次）	资产总计（千元）	营业收入（千元）	政府补助（补贴收入）（千元）	实际使用房屋建筑面积（平方米）	实际拥有产权面积（平方米）
绍兴市本级	绍兴市演出有限公司（绍兴剧院）	5	770	138	37721	2213	1760	1066	4251	
绍兴市本级	绍兴大剧院管理经营有限公司	42	1300	66	27884	8447	6193	3675	26400	

2021 年绍兴市艺术表演场馆（企业）基本情况表

表 25

地区	单位名称	从业人员（人）	席数（个）	演（映）出场次（场次）	观众人次（人次）	资产总计（千元）	营业收入（千元）	政府补助（补贴收入）（千元）	实际使用房屋建筑面积（平方米）	实际拥有产权面积（平方米）
绍兴市本级	绍兴市演出有限公司（绍兴剧院）	4	770	141	32162	2305	8290	600	4251	
绍兴市本级	绍兴大剧院管理经营有限公司	28	1300	94	41836	6930	9758	6347	26400	

2019年绍兴市文化馆基本情况表

表26

地区	单位名称	从业人员（人）	组织品牌节庆活动（次）	组织文艺活动次数（次）	举办训练班班次（次）	举办展览个数（个）	组织公益性讲座次数（次）	计算机（台）	本单位受训人次（人次）	收入合计（千元）	支出合计（千元）	资产总计（千元）	实际使用房屋建筑面积（平方米）	实际拥有产权面积（平方米）	志愿者服务队伍个数（个）		由本馆指导的单位（个）		
																志愿者服务队伍人数（人）	馆办文艺团体（个）	馆办老年大学（个）	群众业余文艺团队（个）
绍兴市本级	绍兴市文化馆	59	22	126	306	58	9	118	420	22884	22659	20251	27384	4398	8	670	18	1	98
越城区	越城区文化馆	12	2	153	807	6	13	30	104	5982	5956	948	1900	0	1	60	5	0	450
柯桥区	柯桥区文化馆	36	7	121	161	8	5	36	32	11375	11375	10564	14860	14860	0	0	5	1	100
上虞区	上虞区文化馆	28	7	185	940	50	50	24	92	12314	12314	3026	41493	0	10	310	14	1	40
诸暨市	诸暨市文化馆	20	5	320	983	43	38	20	98	12384	12384	4068	2708	0	32	780	5	0	38
嵊州市	嵊州市文化馆	18	3	220	49	36	17	15	15	9668	9250	2970	2799	0	0	0	5	0	10
新昌县	新昌县文化馆	14	4	57	24	3	7	19	55	4269	4445	1748	2500	0	10	350	5	0	25

2020年绍兴市文化馆基本情况表

表27

地区	单位名称	从业人员（人）	组织品牌节庆活动（次）	组织文艺活动次数（次）	举办训练班班次（次）	举办展览个数（个）	组织公益性讲座次数（次）	计算机（台）	本单位受训人次（人次）	收入合计（千元）	支出合计（千元）	资产总计（千元）	实际使用房屋建筑面积（平方米）	实际拥有产权面积（平方米）	志愿者服务队伍个数（个）		由本馆指导的单位（个）		
																志愿者服务队伍人数（人）	馆办文艺团体（个）	馆办老年大学（个）	群众业余文艺团队（个）
绍兴市本级	绍兴市文化馆	61	28	126	230	46	11	118	420	19443	19653	1795	27384		1	250	10	1	98
越城区	越城区文化馆	13	3	149	463	8	9	20	181	8198	8304	2599	5600	4251	1	60	5		25
柯桥区	柯桥区文化馆	31	7	101	139	7	1	36	33	10940	10940	3782	14860	14860			5	1	100
上虞区	上虞区文化馆	28	5	160	716	71	24	24	105	10895	10895	814	41493		1	200	15		
诸暨市	诸暨市文化馆	19	5	315	917	46	40	19	98	9863	9863	1500	2708		32	780	5		38
嵊州市	嵊州市文化馆	20	3	150	21	20	8	14	20	8563	8625	2771	2799						8
新昌县	新昌县文化馆	13	6	182	43	2	21	19	871	4569	4570	664	2500	0	10	328	5	0	25

2021 年绍兴市文化馆基本情况表

表 28

地区	单位名称	从业人员（人）	组织品牌节庆活动（次）	组织文艺活动次数（次）	举办训练班班次（次）	举办展览个数（个）	组织公益性讲座次数（次）	计算机（台）	本单位受训人次（人次）	收入合计（千元）	支出合计（千元）	资产总计（千元）	实际使用房屋建筑面积（平方米）	实际拥有产权面积（平方米）	志愿者服务队伍个数（个）		由本馆指导的单位（个）		
																志愿者服务队伍人数（人）	馆办文艺团体（个）	馆办老年大学（个）	群众业余文艺团队（个）
绍兴市本级	绍兴市文化馆	67	26	101	408	48	24	66	33	23290	23289	17028	27384		1	157	17	0	17
越城区	越城区文化馆	14	3	155	814	22	11	20	57	6734	6734	3000	5600	4251	1	60	5		25
柯桥区	柯桥区文化馆	35		1017	737	165	783	36	487	16859	16859	2683	13560	13560	8	281	5	1	100
上虞区	上虞区文化馆	26	5	80	354	49	146	26	115	11770	11770	716	40714		7	215	20		
诸暨市	诸暨市文化馆	18	10	305	902	43	38	18	98	10370	10370	1547	7060		32	780	5		38
嵊州市	嵊州市文化馆	19	4	137	6	6	5	14		9408	9408	1789	2799						8
新昌县	新昌县文化馆	13	8	45	36	7	45		50	5176	5176	578	5252		11	500	5	0	55

2019年绍兴市文化站基本情况表

表29

地区	单位名称	从业人员（人）	组织文艺活动（次）	举办训练班（次）	举办展览（个）	接受戏曲进乡村活动服务（次）	藏书（册）	计算机（台）	本单位受训人次（人次）	收入合计（千元）	财政拨款预算收入（千元）	支出合计（千元）	资产总计（千元）	实际使用房屋建筑面积（平方米）	实际拥有产权面积（平方米）	本站指导群众业余文艺团队（支）
越城区	东湖街道文化站	1	10	12	0	0	11000	2	20	43	43	68	40	2000	0	10
越城区	府山街道文化站	8	52	12	1	0	25000	6	60	830	785	830	670	2000	1600	20
越城区	鉴湖街道文化站	2	44	245	2	0	12781	17	8	520	520	520	979	1500	0	15
越城区	皋埠街道文化站	6	32	15	7	0	27000	20	300	1350	1250	1350	6850	2500	2000	20
越城区	迪荡街道文化站	10	42	100	2	0	11000	6	12	35	30	1325	3000	1800	0	15
越城区	城南街道文化站	2	13	8	6	0	3300	6	2	479	470	402	281	1040	0	9
越城区	沥海街道文化站	10	120	100	8	0	22000	19	60	1340	1340	1340	4000	1912	0	18
越城区	斗门街道文化站	3	15	21	0	0	25200	12	200	3359	3359	3359	132	1520	0	6
越城区	东浦街道文化站	2	215	68	2	0	15000	7	10	450	400	900	0	3000	0	16
越城区	北海街道文化站	2	35	18	5	0	1800	6	5	165	135	150	510	1700	1700	15
越城区	马山镇文化站	4	19	20	0	0	15000	10	2	2190	2190	1894	5000	2102	2102	7
越城区	稽山街道文化站	4	126	22	3	0	5000	6	385	184	184	184	2500	1475	0	13
越城区	塔山街道文化站	2	18	13	0	0	3500	6	2	218	175	218	350	1900	1900	16
越城区	富盛镇文化站	1	32	16	1	0	10212	7	200	146	146	146	146	1660	1660	6

续表 29

地区	单位名称	从业人员（人）	组织文艺活动（次）	举办训练班（次）	举办展览（个）	接受戏曲进乡村活动服务（次）	藏书（册）	计算机（台）	本单位受训人次（人次）	收入合计（千元）		支出合计（千元）	资产总计（千元）	实际使用房屋建筑面积（平方米）	实际拥有产权面积（平方米）	本站指导群众业余文艺团队（支）
											财政拨款预算收入（千元）					
越城区	陶堰镇文化站	1	40	5	1	0	18115	20	60	500	420	420	1600	1520	1520	9
越城区	孙端镇文化站	3	22	16	3	0	20000	16	6	750	750	750	2500	1770	4000	11
越城区	灵芝街道文化站	2	15	6	6	0	10000	6	6	2733	2733	2944	515	2000	2000	10
柯桥区	杨汛桥镇文化站	4	80	28	8	0	20000	20	60	200	200	100	38000	12000	0	20
柯桥区	福全镇文化站	2	80	32	8	0	16799	10	15	35	35	35	380	1680	680	16
柯桥区	夏履镇文化站	3	45	7	1	0	13500	20	8	400	330	400	900	3400	0	14
柯桥区	柯岩街道文化站	2	34	11	6	0	10000	20	56	800	800	800	200	2600	2600	20
柯桥区	华舍街道文化站	4	8	6	6	0	10021	11	220	64	64	1222	600	1500	1000	12
柯桥区	马鞍镇文化站	4	41	29	20	0	25000	20	18	173	173	173	400	2500	2500	20
柯桥区	齐贤镇文化站	6	70	25	12	0	17000	10	20	276	229	272	1613	5100	0	10
柯桥区	湖塘街道文化站	3	21	12	1	0	10000	14	12	587	160	587	790	2800	0	19
柯桥区	兰亭镇文化站	4	300	290	20	0	26500	16	25	1000	1000	1290	0	3850	0	20
柯桥区	平水镇文化站	2	210	13	8	0	16200	13	10	1431	1236	1431	35	2000	2000	19
柯桥区	安昌镇文化站	3	296	8	3	0	18000	20	20	650	650	850	4800	3650	3650	20

续表 29

地区	单位名称	从业人员（人）	组织文艺活动（次）	举办训练班（次）	举办展览（个）	接受戏曲进乡村活动服务（次）	藏书（册）	计算机（台）	本单位受训人次（人次）	收入合计（千元）	财政拨款预算收入（千元）	支出合计（千元）	资产总计（千元）	实际使用房屋建筑面积（平方米）	实际拥有产权面积（平方米）	本站指导群众业余文艺团队（支）
柯桥区	稽东镇文化站	3	28	10	6	0	12500	20	15	260	260	260	2730	1900	1300	20
柯桥区	漓渚镇文化站	3	30	8	2	0	15000	10	15	956	956	1196	200	1800	1800	12
柯桥区	柯桥街道文化站	5	298	24	12	0	25000	20	20	3000	3000	2990	15000	3000	2500	19
柯桥区	钱清镇文化站	3	56	68	4	0	22000	16	6	1023	1023	1023	6300	2500	0	20
柯桥区	王坛镇文化站	5	82	37	6	0	10000	15	8	466	466	466	2100	5443	0	18
上虞区	章镇镇文化站	3	45	14	4	0	51000	16	70	360	330	620	500	2700	2700	19
上虞区	谢塘镇文化站	4	26	10	2	0	14000	8	0	510	500	500	536	1560	1560	14
上虞区	陈溪乡文化站	2	56	13	10	0	21000	10	8	300	300	300	14000	2600	2600	15
上虞区	曹娥街道文化站	4	85	35	6	0	37800	18	4	2400	2400	2400	21000	5500	5500	20
上虞区	东关街道文化站	4	62	26	18	0	16500	8	5	350	300	300	8000	1520	1200	20
上虞区	丰惠镇文化站	5	21	18	7	0	20000	20	5	3500	3500	3500	15980	5020	5020	16
上虞区	上浦镇文化站	1	32	12	9	0	28000	8	7	250	250	250	400	2560	2400	20
上虞区	岭南乡文化站	4	14	8	1	0	10000	0	7	51	51	100	1000	1500	1500	10
上虞区	汤浦镇文化站	1	35	20	4	0	15000	1	10	600	500	650	3000	2300	1300	15

续表 29

地区	单位名称	从业人员（人）	组织文艺活动（次）	举办训练班（次）	举办展览（个）	接受戏曲进乡村活动服务（次）	藏书（册）	计算机（台）	本单位受训人次（人次）	收入合计（千元）	财政拨款预算收入（千元）	支出合计（千元）	资产总计（千元）	实际使用房屋建筑面积（平方米）	实际拥有产权面积（平方米）	本站指导群众业余文艺团队（支）
上虞区	长塘镇文化站	4	15	14	4	0	15000	18	6	110	100	120	1100	2400	2400	8
上虞区	下管镇文化站	2	96	119	16	0	20000	6	12	260	220	130	15000	2500	800	20
上虞区	小越街道文化站	2	14	10	4	0	14800	20	350	250	250	450	4000	2200	2200	20
上虞区	梁湖街道文化站	1	38	10	8	0	10000	10	8	200	200	200	1000	300	0	20
上虞区	道墟街道文化站	6	68	9	8	0	25655	12	5	784	784	784	8900	2460	2460	18
上虞区	驿亭镇文化站	2	29	9	9	0	11100	4	3	205	205	205	3000	1800	1800	17
上虞区	崧厦街道文化站	2	38	20	3	0	28000	20	6	155	150	205	2800	2500	2500	20
上虞区	百官街道文化站	8	110	60	30	0	45000	12	25	3800	3200	4100	1000	2600	2600	20
上虞区	永和镇文化站	1	31	13	2	0	24000	2	11	55	55	50	450	1320	1320	19
上虞区	丁宅乡文化站	2	15	15	4	0	12000	20	50	180	180	180	1200	1000	1000	10
上虞区	盖北镇文化站	1	28	8	5	0	20000	2	10	80	80	80	1000	1600	0	20
诸暨市	大唐街道文化站	7	90	45	10	0	45000	13	15	611	611	511	5500	2500	2500	20
诸暨市	浣东街道文化站	4	150	12	3	0	18000	4	60	1890	1560	1890	3600	1700	1700	20
诸暨市	暨南街道文化站	4	61	12	4	0	14100	7	23	780	780	762	750	1500	100	20

续表 29

地区	单位名称	从业人员（人）	组织文艺活动（次）	举办训练班（次）	举办展览（个）	接受戏曲进乡村活动服务（次）	藏书（册）	计算机（台）	本单位受训人次（人次）	收入合计（千元）		支出合计（千元）	资产总计（千元）	实际使用房屋建筑面积（平方米）	实际拥有产权面积（平方米）	本站指导群众业余文艺团队（支）
											财政拨款预算收入（千元）					
诸暨市	店口镇文化站	10	134	16	9	0	26578	25	180	1500	1500	1500	3460	3300	3300	15
诸暨市	牌头镇文化站	3	154	21	7	0	11457	11	14	567	454	952	3600	2722	2722	19
诸暨市	东白湖镇文化站	5	170	20	15	0	8200	4	50	1050	1050	1050	500	1050	1050	20
诸暨市	东和乡文化站	4	86	31	8	0	9013	11	0	866	866	952	1148	1000	1000	20
诸暨市	浬浦镇文化站	15	101	22	20	0	15000	6	2	360	300	360	1500	1506	1206	20
诸暨市	应店街镇文化站	5	121	36	4	0	20000	6	27	148	148	1059	820	1803	1803	62
诸暨市	山下湖镇文化站	5	150	26	15	0	16000	12	200	1694	1694	1577	1500	1500	1500	20
诸暨市	姚江镇文化站	3	99	30	4	0	20000	21	10	1523	1220	1526	1230	1950	1950	81
诸暨市	马剑镇文化站	3	46	32	7	0	3200	6	40	110	100	125	66	1500	1500	20
诸暨市	暨阳街道文化站	6	225	22	6	0	16000	20	1200	330	330	330	130	3000	0	132
诸暨市	同山镇文化站	3	53	30	5	0	10040	12	38	610	610	780	900	1500	0	12
诸暨市	陶朱街道文化站	4	51	10	9	0	15000	10	4	882	706	885	3000	1800	1800	20
诸暨市	安华镇文化站	3	64	41	10	0	10835	1	15	1480	880	1929	4505	1953	0	43
诸暨市	五泄镇文化站	5	120	15	3	0	26000	20	11	320	320	330	135	1500	1500	26

续表 29

地区	单位名称	从业人员（人）	组织文艺活动（次）	举办训练班（次）	举办展览（个）	接受戏曲进乡村活动服务（次）	藏书（册）	计算机（台）	本单位受训人次（人次）	收入合计（千元）		支出合计（千元）	资产总计（千元）	实际使用房屋建筑面积（平方米）	实际拥有产权面积（平方米）	本站指导群众业余文艺团队（支）
											财政拨款预算收入（千元）					
诸暨市	赵家镇文化站	3	146	16	5	0	12500	12	2	173	130	849	2081	1000	1000	20
诸暨市	次坞镇文化站	7	85	16	4	0	21600	7	3	480	480	2350	5200	1758	1758	12
诸暨市	璜山镇文化站	7	97	12	12	0	18500	3	2	380	120	350	5000	1035	1035	38
诸暨市	陈宅镇文化站	4	51	10	6	0	10000	11	2	1270	1270	1270	0	2000	0	18
诸暨市	岭北镇文化站	3	70	8	3	0	15000	10	2	598	598	598	100	2624	0	16
诸暨市	枫桥镇文化站	5	50	20	8	0	15550	18	30	438	438	35	5500	1500	0	71
嵊州市	金庭镇文化站	3	45	12	5	0	12000	20	350	400	400	490	300	1500	1500	14
嵊州市	剡湖街道文化站	3	36	16	12	0	7214	7	22	695	650	695	1200	1500	1500	16
嵊州市	崇仁镇文化站	6	25	6	0	0	16000	14	0	582	582	496	250	2500	2500	10
嵊州市	甘霖镇文化站	4	45	20	5	0	15000	13	9	1200	1040	1100	990	2575	2575	20
嵊州市	三江街道文化站	3	265	23	3	0	6200	13	6	435	385	435	0	1650	0	17
嵊州市	三界镇文化站	3	55	15	5	0	16900	10	35	900	770	1230	370	1500	1200	19
嵊州市	谷来镇文化站	3	9	6	1	0	11000	20	6	320	320	320	315	1550	1500	7
嵊州市	鹿山街道文化站	2	38	7	3	0	9575	10	0	255	255	255	180	1500	0	20

续表 29

地区	单位名称	从业人员（人）	组织文艺活动（次）	举办训练班（次）	举办展览（个）	接受戏曲进乡村活动服务（次）	藏书（册）	计算机（台）	本单位受训人次（人次）	收入合计（千元）	财政拨款预算收入（千元）	支出合计（千元）	资产总计（千元）	实际使用房屋建筑面积（平方米）	实际拥有产权面积（平方米）	本站指导群众业余文艺团队（支）
嵊州市	仙岩镇文化站	2	11	9	3	0	2100	2	0	275	235	275	450	1000	1000	5
嵊州市	下王镇文化站	1	25	16	4	0	11760	6	12	456	456	491	980	2800	2800	12
嵊州市	浦口街道文化站	4	15	12	3	0	9000	18	13	230	230	245	3550	1500	1200	12
嵊州市	黄泽镇文化站	4	56	11	9	0	22500	13	4	450	450	675	1500	2500	2500	20
嵊州市	贵门乡文化站	1	12	12	6	0	15600	3	0	601	500	601	500	1500	1500	6
嵊州市	石璜镇文化站	2	15	6	0	0	3500	6	65	230	230	200	370	1300	1500	9
嵊州市	长乐镇文化站	6	56	4	11	0	10000	11	2	41	41	620	1000	2760	2500	7
新昌县	七星街道文化站	4	33	18	5	0	12000	11	135	2081	2081	645	600	2500	2500	19
新昌县	镜岭镇文化站	2	38	10	8	0	6300	4	250	1711	1711	1593	200	1900	1900	43
新昌县	新林乡文化站	1	12	3	3	0	15200	6	10	150	150	150	56	80	80	15
新昌县	回山镇文化站	1	29	9	1	0	3500	1	12	1900	1900	1900	350	500	0	41
新昌县	梅渚镇文化站	2	36	39	12	0	11120	6	400	1715	1715	1390	7000	1740	0	36
新昌县	沙溪镇文化站	1	14	7	2	0	12000	5	50	250	250	250	1900	1500	1000	26
新昌县	羽林街道文化站	2	22	7	1	0	15263	1	5	1310	1310	314	70	1680	0	68

续表 29

地区	单位名称	从业人员（人）	组织文艺活动（次）	举办训练班（次）	举办展览（个）	接受戏曲进乡村活动服务（次）	藏书（册）	计算机（台）	本单位受训人次（人次）	收入合计（千元）		支出合计（千元）	资产总计（千元）	实际使用房屋建筑面积（平方米）	实际拥有产权面积（平方米）	本站指导群众业余文艺团队（支）
											财政拨款预算收入（千元）					
新昌县	巧英乡文化站	1	23	7	7	0	5000	3	6	1782	1782	1064	1820	1200	0	26
新昌县	儒岙镇文化站	3	30	12	9	0	11682	19	110	700	700	700	310	2150	2150	46
新昌县	双彩乡文化站	2	8	6	1	0	5000	4	25	2436	2436	2436	669	1900	0	30
新昌县	澄潭镇文化站	1	13	15	6	0	13000	11	5	682	682	1107	0	2500	0	41
新昌县	大市聚镇文化站	2	30	27	12	0	25000	4	50	960	960	960	100	1400	0	48
新昌县	东茗乡文化站	2	33	7	3	0	5019	4	33	520	520	520	71	1119	1119	27
新昌县	南明街道文化站	2	38	29	18	0	10500	5	98	2592	2592	1803	1498	1550	0	80
新昌县	小将镇文化站	1	34	8	14	0	7000	1	12	727	727	727	150	2180	0	40
新昌县	城南乡文化站	1	18	22	4	0	10000	1	205	360	360	360	85	765	0	27

2020 年绍兴市文化站基本情况表

表 30

地区	单位名称	从业人员（人）	组织文艺活动（次）	举办训练班（次）	举办展览（个）	接受戏曲进乡村活动服务（次）	藏书（册）	计算机（台）	本单位受训人次（人次）	收入合计（千元）		支出合计（千元）	资产总计（千元）	实际使用房屋建筑面积（平方米）	实际拥有产权面积（平方米）	本站指导群众业余文艺团队（支）
											财政拨款预算收入（千元）					
越城区	东湖街道文化站	1	12	12	0	0	12000	2	20	43	43	55	40	2000	0	10
越城区	府山街道文化站	8	50	12	1	4	25500	6	66	890	875	890	670	2000	1600	20
越城区	鉴湖街道文化站	1	15	50	0	0	12781	15	15	420	420	420	979	1500		15
越城区	皋埠街道文化站	6	24	11	4	9	27000	20	400	1050	1050	1050	6850	2500	2000	20
越城区	迪荡街道文化站	10	25	50	1	5	11000	6	12	30	25	10	3000	1800		12
越城区	城南街道文化站	2	13	8	6	7	8000	6	150	479	470	402	281	3500		9
越城区	沥海街道文化站	10	100	60	8	15	22500	19	60	700	700	700	4150	1912	0	18
越城区	斗门街道文化站	3	16	22	0	9	25400	12	300	568	568	568	134	1520	0	6
越城区	东浦街道文化站	2	138	32	2	15	16000	7	20	450	400	575		3000		20
越城区	北海街道文化站	1	38	18	5	20	1850	6	5	165	135	150	510	1700	1700	15
越城区	马山街道文化站	4	21	46	3	15	15000	10	14	800	800	800	5000	2102	2102	7
越城区	稽山街道文化站	4	90	14	2	12	5000	4	70	185	185	185	2500	1475		13
越城区	塔山街道文化站	5	10	7	0	5	3500	6	2	218	175	218	350	1900	1900	6
越城区	富盛镇文化站	1	33	17	1	10	10312	7	260	150	150	150	150	1660	1660	15
越城区	陶堰街道文化站	1	30	5	0	3	18115	20	50	500	420	400	1600	1520	1520	9
越城区	孙端街道文化站	3	10	23	5	15	20000	16	6	850	850	850	2500	1770	4000	11

续表 30

地区	单位名称	从业人员（人）	组织文艺活动（次）	举办训练班（次）	举办展览（个）	接受戏曲进乡村活动服务（次）	藏书（册）	计算机（台）	本单位受训人次（人次）	收入合计（千元）		支出合计（千元）	资产总计（千元）	实际使用房屋建筑面积（平方米）	实际拥有产权面积（平方米）	本站指导群众业余文艺团队（支）
											财政拨款预算收入（千元）					
越城区	灵芝街道文化站	2	15	6	6	6	10000	6	6	2738	2738	2738	515	2000	2000	10
柯桥区	杨汛桥镇文化站	2	300	30	10	20	20000	20	60	130	130	100	38000	12000		20
柯桥区	福全镇文化站	2	80	32	8	0	16799	10	15	35	35	35	380	1680	680	16
柯桥区	夏履镇文化站	3	35	7	1	12	13500	20	8	400	330	400	900	3400	0	14
柯桥区	柯岩街道文化站	2	35	10	5		10000	20	60	800	800	800	200	2600	2600	20
柯桥区	华舍街道文化站	3	17	9	2	8	10021	11	460	1100	1100	1250	600	1500	1000	6
柯桥区	马鞍镇文化站	4	38	28	30	5	25000	18	2500	100	100	100	2500	2500	2500	10
柯桥区	区齐贤镇文化站	6	60	14	10	6	17000	10	20	276	229	272	1613	5100		12
柯桥区	湖塘街道文化站	3	16	11	0	20	10000	14	11	618	191	618	790	2800	781	19
柯桥区	兰亭镇文化站	4	300	290	30	8	26500	16	22	1490	1490	1489	0	3850	0	20
柯桥区	平水镇文化站	2	210	13	8	2	16200	13	10	1451	1236	1451	35	2000	2000	19
柯桥区	安昌镇文化站	3	246	8	4	6	18000	20	21	720	720	720	5200	3650	3650	20
柯桥区	稽东镇文化站	3	32	10	6	6	12500	20	15	260	260	260	2730	1900	1300	20
柯桥区	漓渚镇文化站	3	25	6	2	8	15000	10	16	966	966	1186	200	1800	1800	12
柯桥区	柯桥街道文化站	5	250	24	12	5	25000	20	200	3000	3000	2990	15000	3000	2500	15
柯桥区	钱清镇文化站	4	40	15	4	6	22000	16	8	1300	1300	1300	6400	2500	0	20

续表 30

地区	单位名称	从业人员（人）	组织文艺活动（次）	举办训练班（次）	举办展览（个）	接受戏曲进乡村活动服务（次）	藏书（册）	计算机（台）	本单位受训人次（人次）	收入合计（千元）		支出合计（千元）	资产总计（千元）	实际使用房屋建筑面积（平方米）	实际拥有产权面积（平方米）	本站指导群众业余文艺团队（支）
											财政拨款预算收入（千元）					
柯桥区	王坛镇文化站	2	125	32	7	12	10000	15	36	518	518	518	21000	5443		18
上虞区	章镇镇文化站	3	45	14	4	15	51000	16	70	1181	927	919	500	2700	2700	19
上虞区	谢塘镇文化站	4	136	49	1	8	14000	6	60	650	650	660	536	1560	1560	18
上虞区	陈溪乡文化站	2	56	13	10	15	21000	10	8	300	300	300	14000	2600	2600	15
上虞区	曹娥街道文化站	4	40	50	5	15	41800	18	4	2000	2000	2000	21000	5500	5500	20
上虞区	东关街道文化站	4	59	29	23	20	16500	10	7	365	295	295	8000	1520	1200	20
上虞区	丰惠镇文化站	4	23	15	8	15	20000	20	5	4000	4000	4000	15980	5020	5020	18
上虞区	上浦镇文化站	1	42	18	10	13	32000	8	2	700	700	700	400	2560	2400	19
上虞区	岭南乡文化站	4	16	9	2		10000			75	75	97	1000	1500	1500	10
上虞区	汤浦镇文化站	1	40	6	5	5	13000	2	10	600	500	650	3000	2300	1300	15
上虞区	长塘镇文化站	2	30	12	6	12	16000	2	80	60	60	60	7500	2400	2400	6
上虞区	下管镇文化站	2	15	119	16	20	20100	6	12	160	150	180	15000	2500	800	20
上虞区	小越街道文化站	2	10	7	2	11	14820	20	2	250	250	300	4000	2200	2200	20
上虞区	梁湖街道文化站	1	38	10	8	8	10000	10	8	200	200	200	1000	2050	1800	20
上虞区	道墟街道文化站	6	147	10	21	25	26655	12	6	865	865	865	9200	2460	2460	18
上虞区	驿亭镇文化站	2	20	8	8		10000	4	3	205	205	205	3000	1800	1800	17

续表 30

地区	单位名称	从业人员（人）	组织文艺活动（次）	举办训练班（次）	举办展览（个）	接受戏曲进乡村活动服务（次）	藏书（册）	计算机（台）	本单位受训人次（人次）	收入合计（千元）		支出合计（千元）	资产总计（千元）	实际使用房屋建筑面积（平方米）	实际拥有产权面积（平方米）	本站指导群众业余文艺团队（支）
											财政拨款预算收入（千元）					
上虞区	崧厦街道文化站	2	41	26	3	13	28000	20	6	155	150	155	2825	2500	2500	20
上虞区	百官街道文化站	8	110	65	25	15	45000	12	25	4000	3300	3430	1000	2600	2600	29
上虞区	永和镇文化站	5	27	17	3	7	3200	2	55	157	157	157	450	1320	1320	8
上虞区	丁宅乡文化站	2	16	16	4	16	12300	20	60	200	200	200	1200	1000	1000	10
上虞区	盖北镇文化站	1	20	1	0	6	6000	0	15	80	80	80	1000	1600	0	20
诸暨市	大唐街道文化站	5	100	48	12	36	45000	13	15	520	520	520	5500	2500	2500	20
诸暨市	浣东街道文化站	4	130	20	8	26	18000	4	70	1900	1600	1900	3600	1700	1700	20
诸暨市	暨南街道文化站	3	58	10	3	4	14100	7	21	780	780	783	750	1500	100	20
诸暨市	店口镇文化站	10	128	13	8	24	26578	20	170	1300	1300	1300	3460	3300	3300	15
诸暨市	牌头镇文化站	3	72	15	8	3	11457	11	14	330	330	280	3600	2722	2722	19
诸暨市	东白湖镇文化站	5	100	20	15	2	8600	4	50	1100	1100	1100	500	1050	1050	20
诸暨市	东和乡文化站	3	88	32	10	6	9013	2	2	890	890	891	1200	1000	1000	20
诸暨市	浬浦镇文化站	14	102	24	24	2	15000	7	50	360	300	360	1500	1506	1206	20
诸暨市	应店街镇文化站	5	110	31	4	8	21600	6	27	136	136	550	820	1803	1803	58
诸暨市	山下湖镇文化站	5	210	30	20	0	16000	12	260	2090	2090	2100	2000	1500	1500	20
诸暨市	姚江镇文化站	3	100	30	5	3	20000	10	25	1523	1220	1526	1230	1950	1950	20

续表 30

地区	单位名称	从业人员（人）	组织文艺活动（次）	举办训练班（次）	举办展览（个）	接受戏曲进乡村活动服务（次）	藏书（册）	计算机（台）	本单位受训人次（人次）	收入合计（千元）		支出合计（千元）	资产总计（千元）	实际使用房屋建筑面积（平方米）	实际拥有产权面积（平方米）	本站指导群众业余文艺团队（支）
											财政拨款预算收入（千元）					
诸暨市	马剑镇文化站	3	53	36	8	4	3200	6	55	110	100	125	66	1500	1500	20
诸暨市	暨阳街道文化站	6	230	25	8		19000	20	1250	400	400	400	130	3000		132
诸暨市	同山镇文化站	3	55	32	7	4	10040	5	45	620	620	790	900	1500	0	14
诸暨市	陶朱街道文化站	4	41	15	10	5	15000	10	6	616	616	676	3000	1800	1800	20
诸暨市	安华镇文化站	3	95	43	12	4	10835	3	17	1941	1941	2097	4510	1953	0	46
诸暨市	五泄镇文化站	5	130	20	5	5	26000	20	15	330	330	330	135	1500	1500	20
诸暨市	赵家镇文化站	3	147	23	6	2	12500	12	3	173	139	224	2081	1000	1000	20
诸暨市	次坞镇文化站	3	86	17	5	2	21600	7	3	715	715	1180	5200	1758	1758	12
诸暨市	璜山镇文化站	7	120	12	12	3	18500	3	3	400	120	350	200	1035	1035	38
诸暨市	陈宅镇文化站	4	52	10	6	4	10000	3	2	1568	1568	1568		2000		18
诸暨市	岭北镇文化站	3	80	8	3	2	15000	10	2	708	708	708	100	1734	0	16
诸暨市	枫桥镇文化站	4	50	20	8	5	15550	18	30	310	310	310	5500	1500	0	18
嵊州市	金庭镇文化站	3	45	15	7	15	12000	20	500	400	400	400	300	1500	1500	18
嵊州市	剡湖街道文化站	3	20	12	8	2	7350	7	12	715	715	715	1200	1550	1550	16
嵊州市	崇仁镇文化站	4	25	6			16000	14		582	582	496	250	2500	2500	10
嵊州市	甘霖镇文化站	4	25	4	6	8	15000	20	8	860	800	680	1000	2575	2575	20

续表 30

地区	单位名称	从业人员（人）	组织文艺活动（次）	举办训练班（次）	举办展览（个）	接受戏曲进乡村活动服务（次）	藏书（册）	计算机（台）	本单位受训人次（人次）	收入合计（千元）		支出合计（千元）	资产总计（千元）	实际使用房屋建筑面积（平方米）	实际拥有产权面积（平方米）	本站指导群众业余文艺团队（支）
											财政拨款预算收入（千元）					
嵊州市	三江街道文化站	3	215	20	3	8	6200	13	6	435	385	435		1650		17
嵊州市	三界镇文化站	3	30	15	5	0	16900	10	36	900	770	1230	370	1500	1200	19
嵊州市	谷来镇文化站	2	18	12	3	8	11000	5	6	450	450	450	455	1550	1500	17
嵊州市	鹿山街道文化站	3	25	4	2	3	9575	10		330	330	330	185	1500		20
嵊州市	仙岩镇文化站	2	11	9	3		2100	2		275	235	275	450	1000	1000	5
嵊州市	下王镇文化站	1	13	6	2	1	11800	6	12	246	246	246	980	2800	2800	12
嵊州市	浦口街道文化站	2	17	14	4	1	9000	18	13	230	230	245	3550	1500	1200	12
嵊州市	黄泽镇文化站	4	36	10	6	7	22500	13	8	445	445	500	1500	2500	2500	20
嵊州市	贵门乡文化站	2	15	15	12	8	6000	10	357	700	600	700	550	1500	1500	10
嵊州市	石璜镇文化站	1	16	14	3	11	3500	3	6	250	250	250	370	1300	1500	16
嵊州市	长乐镇文化站	6	23	6	3	1	10000	20	2	291	291	620	1000	6000	1500	7
新昌县	七星街道文化站	4	19	18	5	4	12000	5	135	619	619	619	600	2500	2500	19
新昌县	镜岭镇文化站	1	38	10	8	14	6300	4	250	814	814	778	5000	2209	2209	37
新昌县	回山镇文化站	1	27	6	1	1	3500	1	12	2100	2100	2100	350	2198	0	19
新昌县	沙溪镇文化站	2	12	10	2	8	12000	5	50	370	370	370	1900	1500	1000	26
新昌县	羽林街道文化站	2	13	7	1	1	15263	1	70	1145	1145	1760	70	1680	0	68

续表 30

地区	单位名称	从业人员（人）	组织文艺活动（次）	举办训练班（次）	举办展览（个）	接受戏曲进乡村活动服务（次）	藏书（册）	计算机（台）	本单位受训人次（人次）	收入合计（千元）		支出合计（千元）	资产总计（千元）	实际使用房屋建筑面积（平方米）	实际拥有产权面积（平方米）	本站指导群众业余文艺团队（支）
											财政拨款预算收入（千元）					
新昌县	儒岙镇文化站	3	20	12	4	7	12682	19	110	1000	1000	900	310	2150	2150	20
新昌县	澄潭街道文化站	3	14	16	8	2	28000	15	2	135	135	694	0	3756	0	20
新昌县	沃洲镇文化站	2	27	23	11	2	25000	4	55	940	940	940	110	1400	0	50
新昌县	东茗乡文化站	2	16	9	4	6	8415	4	48	580	580	580	71	1119	1119	29
新昌县	南明街道文化站	2	12	6	4	1	10500	5	90	4028	4028	3445	1498	1650	0	80
新昌县	小将镇文化站	1	38	10	15	2	7000	1	8	824	824	824	150	2180	0	40
新昌县	城南乡文化站	1	16	20	2	2	10500	1	195	360	360	360	100	2175	0	27

2021 年绍兴市文化站基本情况表

表 31

地区	单位名称	从业人员（人）	组织文艺活动（次）	举办训练班（次）	举办展览（个）	接受戏曲进乡村活动服务（次）	藏书（册）	计算机（台）	本单位受训人次（人次）	收入合计（千元）		支出合计（千元）	资产总计（千元）	实际使用房屋建筑面积（平方米）	实际拥有产权面积（平方米）	本站指导群众业余文艺团队（支）
											财政拨款预算收入（千元）					
越城区	东湖街道文化站	1	6	6	2	5	12000	12	50	42	42	42	40	2000		20
越城区	府山街道文化站	8	50	12	1	4	25500	6	66	890	875	890	670	2000	1600	20
越城区	鉴湖街道文化站	2	22	30	3	5	15000	15	22	500	500	500	979	1500		15
越城区	皋埠街道文化站	6	20	9	3	8	27000	20	380	910	910	910	6850	2500	2000	20
越城区	迪荡街道文化站	10	26	50	1	5	16447	6	60	35	30	20	3000	1800	0	12
越城区	城南街道文化站	2	12	6	5	7	8000	6	150	479	470	402	281	3500		9
越城区	沥海街道文化站	8	120	60	10	24	22500	19	65	700	700	700	4300	2700	0	18
越城区	斗门街道文化站	3	20	88	0	7	25400	12	420	768	768	768	335	1520	0	12
越城区	东浦街道文化站	2	129	28	2	12	16000	7	22	480	420	550		3000		18
越城区	北海街道文化站	1	38	18	5	20	1850	6	5	165	135	150	510	1700	1700	15
越城区	马山街道文化站	5	15	34	2	16	15000	10	13	815	815	815	5000	2102	2102	8
越城区	稽山街道文化站	4	91	14	2	12	5000	4	64	185	185	185	2500	1475		13
越城区	塔山街道文化站	3	15	9	0	5	3500	6	15	200	175	200	350	1900	1900	6
越城区	富盛镇文化站	1	29	12	0	6	10312	7	200	150	150	150	150	1660	1660	15
越城区	陶堰街道文化站	1	25	5	1	10	9882	20	20	500	420	402	1600	1520	1520	9
越城区	孙端街道文化站	4	17	23	3	23	21149	16	10	1943	1943	1943	2500	1770	4000	11

续表 31

地区	单位名称	从业人员（人）	组织文艺活动（次）	举办训练班（次）	举办展览（个）	接受戏曲进乡村活动服务（次）	藏书（册）	计算机（台）	本单位受训人次（人次）	收入合计（千元）	财政拨款预算收入（千元）	支出合计（千元）	资产总计（千元）	实际使用房屋建筑面积（平方米）	实际拥有产权面积（平方米）	本站指导群众业余文艺团队（支）
越城区	灵芝街道文化站	2	15	6	6	6	10000	6	6	608	608	608	515	2000	2000	10
柯桥区	杨汛桥街道文化站	5	300	35	10	20	20000	17	100	130	130	100	38000	12000		20
柯桥区	福全街道文化站	2	291	120	19	18	11578	10	12	81	81	81	575	2100	2100	8
柯桥区	夏履镇文化站	4	35	7	2	28	17000	10	15	205	205	205	1600	2100	2100	8
柯桥区	柯岩街道文化站	5	36	12	5		10000	20	70	800	800	800	200	2600	2600	20
柯桥区	华舍街道文化站	2	16	9	2	8	10021	11	460	1100	1100	1250	600	1500	1000	6
柯桥区	马鞍街道文化站	8	84	28	7	180	25000	20	800	3050	3050	3045	2500	2500	2500	10
柯桥区	齐贤街道文化站	6	290	60	8	20	10000	12	200	276	229	272	1429	1600	1600	12
柯桥区	湖塘街道文化站	4	23	14	1	15	10000	14	14	760	293	760	790	2800	781	19
柯桥区	兰亭街道文化站	6	300	280	30	8	26500	16	21	1548	1548	1546	0	3850	0	20
柯桥区	平水镇文化站	2	220	13	12	5	16200	13	10	1451	1236	1451	35	2000	2000	19
柯桥区	安昌街道文化站	5	288	8	4	4	18000	16	25	762	762	762	5200	3650	3650	19
柯桥区	稽东镇文化站	3	32	12	5	7	12500	20	15	260	260	260	2730	1900	1300	20
柯桥区	漓渚镇文化站	3	27	10	4	11	16000	10	16	1330	1330	1328	200	1800	1800	12
柯桥区	柯桥街道文化站	3	105	24	6	5	15580	18	3	1440	1440	1300	24799	5000	2500	18
柯桥区	钱清街道文化站	6	42	15	5	40	36000	15	30	1900	1900	1900	6800	2500	0	20

续表 31

地区	单位名称	从业人员（人）	组织文艺活动（次）	举办训练班（次）	举办展览（个）	接受戏曲进乡村活动服务（次）	藏书（册）	计算机（台）	本单位受训人次（人次）	收入合计（千元）		支出合计（千元）	资产总计（千元）	实际使用房屋建筑面积（平方米）	实际拥有产权面积（平方米）	本站指导群众业余文艺团队（支）
											财政拨款预算收入（千元）					
柯桥区	王坛镇文化站	3	120	43	6	29	10000	16	5	750	750	800	21000	5443	0	18
上虞区	章镇镇文化站	4	70	15	5	30	51000	16	80	1796	1796	1796	500	2700	2700	10
上虞区	谢塘镇文化站	4	130	35	1	13	4700	10	60	490	490	530	536	1560	1560	18
上虞区	陈溪乡文化站	2	56	12	9	12	21000	10	8	300	300	300	14000	2600	2600	15
上虞区	曹娥街道文化站	5	29	14	6	11	41800	18	5	2100	2100	2100	21000	5500	5500	20
上虞区	东关街道文化站	4	59	29	23	20	16500	10	7	365	295	395	8000	1520	1200	20
上虞区	丰惠镇文化站	4	31	18	9	18	27000	20	6	4050	4050	4550	16550	5020	5020	18
上虞区	上浦镇文化站	1	11	18	10	13	32000	8	2	700	700	700	400	2560	2400	19
上虞区	岭南乡文化站	4	20	9	3	15	11000	2		65	65	85	1000	1500	1500	10
上虞区	汤浦镇文化站	1	40	6	5	10	13000	4	10	600	500	650	3000	2300	1300	15
上虞区	长塘镇文化站	2	30	13	6	12	17500	2	80	60	60	60	7500	2400	2400	6
上虞区	下管镇文化站	6	15	6	6	15	5000	10	12	160	150	180	15000	1628	2500	10
上虞区	小越街道文化站	2	8	9	2	28	16000	6	50	250	250	250	4000	2200	2200	6
上虞区	梁湖街道文化站	4	40	48	4	10	10000	10	8	200	200	200	1000	2050	1800	20
上虞区	道墟街道文化站	6	286	8	25	45	26655	12	25	964	964	964	10200	2460	2460	18
上虞区	驿亭镇文化站	2	18	6	1	9	10000	4	8	203	203	203	3000	1800	1800	17

续表 31

地区	单位名称	从业人员（人）	组织文艺活动（次）	举办训练班（次）	举办展览（个）	接受戏曲进乡村活动服务（次）	藏书（册）	计算机（台）	本单位受训人次（人次）	收入合计（千元）		支出合计（千元）	资产总计（千元）	实际使用房屋建筑面积（平方米）	实际拥有产权面积（平方米）	本站指导群众业余文艺团队（支）
											财政拨款预算收入（千元）					
上虞区	崧厦街道文化站	5	84	15	3	74	28000	20	11	174	174	174	2825	2500	2500	20
上虞区	百官街道文化站	8	120	58	24	18	45000	12	26	2100	1800	1650	1000	2600	2600	20
上虞区	永和镇文化站	5	32	18	6	9	6000	2	55	120	120	120	450	1320	1320	8
上虞区	丁宅乡文化站	2	16	16	4	17	12500	20	66	220	220	220	1200	1000	1000	10
上虞区	盖北镇文化站	2	20	8	0	20	6000	0	15	65	65	65	1000	1600	0	20
诸暨市	大唐街道文化站	5	120	50	12	36	43875	13	15	300	300	300	5500	2500	2500	20
诸暨市	浣东街道文化站	4	32	13	3	4	6770	10	500	1658	1658	1658	4526	2500	0	20
诸暨市	暨南街道文化站	3	58	10	3	4	14100	8	37	780	780	783	750	1500	100	20
诸暨市	店口镇文化站	9	128	13	8	24	26578	20	170	1500	1500	1300	3460	3300	3300	20
诸暨市	牌头镇文化站	4	143	15	6	2	11457	11	150	310	310	255	3600	2722	2722	19
诸暨市	东白湖镇文化站	5	50	20	16	5	8600	4	50	1200	1200	1200	500	2300	2300	20
诸暨市	东和乡文化站	3	60	10	5	15	9013	2	2	1300	1300	1300	1200	3500	1800	18
诸暨市	浬浦镇文化站	3	102	24	24	4	15000	7	50	360	300	360	1500	1506	1206	20
诸暨市	应店街镇文化站	5	112	32	29	8	21600	6	27	150	140	500	820	2803		19
诸暨市	山下湖镇文化站	5	212	24	18	1	16200	8	3000	2000	2000	1980	2000	2660	2660	20
诸暨市	姚江镇文化站	4	26	6	4	2	20000	12	3	1523	1220	1526	1230	1950	1950	8

续表 31

地区	单位名称	从业人员（人）	组织文艺活动（次）	举办训练班（次）	举办展览（个）	接受戏曲进乡村活动服务（次）	藏书（册）	计算机（台）	本单位受训人次（人次）	收入合计（千元）	财政拨款预算收入（千元）	支出合计（千元）	资产总计（千元）	实际使用房屋建筑面积（平方米）	实际拥有产权面积（平方米）	本站指导群众业余文艺团队（支）
诸暨市	马剑镇文化站	3	42	28	10	4	3254	6	60	124	114	108	66	2620	2620	15
诸暨市	暨阳街道文化站	6	245	38	10	51	22845	20	1312	1020	1020	3172	130	3000		135
诸暨市	同山镇文化站	3	27	11	6	4	3562	5	2	552	552	2084	2011	1810	0	14
诸暨市	陶朱街道文化站	26	29	168	4	14	15000	10	12	611	611	640	3000	1800	1800	20
诸暨市	安华镇文化站	3	28	9	3	4	8872	3	2	2058	2058	2280	4510	1953	0	42
诸暨市	五泄镇文化站	3	132	21	6	6	26000	20	15	330	330	330	135	1260	1260	20
诸暨市	赵家镇文化站	3	173	37	6	1	12500	12	3	145	145	798	2081	2750	1000	20
诸暨市	次坞镇文化站	3	25	17	5	21	21600	15	3	680	680	880	5200	1758	1758	12
诸暨市	璜山镇文化站	7	192	12	12	3	18500	3	3	400	96	380	200	1770	1770	38
诸暨市	陈宅镇文化站	4	52	10	6	3	10000	5	3	922	922	922		2528	0	20
诸暨市	岭北镇文化站	3	70	8	1	2	10000	10	2	500	500	500	346	2899	2899	16
诸暨市	枫桥镇文化站	4	45	10	6	10	15550	13	30	400	400	400	5500	3000	0	20
嵊州市	金庭镇文化站	2	30	8	3	3	12000	20	100	500	500	500	300	1500	1500	14
嵊州市	剡湖街道文化站	3	16	12	8	6	7500	7	36	750	750	750	1200	1550	1550	16
嵊州市	崇仁镇文化站	4	25	6			16000	14		582	582	496	250	2500	2500	10
嵊州市	甘霖镇文化站	4	25	12	2	10	20000	20	500	800	700	750	1000	2575	2575	20

续表 31

地区	单位名称	从业人员（人）	组织文艺活动（次）	举办训练班（次）	举办展览（个）	接受戏曲进乡村活动服务（次）	藏书（册）	计算机（台）	本单位受训人次（人次）	收入合计（千元）		支出合计（千元）	资产总计（千元）	实际使用房屋建筑面积（平方米）	实际拥有产权面积（平方米）	本站指导群众业余文艺团队（支）
											财政拨款预算收入（千元）					
嵊州市	三江街道文化站	4	15	3	2	5	9000	4	9	610	290	610	20	1650		18
嵊州市	三界镇文化站	2	29	15	5	0	16900	10	36	760	760	760	370	1500	1200	19
嵊州市	谷来镇文化站	2	19	12	3	9	11000	5	6	480	480	480	455	1550	1500	17
嵊州市	鹿山街道文化站	3	24	4	2	3	9575	10		310	310	310	185	1500		20
嵊州市	市仙岩镇文化站	2	12	9	3	1	2100	2		275	235	275	450	1000	1000	5
嵊州市	下王镇文化站	1	12	5	2	1	11800	6	12	210	210	210	980	2800	2800	12
嵊州市	浦口街道文化站	5	36	12	10	7	9000	12	10	340	300	350	3550	1500	1200	15
嵊州市	黄泽镇文化站	4	29	10	6	9	22500	15	12	440	440	570	1500	2500	2500	20
嵊州市	贵门乡文化站	2	15	15	12	8	6000	10	378	701	601	701	550	1500	1500	13
嵊州市	石璜镇文化站	1	16	15	3	12	5000	10	5	250	250	250	370	1300	1500	16
嵊州市	长乐镇文化站	6	23	6	3	1	10000	15	2	291	291	620	1000	6000	1500	7
新昌县	七星街道文化站	3	18	8	4	3	12000	9	4	992	992	992	600	2500	2500	15

续表 31

地区	单位名称	从业人员（人）	组织文艺活动（次）	举办训练班（次）	举办展览（个）	接受戏曲进乡村活动服务（次）	藏书（册）	计算机（台）	本单位受训人次（人次）	收入合计（千元）		支出合计（千元）	资产总计（千元）	实际使用房屋建筑面积（平方米）	实际拥有产权面积（平方米）	本站指导群众业余文艺团队（支）
											财政拨款预算收入（千元）					
新昌县	镜岭镇文化站	1	38	10	8	14	6300	4	230	814	814	778	5000	2209	2209	20
新昌县	回山镇文化站	1	27	6	1	1	3500	1	12	2100	2100	2100	350	2198	0	19
新昌县	沙溪镇文化站	5	22	10	2	5	12000	8	50	250	250	250	1900	1500	1000	20
新昌县	羽林街道文化站	2	7	8	1	3	15263	1	66	923	923	1023	76	1680	0	20
新昌县	儒岙镇文化站	3	20	12	4	7	12682	19	110	1000	1000	930	310	2150	2150	20
新昌县	澄潭街道文化站	3	12	13	3	2	28000	5	130	1561	590	788	0	3756	0	4
新昌县	沃洲镇文化站	2	30	23	11	2	25000	4	58	940	940	940	110	1400	0	18
新昌县	东茗乡文化站	3	23	11	4	6	8700	4	52	600	600	600	71	1119	1119	29
新昌县	南明街道文化站	3	13	50	4	2	10500	12	90	3250	3250	3250	1498	1650	0	80
新昌县	小将镇文化站	1	39	12	16	4	7000	1	120	856	856	856	150	2180	0	40
新昌县	城南乡文化站	1	17	21	2	3	10500	1	200	365	365	365	100	2175	0	27

2019年绍兴市公共图书馆基本情况表

表32

地区	单位名称	从业人员（人）	总藏量（册、件）					书架单层总长度（米）	新增电子图书（册）	购买的报刊种类（种）	实际持证读者数（个）	总流通人次（人次）	书刊文献外借册次（册次）	开展基层培训辅导人次(千元)	本单位受训人次(千元)	收入合计（千元）		支出合计(千元)	资产总计（千元）	实际使用公用房屋建筑面积（平方米）	实际拥有产权面积（平方米）	阅览室坐席数（个）
				图书（册）	古籍（册）	报刊（件）	视听文献（件、套）										财政拨款预算收入(千元)					
绍兴市本级	绍兴图书馆	105	1952236	1661739	169391	102308	18723	42649	11352	2334	234712	1935323	1915688	768	108	38477	38290	37184	110920	51913	16997	2067
越城区	越城区图书馆	29	489725	485599	0	696	0	3425	2500	696	31858	1182075	715422	12	403	13968	13903	14042	10706	5927		712
柯桥区	柯桥区图书馆	44	1251276	1215561	26	34121	1568	6425	0	1229	74658	1073783	543433	46	128	12165	12165	12165	24423	9646	4800	1242
上虞区	上虞区图书馆	38	726528	636356	33458	56708	6	6624	11576	1158	47208	1389774	910024	835	658	12013	10317	12011	14220	10000		600
诸暨市	诸暨市图书馆	27	930466	899601	17195	13026	443	7280	26110	706	37988	1057152	764986	158	375	16608	16608	16608	30057	9000	9000	577
嵊州市	嵊州市图书馆	14	603307	558928	37236	5659	1484	28590	3500	374	27400	760010	360020	300	140	5870	5870	5827	9449	3160	3160	350
新昌县	新昌县图书馆	36	484355	443296	43	40034	982	7000	0	1041	31593	620600	233235	0	80	8886	8886	9420	18730	6000	6000	450

2020年绍兴市公共图书馆基本情况表

表33

地区	单位名称	从业人员（人）	总藏量（册、件）					书架单层总长度（米）	新增电子图书（册）	购买的报刊种类（种）	实际持证读者数（个）	总流通人次（人次）	书刊文献外借册次（册次）	开展基层培训辅导人次(千元)	本单位受训人次(千元)	收入合计（千元）		支出合计(千元)	资产总计（千元）	实际使用公用房屋建筑面积（平方米）	实际拥有产权面积（平方米）	阅览室坐席数（个）
				图书（册）	古籍（册）	报刊（件）	视听文献（件、套）										财政拨款预算收入(千元)					
绍兴市本级	绍兴图书馆	104	2045206	1753062	169391	103911	18767	43323	5880	2079	202837	1030137	997239	703	19	39526	39441	39738	111028	51913	16997	2067
越城区	越城区图书馆	28	583360	582698		662		3425	3000	662	39256	896533	563894	12	336	11628	9816	11627	13217	5727		736
柯桥区	柯桥区图书馆	44	1555584	1519869	26	34121	1568	6425	162000	1229	81045	1058884	804444	50	220	12917	12917	12917	34897	9646	4800	1242
上虞区	上虞区图书馆	38	929669	836035	33458	60170	6	6624	245	1015	49782	1195169	636367	547	814	11211	10900	11211	17423	10000		600
诸暨市	诸暨市图书馆	26	1135637	1104041	17195	13757	443	7280	31644	731	40527	1106542	423664	74	240	13244	13244	13244	24686	9000	9000	577
嵊州市	嵊州市图书馆	15	655577	611198	37236	5659	1484	29140	67938	250	33295	186273	91632	264	78	4691	4691	5753	9411	3160	3160	430
新昌县	新昌县图书馆	41	534108	482571	21	50164	1352	7000	5400	942	32884	599708	287722	0	90	8348	8343	8868	20134	6000	6000	450

2021年绍兴市公共图书馆基本情况表

表34

地区	单位名称	从业人员（人）	总藏量（册、件）					书架单层总长度（米）	新增电子图书（册）	购买的报刊种类（种）	实际持证读者数（个）	总流通人次（人次）	书刊文献外借册次（册次）	开展基层培训辅导人次（千元）	本单位受训人次（千元）	收入合计（千元）		支出合计（千元）	资产总计（千元）	实际使用公用房屋建筑面积（平方米）	实际拥有产权面积（平方米）	阅览室坐席数（个）
				图书（册）	古籍（册）	报刊（件）	视听文献（件、套）										财政拨款预算收入（千元）					
绍兴市本级	绍兴图书馆	104	2145515	1852022	169391	105257	18770	43323	4590	1225	232647	1159759	1188827	459	21	41317	41091	41317	112878	51913	16997	2067
越城区	越城区图书馆	16	667643	666981	0	662	0	3500	3000	662	48048	1565901	791536	12	336	9993	9895	9898	15172	5727		736
柯桥区	柯桥区图书馆	43	1593314	1557563	26	34157	1568	6425	173000	928	85887	1259283	1069365	40	120	12833	12833	12833	36048	9646	4800	1242
上虞区	上虞区图书馆	37	1250591	1153495	33458	63632	6	6624	1300	1140	53368	1578704	729932	721	859	11354	11354	11354	19208	10000		600
诸暨市	诸暨市图书馆	26	1342959	1310638	17195	14482	443	72	35090	725	42095	1174906	560701	174	255	10506	10506	10506	25646	9000	9000	577
嵊州市	嵊州市图书馆	16	704277	658603	37313	6877	1484	30162	16940	247	37970	363076	136442	267	83	4532	4532	6155	9527	3160	3160	430
新昌县	新昌县图书馆	42	584002	527964	21	54665	1352	7000	7200	927	34528	696735	274601	0	80	11582	11582	11582	23555	6000	6000	450

2019年绍兴市文物保护管理机构基本情况表

表35

地区	单位名称	从业人员（人）	文物藏品（件/套）	参观人次（人次）	收入合计（千元）		支出合计（千元）	资产总计（千元）	实际使用房屋建筑面积（平方米）	实际拥有产权面积（平方米）
						财政拨款预算收入（千元）				
绍兴市本级	绍兴市沈园景区管理处	30	0	955977	10206	1050	10206	2251	2210	0
绍兴市本级	绍兴市名人故居管理处	69	0	648632	10631	2894	10631	124916	9306	0
绍兴市本级	绍兴市兰亭景区管理处	60	172	536285	21920	400	21920	7683	1126	0
绍兴市本级	绍兴市大禹陵景区管理处	105	0	773091	13950	510	13950	10739	3093	0
柯桥区	柯桥区文物保护管理所	23	0	0	12369	12369	10447	9043	954	954
上虞区	上虞区文物管理服务中心	24	0	0	6306	5306	5306	0	2185	0
嵊州市	嵊州市文物管理处	8	0	0	2300	2300	2300	962	858	858

2020年绍兴市文物保护管理机构基本情况表

表 36

地区	单位名称	从业人员（人）	文物藏品（件/套）	参观人次（人次）	收入合计（千元）		支出合计（千元）	资产总计（千元）	实际使用房屋建筑面积（平方米）	实际拥有产权面积（平方米）
						财政拨款预算收入（千元）				
绍兴市本级	绍兴市沈园景区管理处	0	0	391788	2646	0	2646	1923	2210	0
绍兴市本级	绍兴市名人故居管理处	29	0	241325	2115	0	2115	125604	9306	0
绍兴市本级	绍兴市兰亭景区管理处	56	172	221692	2539	0	2539	10115	1126	0
绍兴市本级	绍兴市大禹陵景区管理处	43	0	102870	4751	0	4751	2373	3093	0
越城区	越城区文物保护所	1	0	0	0	0	0	0	0	0
柯桥区	柯桥区文物保护管理所	0	0	0	0	0	0	0	0	0
上虞区	上虞区文物管理服务中心	25	0	0	12813	12813	12813	0	2185	0
嵊州市	嵊州市文物管理处	6	0	0	2035	2035	2035	305	858	0

2021 年绍兴市文物保护管理机构基本情况表

表 37

地区	单位名称	从业人员（人）	文物藏品（件/套）	参观人次（人次）	收入合计（千元）		支出合计（千元）	资产总计（千元）	实际使用房屋建筑面积（平方米）	实际拥有产权面积（平方米）
						财政拨款预算收入（千元）				
绍兴市本级	绍兴沈园文化旅游发展有限公司	21	0	0	4088	0	7709	6411	6000	0
绍兴市本级	绍兴名城景区发展有限公司	132	0	558267	28998	12608	28908	132940	88106	3200
绍兴市本级	绍兴兰亭景区管理有限公司	135	172	234123	9197	500	18846	162579	12167	8214
绍兴市本级	绍兴大禹开发投资有限公司	205	0	249167	10737	0	39007	1273482	52423	47777
越城区	越城区文物保护所	3	0	0	296	296	296	20	0	0
柯桥区	柯桥区文物保护管理所	0	0	0	0	0	0	0	0	0
上虞区	上虞区文物管理服务中心	25	0	0	1113	1113	11113	0	2185	0
嵊州市	嵊州市文物保护中心	6	2819	0	1974	1876	1975	305	858	858

2019 年绍兴市博物馆（纪念馆）基本情况表

表 38

地区	单位名称	从业人员(人)	藏品数(件/套)	基本陈列(个)	临时展览(个)	参观人次(人次)	收入合计(千元)		支出合计(千元)	资产总计(千元)	实际使用房屋建筑面积(平方米)	实际拥有产权面积(平方米)
								财政拨款预算收入(千元)				
绍兴市本级	绍兴越国文化博物馆	38	5900	4	2	63337	16	0	2155	158155	12000	12000
绍兴市本级	绍兴美术馆	1	0	0	0	0	0	0	0	866	2262	0
绍兴市本级	绍兴鲁迅纪念馆	195	6150	1	7	2989067	34537	34515	34515	11003	3418	0
绍兴市本级	绍兴市镜湖湿地自然科学博物馆	17	5390	0	0	39869	457	0	1838	2341	7000	0
绍兴市本级	绍兴博物馆	34	15775	1	18	380651	43116	39912	37910	32566	7078	0
绍兴市本级	绍兴市越龙钱币博物馆	7	867	1	1	60746	59	0	120	5	1000	0
绍兴市本级	绍兴市戴葆庭钱币文化博物馆	3	300	4	2	890	450	0	380	1000	1000	0
柯桥区	绍兴中国酱文化博物馆	12	0	1	0	2451	380	10	355	7180	1500	1500
柯桥区	柯桥区博物馆	29	4328	3	20	81100	7984	7984	7984	6462	6800	6800
上虞区	上虞博物馆	18	19839	4	3	100262	11294	11293	11643	1091	7185	0

续表 38

地区	单位名称	从业人员(人)	藏品数(件/套)	基本陈列(个)	临时展览(个)	参观人次(人次)	收入合计(千元)		支出合计(千元)	资产总计(千元)	实际使用房屋建筑面积(平方米)	实际拥有产权面积(平方米)
								财政拨款预算收入(千元)				
上虞区	浙江中鑫艺术博物馆	0	1201	1	2	72356	0	0	0	0	8215	0
上虞区	上虞区懿芯工业博物馆	4	318	3	1	1000	0	0	0	0	1041	0
诸暨市	诸暨市博物馆	18	3836	4	25	1650000	8538	8538	8538	2981	7400	7400
嵊州市	嵊州市越剧博物馆	14	29384	1	6	80000	3039	3039	3107	1656	895	1367
新昌县	新昌江南博物馆	5	315	1	1	30000	0	0	650	0	1515	0
新昌县	新昌县天姥中医博物馆	3	850	1	2	10000	0	0	70	330	1147	0
新昌县	新昌县博物馆	24	4912	1	7	111533	6768	6767	8008	11336	4440	2897

2020 年绍兴市博物馆（纪念馆）基本情况表

表 39

地区	单位名称	从业人员（人）	藏品数(件/套)	基本陈列（个）	临时展览（个）	参观人次（人次）	收入合计（千元）		支出合计（千元）	资产总计（千元）	实际使用房屋建筑面积（平方米）	实际拥有产权面积（平方米）
								财政拨款预算收入（千元）				
绍兴市本级	绍兴越国文化博物馆	44	5900	4	1	12009	2129	0	2079	158155	12000	12000
绍兴市本级	绍兴美术馆	1									2262	
绍兴市本级	绍兴市会稽金石博物馆	3					1887		1698	248		
绍兴市本级	绍兴鲁迅纪念馆	195	6200	1	8	952778	33244	33225	33225	8114	3418	
绍兴市本级	绍兴市石语堂玉石文化博物馆	8	530	1	2	12500	235		188	106	1100	
绍兴市本级	绍兴市镜湖湿地自然科学博物馆	17	5390			10124	979		1540	1246	7000	
绍兴市本级	绍兴周恩来纪念馆	0	0	0	0	0	0	0	0	0	0	0
绍兴市本级	绍兴市兰亭景区管理处（绍兴市兰亭书法博物馆）											
绍兴市本级	绍兴博物馆	42	17553	1	18	86300	28104	28104	28104	22788	7078	
绍兴市本级	绍兴市古艺术博物馆	10	200	1	0	150	0	0	0	1011	685	0
绍兴市本级	绍兴市荷湖乡土文化博物馆	5	0	1	0	7800	99000	0	128700	311731	1500	0
绍兴市本级	绍兴市华脉书画博物馆	10	212	3	2	15000	10		672	28795	6215	6215
绍兴市本级	绍兴市越龙钱币博物馆	7	867	1	1	35280	69		108	0	1000	
绍兴市本级	绍兴气象博物馆	0	2943	7	0	500	0	0	0	0	11000	0

续表 39

地区	单位名称	从业人员（人）	藏品数(件/套)	基本陈列（个）	临时展览（个）	参观人次（人次）	收入合计（千元）		支出合计（千元）	资产总计（千元）	实际使用房屋建筑面积（平方米）	实际拥有产权面积（平方米）
								财政拨款预算收入（千元）				
绍兴市本级	绍兴市汉生根雕艺术馆	10	300	1	0	8000	98		12	303	1500	0
绍兴市本级	绍兴市戴葆庭钱币文化博物馆	3	300	4	2	590	300		233	1000	1000	
绍兴市本级	绍兴市朵云美术馆	7	300	2	2	500			4175	55000	3000	
柯桥区	绍兴中国酱文化博物馆	12		1		8300	390	10	380	7180	1500	1500
柯桥区	浙江民艺拼布博物馆	6	201	201	0	15200	0	0	150	96	2500	2500
柯桥区	绍兴市越中艺术博物馆	9	503	2	4	100000	521		526	92	2100	
柯桥区	绍兴市柯桥区博物馆	52	4328	3	27	37100	29616	29616	29616	9094	6800	6800
柯桥区	绍兴市金国胜雕塑艺术馆	0	0	0	0	0	0	0	0	0	0	0
上虞区	上虞区三庚纪念馆	4	0	0	0	0	0	0	0	0	793	793
上虞区	上虞区江南文房博物馆	5	201	1		867			360		1238	1238
上虞区	上虞博物馆	17	19839	5	6	110162	33698	33698	39737	487	7185	0
上虞区	上虞区会稽金石博物馆	5	1513	2	0	5046	0				1100	
上虞区	浙江中鑫艺术博物馆	0	10077	5	3	60071	0	0	1	581	8215	0
上虞区	上虞区星辰工业博物馆	4	2000	1	1	5312	230		580	500	1273	1273
上虞区	上虞区城南红色陶瓷艺术馆	3	500	1	0	100	0	0	130	5000	657	657
诸暨市	诸暨市照明油画艺术馆	6		1	0	25000					6000	

续表 39

地区	单位名称	从业人员（人）	藏品数(件/套)	基本陈列（个）	临时展览（个）	参观人次（人次）	收入合计（千元）		支出合计（千元）	资产总计（千元）	实际使用房屋建筑面积（平方米）	实际拥有产权面积（平方米）
								财政拨款预算收入（千元）				
诸暨市	诸暨雅居轩艺术博物馆	1	32	1		281			0		500	
诸暨市	诸暨市博物馆	22	3839	4	23	159860	8692	8692	8692	2835	7400	7400
诸暨市	“枫桥经验”陈列馆	18		1		25770					7776	7776
诸暨市	诸暨市卓越人文艺术馆	7	300	1	0	200	0	0	0	0	112	0
诸暨市	诸暨市越红博物馆	0	302	1	0	0	0	0	0	0	1800	0
诸暨市	诸暨市越地农耕文化博物馆	5	300	1		10000			3	24	700	
诸暨市	诸暨市斯民博物馆	2	521	2	0	6520	0	0	70	2000	500	500
诸暨市	诸暨市江南博物馆	3	100			1102	0	0				
诸暨市	诸暨市香榧博物馆	12	200	1	1	10000	2800	2800	2650	95000	12600	0
诸暨市	诸暨市越艺博物馆	5	0			1000			50		0	
诸暨市	诸暨市裕昌号民间艺术馆	8	550	3	1	20000	150	0	140	32000	2750	2750
嵊州市	嵊州市越剧博物馆	11	29411	1	2	40000	3172	3172	3172	215	895	1367
新昌县	新昌县凯名胡琴艺术博物馆	10	0	1		100	200		200		4800	
新昌县	新昌江南博物馆	5	315	1	2	4000	550	30	550		1515	
新昌县	新昌县天姥中医博物馆	5	850	1	3	5000	90	30	80		1147	0
新昌县	新昌县博物馆	30	5326	1	7	32740	8061	7292	8140	9500	6257	2897

2021 年绍兴市博物馆（纪念馆）基本情况表

表 40

地区	单位名称	从业人员（人）	藏品数（件/套）	基本陈列（个）	临时展览（个）	参观人次（人次）	收入合计（千元）		支出合计（千元）	资产总计（千元）	实际使用房屋建筑面积（平方米）	实际拥有产权面积（平方米）
								财政拨款预算收入（千元）				
绍兴市本级	绍兴越国文化博物馆	52	500	4	3	14323	2776	99	2169	0	4500	0
绍兴市本级	绍兴美术馆										2262	
绍兴市本级	绍兴市会稽金石博物馆	12	2000	2	2	15000	330	0	300	2000	2800	2500
绍兴市本级	绍兴鲁迅纪念馆	195	6507	1	7	1409041	35111	35030	35030	7813	3418	
绍兴市本级	绍兴市石语堂玉石文化博物馆	8	530	1	2	2955	201		176	106	1100	
绍兴市本级	绍兴市镜湖湿地自然科学博物馆	17	5390			46422	998		1679	1504	7000	
绍兴市本级	绍兴名城景区发展有限公司（绍兴周恩来祖居）	0	0	0	0	0	0	0	0	0	0	0
绍兴市本级	绍兴兰亭景区管理公司（绍兴市兰亭书法博物馆）											
绍兴市本级	绍兴博物馆	29	17931	1	21	191167	34226	34226	34226	45671	7078	
绍兴市本级	绍兴市古艺术博物馆	10	200	1	0	150	0	0	0	1011	685	0
绍兴市本级	绍兴市荷湖乡土文化博物馆	5	0	1	0	9621	99000	0	103890	311731	1500	0
绍兴市本级	绍兴市华脉书画博物馆	3	212	4	2	14286	312		5788	29141	6215	6215
绍兴市本级	绍兴市越龙钱币博物馆	7	867	1		29077	50		107		1000	
绍兴市本级	绍兴市周清纪念馆	1	300	0	0	0	0		202	0	400	
绍兴市本级	绍兴气象博物馆	23	6000	8		15000					12000	
绍兴市本级	绍兴市汉生根雕艺术馆	10	300	1	0	9000	98		44	516	1500	0

续表 40

地区	单位名称	从业人员（人）	藏品数(件/套)	基本陈列（个）	临时展览（个）	参观人次（人次）	收入合计（千元）		支出合计（千元）	资产总计（千元）	实际使用房屋建筑面积（平方米）	实际拥有产权面积（平方米）
								财政拨款预算收入（千元）				
绍兴市本级	绍兴市戴葆庭钱币文化博物馆	3	300	6	6	10803	495		425		1000	
绍兴市本级	绍兴市朵云美术馆	9	356	3	6	1150			4360	56320	3000	
柯桥区	绍兴中国酱文化博物馆	12		1		15551	418	10	408	7180	1500	1500
柯桥区	浙江民艺拼布博物馆	6	210	210	0	15200	0	0	150	96	2500	2500
柯桥区	绍兴市越中艺术博物馆	11	508	3	3	100000	401	0	498	173	2700	0
柯桥区	柯桥区博物馆	52	4342	3	23	61700	25289	25289	25289	24273	6800	6800
柯桥区	绍兴市金国胜雕塑艺术馆	1	0	1	0	2530	10	0	94	97	300	300
上虞区	上虞区三庚纪念馆	4	0	0	0	0	0	0	0	0	793	793
上虞区	上虞区江南文房博物馆	5	201	3		10000	202	202	393	30000	1238	1238
上虞区	上虞博物馆	17	19839	5	13	110553	55196	55196	55197	836	7185	0
上虞区	上虞区会稽金石博物馆	5	300	5	1	10869	200	100	180	500	1100	0
上虞区	浙江中鑫艺术博物馆	0	10077	5	6	64257	240	0	241	580	8215	0
上虞区	上虞区星辰工业博物馆	4	2000	1	3	10015	52	52	851	3000	1273	1273
上虞区	上虞区城南红色陶瓷艺术馆	1	500	1		4057			11	56	657	657
诸暨市	诸暨市照明油画艺术馆	6		1	0	2160					6000	
诸暨市	诸暨雅居轩艺术博物馆	1	32	1		102					500	

续表 40

地区	单位名称	从业人员（人）	藏品数（件/套）	基本陈列（个）	临时展览（个）	参观人次（人次）	收入合计（千元）	财政拨款预算收入（千元）	支出合计（千元）	资产总计（千元）	实际使用房屋建筑面积（平方米）	实际拥有产权面积（平方米）
诸暨市	诸暨市博物馆	36	3865	4	20	55000	11803	11678	11803	2945	7400	7400
诸暨市	“枫桥经验”陈列馆	18		1		35284					7776	0
诸暨市	诸暨市卓越人文艺术馆	7	316	1	0	726	0	0	0	0	112	0
诸暨市	诸暨市越红博物馆	5	322	1	0	13950	644	0	644	129	1800	0
诸暨市	诸暨市越地农耕文化博物馆	5	300	1		8200			3	24	700	
诸暨市	诸暨市斯民博物馆	2	521	5	0	3571	0	0	60	2000	500	500
诸暨市	诸暨市江南博物馆	3	100	1		3000					260	
诸暨市	诸暨市香榧博物馆	14	200	1	1	8000	2900	2900	2900	90000	12600	0
诸暨市	诸暨市越艺博物馆	3		1		760					300	
诸暨市	诸暨市裕昌号民间艺术馆	8	550	4	1	70000	150	0	150	32000	2750	2750
嵊州市	嵊州市越剧博物馆	14	29915	1	6	121000	3412	3412	3412	161	895	1367
新昌县	新昌县凯名胡琴艺术博物馆	10		1		100	200		200		4800	
新昌县	新昌江南博物馆	5	500	1	2	7910	30	30	350		1515	
新昌县	新昌县天姥中医博物馆	5	850	1	3	2959	131	30	120	496	1300	0
新昌县	新昌县博物馆	28	5563	1	5	131042	10741	10549	10741	12663	6257	2897

2019年绍兴市非物质文化遗产保护基本情况表

表41

地区	单位名称	工作人员（人）	举办展览（场）	举办演出（次）	举办民俗活动（次）	开展非遗工作人员培训班（次）	开展传承人群培训班（次）	组织非遗研讨会（次）	组织非遗讲座（次）	项目资源总量（累计）（件）	出版成果（册）
绍兴市本级	绍兴市文化馆（绍兴市非物质文化遗产保护中心）	19	15	70	5	1	128	3	0	1200	11
越城区	绍兴市越城区文化馆（非遗）	9	10	12	18	12	0	2	2	10	0
柯桥区	绍兴市柯桥区非物质文化遗产保护中心	4	20	68	8	6	20	1	3	110	16
上虞区	上虞区非遗保护中心	28	30	65	20	4	105	6	120	378	33
诸暨市	诸暨市非物质文化遗产保护中心	5	30	20	50	10	10	5	1	54	2
嵊州市	嵊州市非物质文化遗产保护中心	3	8	30	2	5	1	2	1	0	0
新昌县	新昌县非遗保护中心	2	41	128	10	5	69	6	3	3395	4

2020 年绍兴市非物质文化遗产保护基本情况表

表 42

地区	单位名称	工作人员（人）	举办展览（场）	举办演出（次）	举办民俗活动（次）	开展非遗工作人员培训班（次）	开展传承人群培训班（次）	组织非遗研讨会（次）	组织非遗讲座（次）	项目资源总量（累计）（件）	出版成果（册）
绍兴市本级	绍兴市文化馆（绍兴市非物质文化遗产保护中心）	19	15	70	5	1	128	3	0	1200	11
越城区	绍兴市越城区文化馆（非遗）	9	10	12	18	12	0	2	2	10	0
柯桥区	绍兴市柯桥区非物质文化遗产保护中心	4	20	68	8	6	20	1	3	110	16
上虞区	上虞区非遗保护中心	28	30	65	20	4	105	6	120	378	33
诸暨市	诸暨市非物质文化遗产保护中心	5	30	20	50	10	10	5	1	54	2
嵊州市	嵊州市非物质文化遗产保护中心	3	8	30	2	5	1	2	1	0	0
新昌县	新昌县非遗保护中心	2	41	128	10	5	69	6	3	3395	4

2021年绍兴市非物质文化遗产保护基本情况表

表43

地区	单位名称	工作人员（人）	举办展览（场）	举办演出（次）	举办民俗活动（次）	开展非遗工作人员培训班（次）	开展传承人群培训班（次）	组织非遗研讨会（次）	组织非遗讲座（次）	项目资源总量(累计)（件）	出版成果（册）
绍兴市本级	绍兴市文化馆（绍兴市非物质文化遗产保护中心）	17	20	180	15	10	120	6	8	1500	6
越城区	绍兴市越城区文化馆（非遗）	14	10	12	18	12	1	3	6		
柯桥区	绍兴市柯桥区非物质文化遗产保护中心										
上虞区	上虞区非遗保护中心	28	19	17	5	1	2	2	36	350	4
诸暨市	诸暨市非物质文化遗产保护中心	6	45	60	50	8	27	5	1	348	41
嵊州市	嵊州市非物质文化遗产保护中心	2	10	36	4	1	1	2	1		
新昌县	新昌县非遗保护中心	6	8	18	3	4	48	5	9	135	21

2019年绍兴市文化部门文化产业增加值综合情况表

表44

项目	总产出（千元）	中间消耗（千元）	增加值（千元）	劳动者报酬（千元）	生产税净额（千元）	固定资产折旧(千元）	营业盈余（千元）
总计	18774425	17600991	1173434	708866	227261	61374	175933
艺术业	17425232	17082517	342715	120048	212231	4888	5548
其中：艺术表演团体	17397823	17067030	330793	109980	211667	3826	5320
艺术表演场馆	86360	39377	46983	42652	1811	1062	1458
图书馆	170060	35734	134326	114218	0	20096	12
群众文化	117489	25206	92283	72345	0	19934	4
艺术教育	41141	6846	34295	31028	0	2111	1156
文化市场经营机构	484776	230835	253941	179028	14470	0	60443
动漫企业	6301	3078	3223	1041	72	2046	64
文艺科研	0	0	0	0	0	0	0
文物业	306479	176623	129856	118907	395	9956	598
其他	222947	40152	182795	72251	93	2343	108108

2020年绍兴市文化部门文化产业增加值综合情况表

表45

项目	总产出（千元）	中间消耗（千元）	增加值（千元）	劳动者报酬（千元）	生产税净额（千元）	固定资产折旧（千元）	营业盈余（千元）
总计	4788920	2877183	1911737	1072903	188349	46113	604372
艺术业	176536	21325	155211	99115	43262	5665	7169
其中：艺术表演团体	161753	19826	141927	89437	43030	2480	6980
艺术表演场馆	79226	38871	40355	32548	874	3185	3748
图书馆	82393	16780	65613	57466	1	8147	—1
群众文化	81935	21852	60083	49916	0	10165	2
艺术教育	32611	4164	28447	27040	0	1407	0
文化市场经营机构	1876405	1076592	799813	189442	94512	0	515859
动漫企业	6589	3859	2730	2614	0	113	3
文艺科研	0	0	0	0	0	0	0
文物业	239158	112701	126457	107955	510	17785	207
其他	2293293	1619910	673383	539355	50064	2831	81133

2021年绍兴市文化部门文化产业增加值综合情况表

表46

项目		总产出（千元）	中间消耗（千元）	增加值（千元）	劳动者报酬（千元）	生产税净额（千元）	固定资产折旧（千元）	营业盈余（千元）
（甲）		1	2	3	4	5	6	7
总计	A	3840412	2491781	1348631	1053806	127614	59433	107778
艺术业	B	317246	59851	257395	110149	126570	7701	12975
其中：艺术表演团体	C	292770	51975	240795	101238	124717	1894	12946
艺术表演场馆	D	142934	90376	52558	31452	6500	5807	8799
图书馆	E	87438	21969	65469	57681	2	7787	—1
群众文化	F	89382	21248	68134	57185	0	10948	1
艺术教育	G	37013	4756	32257	31166	0	1091	0
文化市场经营机构	H	590015	380691	209324	140601	7904	0	60819
动漫企业	I	8329	5260	3069	2468	0	599	2
文艺科研	J	0	0	0	0	0	0	0
文物业	K	424943	242877	182066	152775	460	28689	142
其他	L	2286046	1755129	530917	501781	—7322	2618	33840

2019 — 2021

创新性成果

2019年以来，市文广旅游局时刻牢记习近平总书记的嘱托，在市委、市政府的坚强领导下，持续锚定“重塑城市文化体系、打造最佳旅游目的地、争创文旅融合样板地”三大目标，取得了众多标志性成果，成为“东亚文化之都”“国家文化和旅游消费试点城市”“全国研学旅行十大热门城市”。荣获市委、市政府“改革开放创新发展突出贡献奖”。

“东亚文化之都”打开城市国际化新局面

2020年9月，绍兴与7座国内外城市竞争，以92.21分第一名的成绩当选2021年“东亚文化之都”，为绍兴赢得首张重要国际名片，打开了绍兴城市国际化新局面。2021年，启动以“文脉千年·寻梦绍兴”为主题的“东亚文化之都·中国绍兴活动年”，推出“风韵越州”“风流越士”“风源心学”“风味越酿”等十大系列100多项活动，充分展示大禹文化、阳明文化、鲁迅文化、黄酒文化、书法文化、古越文化、唐诗文化、宋韵文化、戏曲文化等绍兴文化的魅力。成功举办中日旅游论坛、公祭大禹陵典礼、兰亭书法节、纪念徐渭500周年诞辰、纪念《故乡》发表100周年系列活动等10余项重大国际化活动。推动成立“东亚文化之都”城市工作机制，发布中国“东亚文化之都”共建“绍兴倡议”，2次获文化和旅游部表彰。创建绍兴文旅海外新媒体矩阵，绍兴城市旅游宣传片成功亮相冬奥村，“绍兴市文旅国际化十大事件”获各界认可。

“国家文旅消费试点市”启动文旅发展新征程

2021年，绍兴入选“国家文化和旅游消费试点城市”。文旅融合三年以来，绍兴市文旅系统努力克服疫情影响，促消费、优环境、强业态，绍兴市旅游业接待指标恢复率居浙江省前列，绍兴市接待游客人数、旅游总收入每年保持在5%、15%以上的增长率。2020年，先后制定推进文旅企业“两战赢”工作“十大机制”、支持旅游企业共渡难关《十条措施》、复兴行业《十条政策》、金融服务文旅企业《十大措施》等推动绍兴市文化旅游抗疫防疫和行业振兴；第一时间以3500万元“真金白银”支持绍兴市涉旅企业；与交通银行战略合作，向绍兴文旅企业授信300亿元；对接担保公司成立1亿元的文旅专项担保额度；落实专项奖励资金2585.3万元，惠及旅游企业316家；落实绍兴市52处AAA级以上旅游景区全年对全国医务工作者免费开放工作。发布“绍兴市十大夜间文旅消费集聚区”，制定印发了《绍兴市夜间文旅消费集聚区培育认定办法》。全面落实“周游绍兴·互游共通”专项活动，投入4000万元推出绍兴旅游线上优惠立减活动和绍兴住宿消费激活行动，帮扶涉旅企业复苏。“国家文旅消费试点城市”成为推动绍兴促进消费增长、推动经济全面复苏的重要引擎。

“全国研学旅行目的地”成为行业品质新样板

2021年，绍兴被评为“全国十大研学旅行热门城市”，绍兴研学旅行继续走在全国前列。文旅融合三年来，绍兴市通过规划引领、基地培育、特色打造，积极推进研学旅行发展，构建了“一城引领，两翼联动，三带示范”研学产业发展空间布局，成功举办“中国研学旅行报告绍兴发布研讨活动”，打造绍兴研学旅行发展“9个一”（制定了一套地方标准、形成了一项研学规划、绘制了一张研学地图、开发了一份研学课程、发布了一份发展报告、总结了一份地方实践、举办了一场高端论坛、评定了一批基地营地、打造了一批研学游线），截至 2021 年底，共制定 4 个地方标准，建成 46 个研学旅行基（营）地（国家级 1 个、省级 6 个、市级 39 个），打造 10 条精品研学游线，培育 7 家研学产业规上企业，研学专报获省领导批示，推动实现绍兴“研学旅行”成为全国研学行业品质新样板。

“名人故居保护计划”赋能文博保护新发展

印发实施《绍兴市名人故居激活三年行动计（2021—2023 年）》，计划三年内对绍兴市 107 处名人故居落实保护利用措施，提升名人故居保护级别 18 处以上、新增开放 20 处以上、完成修缮 107 处，确保名人故居保存完好率达 100%。绍兴名人故居激活工作，得到上级关注，副省长成岳冲做出批示，省文旅厅、省文物局全省推广。绍兴以名人故居激活工作为抓手，全面建立了文物保护的长效机制。2021 年，各区、县（市）文物局均挂牌成立，构建了较为完善的机构体系。截至 2021 年底，提升名人故居保护级别 4 处，实施名人故居修缮、保养及消防安防工程 14 处，开放展示名人故居 8 处。

“全域旅游创建”构筑文旅发展新格局

全域旅游创建取得新突破，新昌县获评全国全域旅游示范区，柯桥、上虞、诸暨、嵊州、越城陆续创成省级示范区，绍兴率先实现省级全域旅游全覆盖。《绍兴市文化和旅游“十四五”规划》正式发布，以“三大文化带”为架构，全面构筑全域旅游发展新格局。同时，运用串联的思维实现文化资源的转化，在编制“绍兴禹迹图”“浙江禹迹图”基础上，完成《中国禹迹图》资料整理，完成《日本禹迹图》的翻译、《韩国禹迹图》的绘制。对绍兴 64 个禹迹点设立标识牌，发布数字化应用。《禹迹图》的编制和禹迹标识的落地，成为全国文旅资源普查和利用的范例，强化了绍兴大禹文化在全国的地位，是一次传统文化转化、发展的新实践，为在全省率先实现全域旅游创建奠定文化基础。

“绍兴有戏”艺术创新持续擦亮文化金名片

绍剧《佘太君》首次亮相 2020 新年戏曲晚会，习近平总书记和中央政治局常委现场观看并给予好评；越剧首次亮相 2020 年中央电视台春节晚会。绍兴市 11 部大戏入选浙江省庆祝中国共产党成立百年展演，入选总数居浙江省前茅。《核桃树之恋》成为“庆祝建党百年”全国唯一晋京展演越剧作品，获第 17 届中国戏剧节优秀剧目奖。成功举办绍剧现代戏《喀喇昆仑》阿拉尔首演、纪念毛泽东主席为绍剧《孙悟空三打白骨精》题诗 60 周年系列活动，《东亚文都 · 绍兴有戏“东亚文化之都城市戏曲经典荟萃”》等活动亮点纷呈。绍兴市演艺集团挂牌成立；绍兴市获评省级传统戏剧特色市，越城区获评传统戏剧特色县（区），柯桥区、新昌县入选浙江省戏曲之乡。“绍兴有戏”成为绍兴市文化艺术亮丽风景线。

“基层公共文化设施网”积蓄服务新能量

致力打造绍兴市公共文化服务“15 分钟品质文化生活圈”，“市、县、乡镇、村（社区）”四级公共文化设施网络实现全覆盖。绍兴市 103 家乡镇（街道）文化分馆普及率、综合文化站面积达标率均达 100%。建成一级以上文化站 73 个，其中特级 25 个。绍兴市每万人拥有公共文化设施面积达 1800 平方米，建成农村文化礼堂 1721 家，建有城市书房 85 家、博物馆 61 家（含国有、非国有）、乡村博物馆、展示馆 200 余家。乡镇图书分馆 66 家，覆盖率 65%，绍兴市 40% 以上村级基层综合文化中心、农村文化礼堂纳入图书馆业务管理，公共阅读的市、县、乡镇、村四级网络基本形成。基层文化设施网络为公共文化服务积蓄了新能量。

2019 — 2021

文化艺术

2019 年

【概况】2019年，大型舞台剧越剧《苏秦》《鉴湖双烈》、小戏绍兴莲花落《孝子的检讨》、交流推广项目《越剧优秀剧目巡演》、越剧《屈原》巡演三大类5个项目入选国家艺术基金资助项目。越剧《苏秦》入选文化和旅游部2019年度剧本扶持工程。新编越剧现代戏《袁雪芬》获第三十三届“田汉戏剧奖·剧目奖”。绍剧《美好家园》荣获浙江省第十四届戏剧节新剧目大奖，入选2019年度浙江省舞台艺术创作重点题材扶持项目。绍剧小剧场《灿烂八戒》入选“第五届‘戏曲·呼吸’上海小剧场戏曲节”。嵊州越剧团获2019年度全国优秀基层院团称号，绍剧猴戏传承发展创新团队被评为2019年“浙江省文化和旅游创新团队”。吴凤花荣获“庆祝中华人民共和国成立70周年”纪念章。施洁净入选2018年享受国务院政府特殊津贴人员名单。王莺获第29届上海白玉兰戏剧表演奖主角奖，章金刚获配角奖，张君、叶婧获新人配角奖。嵊州越剧艺术保护中心倪锦锦获2019年度“浙江省劳动模范”称号，绍剧院刘建扬被授予2019年“浙江省文化和旅游厅优秀专家”称号。

【越剧《苏秦》入选文化和旅游部2019年度剧本扶持工程】 8月，越剧《苏秦》入选文化和旅游部2019年度剧本扶持工程。5月25日至27日，新编越剧《苏秦》在百花剧场首演。《苏秦》剧本以历史事件为背景，以主人公与家庭成员的关系展开情节，以苏秦的追求与家人的反对构成矛盾，以苏秦在逆境中的反思与坚持表现人物成长，以苏秦成功后对曾经反对或伤害过他的人的态度表达人物的胸襟境界。

越剧《苏秦》海报

【新编越剧现代戏《袁雪芬》获第三十三届“田汉戏剧奖·剧目奖”】 5月，嵊州市越剧艺术保护传承中心出品的新编越剧现代戏《袁雪芬》获第三十三届“田汉戏剧奖·剧目奖”。此剧讲述了越剧十姐妹之一的袁雪芬，如何从一个嵊州山村的小姑娘成长为越剧改革旗手的励志故事。

【绍剧《美好家园》荣获浙江省第十四届戏剧节新剧目大奖并入选2019年度浙江省舞台艺术创作重点题材扶持项目】 绍剧《美好家园》是浙江绍剧艺术研究院继《生命的飞翔》后，近10年来推出的第二部现代戏。6月25日晚，《美好家园》在绍剧艺术中心剧场首演。该剧以绍兴城市建设为背景，重点刻画了以梅玉婷、沈水发为代表的市井小人物以及他们的生活状况和境遇，突出表现伟大的母爱和中华民族传统的道德美——淳厚、朴实、善良和无私，体现了“情的坚守和爱的奉献”，展现了在全面建成小康社会的当下，人们全新的精神面貌和生活理念。

【《灿烂八戒》入选“第五届‘戏曲·呼吸’上海小剧场戏曲节”】 《灿烂八戒》是浙江绍剧艺术研究院在猪年推出的一部贺岁喜剧，此剧以幽默风趣诙谐的基调，生动地演绎了一出充满正能量的温暖喜剧，也深刻地诠释了猪性、人性、神性的区别，以及三者互为转换的哲学意味。

【《目连救母》正式上演】 4月13日，由绍兴市非遗保护中心和新昌县调腔保护传承发展中心历时两年倾力打造的《目连救母》

（上、下本）在绍兴市文化馆百姓剧场正式鸣锣开演。全剧以目连救母故事为主线，删除了较多枝蔓，突显孝道和因果报应，劝人向善。演出受到领导、专家和观众的一致好评。

【“同唱一台戏”第十七届越剧大展演】 6月6日至7日，“同唱一台戏”第十七届越剧大展演在绍兴大剧院举行。开幕式上，新编越剧《兰亭记》首次公开展演，以“天下第一行书”《兰亭集序》为主线，通过传统越剧艺术形式展现戏曲与书法的创新交融。该剧由李敏、张学芬等多位中国戏剧奖·梅花表演奖得主领衔主演。参演期间，还评选出5位“金兰最佳演员”、5位“金兰优秀演员”。

2019年6月6日，“同唱一台戏”第十七届越剧大展演在绍兴大剧院举行开幕式

【新编越剧《鉴湖风云》首演】 10月16日，国家艺术基金2019年度资助项目——新编越剧《鉴湖风云》在绍兴大剧院首演。该剧由李敏、徐铭、郑曼莉等多位国家一级演员、梅花奖得主主演。以戏曲艺术的形式重现秋瑾、徐锡麟、陶成章等辛亥先烈的革命事迹，生动刻画他们为社会进步而勇于牺牲自己的英雄豪情。

【越剧明星版《梁祝》在美国两地演出】 4月19日至21日，越音唱响美国首都华盛顿。国家艺术基金资助项目，“同唱一台戏”越剧明星版《梁祝》分别在理查德市民文化中心以及斯哥特·菲茨杰拉德剧院演绎。海外华人倾听越语乡音，让世界观众了解中国文化。袅袅越音讲述“绍兴韵味”“中国故事”响彻华盛顿上空。

2019年4月19日至21日，越剧明星版《梁祝》在美国两地演出

【绍剧《千年流转 越地长风》献演首届中国—中东欧国家博览会文艺晚会】 6月9日，首届中国—中东欧国家博览会文艺晚会在宁波举行，浙江绍剧艺术研究院携绍剧《千年流转 越地长风》作为该场晚会唯一的一个戏曲类节目献演。绍剧《千年流转 越地长风》用绍剧独有的音乐唱腔和中国戏曲的传统程式演绎了绍兴古城2500年以来的人文景观，充分展示了魅力城市绍兴的历史厚重感。

【2019年首届大运河（浙江段）剧院联盟艺术节暨第四届全球越剧戏迷嘉年华】 11月11日至17日，2019年首届大运河（浙江段）剧院联盟艺术节暨第四届全球越剧戏迷嘉年华举行。自杭州出发，途经湖州、嘉兴、舟山、宁波，最后在越乡绍兴迎来闭幕。来自全球的29位参赛选手倾情演绎各自的拿手好戏，每一个节目都各具特色。

2020年

【概况】 2020年，绍兴市文化艺术创作繁荣发展，艺术事业发展再上新台阶。绍剧《孙悟空三打白骨精》入选“庆祝中国共产党成立

100周年舞台艺术精品创作工程”重点扶持作品名单，《周仁哭坟》（越剧）、《狸猫换太子·拷寇》（越剧）、《铁冠图·煤山》（调腔）、《汉宫秋·饯别》（调腔）入选2020年度“中华优秀传统艺术传承发展计划”戏曲专项扶持项目名单，绍剧《破指血书》《闹龙宫》获第二届长三角非物质文化遗产节金奖。嵊州市入选“浙江省戏曲之乡（县级）”，上虞区百官街道入选“浙江省戏曲之乡（乡镇级）”；调腔《后山叶芽》和越剧《鉴湖风云》《傲雪芬芳》入选浙江文化艺术发展基金2019年度资助项目名单，越剧《核桃树之恋》入选2020年省舞台艺术创作重点题材扶持项目；施洁净获2020全国先进工作者称号；张琳、董燕获评省舞台艺术“1111”人才计划培养对象，张琳团队入选省“文艺名家孵化计划”，应林锋获第五届浙江戏剧奖·金桂表演奖。

【越剧现代戏《傲雪芬芳》首演】 7月13日，由嵊州市越剧团创排的越剧现代戏《傲雪芬芳》在嵊州市越剧艺术中心剧场首演。10月22日，参加“中国越剧艺术·2020绍兴有戏”优秀剧目展演，作为开幕式首场演出剧目，致敬越剧前辈袁雪芬一生勇于改革、砥砺前行的精神。

【新昌调腔首部现实题材剧目《后山叶芽》正式首演】 7月3日，新昌调腔首部现实题材剧目《后山叶芽》在绍兴绍剧艺术中心正式首演，讲述贫困山村后山坳村民突破阻力，锐意改革，因地制宜发展绿茶的故事。通过塑造基层党员干部村支书陈国忠，讲述了共产党人舍小家为大家的奉献精神，敢为人先勇立潮头的拼搏精神，甘于吃苦百折不挠的奋斗精神。

【都市题材当代越剧《云水渡》首演】 12月9日，由绍兴小百花越剧团创排的都市题材当代越剧《云水渡》在百花剧场首演。《云水渡》聚焦“国际纺织之都”柯桥，以女主角——越商“柯鸿”的人生际遇与奋斗历程，映照柯桥轻纺业与“中国轻纺城”在时代春潮中的蓬勃发展与升级转型。该剧由国家一级演员、梅花奖得主陈飞、张琳领衔主演，优秀青年演员娄周英、谢小等主演。

【越剧电影《钗头凤》完成拍摄】《钗头凤》由吴凤花、李敏领衔主演，分别饰演陆游和唐琬，共同演绎陆游与唐琬在封建礼教的重压下的爱情悲剧。沈园、兰亭、西园、东湖、吼山、柯岩等绍兴著名景点都在影片中一一亮相。景点、人文、越剧、电影这几个看似不相关的元素被串联融合成一个整体，这是一次对越剧发展的尝试，将助推越剧通过各种不同的表现手法，呈现多样化的发展模式。

【浙江绍剧艺术研究院《欢乐中国年》应邀赴美三地巡演】 1—2月，浙江绍剧艺术研究院《欢乐中国年》应邀赴美国芝加哥、底特律、马斯卡廷三地巡演，观众达2万余人。现场，绍剧《汉津口》《龙虎斗》《孙悟空三打白骨精》等经典绍剧剧目惊艳亮相，舞龙、舞狮，变脸、绸舞尽显精美绝妙的中国特色传统。

【《三请樊梨花》搬上2020“浙江好腔调”浙江省传统戏剧展演活动舞台】 6月5日，2020“浙江好腔调”浙江省传统戏剧展演活动

2020年6月5日，《三请樊梨花》在2020“浙江好腔调”浙江省传统戏剧展演活动中上演

启动仪式绍兴专场演出在市文化馆百姓剧场拉开序幕并进行现场录制。经典剧目《三请樊梨花》搬上舞台，以越剧、新昌调腔、绍剧和诸暨西路乱弹“四下锅”的形式进行“串联”，让同一部戏演绎出不同剧种的传统之美。这是绍兴地方剧种首次联合上演。

【2020 浙江省传统戏曲演出季 中国·绍兴第十八届越剧大展演】 9 月 5 日至 9 月 30 日，2020 浙江省传统戏曲演出季 中国·绍兴第十八届越剧大展演在绍兴大剧院举行，历时 26 天，浙江小百花越剧团、绍兴小百花越剧团，杭州越剧团等 11 个越剧院团的《五女拜寿》《红楼梦》《狸猫换太子》等 22 场越剧经典大戏陆续上演，近万人共享这越剧艺术盛宴。

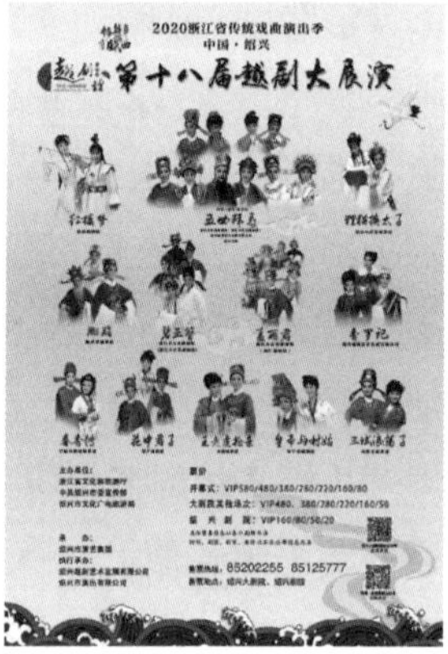

2020 浙江省传统戏曲演出季 中国·绍兴第十八届越剧大展演海报

【第四届中国越剧艺术节·2020 绍兴有戏系列活动】 10 月 22 日至 29 日，中国越剧艺术·2020 绍兴有戏活动举行。在为期一周的时间内，安排有开闭幕式、越剧艺术“五进”活动、越剧戏迷嘉年华、“越上云端”等多场主题活动，吸引线上线下共计 104 万人参与。活动期间，越剧艺术“五进”活动共组织越剧艺术“进剧场”“进广场”“进学校”“进礼堂”“进景区”活动 30 余场，惠及民众近 10 万人。

2020 年 10 月 22 日，第四届中国越剧艺术节开幕式

【浙江绍剧艺术研究院参加戏曲百戏盛典】 2020 年戏曲百戏（昆山）盛典活动中，浙江绍剧艺术研究院作为浙江省唯一入选的代表，受邀参加盛典。10 月 13 日，绍剧猴戏《孙悟空三打白骨精》在昆山文化艺术中心大剧院亮相。

2021 年

【概况】 2021 年，绍兴市文化艺术创作繁荣发展，创排《核桃树之恋》《喀喇昆仑》等 8 部大型舞台艺术精品。其中，越剧《核桃树之恋》入选庆祝中国共产党成立 100 周年优秀舞台艺术作品展名单，成为全国唯一晋京展演的越剧作品并获 2021 第十七届中国戏剧节优秀剧目奖。新编绍剧现代戏《喀喇昆仑》入选浙江省舞台艺术创作重点题材项目。3 部剧目入选 2021“浙江省经典保留剧目”大型剧目（全省共 14 部）、1 部入选小型剧目，入选总数居浙江省前列。11 部舞台艺术作品入选浙江省庆祝中国共产党成立 100 周年优秀舞台艺术作品展演。传统精品复排计划重点扶持作品绍剧《孙悟空三打白骨精》完成结项演出并入选《百部优秀剧作典藏》。绍剧电影《孙悟空大战红孩儿》首映。倪锦锦获国家艺术基金 2020 年度青年艺术创作人才资助项目舞台艺术表演立项，蒋一帆（作品《“镜”界》）获第四届中国舞台美术展新锐设计师奖。应林锋、张琳入选 2021 年浙江省舞台艺术“1111”人才计划。组织申报

2022 年度国家艺术基金项目 19 个。

【《核桃树之恋》入选中国共产党成立 100 周年优秀舞台艺术作品展演名单】 由嵊州市越剧团、浙江小百花越剧院（浙江越剧团）联合出品的原创越剧现代戏《核桃树之恋》入选中国共产党成立 100 周年优秀舞台艺术作品展演名单，成为全国唯一晋京展演的越剧作品，获 2021 第十七届中国戏剧节优秀剧目奖。

原创越剧现代戏《核桃树之恋》演出现场

【《喀喇昆仑》入选 2021—2022 年度浙江省舞台艺术创作重点题材扶持项目名单】 7 月 20 日，新编绍剧现代戏《喀喇昆仑》入选 2021—2022 年度浙江省舞台艺术创作重点题材扶持项目名单，成为浙江省入选的 10 台剧目中唯一来自绍兴的项目。此外，绍剧《喀喇昆仑》还入选 2020 年浙江文化艺术发展基金资助项目。5 月 21 日，《喀喇昆仑》在阿拉尔大剧院首演，在中国和巴基斯坦建交 70 周年纪念日拉开了该剧在新疆巡演的序幕。绍剧《喀喇昆仑》还赶赴新疆生产建设兵团九团、十团、十二团、十三团演出，并前往十六团、阿瓦提、阿克苏等地完成巡演五场，将绍剧精品力作送到新疆、送到兵团，架起“文化润疆”的桥梁纽带。

【4 部作品入选“浙江省经典保留剧目”】 3 部大型剧目（浙江绍剧艺术研究院出品的绍剧《孙悟空三打白骨精》、柯桥区小百花艺术传习中心出品的越剧《狸猫换太子》、诸暨市文化艺术中心出品的越剧《西施断缆》），1 部小型剧目（新昌县调腔保护传承发展中心出品的《北西厢·请生》）入选“浙江省经典保留剧目”。

【11 部舞台艺术作品入选浙江省庆祝中国共产党成立 100 周年优秀舞台艺术作品展演】 浙江绍剧艺术研究院绍剧《喀喇昆仑》、嵊州市越剧团越剧《核桃树之恋》、绍兴柯桥小百花越剧《一钱太守》《王阳明》等 11 部舞台艺术作品入选浙江省庆祝中国共产党成立 100 周年优秀舞台艺术作品展演。

【纪念毛泽东主席为绍剧《孙悟空三打白骨精》题诗 60 周年系列庆典活动】 11 月 17 日至 19 日，举行纪念毛泽东主席为绍剧《孙悟空三打白骨精》题诗 60 周年系列庆典活动。包括绍剧电影《孙悟空大战红孩儿》、绍剧《孙悟空三打白骨精》、绍剧猴戏表演艺术研讨

2021 年，新编绍剧现代戏《喀喇昆仑》在阿拉尔站展演

2021 年 11 月 17 日，绍剧《孙悟空三打白骨精》展演

会、纪念绍剧先辈七龄童100周年诞辰艺术研讨会、绍剧猴戏传承人刘建扬艺术工作室授牌仪式、绍剧动漫《孙悟空三打白骨精》发布会。

【绍剧电影《孙悟空大战红孩儿》首映】 11月22日，绍剧电影《孙悟空大战红孩儿》在鲁迅电影院首映。《孙悟空大战红孩儿》是继《孙悟空三打白骨精》后的又一经典之作。自2016年开始筹备，在绍兴市委市政府的关心支持下拍摄而成。作为第二部绍剧猴戏电影，是绍剧猴戏表演艺术的传承与升华，也是现代影视手段与传统戏曲艺术的完美融合。

【12部作品入选绍兴市精神文明建设“五个一工程”文艺精品创作扶持项目】 其中嵊州市越剧艺术保护传承中心拍摄的越剧电影《汉文皇后》入选影视类项目；上虞区公共文化服务中心创排的《祝家庄里的年轻人》、新昌县文化广电旅游局创排的山水诗剧《诗路芳菲》、柯桥区小百花越剧艺术传习中心创排的越剧小戏《回乡偶书》、新昌县调腔保护传承发展中心创排的调腔《梁柏台》、嵊州市越剧艺术保护传承中心创排的越剧《核桃树之恋》、新昌县调腔保护传承发展中心创排的调腔《后山叶芽》入选舞台艺术类项目；嵊州市文化馆创作的歌曲《永远的船娘》、绍兴艺术学校创作的歌曲《故乡》、绍兴市文化馆创作的歌曲《幸福画卷》、越城区文化馆创作的歌曲《蝶恋花》、绍兴市文化馆创作的歌曲《青春的追寻》入选歌曲类项目。

【大型实景影画剧《鲁镇社戏》首演】 4月29日，大型实景影画剧《鲁镇社戏》在绍兴柯岩鲁镇新建成的实景演艺剧场首演 。《鲁镇社戏》以鲁迅精神为题材，主创团队在故事情节中融入了社戏文化、黄酒文化等绍兴文化元素，同时在舞台呈现方面，结合咸亨酒店、乌篷船、水乡建筑等鲁镇的文化元素。该剧的首演开创了绍兴高科技影画表演的先河，填补了绍兴大型旅游演艺的空白。

【嵊州中国民间越剧节】 3月26日至29日，2021“东亚文化之都·中国绍兴活动年”之《东亚文都·绍兴有戏“东亚文化之都城市戏 曲经典荟萃”》“弘越传世”——纪念越剧诞生115周年暨第二十届嵊州中国民间越剧节举办。活动紧扣“纪念先辈、改革创新、涵养生态、凝聚力量、越剧申遗、团结报国”六个关键词，采用现场与云端相结合的方式，安排了祭奠越剧前辈、组建推动越剧申报人类非物质文化遗产代表作工作联盟会议、《越剧十姐妹纪念文集》签售活动、《越剧十姐妹纪念文集》出版研讨会、越剧文旅作品《魅力越剧(厅堂版)》演出活动、纪念越剧诞生115周年——第二十届嵊州·中国民间越剧节开幕式暨纪念新越剧改革主题研讨会、弘越传世——梅开越乡云上演唱会等活动。

【第十九届越剧大展演暨“红动绍兴·全城有戏”庆祝中国共产党成立100周年优秀艺术作品展演展览季活动】 5月9日，2021（中国·绍兴）第十九届越剧大展演暨“红动绍兴·全城有戏”庆祝中国共产党成立100周年优秀艺术作品展演展览季活动在绍兴大剧院正式启动。当晚，同唱一台戏明星版越剧《英雄颂》上演，越剧名家联手演绎红色经典折子戏，致敬革命英雄，重温光辉历史，铭记红色篇章。本次展览展演季活动，绍兴市汇聚逾千场艺术作品展演展览，采用场内场外、线上线下、舞台艺术与书画艺术相结合的形式集中展演、惠民演出、展览展示。其中，还精选了10台由绍兴市各专业院团打造的新编原创优秀剧目以及曾获五个一工程奖的优秀剧目在5—7月集

2021 年 5 月 9 日，第十九届越剧大展演暨“红动绍兴·全城有戏”庆祝中国共产党成立 100 周年优秀艺术作品展演展览季活动开幕式

中在市区进行展演，以庆祝中国共产党成立 100 周年。这是绍兴市少有的覆盖范围广、时间跨度长、剧目品质高、惠民力度强、剧目类型丰富的艺术盛会。

【“百年风华 逐梦前行”——绍兴市庆祝中国共产党成立 100 周年文艺演出】 6 月 29 日晚上，“百年风华 逐梦前行”——绍兴市庆祝中国共产党成立 100 周年文艺演出在绍兴大剧院举行。整台晚会分“信仰”“奋进”“腾飞”三个篇章，集合音乐、舞蹈、戏曲、曲艺、歌曲、朗诵、杂技、情景剧等多种舞台表现形式，更用越剧、绍剧、新昌调腔等绍兴特有剧种，重温党的百年峥嵘岁月，砥砺奋进展望光辉未来。

【鲁迅 140 周年诞辰纪念系列活动——鲁迅戏剧周】 9 月 15 日至 30 日，举办鲁迅 140 周年诞辰纪念系列活动——鲁迅戏剧周。此次戏剧周由越剧《青藤狂歌》的演出拉开帷幕，话剧《我是谁，你们又是谁？！》《狂人日记》及大型交响乐《鲁迅》、越剧《祥林嫂》参加展演。“鲁迅戏剧展演”展现出不一样的“鲁迅味道”“绍兴味道”。别样的艺术形式，呈现鲁迅故乡的风情和感受，也为更多的观众了解学习鲁迅文化、传承鲁迅精神提供了途径。

【“绍兴有戏”之“文艺进万家”《诗路江南文艺播撒》走进嵊州石璜西白山村】 1 月 25 日，“绍兴有戏”之“文艺进万家”《诗路江南文艺播撒》走进嵊州石璜西白山村。市委宣传部副部长、市文广旅游局党委书记、局长何俊杰，局党委委员、副局长杨坚祥等负责人带领相关处室及绍兴图书馆、绍兴市文化馆和浙江绍剧艺术研究院的文艺工作者共 30 余人参加。

2019 — 2021

公共文化

2019年

【概况】2019年，绍兴市公共文化工作根据“文化浙江”建设总体要求，抓实载体、完善标准、丰富活动、优化机制，完成各区、县（市）公共文化服务标准化建设、推进“十百千”工程建设、厕所革命、城市书房建设、文化走亲、乡镇（街道）综合文化站服务效能提升等相关工作，努力打造凸显绍兴特色的“文旅融合·绍兴有戏”公共文化服务品牌。

2019年，绍兴市共评定城市书房25家，全年完成图书下乡20.6万余册、送戏下乡1425场，送讲座展览下乡462场，文化走亲87场。继续开展“文艺专家门诊”“越州讲坛”“好书天天荐”“绍剧周末剧场”“周末广场电影”“树兰书院”“水乡戏台”“文化走亲”等文化品牌服务活动。

【公共文化服务体系建设】2019年，根据省委办公厅、省政府办公厅《关于加快构建现代公共文化服务体系的实施意见》、省文化和旅游厅《关于推进“五个百分百”建设加快实现基本公共文化服务标准化的通知》和《浙江省基本公共文化服务标准完成情况认定办法》，对照省定49条标准和“五个百分百”建设情况，省公共文化服务体系建设协调组认定绍兴市所有区、县（市）达到《浙江省基本公共文化服务标准（2015—2020）》。此项工作是2019年绍兴市公共文化服务工作的重点工作，开展认定工作是对绍兴市基本公共文化服务标准化建设成果的一次全面“检阅”。2019年，省厅对绍兴市越城区和新昌县两个重点区（县）项目进行了验收。

【城市书房建设】2019年，与市财政局联合印发《绍兴市文化广电旅游局绍兴市财政局关于印发〈绍兴市城市书房建设（2019—2021年）实施方案〉的通知》，印发《绍兴市文化广电旅游局关于印发〈绍兴市城市书房建设标准及管理办法〉的通知》文件，并根据文件精神，经过各区、县（市）自主申报，通过组织专家实地踏看、听取汇报、查阅台账等程序，对城市书房进行验收，最终绍兴市共有25家城市书房通过验收认定，其中越城区3家、柯桥区4家、上虞区2家、诸暨市8家、嵊州市6家、新昌县2家。

【旅游厕所建设】2019年是新一轮旅游厕所三年建设计划的关键之年，根据省厅要求，积极有序推进“旅游厕所”革命，共完工旅游厕所立项数127家，其中新建数118家，改建数9家，超额完成省厅布置任务数，完工率达到100%。开展旅游厕所电子地图标注工作，并100%完成标注。开展旅游厕所和等级评定工作。柯桥区10家旅游厕所被评为AAA级旅游厕所。

【“文旅融合·绍兴有戏”公共文化服务品牌】3月，绍兴市文化广电旅游局向绍兴市非遗工作者、文艺爱好者、非遗代表性传承人和社会热心人士，启动“绍兴有戏”品牌活动标识征集活动，共收到来自全国各地的投稿作品163件。8月6日，绍兴市举行“文旅融合·绍兴有戏”公共文化服务品牌新闻发布会，公布“绍兴有戏”品牌活动标识。为推广“文旅融合·绍兴有戏”公共文化服务品牌，市文化广电旅游局组织创作“绍兴有戏”主题歌，分莲歌版、独唱版和阿卡贝拉版三个版本。推出九大类26项文艺活动，有“绍兴有戏·盛世欢歌”精品文艺节目创排、市级赛事及大型展演系列活动，“绍兴有戏·古越新颜”视觉艺术系列活动，“绍兴有戏·全民艺术普及”公益培训系列活动，“绍兴有戏·文艺专家门诊”志愿服务活动，“绍兴有戏·吹响号角”理论宣传系列活动，“绍兴有戏·绍兴故事汇”系列活动，“绍兴有戏·我们的节日”传统节日系列庆祝活动，“绍兴有戏·非遗资源转化”系列活动，“绍兴有戏·古城赶大集”第五届非遗集市等。

【文艺播撒乡镇行】“文艺播撒乡镇行”是“绍兴有戏”文旅品牌的组成部分。2019 年，绍兴市文化广电旅游局确定越城区鉴湖街道、柯桥区平水镇、上虞区小越镇、诸暨市牌头镇、嵊州市三界镇、新昌县梅渚镇、滨海新城沥海镇等 7 个乡镇（街道）为“文艺播撒乡镇行”的服务点。结合服务点实际，制定 93 项工作清单，力求体现乡村特色，展现时代新风，推动公共服务向基层下沉、向农村延伸，将文艺的种子精准播撒到乡村。全年共开展“文艺播撒乡镇行”服务 9 次，服务群众 3000 余人。

2020 年，“文艺播撒乡镇行”七镇联动文艺汇演

【文化暖冬千百万行动】 2019 年，绍兴市文化广电旅游部门共组织春节、元宵期间群众文化活动 1921 场次，现场观众达 190.9 万人次，网络参与 95.6 万人次。其中，乡村村晚 619 场，覆盖 906 个村，观众 47.4 万人次；戏曲进乡村 640 场，覆盖 631 个村，观众 43.4 万人次。

【文化走亲】 2019 年，绍兴市共组织开展文化走亲活动 87 次，其中市本级 6 次，先后走进马尔康、大渡口、辽源、衢州、丽水等地。5 月 26 日，“绍兴有戏”文艺走亲晚会走进四川省阿坝州马尔康市；5 月 29 日，“巴渝风情绍兴有戏”绍兴大渡口文化走亲晚会走进重庆大渡口，市文化馆书法干部参加了由重庆市群众艺术馆等主办的全国十地市书法联展；9 月 8 日、11 日，“绍兴有戏”之“醉美绍兴”文艺演出专场两次在吉林省辽源市上演；10 月 30 日，“醉美绍兴”文艺晚会专场走进衢州；11 月 1 日，“醉美绍兴”文艺晚会专场走进丽水等。

2020 年，“绍兴有戏”之“醉美绍兴”文艺演出上演

【全民阅读】 2019 年，绍兴市公共图书馆新购图书 83 万册，服务读者 824 万余人，举办各类阅读推广活动 2100 余场，参与读者 79 万人次。绍兴市开展以“阅读越美丽”为主题的第三届绍兴市公共图书馆全民阅读节系列活动，绍兴市县级以上公共图书馆组织了“图书馆之夜”“阅读马拉松”等数十场“书香绍兴”系列活动，绍兴图书馆获 2019 年长三角地区阅读马拉松大赛团体第二名及优秀组织奖。启动开展为期 4 个月的“阳明文化”中国大运河沿线城市巡讲巡展活动；“文献名邦书香绍兴——越地历史文脉展”在国家典籍博物馆开展；绍兴“清白泉”清廉图书馆、辽源市朝阳村“树兰书房”（绍兴市第一家设在友好城市的图书分馆、城市书房，绍兴与辽源合作设立的第一个文旅惠民项目）建成开馆。5 月 23 日

2020 年 1 月 16 日，《我们的村晚》在上虞茅家村上演

起，绍兴图书馆联合越城区、柯桥区、上虞区、诸暨市共 5 家公共图书馆，取消借书超期费。

【图书馆数字化服务】 2019 年，开展绍兴市公共图书馆数字资源联合采购和宣传推广，为读者免费提供中国知网、万方数据等 40 余个数据库资源，数字资源读者访问量超过 1484 万人次，同比增长 50% 以上。联合浙大图书馆，面向创新创业人员推出科技查新、查收查引、论文查重等科技信息服务。借助“互联网 +”技术，创新开展“你点我送”好书快借活动，为读者准备线上借阅平台 6000 余册藏书。推进实施绍兴图书馆数字图书馆五期项目建设，建成“绍兴图书馆人大代表信息服务平台”，对接绍兴市人大常委会的人大代表信息服务平台，打造面向绍兴市三级（省、市、区）人大代表的个性化定制信息服务。王阳明专题文献数据库建设在第三届中国阳明心学高峰论坛闭幕式上发布。

2020 年

【概况】 2020 年，绍兴市公共文化服务工作持续推动创新实践，全年建成城市书房 15 家，完成送演出下乡 1052 场，送图书下乡 10.64 万册，送讲座、展览下乡 358 场；开展线上文化服务活动 391 场，线上活动参与 250.82 万人次，开展文化走亲 6 场。

【城市书房及主题分馆建设】 2020 年，绍兴市有 15 家城市书房通过验收认定，其中越城区 2 家、柯桥区 2 家、上虞区 3 家、诸暨市 3 家、嵊州市 1 家、新昌县 4 家。建成文学分馆（大先生书房）、传媒分馆（越牛书房）、金融分馆、武警分馆（阳明书屋）、龙华寺佛学分馆等 5 家主题分馆，首家“近邻书屋”建成开放。

【旅游厕所建设】 2020 年，绍兴市根据持续推进“旅游厕所”革命新三年行动计划，完成“厕所革命”工作目标，共完工旅游厕所立项 148 家，其中新建 134 家、改建 14 家，超额完成省文旅厅任务数，完工率 100%。完成旅游厕所电子地图标注工作。绍兴市有 25 家旅游厕所达到 AAA 级旅游厕所质量等级标准，其中越城区 4 家，上虞区 9 家，诸暨市 6 家，嵊州市 6 家。

【“文旅融合·绍兴有戏”公共文化服务品牌建设】 2020 年，绍兴市继续组织开展“绍兴有戏”系列活动。其中，“绍兴有戏·街艺角”活动于 8 月 14 日在迎恩门水街首演，至年末，街艺角已累计举办演出 20 余场，服务 3 万余人，该项目获绍兴市宣传思想文化系统十佳创新项目荣誉称号；“我的艺时光——公益培训”推出云课堂 19 期、“我的艺时光午（夜）文化一小时”线下公益授课，培训 228 人。“我的艺时光”公益培训项目入围全国文化和旅游志愿服务项目；市文广旅游部门通过“文艺播撒乡镇行”活动，对 6 个街道（乡镇）进行节目及团队辅导，启动绍兴市范围“三团三社”摸排工作。组织创作防疫主题文艺作品近 2000 件，编发“防控疫情绍兴文艺在行动”系列专版连载 50 期。

【文化走亲】 2020年，绍兴市文广旅游系统共完成文化走亲5场。其中，“绍兴有戏·柴旦有情”绍兴市对口支援大柴旦十周年文艺晚会走进大柴旦；“绍兴有戏”公共文化品牌之“醉美绍兴”文艺演出专场分别走进宁波、舟山；文化和旅游部2020年“春雨工程”全国示范性项目——“绍兴有戏”走进贵州省安顺市紫云苗族布依族自治县之“诗路江南·文艺播撒”文艺演出专场在紫云县新城区文化中心献演；“绍兴有戏”之“醉美绍兴”走进贵州省安顺市。

【阅读推广活动】 2020年，绍兴市文广旅游系统推出“越读越有味·全民读好书”阅读品牌。成立绍兴市阅读联盟，陆续推出系列活动；2020“天籁浙江·印象诗路”朗诵大会（决赛）暨“云游兰亭”直播推广活动12个平台在线直播，全网观看超过210万人次，成为公共文化服务与旅游宣传推广有机融合的成功实践；启动“云上唐诗之路”激活工程，推出专题云讲座6场，“於越缥缃”云诗词系列6期，立体展示浙东唐诗之路风貌；7家公共图书馆联合开展以“漫步云端，书香抗疫”为主题的线上读书月系列活动，推出14个线上主题活动。

2020年9月19日，“天籁浙江·印象诗路”朗诵大会（决赛）在绍兴举办

【文化巡讲巡展】 2020年，绍兴市文广旅游系统组织开展文化巡讲巡展活动27次。其中，2020阳明文化巡讲巡展活动将路线拓展到了王阳明之路联盟图书馆，增加百家讲坛名家老师及浙江大学等高校研究学者为巡讲巡展讲师，推出纪念绍兴建城2510周年解码越文化系列讲座，在四地大运河沿线图书馆、五城7个王阳明之路公共图书馆联盟成员馆以及广西南宁图书馆和百色学院举办讲座14场、展览13场，累计参与5万余人次。组织纪念绍兴建城2510周年、“遇见绍兴”大型图片巡展，累计观展约4.2万人次，展览还走进了云南省西双版纳州图书馆。

2020年11月13日，“醉美绍兴”文艺演出专场在贵州省安顺市开演

【公共数字文化建设】 2020年，绍兴图书馆完成数字图书馆5期的7个项目，建立绍兴地区“区域数字资源联合采购模式”，搭建市数字资源共建共享平台。在此基础上，投资163.5万元，完成绍兴市各级公共图书馆数据库资源联合采购工作，搭建“中心馆+成员馆+数字资源共建共享平台”一体化服务网络体系。绍兴图书馆还与有关部门合作，将读者证与“越行证”对接，整合读者的身份认证、绿码识别和图书借阅等功能，实现一证通用、一码通行，方便读者借阅。

【古籍与地方文献】 2020年，绍兴图书馆重点做好馆藏珍贵古籍的数字化工作，完成

37种、115册、18135页古籍文献的数字化。起草《绍兴金石大全》出版方案，系统整理绍兴金石、碑拓等文献资料。升级绍兴市特色文献查阅平台，为读者提供免费在线查阅服务。征集地方文献图书730种850册。绍兴图书馆《性理大全书》、嵊州市图书馆《石田稿》入选《第六批国家珍贵古籍名录（752部）》。

【绍兴市阅读联盟成立】 2020年4月23日，“越读越有味·全民读好书”主题活动推进暨绍兴市阅读联盟启动仪式在沈园景区举行。该联盟由中共绍兴市委宣传部、绍兴图书馆组织成立，由绍兴市各类读书会、阅读社等阅读组织组成，旨在通过举办以“越读越有味·全民读好书”为主题的系列活动，持续提升“书香绍兴”全民阅读品牌影响力和号召力，推动绍兴市全民阅读活动深入持久地开展。启动仪式上发布《2020年“越读越有味·全民读好书”主题征文启事》、“全民读好书”阅读倡议。绍兴市阅读联盟以市图书馆为主阵地，陆续推出系列活动，其中，“方雨的书架”阅读分享会在凤凰网同步线上直播，即时观看量达21万余人次。

2021年

【概况】 2021年，绍兴市公共文化服务工作以“强化职能，完善体系，提升效益”为目标，不断创新服务供给方式，完善服务体系，推进数字化改革，努力优化公共文化服务质量，积极以文化的力量激发古城新活力，各项工作取得积极成效。

印发绍兴市《高质量推进城市公共文化服务体系建设三年行动计划（2021—2023）》《绍兴市高质量推进公共文化服务现代化工作清单（2021—2025）》，建成城市书房11家；“送演出”下乡1796场，“送图书”下乡29.61万册，“送讲座、展览”下乡491场，“文化走亲”90场，“文化大巴”70场，“越乡莲歌”48场。开展线上服务1400场，参与近815万人次。7家公共图书馆全部创成“满意图书馆”。新增省级文化示范户30户、文化能人80个。

至年末，有文化志愿者队伍409支，志愿者人数超2.5万人；有各类文艺社团3568个，人数超5.2万人；有“三团三社”（艺术团、合唱团、民乐团、书画社、摄影社、文学社）757个。

柯桥区创成省公共文化服务现代化先行县；嵊州市文广旅游局“打造越剧文化圈高质量推进公共文化服务一体化建设”被列入省公共文化服务现代化领航项目；绍兴图书馆、柯桥区安昌街道、上虞区道墟街道等被评为省首批公共文化场馆服务功能拓展先行先试单位；上虞区道墟街道、柯桥区安昌街道创成省级文化强镇；诸暨市东和乡十里坪村、新昌县澄潭街道梅渚村、柯桥区王坛镇上王村创建成省级文化示范村；嵊州市甘霖镇（越剧）、新昌县（调腔）、柯桥区安昌街道（安昌古镇腊月风情节）被评为2021年度“浙江省民间文化艺术之乡”；绍兴莲花落《核桃树下》获“迎建党百年享美好生活”省第十一届群众曲艺大赛金奖；群舞《酿》获“迎建党百年享美生活”省第三十一届群众舞蹈大赛金奖；《核桃树之恋》（女声独唱）、《乌托邦的夜》（女声独唱）获“迎建党百年享美好生活”省第二十届群众音乐大赛金奖。

【公共文化服务品牌建设】 2021年，绍兴市深化提升“文旅融合·绍兴有戏”公共文化服务品牌建设。重点打造“街艺角”“文艺播撒乡镇行”“我的艺时光”“文艺专家门诊”等子品牌，共组织各类培训、演出67期，服务群众30余万人次。

【省“文化基因解码”工程建设】 2021年，绍兴市完成浙江文化基因解码的“查”“解”任务，完成文化元素普查入库3087个，形成128项重点文化元素清单，编制完成文化基因解码报告。梳理编制“阳明文化”“黄酒文化”“鲁迅文化”“孝德文化”“越剧”“西施文化”“浙东唐诗名城”等项目的五年行动计划，推荐申报浙江省文化标识的培育项目。

【“阳明文化标识”建设】 2021年，省文旅厅印发《阳明文化、和合文化、南孔文化研究、保护和文旅融合发展行动计划（2021—2023）》。绍兴市围绕培育“阳明故里，心学圣地”目标，实施专题文化标识资源普查。梳理阳明文化元素170个，筛选阳明文化重点元素清单“一张表”（阳明文化基因解码元素表），撰写解码报告“一本书”（《绍兴阳明文化基因解码报告》）。围绕陈溪阳明祖居、稽山书院、新建伯府、王阳明墓等九大重点元素，形成转化利用方案15项、转化建议30余项。绍兴市、余姚市、贵州省修文县、江西省赣州市等四地文化和旅游部门组建“阳明遗迹重要地联盟”。

【公共文化服务空间拓展】 2021年，绍兴加速构建“15分钟品质文化圈”，基本形成公共阅读市、县、乡镇、村四级网络。新增城市书房11家，累计建成85家，覆盖60余个乡镇（街道），书房总面积2万余平方米，藏书近100万册，阅读席位8000余座。绍兴图书馆建设科技、文创、医学等主题分馆11家，新建2家民宿图书馆、4家近邻书屋，建成各类图书流通点104个。103家乡镇（街道）文化分馆普及率、综合文化站面积达标率100%，40%以上村级基层综合文化中心、农村文化礼堂纳入图书馆业务管理。有乡镇图书分馆66家，覆盖率65%。

【公共数字文化建设】 2021年，绍兴市文化馆完成“省—市—区、县（市）”三级公共文化云平台对接，搭建“线上授课＋线下分组教学”服务模式，开展优质慕课资源建设。绍兴图书馆推广“信阅”服务，提升数字服务能力，逐步实现办证、借阅、活动预约等一站式数字化服务：“浙里办”图书馆应用升级到2.0；对2万余条馆藏老报纸资源进行内容标识标引建设；面向创新创业人员推出科技查新、查收查引等科技信息服务。

【阅读推广活动】 2021年，绍兴图书馆推出“百年百场”7个专题28项系列，“我们永远的大先生”主题阅读活动被省文旅厅评为“‘建党百年主题阅读活动’优秀领读项目”。启动以“阅读颂百年·书海启征程”为主题的第五届阅读节，开4个系列30余场活动。举办首届“越读越有味·全民读好书”全民阅读盛典，开展“学党史读经典”主题征文活动，并集萃出版优秀征文集《书香阅味》，同步推出阅读盛典之书香展会。打造以“树兰”命名的阅读品牌，全年开展阅读推广活动800余场，参与市民逾60万人次。

【“阳明文化”巡讲巡展】 2021年，绍兴市开展“阳明文化”巡讲巡展活动，深化中国大运河、阳明之路2条路线，重新推出“东亚文化之都阳明心学圣地——千年文脉，寻梦绍兴”主题展览，增加线上直播，部分讲座单场直播观看达1万余人次，相继在扬州、无锡、淮安、上杭、漳州、渭南、海盐等7个城市举办讲座或展览13场次。

【古籍与地方文献】 2021年，绍兴图书馆重点做好馆藏珍贵古籍的数字化工作，完成45778页馆藏古籍地方文献的拍摄。配合浙江省古籍数字资源共建共享工作，整理30种、60册馆藏古籍地方文献目录。参与绍兴市中华版本资源专题征集工作，累计呈缴2487件，提交名人古籍书影5000余张、历代名家书《兰亭序》拓片和历届兰亭书法节资料等2700余件。

【旅游驿站建设】 2021年，绍兴市开展旅游驿站建设，形成以一级驿站为引领，二级驿站为主干，三级驿站为补充的城乡旅游驿站格局。全年共有15家单位参评省级驿站，最终上虞区曹娥江旅游驿站、新昌县新昌旅游集散中心旅游驿站获评省一级旅游驿站；柯桥区安昌古镇旅游驿站、上虞区石笋山旅游驿站、覆卮山旅游驿站获评省二级旅游驿站；越城区六和藏院旅游驿站、柯桥区酷玩王国旅游驿站、诸暨市古博岭旅游驿站、西皇旅游驿站、嵊州市清风旅游驿站、星期八旅游驿站、新昌县澄潭旅游驿站获评省三级旅游驿站。

【浙江省“文化基因解码工程”暨文化标识建设工作推进会召开】 2021年8月4日至5日，浙江省“文化基因解码工程”暨文化标识建设工作推进会在绍兴召开。会议总结浙江省“文化基因解码工程”取得的基本成果和主要经验，部署下一阶段的重点工作。杭州市上城区、绍兴市越城区、湖州市南浔区和嘉兴市秀洲区等6家单位在会上作交流发言。省文化和旅游厅党组书记、厅长褚子育出席会议。浙江省市、县（市、区）文化和旅游局相关负责人，部分文旅研究机构负责人和专家学者参加会议。

2021年8月4日，浙江省“文化基因解码工程”暨文化标识建设工作推进会召开

【“身临史境·走进典籍里的绍兴”系列活动启动】 2021年11月13日，由市文广旅游局主办，绍兴图书馆、越城区教育局承办，绍兴市塔山小学教育集团协办的“身临史境·走进典籍里的绍兴”系列活动启动仪式在绍兴图书馆举行，30名五年级的小学生和家长们成为亲子“越史班”的首批成员。“身临史境·走进典籍里的绍兴”系列活动包括亲子“越史班”外、“身临史境”研学游、“我所知道的越史”短视频演讲比赛、“典籍里的绍兴”情景小剧场等。

2019 — 2021

文物考古

2019 年

【概况】 2019 年，绍兴文物工作深入挖掘运河文化、诗路文化、古越文化、南宋文化等特色文物资源价值，积极开展考古发掘和保护，各项工作有序推进。开展宋六陵（二期）考古发掘工作；完成会稽山阳明洞天考古勘探项目；对全国重点文物保护单位——绍兴古桥群开展三维扫描工作，实施数字化建档记录工程；推进柯桥区羊山造像及摩崖石刻（含石佛寺）保护工程、舜王庙基础加固工程、上虞区凤凰山考古遗址公园建设、嵊州市瞻山庙维修项目、新昌县唐诗之路古驿道修缮及复建一期工程等浙东唐诗之路沿线建设项目；开展绍兴市摩崖石刻及乡村名人文化文物资源保护利用调研项目。绍兴大善寺塔、汉建初元年买地刻石入选全国重点文物保护单位；柯桥区《羊山造像及摩崖石刻（含石佛寺）》、越城区《绍兴钱业会馆》和新昌县《天姥古道》入选 2019 年度省级以上文物保护单位优秀记录档案名单。《绍兴市大运河世界文化遗产保护条例》于 2020 年 1 月 1 日正式施行；越城区公布第一批区文物保护点 12 处。至年末，绍兴市共有各级文物保护单位 418 处，其中国家级 32 处、省级 73 处、县（市）级 313 处。全年累计发掘古墓葬（含陪葬器物坑）209 座，出土各类器物近 900 件。

【文物保护法规建设】 2019 年，绍兴市文物保护法规建设工作取得实效。《绍兴市大运河世界文化遗产保护条例（草案）》经省十三届人大常委会第十四次会议审议批准，自 2020 年 1 月 1 日起施行。形成《中共绍兴市委办公室绍兴市人民政府办公室关于加强新时代文物工作的实施意见（送审稿）》。开展《绍兴市古桥保护条例》立法调研。越城区出台首个文物工作政策性文件《关于加强越城区不可

2019 年，嵊州市争取国家文物保护专项资金 1478 万元实施崇仁村建筑群三期修缮工程

移动文物保护管理工作的实施意见》。

【文物保护修缮工程】 2019年，绍兴市文物部门探索全国重点文物保护单位保护建档新模式。市本级投入13万元实施绍兴古桥群三维数字化建档记录工程；越城区启动吕府消防工程项目，计划投入255.271万元，申请国家文物保护专项资金184.625万元；市文旅集团编制大禹陵岣嵝碑亭维修工程及兰亭流觞亭修缮工程方案；柯桥区实施舜王庙基础抢险加固一期工程，总投资852万元，由国家文物保护专项资金补助。投入近30万元实施古纤道修缮工程；嵊州市实施崇仁村建筑群三期修缮工程（含大夫第、百鹿台门、大祠堂、云和台门、敬承书房、第七消防局6处），争取到国家文物保护专项资金1478万元。

实施浙东唐诗之路沿线文物维修工程，柯桥区省级文物保护单位羊山造像及摩崖石刻（含石佛寺）保护工程通过省文物局验收，嵊州市瞻山庙一期修缮工程完工。完成省级文物保护单位诸暨市马剑古建筑群之戴氏宗祠（二期）维修工程、新昌县鼓山书院修复与展示工程，区（县、市）级文物保护单位王羲之故宅（山门）、平水兰若寺“宋代贵族墓”（考古墓地）、中共浙江省工委旧址等10余处修缮与整治工程。

2019年，羊山造像及摩崖石刻（含石佛寺）修缮工程验收

【文物“四有”工作】 2019年，绍兴市文物“四有”（有保护范围、有保护标志、有记录档案、有保管机构）工作取得新成效。《绍兴钱业会馆》《羊山造像及摩崖石刻（含石佛寺）》《天姥古道》入选2019年度省级以上文物保护单位优秀记录档案名单。完成省级文物保护单位丰惠钱氏大宅院、浙东新四军北撤会议旧址、瞻山庙、灵鹅王氏纯节坊、艇湖塔5处文物“四有”档案编制。完成《越城区各级文物保护单位保护范围与建设控制地带图集》编纂。

【文物安全与执法督察】 2019年，绍兴市进一步加强文物安全和执法监察工作。4月，市政府与各区、县（市）政府签订文物安全责任书；6月，市委办、市府办印发《2019年度工作目标责任制考核办法》，文物安全工作纳入区、县（市）政府和市直功能区年度考核评价体系。各区、县（市）引入智慧用电管理系统并开展试点工作，推进文物建筑智慧消防建设。绍兴市共出动文物监察执法人员1941人次，检查各类文物765家次，发现并整改安全隐患137处；配合公安部门查处文物违法案件5起，累计罚款35.01万元，会同公安部门拘留1人；没收古墓砖（龙虎砖）整砖110块、半砖66块。县级以上文物保护单位与执法人员全部录入“浙江省行政执法监管平台”及掌上执法系统，实现文物场所“双随机”抽查监管规范化运行、智能化操作、透明化监管。

【宋六陵2号陵园遗址考古发掘工作】 2019年，宋六陵2号陵园遗址考古发掘工作有序推进。4月，市文物部门会同省文物考古研究所启动宋六陵2号陵园遗址考古发掘项目。2号陵园位于1号陵园东侧，现标记为“孝宗陵”保护区。在遗址内揭示出大殿遗址一座，建筑为五开间，其夯土台基南北进深 20 米，东西全长约 30 米。台基外缘有长条形厚石板包边，台基内已探明磉墩 28 个，磉墩柱坑为正方形，边长约 1.8 米，底部为土石混夯，再以细砖侧立铺面，上部又覆盖一层 0.3 米厚的石板，顶部柱础石已遭破坏。结合航拍及三维扫描等技术进行现场数据采集，以及出土瓦件种类、数量等数据统计结果，这处新发现的遗迹规模大于 2018 年发现的 1 号陵园的享殿遗址。

2019 年 5 月，国家文物局副局长宋新潮考察宋六陵 2 号陵园考古发掘现场

【棋盘山古墓群抢救性考古发掘】 3 月至 9 月，为配合杭绍台高速公路绍兴兰亭段工程建设，经报国家文物局批准，省文物保护考古所、柯桥区文化发展中心联合对兰亭街道棋盘山古墓群进行了抢救性考古发掘。共发掘古墓葬 68 座，分汉、六朝墓 57 座，唐、宋墓各 5 座，五代墓 1 座，出土陶瓷器、铜器、玉器等各类器物 289 件，其中西汉墓有瓿、壶、盒、罍、罐和灶等出现，六朝墓有青瓷点彩四系尊、带“吉”字款的碗和带“萧”字款的盘等面世；部分六朝墓砖印有“永兴”“永宁”“永和”“升平”“泰和”“永明”“天监”“大同”等纪年及人名、职官、方位、形制等铭文，为研究古代绍兴乃至江南地区汉、六朝时期墓葬和青瓷器形制的演变规律以及丧葬习俗提供了重要的实物例证。

【小岙墓地考古发掘】 年初，为配合柯桥区平水镇“2016—22”地块开发计划，经国家文物局批准，柯桥区文化发展中心会同省文物保护考古所对平水镇杨滩村小岙自然村小岙墓地进行考古发掘，总面积约 4 万平方米，共清理战国至明清时期墓葬（含陪葬器物坑）104 座、战国时期坑状遗迹 2 个，其中战国墓葬 21 座（含贵族墓 2 座）、汉代墓葬 28 座、两晋南北朝墓葬 30 座、唐宋墓葬 6 座、明清墓葬 15 座、时代不明墓葬 4 座，出土文物经初步统计已达 530 件 / 组。小岙墓地发现墓葬数量庞大、时代特征鲜明，较完整地代表了绍兴地区 2000 多年的墓葬制度发展史，其中以战国时期越国贵族墓群、汉代土著墓群以及六朝时期“潘”氏家族墓地考古成果最为突出，为进一步证明平水盆地存在战国时期“越国王陵区”的观点提供了重要依据。

【宛委山阳明洞天考古勘探】 7 月 22 日至 10 月 10 日，省文物考古研究所和市文物考古研究所工作人员对宛委山上一块坡地进行考古勘探，发现一处东西长 9 米、南北宽 7.5 米的长方形房址。房址保存状况较差，结构并不完整，现存部分主要由基础、石板和残砖组成。出土遗物极少，除在扰土中发现若干原始瓷片外，还发现了部分宋砖，可确定建筑年代不会早于宋代，应是宋代或年代更晚的一处山间建筑。

【大禹陵景区附近墓葬抢救性清理】 12 月，为配合大禹陵景区提升项目，市文物考古研究所对施工过程中发现的墓葬进行了为期 19 天（因连日降雨被迫中断 9 日）的抢救性清理，共抢救墓葬 37 座。其中砖室墓 31 座，部分墓葬破坏严重且被盗掘因而时代无从判断，其余砖室墓为六朝、唐、宋时期墓葬。另发现 6 座汉代土坑竖穴墓，方向一致、大小接近且大致分布于同一条直线上，应为一处家族墓地，墓坑较深，墓坑底均为基岩，部分墓坑凿于基岩之上，坑壁平整。其中，以 M37 保存状况最佳，未经盗掘，共出土原始瓷壶 3 件、罐 3 件、铁釜 2 件、陶灶 1 件、铜镜 1 件、铜首铁剑 1 把、铜钱 1 串，其余至少 3 件器物已破碎。此次抢救性清理共抢救出铜镜、原始瓷壶、铁剑、铜钱等一大批珍贵文物 70 余件，所发现的汉代家族墓葬在绍兴地区较为罕见。

2020 年

【概况】 2020 年，绍兴市的文物工作坚持以“保护为主、抢救第一、合理利用、加强管理”方针，开展文物发掘、保护工作，挂牌省、市共建浙东考古基地。实施宋六陵 2 号陵园、平水盆地越国王陵区等调查勘探、发掘项目 93 个。其中，绍兴宋六陵 2 号陵园遗址、绍兴王阳明新建伯府遗址考古项目被评为 2020 年度浙江省考古十大重要发现。宋六陵考古遗址公园和凤凰山考古遗址公园入选浙江省第三批省级考古遗址公园。至年末，绍兴市共有各级文物保护单位 418 处，其中国家级 32 处、省级 73 处、县（市）级 313 处。

【文物保护法规建设】 2020 年，绍兴市文物保护法规建设取得新进展。《绍兴市大运河世界文化遗产保护条例》自 2020 年 1 月 1 日正式施行。《绍兴市大运河世界文化遗产保护名录》《大运河（绍兴段）遗产监测提升方案》《大运河绍兴段遗产保护管理规划（初稿）》《绍兴市古桥保护条例》调研阶段成果编制完成。柯桥区编制出台《绍兴市柯桥区文物保护工程日常巡查管理办法（试行）》。

2020 年 12 月 22 日，浙东考古基地在绍兴揭牌

2020 年 12 月 22 日，2020 年度浙江考古重要发现汇报会在绍兴举行，绍兴两地入选

【文物保护修缮工程】 2020 年，绍兴市文物部门探索全国重点文物保护单位保护新模式。其中，市文旅集团投资 20 亿元启动鲁迅故里综合保护工程，改造提升鲁迅故里周边区域及鲁迅故里至沈园延伸段。投资 10 亿元开展青藤书屋周边综合保护项目；越城区首次开展古桥群全面清理养护，清理桥体藤蔓植物 4684 公斤。编制《绍兴古桥群（越城区）结构安全监测项目计划书》；柯桥区实施舜王庙基础抢险加固一期、二期工程；诸暨市完成斯氏古民居建筑群消防工程设计。

绍兴市各级文物部门组织实施了国保单位崇仁村建筑群三期修缮工程；完成省级文物保护单位鲍氏旧宅建筑群老宅、石屋禅院造像、吕氏宗祠、钱氏大宅院、继述堂、马剑戴氏宗祠、城隍庙及溪山第一楼、越剧诞生地旧址、回山建筑群等维修项目；完成县（区、市）级文物保护单位（点）邹家花园、东安村戏台、

2020 年 4 月，全国重点文物保护单位绍兴古桥群（越城区）首次全面清理养护

六社庙、严朱庙、蔡氏宗祠、白鹤庙、济渡炉峰庙、马一浮故居、兰若寺宋代大墓、田时霖故居、天香楼别墅及曹仲兰故居、照墙台门及称山石亭、安华崇新庵上厅古民居、周氏宗祠、东和冯蔡冯氏宗祠、璜山琢玉轩、陶朱街道太公堂、陈宅二房厅、枫桥毛氏宗祠等 10 余处修缮与整治工程。嵊州市对占地面积 511 平方米、重 372 吨的传统民居——苍岩基成台门实施无感整体平移，这在文物平移工程中属绍兴市首例、浙江省第二例。

2020 年 7 月 21 日，基成台门平移工程俯瞰

【文物“四有”工作】 2020 年，绍兴市文物“四有”（有保护范围、有保护标志、有记录档案、有保管机构）工作取得新进展。嵊州市完成市级文物保护单位越剧之家、鲍氏宗祠 2 处“四有”档案编制工作；新昌县制作全县文物保护单位保护范围和建设控制地带图册；开展补配缺失文保点保护标志碑（牌）工作，共树立石质保护标志碑 29 块、金属标志牌 8 块。补配 13 处文保单位保护范围及建控地带标志牌。

【文物安全和执法监督】 2020 年，绍兴市多举措确保文物安全。绍兴市政府与各区、县（市）政府、相关部门分别签订文物安全责任书，明确责任目标。柯桥区实现国保、省保单位监控全覆盖；上虞区投资 400 万元实施文物古建筑单位安全提升工程一期项目，建设防雷工程、消防工程、安防工程；嵊州市崇仁村建筑群安防工程和消防工程建设（国家文物平安百项重点工程）完成招投标工作。

市文物行政部门和执法部门组织开展文物安全检查，绍兴市共出动文物监察执法人员1793人次，检查各类文物892件，一般程序立案5起，作出行政处罚2起，罚款55万元。配合公安机关持续打击各类文物犯罪活动，鉴定被盗古墓16座，抓获犯罪嫌疑人21人，缴获1万余块魏晋南北朝时期古砖。

【遗址公园建设】 2020年，绍兴越国遗址公园、宋六陵考古遗址公园、上虞凤凰山考古遗址公园等建设有序推进。绍兴市联合省文物考古研究所，投资128万元实施平水盆地越国王陵区一期考古调查勘探工作，勘探面积约100万平方米，为建设越国遗址公园奠定基础。编制完成《宋六陵保护规划》《宋六陵考古遗址公园规划》。宋六陵考古遗址公园和凤凰山考古遗址公园入选浙江省第三批省级考古遗址公园。嵊州市小黄山遗址保护总体规划项目最终方案编制完成。

【宋六陵2号陵园二期考古发掘】 2020年，宋六陵2号陵园的二期考古发掘工作有序推进。2号陵园位于一号陵园东侧约120米，现标记为“孝宗陵保护区”。整座基址的夯土台基南北进深20米，东西全长约30米。台基内的磉墩现已探明的共有28个，已全部发掘完。大殿立有28根大柱，迹象表明，这是一个面阔五开间、进深三开间的殿堂式建筑。本年度挖掘工作揭露了两处大型夯土建筑台基，两处建筑台基通过回廊构成一个围合院落。该项目入选2020年度浙江省考古十大重要发现。

【王阳明新建伯府遗址考古发掘】 2020年，省、市文物考古研究所联合对王阳明新建伯府遗址进行考古发掘。出土部分陶瓷碎片和零星砖雕，有碗、盘、罐、杯、勺、器盖等陶瓷器具，其年代不一，包含唐、宋、元、明、清、民国器具，还有部分现代民用瓷器。该遗址布局呈中轴线对称、框架结构保存较完整的两重两进式主体院落建筑基址，主体建筑坐北朝南，由南向北依次为门屋、前厅及前后月台、二进庭院、正厅、甬道、主体建筑排水暗沟等。在二进院落北侧发现第三进院落建筑基址的一部分，在一进院落西侧发现西跨院建筑基址。王阳明新建伯府遗址是截至2020年唯一通过考古发掘明确的王阳明宅第遗址。该项目入选2020年度浙江省考古十大重要发现。

【平水盆地越国王陵区一期考古调查勘探】 2020年，绍兴市文物部门委托浙江省文物考古研究所对印山越国王陵东南约10千米处的平水盆地进行考古勘探。越国王陵区及周边遗存考古计划勘探项目面积131.5万平方米，已勘探约100万平方米，共发现遗迹现象512处，包括墓葬500座、河道1处、红烧土范围3处、文化层堆积1处、活土坑7处。已发现的墓葬可分为土墩墓、土坑墓、砖室墓、石室墓四类。其中，土墩墓11座、土坑墓194座、砖室墓293座、石室墓2座。墓葬多位于山丘中部至顶部，11座土墩墓均被盗扰，其他类型墓葬大多也被盗扰。除发现的带封土的墓葬外，均为中小型墓葬，其具体年代和形制有待进一步考古发掘研究。勘探发现的其他遗迹数量较少，平面大多呈不规则形，且分布较不规律，具体年代及性质不详。

【亭山考古发掘】 2020年6月，浙江省文物考古研究所对常禧路一、二期工程建设用地亭山区域进行考古发掘，累计发掘面积近2000平方米。共清理战国至宋代各个时期墓葬45座，其中少部分砖室墓仅残存墓底铺砖，无法判断其年代。发掘出土陶、石、玉、瓷、青铜、铁、铜、金器等各类随葬品500余件。

2021年

【概况】 2021年，绍兴文物工作坚持“保护为主、抢救第一、合理利用、加强管理”的工作方针，以文旅融合为统领，围绕重塑城市文化体系的战略目标，完善文物体制机制建设，加强文化遗产保护利用。制定加强新时代文物工作的实施意见，部署实施绍兴市名人故居激活行动、文物安全大排查大整治大提升攻坚行动，完成文物修缮、革命文物专项调查等工作。“宋六陵”被列入国家文物局《大遗址保护利用“十四五”专项规划》，兰亭野生动物园一期墓地考古发掘入选2021年度浙江考古重要发现，55处革命文物入选浙江省第一批革命文物名录，推荐范文澜故居等15处文物保护单位申报第八批省级文物保护单位。

至年末，绍兴市有各级文物保护单位428处，其中国家级32处、省级73处、县（市）级323处。

【文物体制机制建设】 2021年8月，各区、县（市）文物局挂牌成立。绍兴市文物局增设文物安全监管处、革命文物处和市文物保护所，分别增加行政编制2名、事业编制6名；引进考古专业高层次人才1名。市本级文物安全专项经费增加1000万元。

【印发《关于加强新时代文物工作的实施意见》】 2021年9月，绍兴市委、市政府印发《关于加强新时代文物工作的实施意见》。意见明确到2030年，绍兴市文物工作围绕“各类文物资源保护进一步加强，博物馆现代公共文化服务体系进一步健全”的总体目标，从加强“世界文化遗产、不可移动文物、文物保护规划编制和实施、部门协调、城乡建设中的文物保护”等工作，强化安全监管和执法督查，推进文物合理利用，完善文物事业保障四大方面落实具体举措。

【文物保护修缮】 2021年，绍兴市编制完成华堂王氏宗祠、崇仁村建筑群（四期）、省保灵鹅王氏纯节坊、嵊县古城墙（三期）、古驿道核心段等维修工程设计方案；实施徐锡麟故居、陶成章故居、鲍氏旧宅建筑群（小洋房、老宅院）养护工程；开展钱业会馆、善庆学校旧址、丰惠钱氏大宅院、越剧之家等60余处修缮项目；推进崇仁村建筑群安防工程、马寅初故居、小黄山遗址、越剧诞生地旧址、马寅初墓、王羲之墓、瞻山庙、长乐钱氏大新屋、鹿门书院等文物消防、安防提升工程。

省级文物保护单位修缮许可（含方案重要内容变更审批）事项委托下放至绍兴市文物局后，受理嵊县古城墙、东湖饮渌亭、鹿门书院3处省级文物保护单位修缮审批。

【名人故居激活行动】 2021年8月，绍兴市人民政府办公室印发《绍兴市名人故居激活三年行动计划（2021—2023年）》，对绍兴市107处名人故居落实保护利用措施。刘宗周旧居、宣中华故居等4处新增为县级文保点；周恩来祖居、俞秀松故居等3处申报省级、国家级文保单位。完成徐锡麟故居、陶成章故居等14处名人故居修缮保养工作，申请国家修缮资金7000余万元。新增开放名人故居8处。绍兴名人故居激活行动被列入2022年省文化和旅游厅年度重点工作，在全省推广。

【《稽山红遍——绍兴市不可移动革命文物保护利用图集》出版】 2021年7月，市文广旅游局、市文物局主编的《稽山红遍——绍兴市不可移动革命文物保护利用图集》由浙江摄影出版社出版，图集收录绍兴市147处不可移动革命文物保护利用情况介绍。

【召开绍兴市文物安全工作会议】 2021年9月18日，在浙江省文物安全会议（视频会议）结束后，召开绍兴市文物安全工作会议。市长盛阅春出席会议并讲话，要求各级各部门要以习近平总书记关于文物工作重要论述为指引，本着对历史、对人民、对未来高度负责的态度，切实提高工作标准、加大工作力度，牢牢守住文物安全底线，为重塑城市文化体系、彰显城市文化魅力提供有力支撑。市委常委、宣传部部长丁如兴，副市长胡敏出席会议，市级相关部门（单位）参加主会场会议，各区、县（市）政府主要领导、分管领导，党委分管领导，相关部门（单位）负责人参加各区、县（市）分会场会议。

【文物安全大排查大整治大提升攻坚行动】 2021年，绍兴市文物局牵头建立文物安全联系制度，对绍兴市427处各级文物保护单位、7家国有博物馆落实文物安全责任人公告公示制度，并完成挂牌。绍兴市428处各级文物保护单位和6家国有博物馆完成安全监测评估，形成安全监测评估档案。开展绍兴文物消防安全标准化管理体系试点。市文物行政部门和执法部门组织开展文物安全检查，共出动检查1668人次，检查单位743家，行政处罚立案调查3件，办结案件5件，罚款90万元。市文物局、市公安局联合开展为期一年的打击防范文物犯罪专项行动。

【建设用地考古前置】 2021年，绍兴市本级投入100余万元对绍兴古城内府山、塔山、府学宫及中医院东与环城河西中间地带4个地块的部分绿化带区域进行文物考古调查勘探，勘探面积33557平方米。越城区开展建设用地考古前置调查、勘探48项，累计面积约1417万平方米，已完成35项。此外，实施完成黄酒小镇、绍兴高新技术产业开发区、绍兴袍江经济技术开发区文物保护区域，评估总面积约7264万平方米（108960亩）。嵊州市开展527国道考古调查勘探工作，勘探面积约12.5万平方米，发现遗迹现象63处，其中墓葬54处，窑址7处，石块范围1处，红烧土范围1处。

【考古遗址公园建设】 2021年，《宋六陵考古遗址公园规划》经省文物局审核通过。绍兴市联合省文物考古研究所投资193万元实施平水盆地越国王陵区二期考古调查勘探工作，勘探面积约200万平方米，为建设越国遗址公园奠定基础。

【宋六陵2号陵园三期考古发掘】 2021年，省、市文物考古研究所依托“浙东考古基地”，推进宋六陵2号陵园三期考古发掘工作，从已发现的夯土建筑台基向东、南两方向扩大发掘范围，完整揭示东侧殿及附属建筑基址，摸清南侧宫殿的范围及局部墙基。初步判断2号陵园应为某帝陵攒宫的辅助陵园——下宫遗址。

2021年7月9日，绍兴市委书记马卫光调研宋六陵考古发掘现场

【兰亭野生动物园一期墓地考古发掘】 2021年，绍兴市联合省文物考古研究所对绍兴兰亭野生动物园一期墓地进行考古发掘。墓地位于兰亭街道兰亭村东侧。至年末，发掘面积约1.1万平方米，清理墓葬55座，年代为战国至明清，其中以六朝及唐墓居多，出土各类随葬品68件。该考古成果入选2021年度浙江省考古重要发现。

2021年，兰亭野生动物园一期墓地考古发掘

【大湖头遗址考古发掘】 2021年，省文物考古研究所对大湖头遗址考古发掘正式启动。遗址位于越城区东湖景区边、龙池山南侧，是绍兴地区第一次大面积发掘的春秋战国时期越文化遗址。至年末，发掘面积约5000平方米，清理灰坑、灰沟等遗迹200多个，发现一些柱洞、木桩等建筑相关遗存，出土大量陶片和500多件器物。

2019 — 2021

博物馆

2019年

【概况】2019年，绍兴市有绍兴博物馆新馆、绍兴美术馆、绍兴城市规划馆、绍兴民间博物馆群、上虞博物馆新馆等5家国有博物馆开工兴建；绍兴名人馆建成开馆。修订完善《绍兴市非国有博物馆扶持政策实施办法》《利用城区国有闲置房开办非国有博物馆建议》，激活社会力量参与博物馆建设及文物保护利用。新增绍兴市戴葆庭钱币文化博物馆、浙江省民艺拼布博物馆2家非国有博物馆。

绍兴市博物馆举办各类展览（活动）1800余次，参观610万人次。以藏品交流展、藏品借用展等形式与省内外博物馆开展紧密合作，开展国有博物馆与非国有博物馆结对帮扶，实现博物馆间的融合共享。

至年末，绍兴市拥有国有博物馆12家，非国有博物馆17家。国有博物馆收藏可移动文物91420件（套），其中珍贵文物3414件（套）；非国有博物馆备案藏品10448件（套）。

【柯桥区博物馆开展国际博物馆日活动】 2019年国际博物馆日，柯桥区博物馆作为浙江主场活动承办方，开展了一系列活动：

1. 全省博物馆优秀讲解案例推介活动终评会。此次推介活动，汇聚了全省博物馆的68名优秀参赛选手。选手们以物带人、或以人带物，主题鲜明，结构严谨，道出了全省各地的风采，讲好了浙江故事。2. 2019年“5·18”国际博物馆日浙江主场活动学术报告会。国内博物馆界的各大专家围绕着2019年国际博物馆日的主题“作为文化中枢的博物馆：传统的未来”做专题学术报告。3. 主场活动。2019年“5·18”国际博物馆日浙江主场活动内容丰富，除了行业内的研讨会议、成立大运河（浙江）城市博物馆联盟，还推出了一系列面向普通观众的活动，如文物鉴定咨询公益活动、浙江文澜阁博物馆商店联盟文创产品展卖和文博企业新技术展示。4. 临时展览。柯桥区博物馆特举办“越都记忆——绍兴馆藏文物精粹”和“金石留痕——绍兴摩崖碑版拓影展”两个临时展览。

【“尽得风流——王羲之的尺牍”和“荣耀百代——王羲之的谱系”展览】 4月10日，由中国书法家协会、绍兴市人民政府联合故宫博物院联袂策划推出的“尽得风流——王羲之的尺牍”和“荣耀百代——王羲之的谱系”展览在兰亭书法博物馆举行开展仪式。展览分别在绍兴兰亭书法博物馆和绍兴博物馆展出。

【第三十五届兰亭书法节】 4月10日，绍兴市第三十五届兰亭书法节在兰亭书法博物馆举行。中国书协主席苏士澍，中国书协顾问朱关田、赵长青，中国文联副主席、中国书协副主席陈振濂，中国书协分党组书记、驻会副主席陈洪武，中国书协副主席孙晓云，中国书协分党组成员、副秘书长潘文海，故宫博物院副院长赵国英，中国国家图书馆古籍馆馆长陈红彦等出席开幕式。开幕式由绍兴市委副书记、市长盛阅春主持，绍兴市委书记马卫光致辞。

【“五四潮·中国梦——鲁迅与同时期绍兴乡贤”展览】 4月28日，“五四潮·中国梦——鲁迅与同时期绍兴乡贤”展览在绍兴鲁迅纪念馆开展。为纪念五四运动，弘扬五四精神，绍兴鲁迅纪念馆发掘37位绍兴籍的五四名人，按照五四运动的背景、过程和影响，分为“暗夜的星光”“青春的力量”“革命的曙光”三个部分，介绍以鲁迅为代表的绍兴先贤在五四时期的奋斗事迹。其中，有提倡“思想自由”“兼容并包”办学方针的北大校长蔡元培，呼吁“救救孩子”的鲁迅，率先提出“外争主权，内除国贼”的学生领袖罗家伦，五四运动中在天津组织觉悟社的周恩来，教育改革的先驱经亨颐，中国共青团的创始人俞秀松等。

【古城新生——纪念绍兴解放70周年图片展】 5月7日，由绍兴市直机关工委、绍兴市委党史室、绍兴市文化广电旅游局主办，绍兴市新四军研究会协办，绍兴博物馆承办的“古城新生——纪念绍兴解放70周年图片展”在绍兴博物馆开展。展览分为中国共产党的创立和大革命时期、土地革命战争时期、抗日战争时期、解放战争时期和革命烈士永垂不朽五个部分，通过一张张人物、遗址、报刊的图片，回顾展现了1919—1949年30年间，在绍兴这块土地上，无数志士仁人和革命前辈，为了国家的独立、民族的解放和人民的幸福，进行的艰苦卓绝和英勇顽强的斗争。

2019年5月7日，古城新生——纪念绍兴解放70周年图片展开展

【2019“讲好浙江故事——全省博物馆优秀讲解案例推介活动”】 5月13日至14日，由浙江省文物局指导，浙江省博物馆学会主办的2019“讲好浙江故事——全省博物馆优秀讲解案例推介活动”终评会在柯桥举行。绍兴5名选手在全省37名专业选手和21名非专业选手中脱颖而出，获“十佳”殊荣。

【“大运河（浙江）城市博物馆联盟”成员单位】 5月15日，在2019年“5·18”国际博物馆日浙江主场活动中，举行了“大运河（浙江）城市博物馆联盟”成立仪式。绍兴作为浙东运河的重要历史节点城市，绍兴博物馆、柯桥区博物馆、上虞博物馆、兰亭书法博物馆和绍兴鲁迅纪念馆成为该联盟首批成员单位，其中绍兴博物馆为发起单位和理事单位。

【“越都记忆——绍兴馆藏文物精粹”展览】 5月15日，“越都记忆——绍兴馆藏文物精粹”在柯桥区博物馆开展。该展览以时间为序，分越国古都、会稽故郡、越州东都、绍兴府城四个单元进行展示，共展出各类精品文物150余件，其中国家一级文物35件。

【绍兴文物精品亮相首都博物馆】 9月26日，“穿越——浙江历史文化展”在首都博物馆开幕，展览由北京市文物局和浙江省文物局主办，首都博物馆和浙江省博物馆承办，浙江20余家博物馆450件精品文物参展。绍兴博物馆、绍兴市柯桥区博物馆、诸暨博物馆等单位精选馆藏文物精品，参与此次展览。该展览第一次将浙江文物文化资源在首都大舞台上全景式呈现，众多教科书级的越地宝藏悉数登场，引领着观众了解越人。

【烽火暨阳革命文物展览】 9月28日，由中共诸暨市委、诸暨市人大常委会、诸暨市人民政府、诸暨市政协主办，中共诸暨市委宣传部、诸暨市融媒体中心承办的“辉煌诸暨”大型发展成就展开展。诸暨市博物馆承办的“红旗飘扬”版块“烽火暨阳革命文物展”展出红色藏品38件，集中向观众展示各个纪念场所收录的革命文物，重现当年革命时期的峥嵘岁月。

【“喜迎建国七十周年·传承革命红色精神”革命文物展览】 10月1日，“喜迎建国七十周年·传承革命红色精神”革命文物展览在绍兴市上虞区博物馆开展。展览分为新民主主义革命时期、社会主义革命和建设时期、改革开放新时期、大事记和烈士名录等四大部分。共展出革命文物100余件。

【绍兴博物馆与绍兴会稽金石博物馆结对帮扶签约】 10月15日，绍兴博物馆与绍兴会稽金石博物馆正式签订结对帮扶协议书，建立对口支援、结对帮扶的友好关系。这是绍兴市国有博物馆与非国有博物馆首例正式建立的结对帮扶关系，也是加强馆际间的交流合作，推动非国有博物馆健康、可持续发展的有益探索。

【纪念周恩来总理珍品展览】 11月12日，“他吸引了全世界的目光——纪念周恩来总理珍品展”在绍兴周恩来纪念广场举行开幕式。国防大学政治部原主任、周恩来侄儿周尔均将军，周恩来侄媳、央视著名导演邓在军，中央警卫局原副局长、周恩来卫士高振普将军，中共中央党史研究室原副主任李忠杰，周恩来思想生平研究会名誉会长廖心文，副市长顾涛等出席开幕式。市委宣传部、市文广旅游局、市新闻传媒中心、市文联、市社科联、绍兴军分区政治工作处、市文化旅游集团、浙江越秀外国语学院东方语言学院周恩来班、绍兴文理学院元培学院周恩来班、市周恩来研究会等单位代表共77人参加。展览重点展示大型电视专题艺术片《百年恩来》摄制过程中收集和珍藏多年的中国及世界各国的题词、书画和摄影珍品。展览设在绍兴周恩来纪念馆，共分“昭”“公”“清”“爱”四个部分。

【“南宋雅韵”书画印精品展、《绍兴赋》名家书法邀请展、南宋钱币文化展开幕式】 12月10日上午，“南宋雅韵”书画印精品展、《绍兴赋》名家书法邀请展、南宋钱币文化展开幕式在绍兴博物馆举行。绍兴市委常委、宣传部部长丁如兴，绍兴市人大常委会副主任丁晓燕，绍兴市政协副主席、绍兴市文史馆馆长冯建荣，浙江大学原党委副书记、浙江大学发展委员会副主任郑造桓，绍兴市委办纪检组长马立远，绍兴市人大常委会原副主任、浙大绍兴校友会原会长沈焕根，杭州西湖美术院执行院长俞富康，凤凰网浙江副总编辑、运营总监郭晓军，著名传拓专家、书法家马国庆以及市级有关部门负责人，绍兴书画家代表，学生代表，新闻媒体记者等150余人参加开幕式。

【“爱上博物馆”系列活动】 在“5·18”国际博物馆日之际，市文广旅游局策划了“爱上博物馆”系列活动。活动主要呈现以下几大亮点：一是内容丰富。“十大”系统活动构成了本次“5·18”国际博物馆日活动的重点和亮点，而其中与复旦大学的战略合作协议的签订、聘请“博物馆之友”等，又为博物馆的发展奠定了来自高校和民间的智力支持。二是参与广泛。绍兴市18家国有与非国有博物馆同台亮相，此举尚属首次。三是持续时间长。从4月15日《绍兴晚报》“文旅同行”——绍兴历史文化知识竞赛开始到5月25日“阳明的故事”巡展+文创走进银泰商城，持续一个多月。使“博物馆日”变成“博物馆月”，取得了很好宣传效果。

【大师对话】 2019年，绍兴鲁迅纪念馆和鲁迅文化基金会紧密协作，以开展“大师对话”国际文化交流活动为契机，与德国海涅进行了跨时空“对话”。通过与名人后裔、研究专家、当地政府官员开展座谈交流、互送展览、学术互访、签订合作协议、举办讲座、城际活动等，不断融入国际化发展潮流。

【“圣贤之道——阳明的故事”全国巡展】绍兴博物馆自2017年推出“圣贤之道——阳明的故事”原创特展后，2018年启动全国巡展，2019年分别在中国湿地博物馆、武汉博物馆和萧山博物馆展出。展览旨在追寻阳明先生足迹，拓展地区传统文化交流，让更多人认识王阳明、了解阳明文化，从“知行合一”“致良知”中找到对生活和精神的启迪。

2020年

【概况】 2020年，绍兴名人馆、绍兴清廉馆、绍兴气象馆、大禹纪念馆等4家博物馆建成开放。浙东运河博物馆、蔡元培纪念馆、徐渭艺术馆、绍兴师爷馆等4家博物馆开工兴建。经中国博物馆协会核定，浙江中鑫艺术博物馆为国家二级博物馆，绍兴市兰亭书法博物馆、绍兴市柯桥区博物馆、新昌县博物馆为国家三级博物馆。全市博物馆以“线上＋线下”相结合的形式，举办各类展览（活动）460余场，观众达180余万人次。至年末，绍兴市登记备案国有博物馆12家，非国有博物馆有34家。其中，国家二级博物馆4家，三级博物馆6家。国有博物馆收藏可移动文物89739件（套），其中珍贵文物3417件（套）；非国有博物馆备案藏品28494件（套）。

【2020年绍兴博物馆国际博物馆日】2020年“5·18”国际博物馆日系列活动启动仪式在绍兴博物馆举行。中共绍兴市委常委、宣传部部长丁如兴，副市长顾涛出席，市文广旅游局领导班子，各区、县（市）文广旅游局局长、博物馆馆长，绍兴博物馆理事会成员等参加。活动现场举行了绍兴博物馆理事会成立仪式，绍兴博物馆、柯桥区博物馆与非国有博物馆的帮扶协议签订仪式，新冠肺炎疫情防控代表性见证物捐赠仪式，绍兴市收藏家协会倡议书宣读，“融三馆资源 扬诗路文化——云上唐诗之路”激活工程启动仪式及“周游绍兴”内容发布等活动。

2020年5月18日，“5·18”国际博物馆日暨“周游绍兴·互游共通”活动启动仪式在绍兴博物馆举行

【返朴归真——徐生翁书画精品展】 4月28日，“返朴归真——徐生翁书画精品展”在绍兴博物馆书画一厅开展。本次展览由绍兴市文化广电旅游局、绍兴文史馆主办，浙江省文史研究馆、浙江省博物馆、浙江美术馆、浙江图书馆、绍兴鲁迅纪念馆、绍兴市佛教协会

2020年4月28日，“返朴归真——徐生翁书画精品展”在绍兴博物馆书画一厅开展

协办，绍兴博物馆承办，《中国书画》《美术报》《书法报》提供学术支持。2020年是徐生翁145周年诞辰，绍兴博物馆联合多家单位、徐生翁家属，精选百余件徐生翁各时期的书法、绘画、篆刻等作品，全面展现了徐生翁精湛的艺术成就，缅怀家乡先贤的不凡人生。本次展览设计开发了多种文化创意产品，并设有观众互动活动区，使观众在品味赏析徐生翁书画作品的同时，还能将其艺术精髓带回家。

【一眼千年——杭绍台高速柯桥区段考古成果展】 5月18日，由浙江省文物考古研究所、绍兴市柯桥区文化广电旅游局主办，柯桥区博物馆承办的“一眼千年——杭绍台高速柯桥区段考古成果展”在柯桥区博物馆开展。本次展览甄选文物近300件，均为杭绍台高速柯桥区段考古发掘出土。展览分为两汉奢华、六朝风雅、唐宋绍绪三个单元，以实物、图片相结合的方式，展现杭绍台高速柯桥区段的考古成果。

【“翰墨颂英雄、同心战疫情”书画摄影展】 5月18日，上虞博物馆举办“翰墨颂英雄、同心战疫情”书画摄影作品展。本次展览共展出作品115幅，其中书画作品79幅，当地抗疫照片20幅，另有钟南山、李兰娟、张继先等抗疫“群英谱”影像作品16幅。上虞区共80余位书画、摄影界人士参与此次创作。

【绍兴名人馆主题陈列“鉴湖越台名士乡”荣获第十四届（2019年度）全省博物馆陈列展览精品项目精品奖】 6月4日，由绍兴市文广旅游局牵头主持、绍兴博物馆组织实施的绍兴名人馆主题陈列“鉴湖越台名士乡”荣获第十四届（2019年度）全省博物馆陈列展览精品项目精品奖。本届全省博物馆陈列展览精品项目推介工作由浙江省文物局组织，共有45家国有博物馆参加评比，产生精品奖10个。

【幸得有“你”，民安泰来——诸暨市抗击新冠肺炎疫情实物展暨艺术作品展】 6月13日，“幸得有‘你’，民安泰来——诸暨市抗击新冠肺炎疫情实物展暨艺术作品展”在诸暨市博物馆开展。共展出52件（套）抗疫见证实物、155份纪实照片及影像记录、53件书画作品和39件（套）非遗作品。

【“云上·唐诗之路”系列活动】 6月13日，由市文广旅游局主办，绍兴图书馆、绍兴博物馆、绍兴文化馆联合承办的“云上·唐诗之路”系列活动首站“解码府山”在府山越王台举行。活动邀请绍兴市城建档案馆原馆长、越文化研究专家屠剑虹，以抖音直播访谈的形式，为大家解码府山背后的故事；直播还邀请了绍图朗诵团团长何琳尔现场演绎诗朗诵，绍兴方言“网红”方天作为嘉宾主持，内容涵盖云讲座、云展览、云诗词等系列，依托微信、微博、抖音等新媒体平台，全方位、立体化地展示诗路风貌，精心提炼当地最为核心、最为鲜明的文化基因和文化符号，短短一小时的直播，累计观看2.1万余人次，点赞数1.3万人次，实时在线观众最高达1250余人。

【玉润东方——良渚文化玉器精品展】 8月6日至10月25日，在良渚古城遗址申遗成功一周年之际，为宣传和推广良渚文化，新昌博物馆和杭州市余杭博物馆联合举办“玉润东方——良渚文化玉器精品展”。展览以良渚玉器所代表的玉文化及其显示的中华五千年文明为主题，分为古城风貌、生业形态、玉魂国魂、原始文字、良渚文化遗址考古发掘成果5个部分，共展出116件（组）良渚文化以及受良渚文化影响的玉器，包括玉琮、玉璧、玉梳背、玉璜、玉镯、玉串饰等，器型丰富，工艺精湛。展览参观达8000人次。

【惜别·鲁迅与藤野先生中日云交流暨“藤野严九郎碑”落成40周年纪念活动】9月24日，由鲁迅文化基金会、绍兴鲁迅纪念馆、日本福井县芦原市藤野纪念馆共同举办的惜别·鲁迅与藤野先生中日云交流暨“藤野严九郎碑”落成40周年纪念活动在绍兴鲁迅纪念馆序厅举行。

【绍兴博物馆加入“大运河博物馆联盟”】11月14日，“大运河博物馆联盟”在南京博物院正式成立，国家文物局党组成员、副局长关强，江苏省文化和旅游厅党组书记、厅长杨志纯，国家文物局博物馆与社会文物司（科技司）副司长金瑞国，江苏省文化和旅游厅党组成员、副厅长、南京博物院院长龚良，江苏省文化和旅游厅一级巡视员吴晓林以及大运河沿线的32家博物馆的馆长及代表共同出席联盟成立活动。“大运河博物馆联盟”由南京博物院与“中国大运河博物馆（筹）”联合发起，大运河沿线32家博物馆共同组建。绍兴博物馆参加了大运河博物馆联盟成立仪式，并签署了《大运河博物馆联盟协同发展协议》，正式加入该联盟。

【2020大师对话——鲁迅与马克·吐温的跨时空对谈】11月28日，由鲁迅文化基金会、绍兴鲁迅纪念馆、美国马克·吐温纪念馆共同主办的“2020大师对话——鲁迅与马克·吐温的跨时空对谈”在绍兴鲁迅纪念馆序厅举办。

【博物馆定级评估】12月21日，中国博物馆协会发布公告，公布了第四批国家一、二、三级博物馆名单。经核定，浙江中鑫艺术博物馆为国家二级博物馆，绍兴市兰亭书法博物馆、绍兴市柯桥区博物馆、新昌县博物馆为国家三级博物馆。

【“观音的故事”全国巡展】12月23日，绍兴博物馆与台州市博物馆共同主办的“观音的故事”全国巡展第一站在台州市博物馆开展。展览分为“观音与佛教”“观音的故事”“观音信仰在海外”“观音信仰在绍兴”四个单元，汇聚了不同时期、不同地区、不同文化传统中的不同质地、不同艺术形式的观音形象，辅以70余件有关观音的古籍、书画、造像等展品，使观众大略了解观音文化的传播史和观音图像的艺术史概貌。“观音的故事”巡展是本馆继王羲之、王阳明人物故事系列巡展的延续。展览至2021年2月28日结束。

【丝路遗珍——新疆丝绸之路文物精品展】12月31日，由绍兴博物馆、新疆维吾尔自治区博物馆共同举办的“丝路遗珍——新疆丝绸之路文物精品展”在绍兴博物馆书画一厅展出，本次展览遴选了184件（套）自先秦至宋元时期新疆各地区出土的精美文物，配合以石窟壁画还原及视频、投影等多媒体展示手段，全方位地展现新疆缤纷灿烂的历史文化与千百年来各民族共生共融的生活画卷。展览至2021年2月28日结束。

2021年

【概况】2021年，全市博物馆以“线上+线下”相结合的形式，举办各类展览（活动）629场，观众达260余万人次。徐渭艺术馆、绍兴师爷馆建成开放。至年末，绍兴市登记备案国有博物馆12家，非国有博物馆38家，其中国家二级博物馆4家，三级博物馆6家。国有博物馆收藏可移动文物83626件（套），其中珍贵文物3013件（套）；非国有博物馆备案藏品34749件（套）。

新昌博物馆被评为2020浙江文化和旅游总评榜“浙江十佳影响力博物馆”；“畸人青藤——徐渭书画作品展”位列中博热搜榜“十大热搜展览”第三，绍兴博物馆“返朴归真——徐生翁书画精品展”、新昌县博物馆“鼓山书院历史文化陈列”获“十五届（2020年度）全省博物馆陈列展览精品项目”优秀奖，绍兴博物馆“岁时节庆民俗文化体验活动”被评为全省博物馆十佳青少年教育项目推介活动“优秀青少年教育项目”，绍兴博物馆《线上绍博：居有定所——从馆藏文物看越地建筑》入选全国文化遗产云传播十佳“云讲堂”项目，绍兴博物馆《线上绍博——文明初现：古越人的信仰与习俗》短视频被评为全省博物馆“十佳新媒体短视频”。

【重华在亭山——越城区常禧路考古成果展】 4月9日，由浙江省文物考古研究所、越城区文化广电旅游局主办的“重华在亭山——越城区常禧路考古成果展” 在绍兴博物馆书画一厅开展。本次展览分为“叱咤风云是越国”“铁剑铜镜汉六朝”“巧意情浓有唐宋”三个单元，展出亭山考古的近300件的出土文物。展览至5月9日结束。

【欣于所遇——2021东亚文化之都中日韩书法邀请展】 4月9日，由绍兴市文化广电旅游局主办，兰亭书会、日本华人文联、韩国书艺团体总联合会、兰亭书会东京研究院、兰亭书会首尔研究院协办的“欣于所遇——2021东亚文化之都中日韩书法邀请展”在绍兴博物馆书画二厅展出。展览共展出中日韩三国100名书法家的近100件书法作品。展览至4月20日结束。

【映像蠡城——绍兴古城百年变迁影像展】 4月25日，由绍兴市历史文化名城保护办公室和绍兴博物馆共同举办的“映像蠡城——绍兴古城百年变迁影像展”在绍兴博物馆书画二厅开展。展览通过百余张照片，以生动的影像展现绍兴古城百年来的变化，讲述绍兴发展的故事。绍兴古城历经2500多年，城址未变，格局依旧。古城的发展变迁，记录了绍兴腾飞的历程，也是中国共产党成立100年来所取得的成就。展览至5月10日结束。

【2021年绍兴博物馆国际博物馆日】 绍兴文博系统推出“5·18”国际博物馆日七大系列活动。一是主场活动启动仪式，二是民间收藏“鉴宝”活动，三是“红色会稽”党史学习公开课，四是“红色印记”研学游说课比赛，五是“从绍博出发——寻访红色印记”活动，六是“红色会稽”线上展示，七是绍兴市13家博物馆举行16场特展活动。

5月18日上午，2021年“5·18”国际博物馆日绍兴市旅游宣传推介主场活动在绍兴博物馆启动。中共绍兴市委常委、宣传部部长丁如兴，市委宣传部副部长、市文广旅游局局长何俊杰，绍兴博物馆理事会理事长李永鑫，国际知名策展人、艺术家、文创产业及博物馆空

2021年5月18日，“5·18”国际博物馆日绍兴市旅游宣传推介主场活动在绍兴博物馆启动

间规划设计专家林书民出席活动。主场活动上播放了绍兴市打造“没有围墙的博物馆”工作巡礼片，举行了中国共产党成立100周年见证物捐赠和绍兴博物馆志愿者聘书颁发仪式,《稽山红遍——绍兴市馆藏可移动革命文物图集》《稽山红遍——绍兴市不可移动革命文物保护利用图集》上线发布，“欣于所遇——2021东亚文化之都”中日韩书法邀请展线上展览开展，“从绍博出发——寻访红色印记”活动启动，国际知名策展人、艺术家、文创产业及博物馆空间规划设计专家林书民作《博物馆数字化未来趋势》专题讲座。

【畸人青藤——徐渭书画作品展】 5月19日，“畸人青藤——徐渭书画作品展”在徐渭艺术馆开展。开幕式由绍兴市委副书记、市长盛阅春主持，中国文联党组书记、副主席、书记处书记李屹，中国美术家协会主席、中央美院院长范迪安，中国美术家协会分党组书记、驻会副主席徐里，中国文联副主席、中国美术家协会副主席、浙江省文联主席许江，浙江省文联党组书记、副主席、书记处常务书记陈瑶，中国文联办公厅主任邓光辉，中国美术家协会理论委员会主任尚辉，天津美术学院院长贾广健，浙江省文旅厅党组成员、省文物局局长杨建武，中共绍兴市委书记马卫光，市人大常委会主任谭志桂，市政协主席魏伟，市委常委、宣传部部长丁如兴，市委常委、秘书长陆维，市人民政府副市长顾涛，市人民政府秘书长王芬祥等出席了本次开幕式，并参观了展览。2021年是徐渭500周年诞辰，绍兴博物馆联合故宫博物院、上海博物馆、南京博物院、广东省博物馆等国内30家文博单位和中国国家图书馆等古籍收藏单位，汇聚展出徐渭书画作品、徐渭及其师友所著古籍文献、徐渭后学书画作品等相关文物100件（组），其中一级文物17件、二级文物47件、三级文物19件，为迄今规模最大、作品最优、参展单位最多的徐渭主题展。展期至8月19日结束。

【百年辉煌 千秋伟业——庆祝中国共产党成立一百周年书画展】 6月17日，由绍兴市政协办公室主办、绍兴市政协墨华书画院承办的“百年辉煌 千秋伟业——庆祝中国共产党成立一百周年书画展”在绍兴博物馆书画二厅开展。展览汇聚了100余件（组）书法（篆刻）、国画作品。这些作品紧扣主题，手法明快，歌颂中国共产党的丰功伟绩，描绘祖国的大好河山，展示人民群众的积极向上、热情奔放的精神面貌。展览至6月25日结束。

【翰墨话青藤——2021绍兴市书法家协会理事作品年展】 6月29日，由绍兴市书法家协会、绍兴博物馆主办的“翰墨话青藤——2021绍兴市书法家协会理事作品年展”在绍兴博物馆书画一厅展出。本次展览由绍兴市书法家协会45位理事以真、行、草、隶、篆各种书体恭录徐渭诗文，缅怀这位乡贤对中国传统书画艺术的巨大贡献，并以新时代文艺工作者的守正创新献礼中国共产党成立100周年。展览至7月25日结束。

【立心铸魂——红色精神谱系中的绍兴基因图片展】 6月29日，由中共绍兴市委党史研究室、绍兴市文化广电旅游局主办，绍兴博物馆承办的“立心铸魂——红色精神谱系中的绍兴基因”图片展开展暨“红色书架”集中授牌仪式在绍兴博物馆书画二厅举行。市委常委、秘书长陆维，市委宣传部副部长、市文广旅游局局长何俊杰等参加开幕式，开幕式由市委党史研究室主任朱全红主持。本次展览以“立心铸魂”为主题，分为“碧血丹心，探索光明”“不畏强暴，血战到底”“保家卫国，舍我其谁”“胸怀祖国，追求真理”“爱岗敬业，精益求精”“舍生忘死，护佑生命”“奉献人民，共铸荣光”7个部分。本次展览展出50余件相关见证物。展览至8月29日结束。

【汉风唐韵——敦煌绍兴历史文物展】 8月4日，由文化和旅游部国际交流与合作局主办，绍兴市文化广电旅游局承办，绍兴博物馆、敦煌市博物馆协办的“汉风唐韵——敦煌绍兴历史文物展”在绍兴博物馆书画一厅开展。展览共展出两地汉唐时期织锦、简牍、铜镜、画像砖等文物118件（组），其中敦煌文物100件（组）、绍兴文物18件（组）。通过“汉代丝路边塞文化”“魏晋时期的敦煌艺术”“唐代丝路重镇古沙州”“工整考究的敦煌藏经洞文献”四个单元，展现敦煌地区文化遗存的魅力。通过“会稽铜镜”“魏晋风流”“越窑青瓷”“江南敦煌石窟”等五个方面，展现了绍兴地区的文化特色与风采。展览至9月4日结束。

【“圣贤之道——阳明的故事”全国巡展第九站在上海嘉定博物馆展出】 8月10日，绍兴博物馆与嘉定博物馆共同举办的“圣贤之道——阳明的故事”全国巡展第九站在上海嘉定博物馆展出。本次展览以阳明先生的生平和思想解读为主线，以其20余件书法作品及拓片展示为辅线，以立圣人之志、悟圣人之道、行圣人之行、传圣人之学、成圣人之事五个部分，集中展现了阳明先生不负初心的一生及其“知行合一”的心学理念。展览至9月25日结束。

【红船精神——2021浙江省喜迎中国共产党成立百年剪纸大赛获奖作品展】 9月24日，由浙江省文化馆主办，绍兴市文化广电旅游局、平湖市文化和广电旅游体育局协办的“红船精神——2021浙江省喜迎建党百年剪纸大赛获奖作品展”在绍兴博物馆书画一厅展出。浙江省文化馆举办的2021浙江省喜迎中国共产党成立百年“红船精神”剪纸作品大赛活动受到全省各界的积极响应。经专家评选，最终有100件作品入围，其中金奖10名、银奖20名、铜奖30名、优秀奖40名。本次展览展出60余件作品。这些作品刻画了中国共产党成立百年以来，尤其是改革开放以来浙江日新月异的发展成就，寄托着创作者们对党的满腔热情，充满着对祖国繁荣昌盛的诚挚祝福。展览至10月15日结束。

【“圣贤之道——阳明的故事”全国巡展第十站在上海青浦博物馆展出】 10月1日，绍兴博物馆与青浦博物馆共同举办的“圣贤之道——阳明的故事”全国巡展第十站在上海青浦博物馆开展。本次展览以阳明先生的生平和思想解读为主线，以其20余件书法作品及拓片展示为辅线，以立圣人之志、悟圣人之道、行圣人之行、传圣人之学、成圣人之事五个部分，集中展现了阳明先生不负初心的一生及其“知行合一”的心学理念。

【大师对话：鲁迅与萧伯纳】 10月19日，由中国绍兴、上海和爱尔兰两国三地共同举办的大师对话：鲁迅与萧伯纳国际文化交流活动在绍兴鲁迅故里三味书屋线上云同步直播，吸引万余人在线同时观看，参与交流。

【“浙江省珍稀野生动植物保护”暨生物多样性嘉年华图片展】 10月30日，由绍兴博物馆、浙江自然博物院主办，北京市企业家环保基金会、阿拉善SEE江南项目中心、杭州市鸟类与生态研究会、绍兴市朝露环保公益服务中心协办的“浙江省珍稀野生动植物保护”暨生物多样性嘉年华图片展在绍兴博物馆书画二厅展出。展览分为“浙江省珍稀野生动植物”“绍兴市珍稀野生动植物”“野生动植物保护法律法规”三个单元，图文并茂地介绍了150余种珍稀野生动植物。展览至12月15日结束。

【“兰亭的故事”全国巡展第43站在龙游县博物馆展出】 11月9日，由绍兴博物馆与龙游县博物馆共同举办的“兰亭的故事”全国巡展第43站在龙游县博物馆临展厅展出。展览分为兰亭修禊、兰亭传奇、唐人摹本、宋代传本、名家临本、绍兴兰亭6个部分，以历代《兰亭序》著名摹本、临本为核心，精选部分重要的有影响的兰亭拓本，从文物和书法两条线向观众讲述“兰亭的故事”，展览展出冯承素、褚遂良等唐代摹本，赵孟頫等后世书家自由多变的临本，以及宋拓定武兰亭序（九字损本）、宋拓宣城本兰亭序、宋拓勾氏本兰亭序等部分珍贵的拓本，以讲故事的形式系统地展示了历代有关兰亭的书法艺术。同时龙游县博物馆配合“兰亭的故事”展览，精选十件东晋瓷器展出。展览至2022年2月20日结束。

【“画苑英华——盛世修典之宋画重光”展览】 11月9日，由中共绍兴市委宣传部、绍兴市文化广电旅游局主办，浙江大学出版社协办的“画苑英华——盛世修典之宋画重光”在绍兴博物馆书画一厅展出。本次展览以《宋画全集》编纂使用的绘画调色样稿中百余幅精品为陈列内容，包含宋徽宗赵佶，以及范宽、张择端、王希孟、梁楷、马远、李唐、郭熙、钱选、夏圭等名家大作，突出展示宋画的艺术创造和独特魅力。展览至11月25日结束。

【“圣贤之道——阳明的故事”全国巡展第十一站在上海市历史博物馆展出】 11月19日，绍兴博物馆与上海市历史博物馆（上海革命历史博物馆）共同举办的“圣贤之道——阳明的故事”全国巡展第十一站在上海市历史博物馆（上海革命历史博物馆）西楼二楼开展。本次展览以阳明先生的生平和思想解读为主线，以其20余件书法作品及拓片展示为辅线，以立圣人之志、悟圣人之道、行圣人之行、传圣人之学、成圣人之事五个部分，集中展现了阳明先生不负初心的一生及其“知行合一”“致良知”的心学理念。展览至12月19日结束。

【绍兴博物馆《线上绍博：居有定所——从馆藏文物看越地建筑》入选全国文化遗产云传播十佳“云讲堂”项目】 11月11日，由中国电视艺术交流协会、中国文物报社主办，华协国际珍品货运服务有限公司协办，北京天图设计工程有限公司技术支持的“全国文化遗产云传播精品征集推介活动”进行了线上遴选。在此次推介活动中，绍兴博物馆选送的《线上绍博：居有定所——从馆藏文物看越地建筑》入选全国文化遗产云传播十佳“云讲堂”项目。

【“畸人青藤——徐渭的故事”全国巡展第一站在贵阳孔学堂艺文馆展出】 12月1日，“畸人青藤——徐渭的故事”全国巡展第一站在贵阳孔学堂艺文馆开展。贵州省美术家协会副主席、贵州省版画学会会长曹琼德，贵州画院（贵州美术馆）副院长胡世鹏，贵州省中国画学会副会长兼秘书长韩亚明，绍兴博物馆副馆长、绍兴市书协副主席沈一萍出席开幕式，贵阳当地书画爱好者、学生代表以及媒体记者等百余人参加了开幕式。贵阳孔学堂文化传播中心党委委员、副主任周之江主持开幕式。绍兴博物馆策划推出“畸人青藤——徐渭的故事”全国巡展，巡展的第一站来到了贵阳花溪之畔的孔学堂。本次展览分为畸行、畸文、畸艺、畸人四个部分，以图文展板生动讲述徐渭的生平事迹及其在书画、文学、诗歌、军事、戏曲等诸多方面的辉煌成就；以一件件书画作品展现徐渭在书法、绘画领域的独特风格和艺术造诣。展览至 12 月 31 日结束。

【“越梅迎春——任平书画作品展”在绍兴博物馆展出】 12 月 5 日，由中国艺术研究院美术研究所、绍兴市文化广电旅游局主办，浙报艺术产业集团、绍兴稽山书画院、绍兴吉羽文化创意有限公司协办，绍兴博物馆、杭州西溪书院承办的“越梅迎春——任平书画作品展”在绍兴博物馆书画一厅开展。本次展览集中展出任平近年创作的与浙东诗词相关的精彩作品 50 余件（组）。下午，“越梅迎春——任平书画作品展”学术对话在绍兴博物馆举行，由浙江传媒学院刘兴宇教授主持。展览至 12 月 15 日结束。

2019 — 2021

非物质文化遗产

2019 年

【**概况**】 2019 年，绍兴市非物质文化遗产保护工作以“科学保护、提高能力、弘扬价值、发展振兴”为主要任务，坚持创造性转化和创新性发展，切实加强非遗保护和传承发展，开创非遗工作新局面。绍兴市非遗指数评估结果（2018 年度）位列浙江省第二。至年末，绍兴市共有国家级非物质文化遗产名录 24 项、省级名录 86 项、市级名录 240 项、县级名录 563 项；国家级非遗代表性传承人 21 人、省级代表性传承人 109 人、市级代表性传承人 290 人、县级 代表性传承人 365 人。

【**全国曲艺活动入选浙江非遗十件大事**】 5 月 9 日至 13 日，第二届“中国浙江·全国曲艺传承发展论坛及观摩交流展演”暨“中国浙江（绍兴）·全国曲艺小书（弹词、走书）传承发展论坛及观摩交流展演”活动在绍兴成功举行，并入选 2018 年度浙江非遗十件大事。

【**举行绍兴市非遗进景区暨“百工展百技”启动仪式**】 3 月 30 日，由绍兴市文化广电旅游局和绍兴市文化旅游集团主办的绍兴市非遗进景区暨“百工展百技”启动仪式在东湖景区举行。绍兴花雕制作工艺、夹塘大糕制作技艺、嵊州竹编、王星记扇、圆木制作技艺、棕榈叶编结工艺、棕丝编制、绍兴面塑等非遗项目及两所教学性非遗传承基地——浙江工业职业技术学院和绍兴职业技术学院的师生代表参加现场技艺展示和文创作品销售。

2019 年 3 月 30 日，绍兴市非遗进景区暨“百工展百技”启动仪式在东湖景区举行

【**举办“绍兴有戏——非遗兴乡大巡游”活动**】 5 月 31 日，“绍兴有戏——非遗兴乡大巡游”在“省级历史文化村”新昌县东茗乡后岱山村正式启动。继新昌站后，非遗兴乡大巡游活动先后在柯桥区、嵊州市、上虞区等地精彩呈现，可观、可赏、可吃、可购，还可以参与体验。非遗兴乡，有你有我；融合发展，你我同行。

2019 年 5 月 31 日，“绍兴有戏——非遗兴乡大巡游”在“省级历史文化村”新昌县东茗乡后岱山村正式启动

【**绍兴非遗专题展览在“宁波·绍兴周”中精彩启幕**】 6 月 18 日，“宁波·绍兴周”在宁波国际会展中心开幕，展馆紧紧围绕“一河同源，非遗为旅游铸魂”主题，在展陈设计上，

2019 年 6 月 18 日，“宁波·绍兴周”在宁波国际会展中心开幕

以“浙东运河”为轴，以运河绍兴段的古街区以及兰亭、越王城、大禹陵和东湖等文化景点为节点，精选相关非遗项目，通过传承人现场表演及实物展示，并辅以图文的方式进行展陈，同时附书法、越窑青瓷烧制技艺、嵊州竹编、嵊州泥塑、越罗织造技艺等专题展览和戏剧曲艺表演，共涉及绍兴各级非遗项目20多个，彰显绍兴城市的独特魅力。当天上午，绍兴市领导马卫光、盛阅春、魏伟等参观指导。

【举行绍兴市非遗研学游启动仪式】 7月4日，“绍兴有戏系列活动之走近非遗 品读绍兴——绍兴市非遗研学游”启动仪式在诸暨市越红博物馆举行。中共绍兴市委宣传部副部长、绍兴市文化广电旅游局局长何俊杰，绍兴市文化广电旅游局副局长贾宝霞、葛建民，诸暨市文化广电旅游局局长何永钢，绍兴市各区、县（市）文化广电旅游局的分管局长、非遗科长、非遗保护中心主任，以及绍兴市8家教学性传承基地的师生代表和16家非遗研学游实践基地的代表参加启动仪式。

2019年7月4日上午，“绍兴有戏系列活动之走近非遗 品读绍兴——绍兴市非遗研学游”启动仪式在诸暨市越红博物馆举行

【举办“浙江好腔调”传统戏剧展演系列活动】 10月29日，“浙江好腔调”传统戏剧展演系列活动绍兴专场在绍兴市文化馆百姓剧场拉开序幕，为观众呈现一场“浙江好腔调”的饕餮盛宴。本次活动由浙江省文化和旅游厅

2019年10月29日，“浙江好腔调”传统戏剧展演系列活动绍兴专场在绍兴市文化馆百姓剧场拉开序幕

主办，浙江省非物质文化遗产保护中心、绍兴市文化广电旅游局承办，绍兴市文化馆（绍兴市非物质文化遗产保护中心）执行承办。30日，举办浙江省实施传统戏剧发展“五个一”计划工作座谈会。

【举办“绍兴师爷讲故事”比赛】 11月30日上午，绍兴市“绍兴师爷讲故事”展演在大禹开元观堂店举行，38名选手参演。本次“绍兴师爷讲故事”活动由绍兴市文化广电旅游局主办，绍兴市非物质文化遗产保护中心承办，越州书苑执行承办，绍兴市秀水小学、绍兴市阳明小学协办。

2019年11月30日上午，绍兴市“绍兴师爷讲故事”展演在大禹开元观堂店举行

【举办第五届绍兴非遗集市】 12月12日，由绍兴市文化广电旅游局主办，绍兴市非物质文化遗产保护中心、各区、县（市）文化广电旅游局承办，辽源市文化广电旅游局、台州市

2019年12月12日，第五届绍兴非遗集市暨“祝福·绍兴古城过大年”系列活动启动

非物质文化遗产保护中心、绍兴市各区、县（市）非物质文化遗产保护中心协办的第五届绍兴非遗集市暨“祝福·绍兴古城过大年”系列活动启动仪式在城市广场热闹开锣。

【绍兴非遗展惊艳2019上海周】 12月14日下午，2019“上海·绍兴周”活动在上海浦东新国际博览中心开幕。绍兴“美景、美曲、美食、美酒”四大展览展示同日开启，绍兴非遗展作为“美景”展的组成内容，以其典雅灵动的设计、底蕴深厚的内容、绚丽多彩的展陈，使得绍兴“美景”展更具文化魅力、锦上添花。当天下午，市委书记马卫光、市长盛阅春率市党政代表团走进非遗展厅，巡看展厅并与部分传承人进行了热情的交流，详细了解项目特色及传承发展情况，对非遗的创造转化、创新发展寄予了厚望，对绍兴非遗展给予了肯定。市委宣传部副部长、市文广旅游局局长何俊杰等陪同巡看。

2020年

【概况】 2020年，绍兴市非物质文化遗产工作聚焦高水平保护、高质量发展要求，构建新时代非遗传承发展新局面。绍兴市非遗指数评估结果（2019年度）位列浙江省第三。至年末，绍兴市共有国家级非物质文化遗产名录24项、省级名录86项、市级名录261项；国家级非遗代表性传承人21人、省级代表性传承人109人、市级代表性传承人365人。

【组织非遗传承人开展抗疫作品创作和展览】 绍兴市戏剧、曲艺、传统美术、传统工艺等传承人共创作非遗抗疫作品243件。举办了绍兴市优秀抗疫作品展览。参加浙江省“安吉杯”疫情防控主题非遗优秀作品大赛，绍兴词调《你若安好》获入围奖。非遗保护单位、企业、传承人支援抗疫捐赠164.3万元。

【举办2020“浙江好腔调”浙江省传统戏剧展演活动启动仪式暨绍兴专场演出】 6月5日，2020“浙江好腔调”浙江省传统戏剧展演活动启动仪式暨绍兴专场演出在市文化馆百姓剧场举行，以绍剧、越剧、新昌调腔和诸暨西路乱弹四个剧种演绎同一个经典剧目《三请樊梨花》，同时采访各剧种传承人，进行现场录制，并于6月13日“文化和自然遗产日”当天，通过腾讯大浙网的“云端”向观众“直播”，网上播出后，扩大了传播范围，反响良好。

2020年6月5日，2020“浙江好腔调”浙江省传统戏剧展演活动启动仪式暨绍兴专场演出在市文化馆百姓剧场举行

【承办2020年“文化和自然遗产日”浙江省主场城市（绍兴）系列活动】 绍兴是2020年“文化和自然遗产日”浙江省的主场城市，6月13日，以线上线下相结合的方式开展宣传展示。探索了线上展示的全新体

验，分“购·云端非遗集市”“享·成果集锦show”“赏·文博故事会”“听·非遗‘好声音’”四个板块在腾讯大浙网上“云端”精彩呈现，全国观众都可以通过云端买非遗产品、学非遗技艺、赏文博故事，听非遗好戏。整场活动呈现“领导推介多、活动体验新、媒体报道多、绍兴成果丰”的特点，绍兴市市长盛阅春视频连线致辞，腾讯大浙网、浙江新闻客户端两大平台同时进行线上直播，开辟10个直播间为绍兴非遗产品直播带货。新华社、《人民日报》、《中国文化报》、中国新闻网（浙江）、央视新闻客户端、文旅中国、浙江新闻、《钱江晚报》、《绍兴日报》、越牛新闻等中央、省、市媒体30多家进行了广泛的报道和转载。全场直播活动共有485.9万人次在腾讯大浙网在线观看，其中点击开幕式就有114.09万人次，专题页累计点击183.96万人次，互动评论73915条，在线下单200余件非遗文创产品，活动开始1小时内意向销售额近10万元。

同时，在线下活动现场安昌古镇，举办水乡风情活动和绍兴市非遗传承人抗疫作品展。浙江新闻客户端首次通过5G技术实现线上同步直播。浙江新闻客户端直播在线观看26万人次。

【组织“绍兴非遗客厅”开门迎客启动活动】 8月28日，结合浙江省文化消费试点城市启动仪式，举行了“绍兴非遗客厅”开门迎客启动仪式，推动了非遗与文化消费的融合发展。运营四个多月来，客厅举办了30多场活动，参观人气和销售两旺，国庆期间，人流超1万人次，累计共有3万多人次参观非遗客厅，已然成为迎恩门风情水街的人流集聚地和游客打卡地。

绍兴迎恩门风情水街

【绍兴市非遗研学与旅游对接推进活动在诸暨举行】 9月17日，由绍兴市文化广电旅游局主办、绍兴市非物质文化遗产保护中心承办的绍兴市非遗研学与旅游对接推进活动，在诸暨市越红茶叶博物馆举行。这是继8月28日绍兴市旅行社行业协会与绍兴市非遗研学游实践基地代表签订合作协议后，进一步促使双方合作落到实处，共同推动非遗研学游基地建设的实际行动。

2020年9月17日，绍兴市非遗研学与旅游对接推进活动在诸暨举行

【全市联动组织开展2020“绍兴有戏——非遗兴乡大巡游”活动】 9月22日至10月1

2020年9月22日，2020“绍兴有戏——非遗兴乡大巡游”活动举行

日，组织2020年度“非遗兴乡大巡游”活动，6个区、县（市）先后举行。观看演出、参与体验、品尝美食等活动内容为乡村注入了生机和活力、带来了人流，活动现场的非遗集市，质优价廉的地方特色食品、土特产等，往往都备受青睐，多有采买。新华网、央广网、中国网、凤凰网等市内外10多家媒体报道，10月13日《绍兴日报》以《非遗兴乡 大有可为》为题进行特别报道。

【举办第九届“绍兴师爷讲故事”——绍兴南宋故事大讲赛】 11月7日，第九届“绍兴师爷讲故事”——绍兴南宋故事大讲赛在越城区迎恩门水街戏台精彩开讲。此次“绍兴师爷讲故事”比赛依旧分为成人组与少儿组，但与往届不同的是，本届比赛配合“2020南宋文化节”举行，挖掘历史文脉，讲好南宋故事，推动非遗与旅游融合发展，所有选手的参赛故事题材均为南宋绍兴故事。经各区、县（市）初选和推荐，成人组有9位选手，少儿组有23位选手，年龄最小的参赛选手仅6岁。

2020年11月7日，第九届“绍兴师爷讲故事”——绍兴南宋故事大讲赛在越城区迎恩门水街戏台精彩开讲

【13项非遗旅游商品入选第二批浙江省优秀非遗旅游商品名单】 7月22日，浙江省文化和旅游厅公布了第二批浙江省优秀非遗旅游商品（共100项），绍兴本次入选13项优秀非遗旅游商品，涉及绍兴黄酒酿制技艺、越窑青瓷烧制技艺、嵊州竹编等3个国家级非遗代表性项目以及绍兴花雕制作工艺、绍兴腐乳制作技艺、王星记扇、同山烧酒传统酿造技艺、嵊州根雕、小京生炒制技艺等10个省级非遗代表性项目。

【举办第六届绍兴非遗集市】 11月19日上午，第六届绍兴非遗集市在绍兴城市广场热闹开场。本届非遗集市共有近百个项目参展，除精选绍兴各区、县（市）的非遗项目外，还邀请了杭州市的非遗精华，为绍兴市民和游客倾情呈现一场非遗盛宴；在非遗客厅展区内，还独具特色地呈现“绍兴十二时辰”，展陈与绍兴人生活息息相关的非遗生活器具，并设有六场非遗客厅传统技艺体验课，便于市民朋友深切体验感受非遗的魅力；非遗舞台上，“南宋故事”戏曲曲艺专场演出和南宋故事巡讲为集市添彩，吸引不同年龄层的群众驻足欣赏；更有“南宋文化主题宴”图文展，呈现南宋人民对饮食的精致追求，传承弘扬绍兴南宋饮食文化。

2020年11月19日上午，第六届绍兴非遗集市在绍兴城市广场热闹开场

2021年

【概况】 2021年，绍兴市非遗工作以“融合、转化、创新、服务”的理念和“以文促旅、

以旅彰文、文旅融合”的工作思路为指引，聚焦非遗高水平保护、高质量发展的要求，制定《非遗研学游基地认定要求》《非遗形象门店管理规范》两个地方标准，完成《绍兴市非物质文化遗产保护条例》立法调研工作。在《浙江省非物质文化遗产保护发展指数评估指标数据（2020年度）》中列第二位，绍兴市本级列第三位，柯桥区、诸暨市和嵊州市在浙江省89个县（市、区）中分列第六位、第14位和第17位，设区市和市本级连续四年居浙江省前三名。

传统医药类项目“绍派伤寒”、民俗类项目“绍兴舜王庙会”入选国家级非物质文化遗产名录，58人入选市级非遗保护专家库。至年末，有国家级非物质文化遗产名录26项、省级名录86项、市级名录261项；国家级非遗代表性传承人21人、省级代表性传承人134人、市级代表性传承人365人。

【“祝福·绍兴古城过大年”活动】 2021年1月20日至2月26日，由市委宣传部主办，市文广旅游局、市名城办、越城区人民政府、市文旅集团联合承办的2021“祝福·绍兴古城过大年”系列活动举行。其间，组织线上线下文化活动100余场，参与64.7万人次，消费额3.48亿元。

【“文化和自然遗产日”绍兴市主场活动启动仪式】 6月11日，由省文广旅游厅、市文广旅游局、中共嵊州市委宣传部主办，以“人民的非遗，人民共享”为主题的2021年“文化和自然遗产日”绍兴市主场（嵊州）系列活动启动仪式在嵊州市崇仁镇举行。现场发布《非遗研学游基地认定要求》《非遗形象门店管理规范》地方标准，举行《绍兴市非物质文化遗产保护条例》《浙东唐诗之路文化保护发展条例》立法调研专家聘请仪式，举行市首批乡村非遗体验基地授牌仪式，举行红色研学游说课比赛颁奖仪式，举行6个区、县（市）“绍兴有戏——非遗兴乡大巡游”授旗仪式。新华网、中国新闻网、凤凰网、《光明日报》、浙江新闻等省内外23家媒体对活动作报道，阅读点击量超百万。

2021年6月11日，“文化和自然遗产日”绍兴市主场活动启动仪式

【第十届“绍兴师爷讲故事”活动】 9月11日，第十届“绍兴师爷讲故事”暨徐文长故事大讲赛在绍兴市非遗馆举行，比赛分为成人组和少儿组，31位选手参加比赛。最终评出一等奖5名、二等奖9名、三等奖17名；越城区非遗保护中心、柯桥区非遗保护中心、上虞区非遗保护中心、诸暨市非遗保护中心、嵊州市非遗保护中心、新昌县非遗保护中心获组织奖。在开幕式上，举行“越有故事——绍

2021年9月11日，第十届“绍兴师爷讲故事”暨徐文长故事大讲赛在绍兴市非遗馆举行

兴民间故事传承传播团”成立仪式，首批成员26位。

【2021绍兴虞舜文化旅游节】 10月29日，由省文旅厅、市文广旅游局、柯桥区委宣传部指导，柯桥区文广旅游局、兰亭文旅度假区管委会、王坛镇人民政府联合主办的“国遗盛会　舜德王坛”——2021绍兴虞舜文化旅游节开幕式在绍兴市柯桥区王坛镇舜王庙广场举行。开幕式上，举行祭舜大典，启动尧舜禹文化资源调查，聘任首批尧舜禹文化资源调查组专家5名，发布《绍兴舜迹简图》、国遗“绍兴舜王庙会”文旅IP（知识产权）及共同富裕联盟签约仪式等。旅游节为期一个月。

【第七届绍兴非遗集市】 12月6日至8日，“宋韵流芳 绍兴有戏”——第七届绍兴非遗集市在城市广场开市。本届非遗集市汇集100多项绍兴非遗项目，另有农（渔）船制作技艺等多项市外非遗项目参展。首次设置区级文旅专场推介活动。在开市仪式上，市文化馆（市非遗保护中心）与市文化创意设计协会、绍兴市工业设计协会、绍兴市工业设计基地签署《共同推动绍兴非遗保护工作合作书》，举行首批“绍兴市非遗研学游基地”授牌仪式。

2021年10月29日，“国遗盛会　舜德王坛”——2021绍兴虞舜文化旅游节开幕式在绍兴市柯桥区王坛镇舜王庙广场举行

2021年12月6日，“宋韵流芳 绍兴有戏”——第七届绍兴非遗集市在城市广场开市

2019 — 2021

文化旅游资源

2019 年

【概况】2019 年，绍兴市文化旅游资源工作以文旅融合为着重点，全力推进景区、度假区、民宿、文旅项目等工作，助力文旅高质量发展。

至年末，绍兴市有 AAA 级及以上景区 53 家，其中 AAAAA 级景区 1 家、AAAA 级景区 18 家、AAA 级景区 34 家；省级旅游度假区 6 家。省级全域旅游示范区 3 家；景区城 3 家，景区镇 21 家，景区村庄 674 家，其中 AAA 级景区村庄 118 家；绍兴市有等级民宿 25 家，白金宿 2 家，金宿 5 家。2019 年，绍兴市优选推进 100 个文化和旅游项目，总投资 1067.22 亿元，1—12 月实际完成投资 178.90 亿元。

【2018 年度白金宿、金宿和银宿单位】 1 月 16 日，浙江省民宿等级评定管理委员会公布 2018 年度白金宿、金宿和银宿单位，新昌县尚诗堂民宿获白金宿荣誉，4 家民宿获金宿荣誉，8 家获银宿荣誉。

尚诗堂

【柯桥区、新昌县获评首批浙江省全域旅游示范县（市、区）】 2 月 14 日，浙江省人民政府根据省委、省政府发文命名绍兴市柯桥区、新昌县为首批浙江省全域旅游示范县（市、区），绍兴市创新发展理念，进一步推进旅游发展全域化、旅游供给品质化、旅游治理规范化、旅游效益最大化，实现全域宜居、宜业、宜游。

山下湖宣传照

【绍兴市 3 个乡镇被确定为第二批浙江省旅游风情小镇】 2 月 14 日，浙江省人民政府根据浙江省旅游风情小镇工作实施办法，命名诸暨市山下湖镇、嵊州市金庭镇、新昌县东茗乡为第二批浙江省旅游风情小镇。

【副厅长杨建武带队赴绍兴调研文旅融合工作】 3 月 26 日，省文化和旅游厅党组成员、副厅长杨建武，省文化和旅游厅资源开发处副处长李剑锋一行赴绍兴调研，实地了解绍兴创建文旅融合样板城市、A 级景区城（镇、村）、

2019 年 3 月 26 日，副厅长杨建武带队赴绍兴调研文旅融合工作

旅游度假区、古运河及“唐诗之路”游线路等情况。绍兴市委宣传部副部长、市文广旅游局党委书记、局长何俊杰，市文广旅游局副局长杨颂周，柯桥区、上虞区政府领导陪同调研。

【“文旅融合的绍兴实践”暨打造文旅融合样板地启动仪式】 4月12日，由绍兴市文化广电旅游局主办的“文旅融合的绍兴实践”暨打造文旅融合样板地启动仪式顺利举行。启动仪式上，绍兴市委宣传部副部长、绍兴市文化广电旅游局局长何俊杰介绍了绍兴市争创文旅融合样板地的十大支撑和十大举措。绍兴市文广旅游局与浙江农商院签订共建绍兴市旅游学院战略合作协议。多位嘉宾围绕“鲁迅文学与绍兴文学之城打造”“网络文学与旅游IP打造”“诗词之美与浙东唐诗之路建设”等主题进行发言。绍兴市委常委、宣传部部长丁如兴表示，未来绍兴将深化“城是一个景，景即一座城”的理念，城旅一体、文旅融合，全力打造全国文旅融合样板地。

【宋奇慧副司长一行赴绍兴专题调研文化和旅游休闲度假工作】 4月28日至29日，文化和旅游部资源开发司副司长宋奇慧，度假休闲指导处副处长冯美鑫一行赴绍兴开展文化和旅游休闲度假专题调研。浙江省文化和旅游厅资源开发处处长林卫兴、副处长李剑锋，市政府副秘书长周宝林，中共绍兴市委宣传部副部长、市文广旅游局局长何俊杰，市文广旅游局副局长杨颂周，柯桥区委书记沈志江，柯桥区副区长祝静芝，市文旅集团副总经理沈伟庆等陪同调研。在绍兴期间，宋奇慧一行先后调研了兰亭、阳明故里、鲁迅故里、东方山水乐园、兜率天、柯岩·鲁镇等景区，对绍兴市文旅融合发展，景区和度假区开发、建设、管理、运营等情况给予充分肯定和高度赞赏。

【绍兴市鲁迅故里荣获第三批省级“红色旅游教育基地”称号】 绍兴鲁迅故里景区以弘扬先进文化为己任，推出红色旅游、主题党课、研学实践等特色活动，为广大游客打造精神家园。6月29日，在“红动浙江”2019红色旅游季暨万人初心之旅活动启动仪式上，绍兴市鲁迅故里被授予第三批省级“红色旅游教育基地”称号。

2019年6月29日，“红动浙江”2019红色旅游季暨万人初心之旅活动启动仪式

【石艳杰副司长一行赴绍兴专题调研大运河文化旅游工作】 7月25日至26日，文化和旅游部资源开发司副司长石艳杰，文化和旅游部资源开发司资源普查处处长王成志、副处长郇志杰一行赴绍兴开展大运河文化旅游调研。浙江省文化和旅游厅资源开发处处长林卫兴、二级调研员李剑锋，绍兴市委宣传部副部长、市文广旅游局局长何俊杰，市文广旅游局副局长杨颂周，越城区副区长盛卓异，柯桥区副区长祝静芝等陪同调研。在绍兴期间，石艳杰一行实地走访了运河古纤道，乘船考察大运河绍

2019年7月25日至26日，副司长石艳杰一行赴绍兴专题调研大运河文化旅游工作

兴段、运河园、兰亭以及八字桥、书圣故里等历史文化街区，并调研了夜沈园，观看了“沈园之夜”堂会。调研组一行对绍兴运河沿线的文化旅游资源予以了高度评价，对于绍兴推进大运河与文化旅游融合工作予以充分肯定。

【景区品质化管理】2019 年，绍兴市文化广电旅游局组织各区、县（市）文化广电旅游部门和相关景评专家，对绍兴市 51 个 AAA 级及以上旅游景区开展交叉复核督查，其中 AAAAA 级旅游景区 1 个、AAAA 级旅游景区 18 个、AAA 级旅游景区 32 个。重点检查景区厕所、环境卫生、游客服务中心、资源环境保护、安全管理、讲解服务等方面。对复核督查严重不达标或存在严重问题的 13 家旅游景区作摘牌、严重警告、通报批评等处理，其中嵊州市南山风景名胜区因评分严重低于标准要求，给予取消 AAA 级旅游景区质量等级处理。

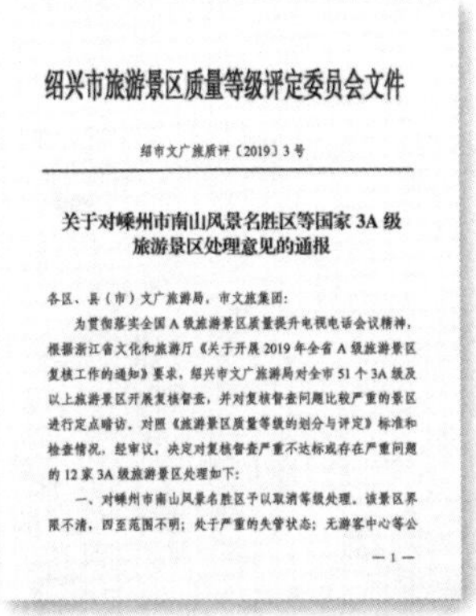

绍兴市旅游景区质量等级评定委员会文件

绍市文广旅质评〔2019〕3 号

关于对嵊州市南山风景名胜区等国家 3A 级旅游景区处理意见的通报

各区、县（市）文广旅游局，市文旅集团：

为贯彻落实全国 A 级旅游景区质量提升电视电话会议精神，根据浙江省文化和旅游厅《关于开展 2019 年全省 A 级旅游景区复核工作的通知》要求，绍兴市文广旅游局对全市 51 个 3A 级及以上旅游景区开展复核督查，并对复核督查问题比较严重的景区进行定点暗访。对照《旅游景区质量等级的划分与评定》标准和检查情况，经审议，决定对复核督查严重不达标或存在严重问题的 12 家 3A 级旅游景区处理如下：

一、对嵊州市南山风景名胜区予以取消等级处理。该景区界限不清，四至范围不明；处于严重的失管状态；无游客中心等公

—1—

绍兴市旅游景区质量等级评定委员会文件《关于对嵊州市南山风景名胜区等国家 3A 级旅游景区处理意见的通报》

【浙江天使之泪珍珠文化体验园等两家旅游景区批准为国家 AAA 级旅游景区】 11 月 8 日，浙江天使之泪珍珠文化体验园、嵊州越剧小镇景区达到国家 AAA 级旅游景区标准的要求，批准为国家 AAA 级旅游景区。

【2019 南宋文化节之江南山水文化和旅游融合发展论坛在绍兴举行】 12 月 10 日，南宋文化节之江南山水文化和旅游融合发展论坛在绍兴举行。来自全国各地的文化专家、文旅界资深人士和媒体朋友齐聚绍兴古城，共商文旅盛事，纵论山水文化旅游融合大计。

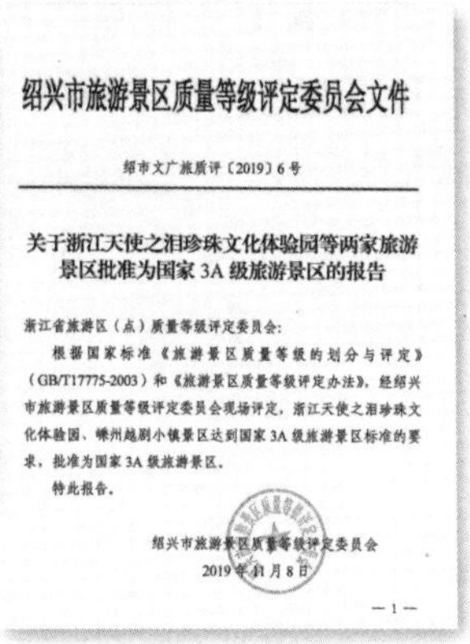

绍兴市旅游景区质量等级评定委员会文件

绍市文广旅质评〔2019〕6 号

关于浙江天使之泪珍珠文化体验园等两家旅游景区批准为国家 3A 级旅游景区的报告

浙江省旅游区（点）质量等级评定委员会：

根据国家标准《旅游景区质量等级的划分与评定》（GB/T17775-2003）和《旅游景区质量等级评定办法》，经绍兴市旅游景区质量等级评定委员会现场评定，浙江天使之泪珍珠文化体验园、嵊州越剧小镇景区达到国家 3A 级旅游景区标准的要求，批准为国家 3A 级旅游景区。

特此报告。

绍兴市旅游景区质量等级评定委员会

2019 年 11 月 8 日

—1—

绍兴市旅游景区质量等级评定委员会文件《关于浙江天使之泪珍珠文化体验园等两家旅游景区批准为国家 3A 级旅游景区的报告》

【公布绍兴市 2019 年度浙江省 AAA 级景区村庄】 12 月 23 日，市文广旅游局和市农业农村局邀请相关行业专家联合评定验收，认定越城区孙端街道黄甫庄村等 34 家单位为浙江省 AAA 级景区村庄。

2020 年

【概况】2020 年，绍兴市文化旅游资源工作以全域旅游创建、重点文旅项目、景区度假区民宿等工作为重点，持续推进文旅资源转化，助力文旅高质量发展。

至年末，绍兴市有 AAA 级及以上景区 59 家，其中 AAAAA 级景区 1 家、AAAA 级景区 18 家、AAA 级景区 40 家；省级旅游度假区 6 家。新昌县获国家全域旅游示范区称号，省级全域旅游示范区 5 家；景区城 5 家，其中柯桥区和新昌县获评 AAAAA 级景区城；景区镇 71 家，景区村庄 1146 家，其中 AAA 级景区村庄

165家；绍兴市有等级民宿36家，白金宿2家，金宿6家，银宿28家。2020年绍兴市优选推进167个文化和旅游项目，总投资1639.02亿元，1—12月实际完成投资222.88亿元。

【绍兴市文化和旅游重大项目集中开工】 3月10日，浙江省举行文化和旅游重大项目集中开工仪式。开工仪式以视频形式召开，绍兴市分会场设在绍兴镜湖文化休闲园（一期）项目现场。随后，绍兴市举行绍兴市文化和旅游重大项目集中开工仪式。市委书记马卫光出席活动并宣布开工，市委副书记、市长盛阅春讲话。市领导谭志桂、魏伟、陆维等参加。市委常委、宣传部部长丁如兴主持。2020年新开工项目30个，总投资339.63亿元，年度计划投资81.25亿元。项目聚焦文化旅游、度假休闲、特色小镇等众多领域。

2020年3月10日，绍兴市文化和旅游重大项目集中开工

【“我与春天有个约会”绍兴市民宿现场会举行】 4月2日，“我与春天有个约会”绍兴市民宿现场会在上虞区岭南乡举行。会上，上虞区作“‘山居岭南’品牌塑造，释放民宿经济发展潜能”情况介绍，5位民宿业主就民宿经营发展等进行交流，通过了绍兴市民宿协会（筹）建议名单，王炜荣任会长。绍兴市文广旅游系统、等级民宿业主及其经营主管人员共100多人参加此次活动。

【省级旅游度假区建设工作推进会举行】 5月21日，绍兴市召开省级旅游度假区建设工作推进会。会议通报了绍兴会稽山旅游度假区、鉴湖旅游度假区、上虞曹娥江旅游度假区、五泄旅游度假区、嵊州温泉旅游度假区、天姥山·十里潜溪省级旅游度假区和兰亭文化旅游度假区的建设情况，提出要充分把握当前省级旅游度假区建设发展的“危”与“机”，全力确保省级考核验收顺利通过。市委常委、宣传部部长丁如兴，市政府副市长顾涛出席会议，绍兴市度假区分管领导、度假区负责人、绍兴市文化广电旅游局主要负责人参加会议。

【诸暨“醉美同山”山地休闲度假发展试点荣获首批山地休闲度假发展试点单位】 6月18日，浙江省文化和旅游厅、浙江省林业局联合发文关于诸暨“醉美同山”山地休闲度假发展试点为首批山地休闲度假发展试点单位。充分发挥“山地＋旅游”优势，在业态培育、项目建设、资源利用转化等方面率先突破。

同山镇小城镇景观节点

【绍兴市上虞区“山居岭南”改革试点和新昌县镜岭镇雅庄村改革试点获评首批民宿助力乡村振兴试点单位】 6月19日，浙江省文化和旅游厅、浙江省农业农村厅联合发文公布绍兴市上虞区“山居岭南”改革试点和新昌县

镜岭镇雅庄村改革试点为首批民宿助力乡村振兴试点单位。充分发挥民宿在产业兴旺、生态宜居、乡风文明、治理有效、富民增收等方面的带动作用。

【绍兴市3个乡镇确定为第四批浙江省旅游风情小镇创建单位】 8月19日，浙江省文化和旅游厅根据《浙江省旅游风情小镇认定办法》要求，通过资料审查和会议评审等相关程序评定，公布柯桥区王坛镇、上虞区岭南乡、诸暨市同山镇为第四批省级旅游风情小镇创建单位名单。

【举办绍兴市景评员培训班】 8月25日至27日，市文广旅游局在浙江越秀外国语学院酒店管理学院举办绍兴市景评员培训班。来自各区、县（市）文广旅游局职能处室、文化市场综合行政执法队，旅游景区负责人、乡镇干部、民宿主、旅游院校老师等百余人参加培训。本次培训班安排学员赴兰亭景区进行了实地暗访检查并邀请到多位行业专家进行授课。

2020年8月25日至27日，市文广旅游局在浙江越秀外国语学院酒店管理学院举办绍兴市景评员培训班

【绍兴市新昌县镜岭镇外婆坑村、上虞区岭南乡东澄村、柯桥区漓渚镇棠棣村获评全国乡村旅游重点村】 8月26日，文化和旅游部、国家发展改革委联合开展了全国乡村旅游重点村镇遴选推荐工作，绍兴市新昌县镜岭镇外婆坑村、上虞区岭南乡东澄村、柯桥区漓渚镇棠棣村获第二批全国乡村旅游重点村称号。

绍兴市柯桥区漓渚镇棠棣村村委

【绍兴市文广旅游局组织民宿景区服务质量提升系列培训班】 9月9日，由绍兴市文广旅游局主办，绍兴市饭店业协会承办，绍兴市民宿协会（筹）协办的第一期绍兴市品质民宿提升培训班（服务规范篇）在绍兴饭店顺利举行，绍兴市40余名民宿管家、相关服务人员参加。

2020年9月9日，民宿景区服务质量提升系列培训班在绍兴饭店举办

【鲁迅故里景区入选“全国红色旅游发展典型案例”】 9月25日，国家发展改革委社会发展司和文化和旅游部资源开发司联合发文公布“全国红色旅游发展典型案例遴选结果”，绍兴市鲁迅故里景区入选全国60个红色旅游发展典型案例之一（浙江省仅2个）。

【举办国家AAA级旅游景区景观质量评审会】 10月22日下午，市文广旅游局召开

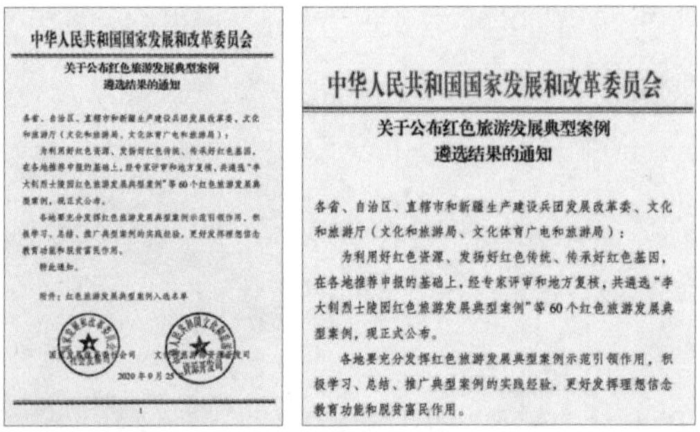
中华人民共和国国家发展和改革委员会

关于公布红色旅游发展典型案例遴选结果的通知

各省、自治区、直辖市和新疆生产建设兵团发展改革委、文化和旅游厅（文化和旅游局、文化体育广电和旅游局）：

为利用好红色资源、发扬好红色传统、传承好红色基因，在各地推荐申报的基础上，经专家评审和地方复核，共遴选“李大钊烈士陵园红色旅游发展典型案例”等60个红色旅游发展典型案例，现正式公布。

各地要充分发挥红色旅游发展典型案例示范引领作用，积极学习、总结、推广典型案例的实践经验，更好发挥理想信念教育功能和脱贫富民作用。

鲁迅故里景区入选“全国红色旅游发展典型案例”命名文件

2020年11月16日下午，浙江省首届诗路文化带讲解员大赛绍兴市级选拔赛

2020年10月22日，市文广旅游局召开国家AAA级旅游景区景观质量评审会

国家AAA级旅游景区景观质量评审会，西施大剧院、牌头环保小镇、春风十里小镇、沉香湖、丁宅夏溪景区、耕读管溪景区、天姥阆苑景区、万丰航空小镇、江南民族村·外婆坑景区等9家申报景区参加评审。江南民族村·外婆坑景区、春风十里小镇、万丰航空小镇、耕读管溪景区4家景区达到申报创建AAA级旅游景区景观质量的基本要求，同意通过此次评审。

【举办浙江省首届诗路文化带讲解员大赛绍兴市级选拔赛】 11月16日下午，浙江省首届诗路文化带讲解员大赛绍兴选拔赛在绍兴饭店顺利举行。绍兴市各单位共有25名讲解员参加比赛。本次大赛赛程包括1分钟自我介绍、4分钟专业讲解和1分钟才艺展示三部分。兰亭景区讲解员傅兢娴、柯岩风景区讲解员曹楠荣获金牌讲解员称号，大禹陵景区讲解员陈嘉琴荣获优秀讲解员，绍兴市文化广电旅游局和绍兴市文化旅游集团获优秀组织奖。

【浙江省民宿等级评定管理委员会公布2020年度白金宿、金宿和银宿单位】 12月30日，浙江省民宿等级评定管理委员会公布2020年度白金宿、金宿和银宿单位，上虞区墨隐居花墅获金宿荣誉，11家民宿获银宿荣誉。

【绍兴市柯桥区、新昌县获评浙江省AAAAA级景区城】 12月31日，浙江省文化和旅游厅公布绍兴市柯桥区、新昌县获浙江省AAAAA级景区城；绍兴市诸暨市为省AAAA级景区城；柯桥区安昌街道为省AAAAA级景区街道。

新昌县海洋城

【公布绍兴市2020年度浙江省AAA级景区村庄】 12月31日，市文广旅游局和市农业农村局邀请相关行业专家联合评定验收，认定越城区皋埠街道坝头山村等47家单位为浙江省AAA级景区村庄。

上虞新戴家村和美公园

【绍兴市俞秀松纪念馆荣获第四批省级“红色旅游教育基地”称号】俞秀松纪念馆以“缅怀革命先烈，守好红色根脉，弘扬红色精神”的使命感和责任感，将中共最早的党员之一、中国社会主义青年团第一任书记俞秀松烈士光辉的一生的呈现世人，奋力谱写中国共产党波澜壮阔的历史画卷。12 月 31 日，绍兴市俞秀松纪念馆荣获第四批省级“红色旅游教育基地”称号。

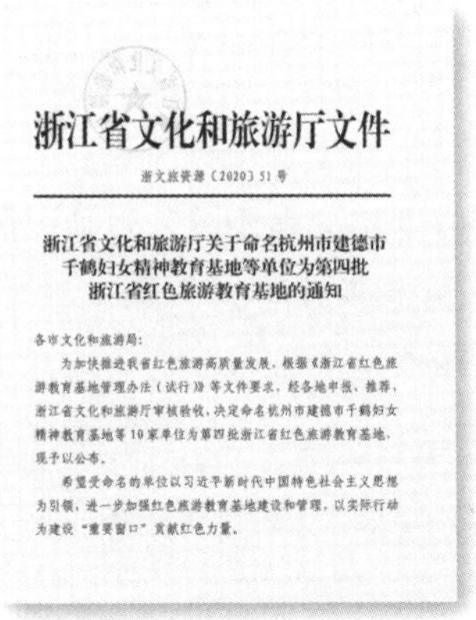

浙江省文化和旅游厅文件

浙文旅资源〔2020〕51 号

浙江省文化和旅游厅关于命名杭州市建德市千鹤妇女精神教育基地等单位为第四批浙江省红色旅游教育基地的通知

各市文化和旅游局：

为加快推进我省红色旅游高质量发展，根据《浙江省红色旅游教育基地管理办法（试行）》等文件要求，经各地申报、推荐，浙江省文化和旅游厅审核验收，决定命名杭州市建德市千鹤妇女精神教育基地等 10 家单位为第四批浙江省红色旅游教育基地，现予以公布。

希望受命名的单位以习近平新时代中国特色社会主义思想为引领，进一步加强红色旅游教育基地建设和管理，以实际行动为建设“重要窗口”贡献红色力量。

绍兴市俞秀松纪念馆荣获第四批省级“红色旅游教育基地”称号

2021 年

【概况】2021 年，绍兴市文化旅游资源工作聚力红色旅游、重点文旅项目、“微改造、精提升”和乡村振兴等工作，推进资源的激活、转化和创新。

至年末，绍兴市有 AAA 级及以上景区 58 家，其中 AAAAA 级景区 1 家、AAAA 级景区 18 家、AAA 级景区 39 家；省级旅游度假区 6 家。新昌县荣获国家全域旅游示范区荣誉，省级全域旅游示范区 6 家；景区城 5 家，其中柯桥区和新昌县荣获 AAAAA 级景区城；景区镇 83 家，景区村庄 1271 家，其中 AAA 级景区村庄 192 家；绍兴市有等级民宿 48 家，白金宿 2 家，金宿 6 家，银宿 40 家。2021 年绍兴市优选推进 229 个文化和旅游项目，总投资 1834.57 亿元，1—12 月实际完成投资 282.46 亿元。

【推进旅游业“微改造、精提升”工作】聚焦做好旅游“微改造”的“绣花”功夫，推动旅游业高品质提升和高质量发展，2021 年绍兴市旅游业“微改造、精提升”项目入库浙江省微改造项目全生命周期管理系统共 1487 个，总投资 34.57 亿元。全年计划投资 33.19 亿元，1—12 月实际完成投资 34.05 亿元，完成率为 102.59%，解决问题数 10258 个。2021 年度“微改造、精提升”考核中，绍兴市新昌县、柯桥区分列浙江省第一位、第二位，入围省厅实施的 10 公顷（1000 亩）规划建设用地指标量化奖励候选单位。

【耕读古镇景区等六家旅游景区被批准为国家 AAA 级旅游景区】1 月 11 日，经绍兴市旅游景区质量等级评定委员会组织评定，耕读古镇景区、春风十里小镇、沉香湖景区、江南民族村·外婆坑景区、天姥阆苑景区、万丰航空小镇等 6 家景区达到国家 AAA 级旅游景区标准的要求，确定为国家 AAA 级旅游景区。

【鲁迅故里等 6 家单位荣获首批绍兴市红色旅游教育基地称号】绍兴市文广旅游局和

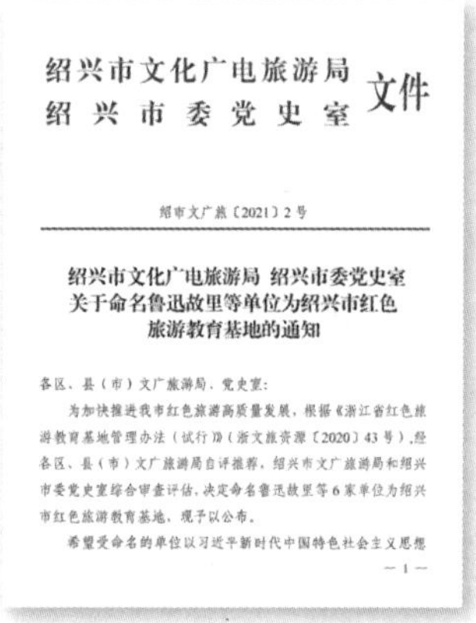

绍兴市文化广电旅游局
绍兴市委党史室 文件

绍市文广旅〔2021〕2号

绍兴市文化广电旅游局 绍兴市委党史室
关于命名鲁迅故里等单位为绍兴市红色
旅游教育基地的通知

各区、县（市）文广旅游局、党史室：

为加快推进我市红色旅游高质量发展，根据《浙江省红色旅游教育基地管理办法（试行）》（浙文旅资源〔2020〕43号），经各区、县（市）文广旅游局自评推荐，绍兴市文广旅游局和绍兴市委党史室综合审查评估，决定命名鲁迅故里等6家单位为绍兴市红色旅游教育基地，现予以公布。

希望受命名的单位以习近平新时代中国特色社会主义思想

—1—

鲁迅故里等6家单位荣获首批绍兴市红色旅游教育基地命名文件

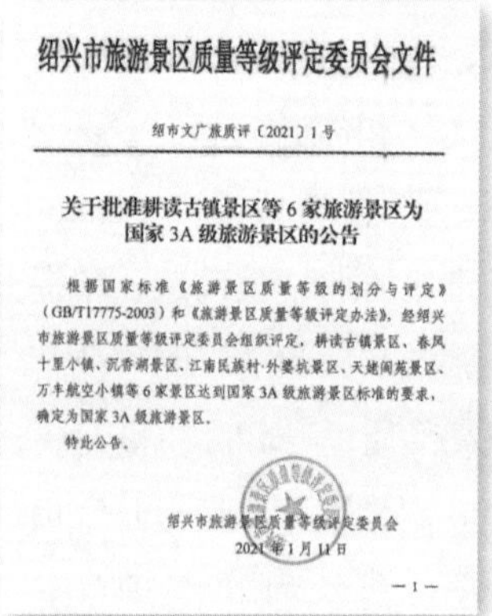

绍兴市旅游景区质量等级评定委员会文件

绍市文广旅质评〔2021〕1号

关于批准耕读古镇景区等6家旅游景区为
国家3A级旅游景区的公告

根据国家标准《旅游景区质量等级的划分与评定》（GB/T17775-2003）和《旅游景区质量等级评定办法》，经绍兴市旅游景区质量等级评定委员会组织评定，耕读古镇景区、春风十里小镇、沉香湖景区、江南民族村·外婆坑景区、天姥闻苑景区、万丰航空小镇等6家景区达到国家3A级旅游景区标准的要求，确定为国家3A级旅游景区。

特此公告。

绍兴市旅游景区质量等级评定委员会
2021年1月11日

—1—

耕读古镇景区等六家旅游景区批准为国家AAA级旅游景区命名文件

绍兴市委党史室综合审查评估，1月11日，鲁迅故里、周恩来纪念馆、浙东新四军后勤基地纪念馆、浙东新四军北撤会议旧址、俞秀松纪念馆、宣侠父故居6家单位被评为绍兴市红色旅游教育基地。

【“红动绍兴”绍兴市红色研学旅行活动启动仪式举行】 3月17日上午，绍兴市文化广电旅游局和市文旅集团联合在绍兴饭店举行“红动绍兴”绍兴市红色研学旅行活动启动仪式。市委常委、宣传部部长丁如兴，市政府副市长顾涛出席活动。市文广旅游局党委委员、副局长杨颂周主持会议并宣读了绍兴市红色旅游基地命名文件以及聘任义务讲解员名单。绍兴市文化旅游集团党委书记、董事长缪智勇介绍了红色研学旅行工作情况。团市委、市文旅

2021年3月17日上午，“红动绍兴”绍兴市红色研学旅行活动启动仪式举行

集团、市演艺集团、海亮集团签订红色研学旅行活动战略框架协议。市委常委、宣传部部长丁如兴宣布“红动绍兴”绍兴市红色研学旅行活动启动，标志着“红动绍兴”活动正式开启。

【举办绍兴市2021年度乡村振兴先行培育村“乡村运营”大讲堂】 3月，绍兴市文广旅游局会同市委组织部、市农业农村局联合在杭州市临安区举办绍兴市2021年度乡村振兴先行培育村“乡村运营”大讲堂。探索景区村庄运营的新路径，破解绍兴市景区村庄发展中遇到的问题，以“乡村运营”的新思想、新活力撬动绍兴乡村文旅新发展。

【举行《东亚禹迹图》启动编制工作暨禹迹图规范制定研讨活动】 2021年4月19日，绍兴市文化广电旅游局举行《东亚禹迹图》编制启动仪式暨禹迹图规范制定研讨活动。在《绍兴禹迹图》《浙江禹迹图》基础上立足全国开展《东亚禹迹图》的编制，并研究禹迹图规范制定工作。绍兴市政协党组副书记、副主席、绍兴市文史馆馆长冯建荣，中国水利学会水利史研究会会长谭徐明，中共绍兴市委宣传部副部长、绍兴市文化广电旅游局局长何俊杰，绍兴市文化广电旅游局副局长杨颂周以及全国各地、绍兴本地大禹文化研究专家，相关新闻媒体代表等出席。

2021 年 4 月 19 日，《东亚禹迹图》编制启动仪式

【精选“红动绍兴”和诗路文化带建设宣传使者】 5 月 31 日，“红动绍兴”绍兴市红色旅游讲解员大赛暨浙江省第二届诗路文化带讲解员大赛绍兴市选拔赛在绍兴图书馆二楼报告厅顺利举行。市文广旅游局党委委员、副局长杨颂周出席并致辞。绍兴市各地的 38 名讲解员参加。本次大赛赛程包括 1 分钟自我介绍、4 分钟专业讲解和 1 分钟才艺展示三部分。专业讲解主要考察选手讲解能力，选手从绍兴市各旅游景区、博物馆、红色旅游点等择一讲解。才艺展示主要考察选手艺术修养和文体技艺能力，各参赛选手进行了舞蹈、曲艺、魔术、配音等精彩表演。

2021 年 5 月 31 日，精选“红动绍兴”和诗路文化带建设宣传使者

【2021 年 AAAAA 级景区镇和 AAA 级旅游景区景观质量评审会召开】 7 月 23 日，市文广旅游局召开 2021 年 AAAAA 级景区镇和 AAA 级旅游景区景观质量评审会，各区、县（市）共 5 家 AAAAA 景区镇和 7 家 AAA 景区申报单位参加评审。会议邀请省内业内知名专家进行评审，市文广旅游局副局长杨颂周出席会议。评审会上，柯桥区漓渚镇、王坛镇、平水镇，上虞区岭南乡、诸暨市同山镇主要负责人分别就 AAAAA 级创建优势、举措、未来目标等进行汇报。绍兴博物馆，浙东唐诗文化园等 7 个拟创建景区进行了景观质量汇报，各区（县、市）文广旅游局负责人作了推荐发言，最后专家进行提问和评分。

2021 年 7 月 23 日，AAAAA 级景区镇和 AAA 级旅游景区景观质量评审会召开

【绍兴五地入选浙江 52 个红色根脉打卡地】 8 月 14 日，浙江省文化和旅游厅、省教育厅、省妇女联合会联合推出“薪火相传跟党走——百万亲子家庭寻访红色根脉活动”，发布了浙江省 52 个红色根脉打卡地。绍兴鲁迅故里、绍兴周恩来纪念馆、俞秀松纪念馆、宣侠父故居、浙东新四军后勤基地纪念馆入选。

【柯桥区湖塘街道香林村获评全国乡村旅游重点村】 8 月 25 日，文化和旅游部、国家发展改革委联合开展了全国乡村旅游重点村镇遴选推荐工作，柯桥区湖塘街道香林村获第三批全国乡村旅游重点村荣誉。

柯桥区湖塘街道香林村

【绍兴在浙江省第二届“诗路文化带”景区讲解员大赛中获佳绩】 浙江省第二届诗路文化带景区讲解员大赛圆满落幕。经过初赛、复赛、决赛多轮激烈角逐，绍兴选送的9名讲解员在众多佼佼者中脱颖而出，喜获佳绩，5人荣获“金牌讲解员”称号，3人荣获“优秀讲解员”称号，1人荣获“优秀红色场馆讲解员”称号，绍兴列浙江省第一名。此外，绍兴市文化广电旅游局和柯桥区文化广电旅游局荣获“优秀组织奖”。

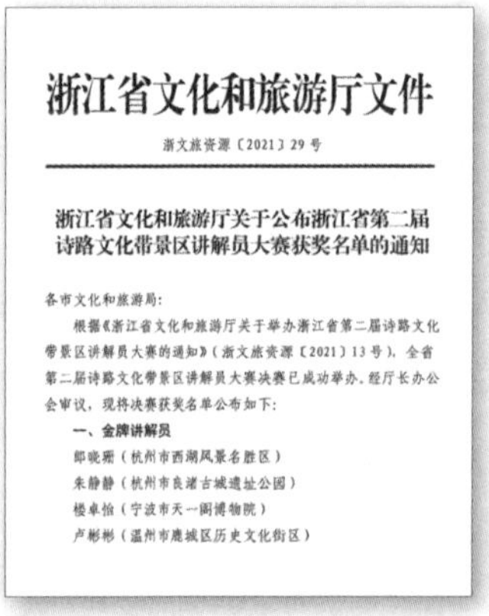

浙江省文化和旅游厅文件

浙文旅资源〔2021〕29号

浙江省文化和旅游厅关于公布浙江省第二届诗路文化带景区讲解员大赛获奖名单的通知

各市文化和旅游局：

根据《浙江省文化和旅游厅关于举办浙江省第二届诗路文化带景区讲解员大赛的通知》（浙文旅资源〔2021〕13号），全省第二届诗路文化带景区讲解员大赛决赛已成功举办。经厅长办公会审议，现将决赛获奖名单公布如下：

一、金牌讲解员

郎晓珊（杭州市西湖风景名胜区）

朱静静（杭州市良渚古城遗址公园）

楼卓怡（宁波市天一阁博物院）

卢彬彬（温州市鹿城区历史文化街区）

绍兴在浙江省第二届“诗路文化带”景区讲解员大赛中喜获佳绩

【举行禹迹标识揭牌仪式】 2021年10月24日上午，市文广旅游局在宛委山举行禹迹标识揭牌仪式，市委宣传部副部长、市文广旅游局局长何俊杰，市文广旅游局副局长杨颂周，市鉴湖研究会会长邱志荣以及相关专家学者等出席。64个绍兴禹迹标识牌全部安装完成，分布在越城区18个、柯桥区20个、上虞区7个、嵊州市7个、新昌县10个、诸暨市2个。祭祀类有23处，包括陵、庙、祠、寺、殿、像等类型；山体类有20处，包括山、峰、穴、岩、石、台等类型；水体类有13处，包括江、河、湖、溪、浦、塘、桥、井等类型；地名类有6处，包括县、乡、村、坊等类型；歌舞类有2处。安装64个禹迹点标识牌，是绍兴保护、发展、传播大禹文化的又一重要举措，让人们可以在绍兴穿越时空“看”大禹。

2021年10月24日上午，市文广旅游局在宛委山举行禹迹标识揭牌仪式

【上虞区、诸暨市、嵊州市获评第二批浙江省全域旅游示范县（市、区）】 10月29日，浙江省人民政府根据省委、省政府关于推进全域旅游发展的决策部署，发文命名绍兴市

上虞区景色

上虞、诸暨市、嵊州市为第二批浙江省全域旅游示范县（市、区），绍兴市将不断优化服务品质，释放富民增收效用，为创建国家全域旅游示范省和高质量发展建设共同富裕示范区贡献力量。

【市人大常委视察“一廊三带”建设情况】11月4日，市人大常委会主任谭志桂带队，就绍兴文创大走廊和浙东运河文化带、浙东唐诗之路文化带、古越文明文化带“一廊三带”建设情况，专程赴上虞区、嵊州市、新昌县开展视察工作。参加此次活动的还有市人大常委会主任会议成员、市人大常委会副秘书长、各委室负责人、驻市人大常委会机关纪检监察组组长、市人大教科文卫委委员和部分市人大代表；市政府分管领导、市发改委、市文广旅游局、文创大走廊工作专班等部门（单位）负责人以及上虞区、嵊州市、新昌县人大常委会相关负责人。视察组一行先后赶赴上虞、嵊州、新昌，实地踏看了东山湖农文旅综合体项目建设现场，参观了凤凰山考古遗址公园、嶀浦潭·谢康乐钓台、浙东唐诗之路文化园等地。下午，座谈听取市政府关于“一廊三带”建设的情况汇报。

2021年11月4日，市人大常委会主任等视察“一廊三带”建设情况

2019 — 2021

文化旅游产业

2019 年

【概况】 2019 年，绍兴市文化旅游产业通过梳理政策、跨界融合、企业增量等，不断激发文化创意创新活力，推动文旅产业集聚发展。出台《关于促进文化产业发展的若干政策》《关于加快现代服务业发展若干政策》。

新增柯桥浙江梅轮电梯股份有限公司、诸暨浙江省东方缘针织有限公司为省工业旅游示范基地；认定动漫企业 2 家。绍兴博物馆等 13 家单位被认定为绍兴市首批中小学研学实践教育基地，绍兴市累计有国家级、省级中小学生研学实践教育基地 4 家，省级中小学生研学实践教育营地 2 家。越城区金德隆文化创意园入选省级文创园，柯桥区兰亭文化创意街区、鲁镇文化创意街区入选省级文创街区，绍兴市累计有省级文创园 2 家、文创街区 4 家。组织开展绍兴市文化产业统计，共有 11 个类别、2 万家单位列入统计。至年末，绍兴市有规模以上文化产业单位（企业）643 家，实现文化产业增加值 117.05 亿元，增长 13.37%。

【文创产品开发】 2019 年，绍兴市文化广电旅游局围绕黄酒、轻纺、茶叶、青瓷、袜业等优势产业，指导企业进行文创设计、产业开发，把“文化元素”融入企业转型、产品创意、产业提升等环节，先后开发了绘景轩黄酒、凤凰山青瓷、浙东唐诗之路、镜岭有礼、西施有礼等系列文创产品。中国黄酒集团、绍兴文旅集团、新昌旅游集团等一批具有较强综合实力的国有企业，在文创产品开发中发挥了中坚作用。

【“文旅融合的绍兴实践”暨打造文旅融合样板地启动仪式】 4 月 12 日，在中国新文学 100 周年纪念日（鲁迅《孔乙己》发表 100 周年）之际，绍兴市举办“文旅融合的绍兴实践”暨打造文旅融合样板地启动仪式。在启动仪式上，绍兴市文化广电旅游局和浙江农业商贸职业学院签订了共建绍兴市旅游学院的战略合作协议；举办“文学 + 旅游”主题论坛，相关专家学者从鲁迅文学与绍兴文学之城打造、网络文学与旅游 IP（知识产权）打造、诗词之美与浙东唐诗之路建设三个视角做主旨演讲。

【参加第 14 届义乌文化产品交易博览会和第 11 届中国国际旅游商品博览会】 4 月 27 日至 30 日，绍兴市文化广电旅游局组织绍兴市 74 家企业参加第 14 届中国义乌文化产品交易博览会和第 11 届中国国际旅游商品博览会，集中展示绍兴传统和当代工艺美术品牌产品、特色技艺、跨界合作项目和优秀文创设计作品，展品分布在全部 10 个展馆，展位数、展览面积均创历年之最。市文广旅游局获展会组织一等奖。

绍兴越绣文化发展有限公司《藏蓝缎越绣花间蝶舞女服》、绍兴俞柏青木雕文化创意有限公司《巴渝风系列》、绍兴市铭越青铜研究院《五福丹凤纹镜》、绍兴李记扇业有限公司《清灰〈龙舟图〉》、绍兴古韵越窑青瓷研究所《越青靛蓝瓶》、嵊州市天趣木艺文化有限公司《蓑笠翁》、嵊州市紫砂工艺厂《秋色怡人》7 家企业展品获第 14 届中国义乌文化产品交易博览会工艺美术金奖，12 家企业获银奖，8 家企业获铜奖。浙江古越龙山绍兴酒股份有限公司、柯桥赵秀林铜雕创作室、新昌县天工坊砖瓦有限公司等 7 家企业获第 14 届中国义乌文化产品交易博览会优秀参展企业称号。

绍兴市推荐兰亭书法博物馆参加文交会浙

江省文化文物单位文创试点成果展，6种特色越菜亮相诗画浙江百县千碗展。文交会现场公布了“首批浙江省优秀非遗旅游商品”名单，绍兴市的绍兴花雕、绍兴铜雕、会稽铜镜等11项非遗入选。

【绍兴市文化产业发展大会】 7月22日，绍兴市文化产业发展大会在绍兴饭店召开。大会以“重塑城市文化体系打造文化产业高地”为主题。市委书记马卫光做重要讲话。会上，绍兴市文创产业服务银行揭牌；向绍兴市十大“文化龙头企业”、十大“创新型文化企业”和十大“特色文化产业园区（街区）”授牌；全国百强名社数字出版物交易阅读平台、绍兴森林野生动物王国、景德镇陶瓷大学上虞陶瓷高等研究院、美高梅探索城市中心、绍兴北文影视娱乐综合体、“云溪九里”浙江文旅康养小镇、嵊州·中国唐诗之城等12个文化产业项目签约。

大会还举行了“文化产业引领城市高质量发展”主旨论坛。浙江大学国际交流与文化传媒学院副院长李杰和浙江省创意设计协会秘书长李佳分别作了主旨演讲。

2019年7月22日，绍兴市文化产业发展大会在绍兴饭店召开

【绍兴旅游商品在中国特色旅游商品大赛中获佳绩】 9月4日至7日，2019中国特色旅游商品大赛在四川乐山举行。绍兴市文化广电旅游局选送的28家企业近40件商品参评，共获金奖2个（浙江省共8个金奖），获金奖数、奖牌数创历史最佳成绩。

【古城旅游环线巴士开始运行】 9月30日，绍兴古城旅游环线巴士开始运行。线路走向：鲁迅故里—中兴路—投醪河路—和畅堂—环城西路—府山西路—胜利路—解放路—车站路—环城北路—中兴路—鲁迅故里。串联景区（商业中心）：鲁迅故里、沈园、银泰城、秋瑾故居、府山公园、大通学堂、王阳明故里、西小路历史街区、蔡元培故居、蕺山公园、书圣故里、周恩来祖居、八字桥历史街区。线路全长10千米，投放车辆6辆，运营时间从8:30至17:30，间隔10—15分钟。

【浙江省文化产业和旅游产业融合发展培训班在绍兴举行】 9月18日至20日，2019年浙江省文化产业和旅游产业融合发展培训班在绍兴会稽山阳明酒店举办。参加培训的学员学习探讨了文旅产业融合发展、引导扩大文旅消费、文创产品与旅游商品开发、文旅金融合作、文化和旅游产业与相关产业融合发展等相关内容。浙江省各市、县文旅局分管产业领导、处（科）室负责人共130余人参加培训。

【2019绍兴市文化创意产品暨旅游商品大赛】 10月至12月，绍兴市文化广电旅游局组织举办以“文旅融合·精美绍兴”为主题的2019绍兴市文化创意产品暨旅游商品大赛。大赛共收到来自国内外的参赛作品3000余件。经征集、初评、路演、优秀作品展、决赛评定、公示等环节，共评出金奖3件、银奖6件、铜奖10件、优秀奖34件。

【绍兴南宋文化节】 12月4日，《清明上河图3.0》宋“潮”游乐园绍兴展在绍兴科技馆开幕，绍兴南宋文化节拉开序幕。12月

10日，举行了南宋文化节之江南山水文化和旅游融合发展论坛。其间，胡坚等10名专家学者被聘为首批文化旅游智库专家成员；绍兴市文化广电旅游局与读者文化旅游股份有限公司签订了战略合作协议。同日，“南宋雅韵”书画印精品展、《绍兴赋》名家书法邀请展、“南宋遗珍吉金雅赏”南宋钱币文化展等3个以“南宋遗韵”为主题的专题展览在绍兴博物馆开幕。

2020年

【概况】 2020年，绍兴市从文旅政策研究与制定、文旅产业“十四五”规划编制、诗路文化带建设、文创产品开发、文旅融合IP打造、研学旅行发展等多方面入手，推进文旅产业的持续发展。制定支持旅游企业共渡难关《十条措施》、复兴行业《十条政策》、金融服务文旅企业《十大措施》等推动绍兴市文化旅游抗疫防疫和行业振兴；与交通银行开展战略合作，对接担保公司成立文旅专项担保额度；落实专项奖励资金2585.3万元，惠及旅游企业316家；落实绍兴市52处AAA级以上旅游景区全年对全国医务工作者免费开放；投入4000万元推出绍兴旅游线上优惠立减活动和绍兴住宿消费激活行动，全面帮扶旅行社、饭店、景区等涉旅企业复苏。

绍兴市旅游总人次9721.6万人次，恢复到2019年的84.6%，实现旅游总收入1074.2亿元，恢复到2019年的82.2%。实现文化产业增加值约317亿元。中国轻纺城创意园入选2019—2020年度浙江省重点文化产业园区；绍兴金德隆文化创意街区、鲁镇文化创意街区、柯桥创E工场文化创意街区、上虞区文化旅游风情街入选2020年度浙江省文化创意街区。绍兴市文广旅游局获第15届中国义乌文化和旅游产品交易博览会“优秀展台奖”“优秀组织奖二等奖”。

【涉旅企业帮扶】 2020年，绍兴市印发《关于应对疫情支持旅游企业共渡难关的十条措施》《关于“开展十项活动”全面提振文旅行业信心的实施方案》等政策，市、县两级文化广电旅游部门在同级财政核定的2020年旅游发展专项经费中，按照10%的比例提取补助资金，对疫情损失较重的旅游及直接相关的餐饮、宾馆等企业进行专项补助。其中，市文广旅游局提取500万元，6个区、县（市）补助专项经费不少于300万元。绍兴市共计落实专项奖励资金2585.3万元，惠及旅游企业316家。

【扶持文化企业】 2020年，绍兴市制定《针对新冠肺炎疫情绍兴市文化产业定向补助政策》及实施细则，从2020年市财政核准的文化产业专项资金中提取1500万元，专项用于扶持文化企业及其他经营主体。对于入驻经认定的绍兴市特色文化产业园区（街区）内的文化企业及其他经营主体，给予2020年2月、3月各半个月房租补贴，每家最高不超过10万元。对于受疫情影响严重、不在市级特色文化产业园区入驻的民营影院、实体书店及文创产品开发设计、影视演艺、非遗生产等企业（经营主体），给予2020年2月、3月各半个月的房租补贴，每家最高不超过10万元。

【打造“中国最佳研学旅游目的地城市”】 2020年，绍兴市制定并发布3个《绍兴研学旅行标准》和“十条研学游路线”，公布12家绍兴研学旅行标准试点单位，推进规划、课程制定，认定13家绍兴市中小学生研学实践教育基（营）地。绍兴鲁迅故里、兰亭景区等3家单位被评为2019浙江十佳研学旅游目的地。8月5日，中国文化和旅游总评榜在嘉善县西塘发布，绍兴古城被评为2019中国特色研学旅游目的地。

柯桥区王坛镇、诸暨同山镇、新昌县东茗乡等3个乡镇入选省级“文旅+”试点单位，万丰奥特控股集团有限公司等8家单位入选省级示范基地、产业集聚区。绍兴黄酒、《兰亭序》等4个项目入选首批20项“浙江文化印记”。绍兴市入选《中国国家地理》旅行目的地推荐评论区人气最高景观地（全国共7个），11家单位入选2019浙江文化和旅游总评榜，获7项荣誉。

【绍兴文旅政银企合作对接会举行】 3月25日，绍兴文旅政银企合作对接会在咸亨酒店举行。市委常委、宣传部部长丁如兴，交通银行省分行副行长俞益平出席对接会。对接会上，市文广旅游局与交通银行绍兴分行签订战略合作协议书，交通银行绍兴分行为绍兴文旅企业制定包括保障融资额度、配置专属团队、开辟绿审通道、保障最优息费、建立项目名单、配套票据融资、做好融资顾问、支持服务创新、深化银担合作、打造综合服务在内的十大举措。2020年安排300亿元意向授信额度，其中，向绍兴市文旅集团授信50亿元、向小微普惠企业授信60亿元、向各区、县（市）文旅集团授信30亿元。7人被聘任为首批绍兴市文旅企业金融指导员。

2020年3月25日，绍兴文旅政银企合作对接会在咸亨酒店举行

【创建浙江省文化和旅游消费试点城市】 根据浙江省文化和旅游厅《关于公布省级文化和旅游消费试点城市名单的通知》内容，绍兴市（设区市）、诸暨市（县级）进入省级文化和旅游消费试点城市名单。创建期3年。在市级层面建立由分管副市长担任组长、各部门和区、县（市）政府为成员单位的“绍兴市旅游专班”，召开了“绍兴市旅游专班”专题会议。制定了《2021年绍兴市省级文旅消费试点城市建设任务工作推进表》，提高文化和旅游消费对经济发展的贡献度。

【“东亚文化之都活动年”文创产品大赛】 10月27日，绍兴市启动“东亚文化之都活动年”文创产品征集大赛，为2021“东亚文化之都绍兴活动年”赋能。12月4日，举行2020“东亚文都诗画江南”绍兴市文化和旅游产品大赛颁奖典礼。市文广旅游系统、参赛企业代表和相关设计院、高校师生200余人参加典礼。大赛共产生金奖作品3件、银奖作品10件、铜奖作品15件、优秀奖作品20件。

2021年

【概况】 2021年，绍兴市从创建国家文化和旅游消费试点城市、文化和旅游“十四五”规划编制、夜间文旅消费集聚区建设、文创产品开发、文旅融合IP（知识产权）打造、经济运行统计分析、研学旅行发展等入手，推进文旅产业持续发展。绍兴市入选2021“全国研学旅行十大热门城市”。

新认定“省级夜间文化旅游消费集聚区”1家（柯岩鲁镇景区），越城区鲁迅路步行街、柯桥区安昌古镇、诸暨市飨街·越风、嵊州市吾悦美食街、新昌县梅渚村认定为第二批“市级夜间文化旅游消费集聚区”。评定市级夜间经济特色门店（特色夜间书吧、特色夜间剧院、特色歌房、特色夜游景点）33家。认定第三批绍兴市中小学生研学实践教育基地营地10家；越剧小镇、西施新认定为省示范级文旅IP；鸿佑开颜谷文化养生旅游基地新认定为省中医药文化养生旅游示范基地；浙江百思寒羽绒股份有限公司、浙江同山醉美人酒业有限公司、喜临门家具股份有限公司新认定为省工业旅游基地；嵊州清溪漂流—覆卮山滑草—万年石浪、柯桥东方山水乐园—浙江国际赛车场—鉴湖直升机场新认定为省级运动休闲旅游精品线路，室内滑雪、峡涧漂流新认定为省级运动休闲旅游优秀项目。承办首届人民文创国际创意大赛颁奖盛典暨人民文创高峰论坛，加强数字文旅建设。实施绍兴市旅游业高质量发展政策并兑现奖励资金918万元，兑付率97%。

【印发绍兴文化和旅游“十四五”规划】8月17日，绍兴市印发《绍兴市文化和旅游“十四五”规划》，提出实施文化遗产保护传承工程、公共文化和旅游服务提升工程、文化艺术繁荣发展工程、文化和旅游国际化推进工程、全域旅游示范创建工程、标志性文化和旅游项目建设工程、文化和旅游消费升级工程、文化和旅游数字赋能工程、文化和旅游品牌营销工程、文化和旅游协同合作等十大工程。《绍兴市文化和旅游“十四五”规划三年行动计划》同步印发。

【文旅企业培育】 2021年，绍兴市实施文旅企业梯度培育计划，认定省级领军型、骨干型、新锐型文旅企业18家。其中，绍兴金沙旅游发展股份有限公司被评为2021年绍兴市服务业重点行业规上企业亩产效益领跑者。落实市“小微企业三年成长计划”，开展“成长之星”“优秀平台”“优秀单位”评选认定工作，1家企业通过国家动漫企业评审。《小神驾到》入围中国文化艺术政府奖第四届动漫奖评审名单。至年末，共有入驻省文化和旅游产业投融资平台企业1447家。

【绍兴市演艺集团正式揭牌】1月28日，绍兴市演艺集团揭牌仪式在绍兴工人文化宫举行。绍兴市演艺集团有限责任公司是经绍兴市委、市政府批准组建的市属大型国有文化企业，集团下设绍兴市演出有限公司、绍兴大剧院管理经营有限公司、绍兴越剧艺术发展有限公司、浙江绍剧艺术研究院、绍兴市演艺研究院、绍兴市文物有限公司、规划中的新绍兴大剧院及新组建的绍兴市歌舞剧院、绍兴市越剧团等单位。

【发布“十佳激活文化和旅游消费典型案例”】 2月，绍兴市文广旅游局发布2020年度“十佳激活文化和旅游消费典型案例”。“周游绍兴·互游共通”系列活动、祝福·绍兴古城过大年、建立政企银机制推出金融帮扶政策、越城区“越宴十八味”美食品选、柯桥区夜鲁镇·周末市集、柯桥区欢乐酷玩·鉴湖之夜烟花音乐节、上虞区文化旅游风情街夜市、出台“杭州人免费游诸暨”政策及举办“同萍共振·荷力共赢”——2020杭州西湖·诸暨西施荷花会、嵊州“越剧千人唱”文化旅游活动、新昌鼓山夜市项目入选。

【2020浙江文化和旅游总评榜在绍兴颁奖】 4月21日，2020浙江文化和旅游总评榜颁奖仪式暨“数智赋能文旅发展新时代”分享

会在绍兴柯岩景区举行。现场发布浙江文旅融合高质量发展十佳县（市、区）、浙江十大数智景区、浙江十佳度假型酒店、浙江文旅促消费创新优秀案例等在内的十大榜单。绍兴市有15家单位、11个项目上榜。

【首届人民文创国际创意大赛颁奖典礼举行】 5月18日，由人民日报环球人物杂志社、人民文创（北京）文化发展有限公司主办的“美好生活由我而创”首届人民文创国际创意大赛颁奖盛典暨人民文创高峰论坛在绍兴市上虞区举行。大赛自2020年9月25日启动，历时8个月，收到中国、德国、法国、奥地利等23个国家和地区的3269个机构及设计师的4255件参赛作品。评出银奖1名、铜奖6名、优秀作品奖8名、最受欢迎设计师奖1名、人气设计师奖10名、优秀组织奖13个，国际交流特别奖2个。在颁奖典礼上，《中国文创典鉴（2020）》举行首发及案例入典铭证仪式。当天，在上虞区举行人民文创华东中心落成仪式。

【全国新闻媒体“跟着唐诗游绍兴”活动】 9月17日至18日，绍兴市文化广电旅游局主办“享诗路风华·品诗韵绍兴”——全国新闻媒体代表“跟着唐诗游绍兴”宣传推广活动。中央电视台、新华网、人民网、中新社、凤凰网、浙江电视台及《中国日报》《中国文化报》《中国旅游报》《都市快报》等10多家全国主流媒体30余名代表参与包括唐诗之路绍兴采风、全国新闻媒体代表工作座谈、绍兴文旅形象知识产权发布签约、唐诗之路美食推介会等活动。

【2021年绍兴市文化和旅游商品征集大赛】 2021年9月30日至2022年初，绍兴市文化广电旅游局举办第6届绍兴市文化和旅游商品征集大赛，大赛以“历史名城·东亚文都”“知行合一·大儒阳明”“亚运游礼·创享绍兴”为主题。征集到文创产品、旅游商品、工艺美术品（非遗）、文博纪念品、本土特色产品、城市礼物、商务礼品、乡村及民宿伴手礼、亚运纪念品等作品350余件。评选出金奖6件、银奖7件、铜奖8件、优秀奖39件。

【举办文旅消费季活动】 9月28日，为全面激发绍兴市文化和旅游消费潜力，举办国家文化和旅游消费试点城市创建暨绍兴文化旅游消费季启动仪式，绍兴市文广旅游局同时联合多部门精心筹划推出2021绍兴文旅消费季系列活动，陆续推出“美味绍兴·味蕾盛宴”“乐游绍兴·醉在金秋”“惠购绍兴·越潮来袭”“酷玩绍兴·心随律动”“悦健绍兴·品质生活”“艺动绍兴·赏忆民俗”六大主题100项文旅消费系列活动。

2021年9月28日，举办国家文化和旅游消费试点城市创建暨绍兴文化旅游消费季启动仪式

【创成国家文化和旅游消费试点城市】 10月27日，文化和旅游部等三部门发文，绍兴进入第二批“国家文化和旅游消费试点城市”名单。制订完成《绍兴市创建国家文化和旅游消费试点城市三年工作方案（2021—2023年）》。

【中国研学旅行报告绍兴发布研讨活动】 11月8日至9日，由省文旅厅、中国旅游研究院、绍兴市人民政府、中国文化报社联

2021 年 11 月 8 日至 9 日，“走读浙江”系列主题推广活动启动仪式暨中国研学旅行报告绍兴发布研讨活动举行

合主办的“走读浙江”系列主题推广活动启动仪式暨中国研学旅行报告绍兴研讨活动举行。现场发布《2021 中国研学旅行发展报告》《中国研学旅行发展的绍兴实践》《2021 研学旅行热门城市 &2021 研学旅行企业案例》，成立浙江数字研学发展中心，举办“旅游业高质量发展与研学旅行的潜能”和“文旅融合与研学旅行的品牌化建设”研讨。与会人员参观《潮浙看》浙江八大文旅主题展和“绍兴研学旅行”主题展览。会议采取“线上 + 线下”形式同步举行。国内研学旅行 10 位专家，浙江省 11 个地市文广旅游局分管领导，绍兴市文旅系统相关领导和负责人，中小学校和研学基地营地负责人，旅行商代表等共 100 余人参加线下会议，线上 1.5 万余人进入直播平台收听。

2019 — 2021

广播电视

2019 年

【概况】 至2019年末，绍兴市拥有广播电视台6家，分别是绍兴市广播电视台、柯桥区、上虞区、诸暨市、嵊州市、新昌县广播电视台，各广播电视台自办广播节目频率8个、电视节目频道8个，通过无线、有线方式同步播出。有有线电视网络公司4家，分别为中广有线信息网络有限公司绍兴分公司、中广有线信息网络有限公司柯桥分公司、中广有线信息网络有限公司绍兴分公司、新昌华数数字电视有限公司。绍兴市有线电视用户保有量159.72万户，总入户率93.61%。其中，镇乡农村用户80.32万户，入户率90.65%，广播电视综合覆盖率100%；城乡有线网络双向化率94.9%，其中城区双向化率99.72%、农村双向化率90.55%。有线网络双向化覆盖用户157.95万户，开通交互式用户24.52万户，开通互联网用户14.11万户。绍兴市有线电视网络业务创收62323.97万元，广播电视台广告等业务创收16757万元，其他收入34629.19万元。

【广播电视管理】 2019年，绍兴市文化广电旅游局以新中国成立70周年大庆活动期间安全保障工作为重点，修订《绍兴市广播电视安全播出紧急应急预案》《绍兴市广播电视安全播出协调领导小组工作制度》《绍兴市广播电视安全播出协调领导小组工作职责》等文件。全年共完成近20次重要保障期和重点保障时段的广播电视安全播出、网络及广电设施安全保障任务。组织开展非法境外卫星电视接收装备、“黑广播”和违法违规广播电视广告等专项整治。

【广播电视监测】 2019年，绍兴市广电监测中心完成监测365天，实时监测总量220套/天，实时监测时长总计1927200小时；巡检监测总量859套/天，巡检监测时长总计350400小时。共处置广播电视监管平台报警94350条，核实技术故障异态播出10起。完成重要保障期安全监测任务9次共计47天，其他重点保障时段监测任务10次共计14天，绍兴市各播出、传输机构未发生安全播出事故（事件）。

【广播电视评审评议】 2019年，绍兴市文化广旅游局以节目评优为抓手，组织各类广播电视节目创作及科技创新项目评选，组织开展2018年度绍兴市广播电视节目奖、科学技术奖、对农栏（节）目考核等评审工作。完成视听评议13期，对绍兴广播电视台电视专栏《纪念改革开放四十周年地标故事》《真话难听》《新闻纵贯线》《绍兴新闻联播》《名人面对面》等栏目进行深度评析。绍兴市共获浙江省广播电视新闻奖、丹桂奖、金潮奖等省级奖项53个，其中一等奖5个、二等奖14个、三等奖26个、优秀奖8个。

【广播影视公共服务】 2019年，绍兴市有线广播行政村通响率100%，农村应急广播覆盖率100%。每周播出对农广播栏目31档，总时长650分钟，有对农广播节目制作人员21人；每周播出对农电视栏目18档，总时长360分钟，有对农电视节目制作人员46人。市、县两级广播电视播出机构自办对农涉农栏目45档。为用户免费提供中央级、浙江省级、绍兴市有和各区、县（市）无线数字电视节目70余套。全面实现低保户有线电视免费覆盖和免费看电视。中广有线绍兴分公司、柯桥分公司、上虞分公司和新昌华数公司均被评为

2019年度全省有线广播电视运营服务评价优秀单位。

【广电“三服务”工作】 2019年，绍兴市文化广电旅游局指导各广播电视台做好播出机构许可证和频道许可证换发工作，做好部门间“最多跑一次”事项梳理。征集绍兴市网络视听公共服务平台项目，争取扶持政策及资金。开展广播电视安全播出培训和广播电视节目创作业务培训，绍兴市文广系统共开展应急演练72次，业务培训25次，培训人员1385人次。

【媒体融合改革】 8月14日，绍兴市新闻传媒中心、绍兴传媒集团挂牌成立，是绍兴市着眼媒体融合发展、做大做强传媒产业的重要决策，是浙江省市级媒体融合改革“第一家”。县级融媒体改革加紧实施，嵊州市融媒体中心、柯桥区融媒体中心、新昌县融媒体中心、上虞区融媒体中心、诸暨市融媒体中心分别于3月4日、4月15日、6月3日、6月30日和7月18日挂牌，按国家广电总局要求，原广播电视台自办频道的名称、呼号、标识继续保留。

2019年8月14日，绍兴市新闻传媒中心、绍兴传媒集团挂牌成立

2020年

【概况】 至2020年末，绍兴市拥有广播电视台6家，分别是绍兴市广播电视台、柯桥区广播电视台、上虞区广播电视台、诸暨市广播电视台、嵊州市广播电视台、新昌县广播电视台。各广播电视台自办广播节目频率8个、电视节目频道8个，通过无线有线同步播出。有有线电视网络公司4家，分别为中广（绍兴）有线信息网络有限公司、中广（绍兴柯桥）有线信息网络有限公司、中广有线信息网络有限公司上虞分公司、新昌华数数字电视有限公司。绍兴市有线电视用户保有量160.43万户，总入户率89%。其中，镇乡农村用户67.59万户，入户率88.92%，广播电视综合覆盖率100%；城乡有线网络双向化率98.2%，其中城区双向化率99.7%、农村双向化率96.7%。有线网络双向化覆盖用户160.27万户，开通交互式用户26.81万户，开通互联网用户15.37万户。绍兴市有线电视网络业务创收8.81亿元，广播电视台广告等业务创收1.69亿元，其他收入3.54亿元。

【广播电视管理】 2020年，绍兴市文化广电旅游局组织开展非法境外卫星电视接收设施整治、查处“黑广播”和违法违规广播电视广告清理等专项整治。部署落实电视台主频道、主频率早7点播放中华人民共和国国歌、转播中央人民广播电台中国之声及《新闻和报纸摘要》节目专项督查工作。绍兴市共组织检查115次，开展相关政策法规宣传15次，出动执法37次，出动执法人员618人次，检查各类场所476家次，发出整改通知书16份。取缔非法销售点7个，收缴非法接收设备2套、非法卫星接收天线16套。开展联合执法40次，督促用户自行拆除非法境外卫星电视接收设施65套，依法拆除、没收非法卫星接收设施782套，行政处罚立案调查3件。印制张贴“铲锅行动”通告750份、发放告知书4500余份。与市无线电管理局联合查处越城区88.7兆赫、嵊州90.7兆赫、91.7兆赫、诸暨市君城小区“黑广播”案。

2020年，非法卫星电视接收设施专项整治行动进社区活动正式启动

【广播电视监测监管】 2020年，绍兴市文广旅游系统完成10余次重要活动现场直播等重要保障期、重点时段的安全播出任务，未发生安全播出事故（事件）。市广电监测中心开展了保健品电视广告监测、主频率主频道中华人民共和国国歌播放监测、违规广告专题抽检监测、自办广播频率监测、自办节目广告监测等专项工作。完成监测天数366天，实时监测总量220套/天，实时监测时长总计1932480小时；巡检监测总量859套/天，巡检监测时长总计351360小时，处置广播电视监管平台报警199741条。完成重要保障期上级布置的安全播出监测任务7次、35天。收到并转发省局安指办安全播出预警短信267条、17636人次，其中，新冠肺炎疫情防控工作预警短信3条、174人次，新闻联播延播预警短信229条、13410人次；发送平安短信38条、243人次。

【广播电视评审评议】 2020年，绍兴市文广旅游局以节目评优为载体，组织各类广播电视节目创作及科技创新项目评选，开展2019年度绍兴市广播电视节目奖、科学技术奖、视听评议评优等评审。全年共收到各类参评作品240件，共评出一等奖33个，二等奖56个，三等奖67个，推荐送省参评作品71件。获省级奖项54个，其中一等奖8个、二等奖15个、三等奖31个。编印《绍兴视听评议》12期。

【广播影视公共服务】 2020年，绍兴市实现有线电视覆盖率100%，有线广播通响率100%，农村应急广播覆盖率100%。每周播出对农广播栏目31档，总时长6850分钟，有对农广播节目制作人员33人；每周播出对农电视栏目20档，总时长735分钟，有对农电视节目制作人员37人。市、县两级广播电视播出机构自办对农涉农栏目51档。为用户免费提供中央级、省级、市级和各区、县（市）无线数字电视节目90余套。实现低保户有线电视免费覆盖和免费看电视。

【广电“三服务”工作】 2020年，绍兴市文化广电旅游部门开展“三服务”活动，帮助企业、群众、基层解决实际困难和问题。做好基本公共服务省级补助地方资金的申报、管理、绩效工作，加大市级补助地方支持力度，推动广播电视基本公共服务长效化、制度化。配合省广电局对绍兴市各融媒体中心申领信息网络传播视听节目许可证情况进行实地查验，共有4家单位符合条件并取得证书。督促有线电视运营机构做好服务评价相关工作，继续实施“广电低保”工程。绍兴市文广系统共开展安全播出应急演练72次，业务培训25次，培训人员1385人次。

【新冠疫情防控宣传】 2020年，绍兴市文化广电旅游部门指导广电系统有关单位做好新冠肺炎疫情防控宣传工作，报道先进人物和先进事迹，对不实信息及谣言进行曝光和披露。绍兴市有应急广播系统终端116671个，覆盖

101 个乡镇（街道）、1835 个行政村、约 239 万人，从 1 月 22 日起各级应急广播系统陆续启动，开展防疫宣传。协调免费开放有线电视付费节目 96 套，疫情高发期市本级可收看电视节目 166 套。

2021 年

【概况】 至 2021 年末，绍兴市有广播电视播出机构 6 家（绍兴市广播电视台、柯桥区广播电视台、上虞区广播电视台、诸暨市广播电视台、嵊州市广播电视台、新昌县广播电视台），各广播电视台自办广播节目频率 8 个、电视节目频道 8 个，通过无线有线同步播出，绍兴市电视台主频道均实现高标清同播。有有线电视网络公司 6 家〔中广（绍兴）有线信息网络有限公司、中广（绍兴柯桥）有线信息网络有限公司、中广（绍兴上虞）有线信息网络有限公司、新昌华数数字电视有限公司、诸暨广电网络有限公司、嵊州市广电信息网络有限公司〕。绍兴市未发生安全播出事故。

有线电视用户保有量 161.15 万户，广播电视综合覆盖率 100%，总入户率 92%。其中，镇乡农村用户 72.28 万户，入户率 88.7%；城乡有线网络双向化率 99.3%，其中城区双向化率 99.7%、农村双向化率 97.2%，有线网络双向化覆盖用户 174.93 万户，开通交互式用户 27.94 万户，互联网用户 16.34 万户。有线电视网络业务创收 98879.34 万元，广播电视台广告等业务创收 14342 万元，其他收入 36558 万元。

有线电视覆盖率 100%，有线广播通响率 100%，农村应急广播覆盖率 100%。广播播出总时长 45787.5 小时，电视播出总时长 43434 小时。每周播出对农广播栏目 43 档，总时长 7940 分钟；每周播出对农电视栏目 20 档，总时长 732 分钟；市、县两级广播电视播出机构自办对农涉农栏目 63 档。为用户免费提供无线数字电视节目 90 余套，全面实现低保户有线电视免费覆盖和免费看电视。

【广播电视管理】 2021 年，绍兴市文广旅游部门组织开展广电执法 166 次，出动执法人员 595 人次，取缔非法销售点 17 个，收缴非法卫星接收天线 68 个，拆除非法境外卫星电视接收设施 621 座，没收 35 套，行政处罚立案调查 4 件，发出整改通知书 41 份，宣传政策法规 122 次，发放《非法卫星电视接收设施专项整治行动宣传册》等资料 6000 余份。完成 7 项重大时间节点和重要活动期间安全播出保障任务。开展非法境外卫星电视接收设施整治、查处“黑广播”和违法违规广播电视广告清理等专项整治。落实电视台主频道、主频率早 7 点播放国歌、转播中央人民广播电台中国之声及《新闻和报纸摘要》节目专项督查工作。

【广播电视监测】 2021 年，绍兴市广电监测中心完成监测天数 365 天，实时监测总量 220 套 / 天，实时监测时长总计 1927200 小时；巡检监测总量 859 套 / 天，巡检监测时长总计 350400 小时。处置广播电视监管平台报警 188718 条（广播报警 680 条，数字电视报警 188038 条），监测处置 3 起播出传输机构因技术故障引起的播出异态情况，连续 6 年呈下降趋势。

【广播电视评审评议】 2021 年，绍兴市文广旅游局组织开展 2020 年度绍兴市广播电视节目奖、广电科学技术奖、视听评议评优等评审活动，共收到广播电视节目奖作品 313 件，经推荐，39 件作品在省级评选中获奖，含一等奖2件、二等奖13件、三等奖24件。建立视听评议员队伍，组织编印《绍兴视听评议》12期。

【亚运频道落地】 2021年9月30日，绍兴市实现杭州电视台亚运频道信号全覆盖，确保绍兴市民收听收看2022年杭州亚运盛况。

【广电技能竞赛获佳绩】 2021年9月，在浙江省广播电视职业技能竞赛中，绍兴市获3个一等奖、3个二等奖、6个三等奖，11名参赛选手获“2021年浙江省广播电视技术能手”称号，2名选手被推荐为“浙江金蓝领”奖候选人。绍兴市文广旅游局被授予“2021年浙江省广播电视技术能手竞赛优秀组织奖”。12月下旬，冯鹏钰代表浙江省参加全国比赛，获全国广播电视技术能手竞赛网络安全专业二等奖。

2021年8月10日，绍兴市首届广播电视职业技能竞赛开幕式举行

【广电“三服务”工作】 2021年，绍兴市文广旅游局深入开展“三服务”活动，梳理“最多跑一次”改革广电事项64件。帮助越城区融媒体中心和上虞区融媒体中心申报许可证，至6月底，绍兴7家新媒体平台全部获得正式批文和证书。

【疫情防控宣传引导】 2021年12月初，上虞区突发新冠肺炎疫情，绍兴市应急广播系统自12月7日起全面启动应急宣传，至12月末，总计投入12907个露天广播终端，覆盖101个乡镇（街道），1835个行政村，约239万人。播放疫情防控信息1121条，13171次，共计2375个小时。

2019 — 2021

文化旅游市场管理

2019年

【概况】2019年，绍兴市文化广电旅游系统全力推进“最多跑一次”改革，完善审批服务标准规范，完成各区、县（市）有关省、市文化旅游、广电行政许可证及印章换发工作。梳理省、市、县三级办事事项颗粒度细化工作，完成三级会签，办事事项由原51项增加到128项。深化政务服务“一窗办、全城办、移动办、一证办”改革，实现“全城办”事项17个，“移动办”事项100%，新增“一证办”事项1个，完善异地受理、属地办理模式。完善浙江政务服务网办事事项涉及的法定依据、办事流程、承诺时限、申请材料等，压缩办事时限，即办比例达79%，承诺期限在法定期限基础上平均压缩94%。实现政务服务事项“跑零次”比例达100%。全年共办结审批事项277件，全部在承诺时限内完成。至年末，绍兴市有登记在册的文化市场经营单位4408家，其中网吧440家、游艺娱乐55家、歌舞娱乐246家、文物经营22家、印刷业1185家、出版物1328家、广播电视经营172家、电影64家、艺术品经营27家、文艺表演团体281家、演出经纪机构15家、演出场所41家、打字复印287家、艺术考级2家、网络文化85家、地卫22家、新闻出版企业报125家、其他11家。有旅游企事业单位284家，其中星级饭店47家（五星级12家、四星级14家、三星级16家、二星级5家）；旅行社156家，其中出境社20家、品质旅行社38家（五星级1家、四星级21家、三星级16家）；A级景区81家，其中AAAAA级1家、AAAA级18家、AAA级34家、AA级27家、A级1家。有省级放心景区58家。

【公共安全领域专项整治】9月至12月，市文化广电旅游系统开展“平安护航中华人民共和国成立70周年大会战”公共安全领域专项整治行动。其间，共开展专项督查6次，重点针对星级饭店、A级旅游景区（点）、文物保护单位、旅游行业特种设备以及旅游包车等重点领域、重要部位、重点环节开展安全隐患排查。日常巡查出动检查5356人次，检查6675家次，发现违规29家次，举报（督查）受理3件，行政处罚立案调查24件，办结案件22件，警告8家次。

【旅游服务质量提升工程】2019年，市文化广电旅游局实施旅游服务质量提升工程。开展各类旅游行业培训、演练10项，参训2000余人次。绍兴市有5家饭店入选首批浙江省品质饭店，新评定四星级旅游饭店1家、特色文化主题饭店1家、绿色饭店1家；8家旅行社入选浙江省品质旅行社；13家基地入选首批“浙江省采摘旅游体验基地”，其中钻果级基地2家，数量居浙江省第一位。

【“万名绍兴人美好绍兴游”活动启动】5月19日，市文广旅游局与市精神文明建设办公室联合主办的“你我绍兴　文旅同行——万名绍兴人美好绍兴游”活动在城市广场启动。启动仪式后，首批1000名绍兴人包括劳模代

2019年5月19日，“万名绍兴人美好绍兴游”活动在城市广场举行

表、环卫工人代表、妇女代表、大学生代表和市民代表分赴各区、县（市）免费旅游。

【中华人民共和国成立70周年绍兴市饭店业先进表彰大会】 10月22日，绍兴市以“向服务致敬，向标杆学习”为主题的中华人民共和国成立70周年绍兴市饭店业先进表彰暨创建高品质饭店大会在绍兴饭店召开。绍兴市饭店业25家“先进企业”和70名“先进个人”获表彰。市级相关部门、绍兴市旅游相关行业协会、旅游院校、饭店业从业人员代表等近300人参加会议。

【在省旅游饭店服务技能大赛中创佳绩】 2019年，市文化广电旅游局组织企业参加浙江省旅游饭店服务大赛，绍兴市5支饭店代表队22名选手获得中式铺床及小景设计一等奖、三等奖，西餐宴会摆台三等奖，饭店消防安全演练技能三等奖，工装表演赛二等奖，团体二等奖等奖项，成绩历年最佳。绍兴市文化广电旅游局获最佳组织奖。

【民营剧团的发展】 2019年，绍兴市民营剧团发展良好。绍兴市文化广电旅游系统组织23名民营剧团团长参加两期浙江省民营文艺表演团体团长培训，43名民营剧团演员参加浙江省艺术培训。组织民营剧团参加浙江省民营文艺表演展演活动，选送的四个折子戏节目全部入围展演。其中，绍兴师爷文化艺术有限公司被评为2019年优秀民营文艺表演团体，其选送的《紧急刹车》被评为优秀节目。绍兴市文化广电旅游局被评为优秀组织单位。至年末，绍兴市有民营剧团218家，演员6640人。

【文旅市场安全生产工作】 2019年，市文化广电旅游局落实安全生产“一岗双责”责任制，开展文化和旅游行业安全专项督查16次，安全专项培训5场，培训1000余人，安全生产责任状签订率100%，绍兴市文化广电旅游局获绍兴市2019年度安全生产和消防工作目标管理责任制考核优秀单位及2019年度消防安全工作优胜单位。

【文化市场专项整治行动】 2019年，市文化广电旅游部门开展绍兴市网吧市场、演出市场、娱乐场所、网络文化、出版物市场和校园周边文化市场专项整治行动。日常巡查出动14859人次，检查经营单位17680家次，发现违规125家次；举报（督查）受理13件，属实案件12件，不属实案件1件；行政处罚立案调查93件，办结案件89件，警告40家次，罚款813993元，停业整顿1家次，没收非法所得5442元，没收违法物品21555个，行政处罚听证1家次，重大案件2家次。

2020年

【概况】 2020年，绍兴市文广旅游系统进一步规范行政审批，提升服务效能。全年共受理办结审批事项1336件，群众满意率100%。按照省政府服务2.0建设工作方案要求，完成省级部门目录拆解确认验收及审批事项运行工作。组织实施“证照分离”改革全覆盖试点工作，改革事项10项。以“一窗办、全城办、移动办、一证办”改革为突破口，推进所有事项网上办理，网办率100%。实现群众、企业办事在手机终端随时办、随地办，不断完善“全城办”改革，高频事项全部被列入“全城办”改革范畴。至年末，绍兴市有登记在册的文化市场经营单位4469家，其中，网吧438家、游艺娱乐场所54家、歌舞娱乐场所258家、文物经营22家、印刷业1180家、出版物1333

家、广播电视经营203家、电影68家、艺术品经营28家、文艺表演团体291家、演出经纪机构14家、演出场所51家、打字复印285家、艺术水平考级1家、网络文化87家、地卫23家、新闻出版企业报121家、其他12家。有旅游企事业单位208家，其中星级饭店47家（五星级12家、四星级14家、三星级16家、二星级5家）；旅行社161家（出境社19家），其中品质旅行社43家（五星级1家、四星级23家、三星级19家）。

【文旅市场主体培育】 2020年，绍兴市实施文旅企业梯度培育计划，引导企业品质化发展。绍兴市新增省级金桂品质饭店3家、银桂品质饭店2家、金树叶级旅游饭店1家、银鼎级特色文化主题饭店1家、三星级以上品质旅行社5家、“放心消费单位”16家，省级金宿1家、银宿11家。诸暨市入选首批省级文化和旅游行业信用体系建设试点（县）市。完善“诗画浙江·百县千碗”美食菜品体系，建立绍兴市美食体验店动态名录库，开展“百县千碗”线上线下展示推广活动；柯岩鲁镇获评“诗画浙江·百县千碗”美食街区，新昌县白云山庄等14家店获评“诗画浙江·百县千碗”美食体验店。

【暂退旅行社质保金】 2020年，绍兴市为解决旅行社因新冠肺炎疫情导致的发展困境，及时做好质保金暂退工作。至年末，已退128家旅行社旅游服务质量保证金2412万元，做到应退尽退。

【“住宿消费激活”活动】 2020年，绍兴市通过线上宣传、线下招揽、政府补贴、企业优惠、游客获利等多种形式，吸引市外游客来绍兴消费。“住宿消费激活”自7月20日至9月30日，吸引5万名省内外游客到绍兴过夜游。据统计，参与本次活动地接的本地旅行社29家，接待量最多达1.1万人次。

【文旅市场安全生产工作】 2020年，绍兴市文化广电旅游局强化行业安全监管工作，开展文化和旅游行业安全专项行动7次、专项督查3次、安全专项会议5次，开展安全培训10场次、培训845人次，开展应急演练7次，安全生产责任状签订率100%。在五一、端午节前，牵头成立假日旅游工作专班，建立市与区、县（市）二级会商制度，确保绍兴市文旅市场假日安全。市文化广电旅游局获评2020年度市安全生产和消防工作目标管理责任制考核优秀单位。

2020年6月30日，绍兴市召开文化娱乐业协会第三次会员大会

【文旅市场专项整治】 2020年，绍兴市文化广电旅游部门一手抓疫情防控，一手抓市场管理，确保文旅市场平稳有序。新冠肺炎疫情期间，确保绍兴市220家娱乐场所、255家网吧、59家电影院、81家A级旅游景区（点）关停到位。全年共出动执法检查16262人次，检查各类经营单位13237家次，立案118件，办结92件，重大行政处罚案件6件，组织开展“扫黄打非”、开学复课、暑期市场、文明城市复评、非法地卫、旅游客运等10余次专项整治行动。

2021年

【概况】 2021年，绍兴市文广旅游系统全面实行政务服务2.0平台审批服务，审批办结事项966件；2个事项实现全省通办。全面实行“一网通办”“全城办”，群众测评满意率100%。至年末，绍兴市有登记在册的文化市场经营单位4138家，其中，网吧323家、游艺娱乐场所55家、歌舞娱乐场所270家、文物经营22家、印刷业1189家、出版物1183家、广播电视经营213家、电影71家、艺术品经营32家、文艺表演团体309家、演出经纪机构12家、演出场所46家、打字复印189家、艺术水平考级1家、网络文化71家、地卫21家、新闻出版企业报121家、其他10家。有旅游企事业单位205家，其中星级饭店37家（五星级11家、四星级11家、三星级12家、二星级3家）；旅行社168家（出境社19家），其中品质旅行社43家（五星级1家、四星级23家、三星级19家）。在全省大赛中获得二等奖2个、三等奖6个、优胜奖6个和工装表演赛三等奖。

【文旅市场主体培育】 2021年，绍兴市实施文旅企业梯度培育计划，新增省级金桂品质饭店2家、金树叶级旅游饭店2家、省采摘旅游体验基地28家。6家旅行社成为省百强旅行社，5家旅行社成为省融合创新旅行社。1名导游成为全国“金牌导游”，1名导游入选全国“金牌导游”培育名单。

【文旅市场安全生产工作】 2021年，绍兴市文广旅游局以旅游领域遏重大攻坚行动为重点，开展专项整治行动10余次，开展专题会议和培训7次，行业应急演练3次。安全生产责任状签订率100%。通过集中攻坚，100%落实重大风险管控措施，100%落实风险较大A级景区流量管控措施。市县两级A级景区风险普查现场核验率100%。市级挂牌督办隐患82处，整改完成率100%；加强汛期安全监管，

2021年11月2日，绍兴市旅游饭店服务技能大赛在绍兴饭店举行

及时发布各类预警信息 360 次。全年，文化和旅游市场平稳、有序，牢牢守住了安全“红线”。

【文旅市场专项整治】 2021 年，绍兴市文广旅游部门推进“护苗 2021”专项行动、“绿叶”专项整治行动等，日常巡查出动 25099 人次，检查出动 11341 家次，查处违规 54 家次；举报（督查）受理 15 件；行政处罚立案调查 189 件，办结案件 199 件，办理重大案件 4 件，全年文旅市场零事故，1 家单位入选 2020 年度查处重大侵权盗版案件有功单位。

【绍兴市旅游饭店服务技能大赛】 11 月 2 日至 3 日，由绍兴市文广旅游局、市人力社保局、市总工会、团市委以及市旅游协会联合主办的 2021 年绍兴市旅游饭店服务技能大赛在绍兴饭店举行。大赛设“迎亚运”特色服务设计、中餐宴会摆台、“迎亚运”主题宴会设计、中式铺床客衣服务。绍兴市 28 支参赛队伍，135 名选手参赛。许建超、章小丽、梁佳成、赵永才分获各项目第一名。经市人力社保局、市总工会、团市委等单位核准，获奖选手分别被授予“绍兴市技术能手”“绍兴金蓝领”“市青年岗位能手”称号及晋升技师职业技能等级、晋升高级工职业技能等级。

2019 — 2021

文化旅游推广交流

2019年

【概况】2019年，绍兴市文化旅游营销工作紧紧围绕“融合、转化、创新、服务”目标任务，立足城市营销，宣传推广绍兴文化旅游主题活动和产品。绍兴市文化广电旅游局承办了“北京·绍兴周”系列活动，参与了长三角一体化·绍兴（上海）合作推介会和“杭州·绍兴周”“香港·绍兴周”“宁波·绍兴周”“深圳·绍兴周”“上海·绍兴周”等旅游推介活动，从不同角度推介了绍兴文化旅游，举办了论坛、书法展、戏曲展演、产品营销、非遗展示等各类主题活动，分别与杭州、宁波、深圳、北京西城区签订了两地文化旅游战略合作协议，与香港《中国旅游》杂志签署了旅游合作项目协议。

【开展线上文化旅游宣传营销】2019年，绍兴市文化广电旅游局发挥“绍兴文广旅游发布”“绍兴文旅资讯”微信公众平台资源、市文广旅游局官网、微博等自媒体和合作OTA（在线旅游服务商）旅游服务商的宣传营销功能，整合新浪、搜狐、百度、今日头条等数十家知名新媒体，开展矩阵流量营销。在节庆假日等特殊时段，策划了“劳动节小长假出游绍兴全攻略”、绍兴“十二时辰”和绍兴“七十二时辰”旅游攻略等系列主题活动。完成了“绍兴全域智慧旅游信息化指挥中心”的搬迁工作，使全域智慧旅游信息化项目通过验收，为融合后的文旅事业构筑了数字化发展基础。

【拓展省外、境外文旅营销市场】2019年，绍兴市文化广电旅游局先后赴青海、新疆、四川三地开展对口支援地区旅游扶贫工作。组织相关文旅企业参加第十五届海峡旅游博览会、2019年亚洲文化旅游展、首届大运河文化旅游博览会，以及2019年舌尖上的相遇——中东欧美食与“诗画浙江·百县千碗”人文交流活动、“诗画浙江·美好共享”京津唐旅游推介活动和2019年宁波国际旅游展，展示绍兴特色文旅产品。绍兴市文化广电旅游局获首届大运河文化旅游博览会优秀组织奖，“绍兴展馆”获得优秀展示奖、第四届杭州世界休闲博览会中国文旅融合示范奖。利用浙江省（南京）旅游交易会、中国（云南）国际旅游交易会、杭州都市圈旅游联合体等平台，开拓并细分客源市场。启动“浙东南旅游联合体”品牌与市场推广活动，开展“全国文化名家‘活力浙东南’文旅地标采风行”、“抖游浙东南”一诗一景短视频联动推广、“宁、绍、舟、台、温五城共享文旅图库建设”、“远程市场宣传促销”等6项活动。结合日本东京“绍兴缘——中日茶禅书文展”，在东京中国文化中心分发绍兴书法宣传书籍，传播绍兴文化故事。组织开展东南亚（印度尼西亚、斯里兰卡）、大洋洲（澳大利亚、新西兰）文化旅游宣传促销活动，开拓境外市场，促进文旅交流。

【“上海·绍兴周”文化旅游推介】2019年1月19日，绍兴市文化广电旅游局参与举办三角一体化·绍兴（上海）合作推介会。在会上，以“在绍兴的文化获得感”为主题开展文化旅游推介。12月，参加“上海·绍兴周”活动，举办“绍兴文化旅游推介会”，建立“绍兴文化旅游长三角（上海、南京、宁波）三个推广中心”，发布“绍兴新春文旅打卡地”；牵头开展“绍兴文化旅游展”“书法文创展”和开展“绍兴唐诗之路进上海高校、社区宣传营销活动”，配合开展“绍兴非遗展”“绍兴戏曲专场演出巡演”等活动。

【“杭州·绍兴周”文化旅游推介】 2019年4月，绍兴市文化广电旅游局参与举办绍兴深度融杭推介大会暨“杭州·绍兴周”活动。在开幕式上，以杭、绍“文化同源”为切入点，携手省会杭城达成“六个愿景”，签订两地文化旅游战略合作协议；开展专场活动绍兴文化旅游推介暨杭绍文化同脉论坛、“共建魅力大花园·唱响浙东唐诗路”主题书法展、绍兴经典地方戏曲进杭城等活动；配套开展绍兴文化旅游进杭州8个主城区、40个社区宣传营销活动，收获居民热烈反响及媒体广泛关注。

【“香港·绍兴周”文化旅游推介】 2019年5月，绍兴市文化广电旅游局参与举办“香港·绍兴周”活动。以“绍兴与香港的渊源”为切入点，引发乡愁、激发乡情。围绕“书法、黄酒、阳明心学”，举办以“会稽钟神秀——浙东唐诗之路”为主题的绍兴文化书法展和阳明心学论坛。在香港《中国旅游》杂志上开展“浙东唐诗之路”主题宣传（1个封面加18页内容）；与香港《中国旅游》杂志签署战略合作协议，设立“绍兴文化旅游东南亚推广中心”；在香港绍兴同乡会内设“绍兴书房”。

【“宁波·绍兴周”文化旅游推介】 2019年6月，绍兴市文化广电旅游局参与举办绍兴开放发展推介大会暨“宁波·绍兴周”活动，签订两地文化旅游战略合作协议，开展“河海相连·运通天下”绍兴文化旅游推介会暨大运河文化论坛、非遗展、绍兴地方戏曲社区巡演等，配套开展绍兴文化旅游进宁波6个主城区、24个社区的宣传营销活动，开启两地文旅合作新高度。

【“深圳·绍兴周”文化旅游推介】 2019年8月，绍兴市文化广电旅游局参与举办绍兴创新发展推介大会暨“深圳·绍兴周”活动。在开幕式上，以“绍兴风雅颂，古今读不尽”为题作文化旅游推介，发布绍兴文创大走廊规划，全面展示绍兴文化旅游方面的布局。活动期间，举办“魅力绍兴·文墨同辉”为主题的绍兴书法文创展，展出绍兴籍书法家作品40件；首次发布绍兴文化旅游——“十二时辰”，市、县协同推介，与深圳文广旅游体育局签订战略合作协议。

【“北京·绍兴周”文化旅游推介】 2019年11月，绍兴市文化广电旅游局参与举办“颂咏时代，创赢未来”为主题的“北京·绍兴周”活动。活动期间，发布绍兴滨海新区和科创大走廊、文创大走廊规划以及绍兴古城保护利用、镜湖新区建设规划，举行战略性新兴产业招引和绍兴文化旅游推介及重大项目签约仪式；开展以“风雅绍兴，诗画江南”为主题的文化旅游推介，展示绍兴“历史＋人文”“颜值＋气质”的诗意栖居气质；举办“文献名邦·书香绍兴——越地历史文脉展”、绍兴“城与人”主题展览、时代·相逢——“北大精神”与故乡绍兴活动和专场文化旅游推介会，授予北京绍兴商会“绍兴文化旅游北京推广中心”称号，发布“绍兴七十二时辰”旅游攻略。

2020 年

【概况】 2020年，绍兴市文化旅游营销工作结合新冠肺炎疫情新形势，务实创新，努力提振市场信心。市文化广电旅游部门参与系列“绍兴周”活动，通过举办论坛、书法展、戏曲展演、产品营销、非遗展示等活动，多角度推介绍兴文化旅游，并与成都、西安等城市签订文化旅游战略合作协议，与各地重点旅行社签署游客互送协议。组织开展“周游绍兴·互游共通”系列活动，“美丽家乡·绍兴有约”市、县、乡三级协同推介和抖音主播网络直播互动宣推活动，落实“诗画浙江·百县千碗”工作，举办“诗画浙江”国际人文交流周活动等。

2020 年 9 月 4 日，绍兴市市长盛阅春带队赴京参加 2021 年“东亚文化之都”终审活动，绍兴名次位列第一。绍兴市与敦煌市、日本的北九州市、韩国的顺天市共同当选 2021 年“东亚文化之都”。

2020“相聚浙里”国际人文交流周活动在绍兴市启动

【线上文化旅游宣传营销】 2020 年，绍兴市文化广电旅游部门组织开展“美丽家乡·绍兴有约”市、县、乡三级协同推介和抖音主播网络直播互动宣推活动。在抖音平台总体曝光 2236.8 万人次，点赞量合计 44.5 万人次，评论总数超 1.6 万条，转发超 1.8 万次。“绍兴市长直播带你游绍兴”成为微博热门话题，“绍兴有约”成为网络热搜新词。启动线上 OTA（在线旅游服务商）宣传营销功能，从不同维度、多渠道进行宣传推广，实现总曝光量超 1 亿次。

【线下推广活动】 2020 年，绍兴市文化广电旅游部门组织开展“周游绍兴·互游共通”系列活动。活动自 5 月 18 日“世界博物馆日”正式启动，历时半年，涉及 6 个区、县（市）和 13 个市级部门，内容包括“周游绍兴·微度假”精品线路宣推、“打卡绍兴”“淘遍绍兴”淘宝直播及线下展示售卖、“百县千碗”线上线下展示及为期三个月的“六进”活动等。确定“百县千碗·特色美食十碗头”菜品，建

2020 年 9 月 4 日，绍兴市市长盛阅春带队赴京参加 2021 年“东亚文化之都”终审活动

立绍兴市“诗画浙江·百县千碗”美食体验店动态名录库，评选出14家美食体验店。启动舌尖上的相遇——绍兴“百县千碗”美食“金名片”展示推广活动。

10月1日至2日，舌尖上的相遇——绍兴“百县千碗”美食“金名片”展示推广活动在绍兴城市广场举行。

浙江省文化和旅游厅主办的2020“相聚浙里”国际人文交流周活动在绍兴市启动。

2020年5月18日，绍兴市文化广电旅游部门组织开展“周游绍兴·互游共通”系列活动

【拓展省外文旅营销市场】 2020年，绍兴市文化广电旅游部门组织相关文旅企业参加长三角·杭州都市圈旅游合作采购大会暨杭州市文旅消费季启动仪式、2020第十六届海峡旅游博览会、诗画浙江文旅周暨2020浙江（北京）旅游交易会、2020海丝之路（中国·宁波）文化和旅游博览会、2020中国国际旅游交易会、2020中国—东盟博览会旅游展、浙东南旅游联合体旅游推广等活动，展示绍兴古城特色文旅产品。绍兴市作为浙东南旅游联合体的轮值单位，组织宁波、温州、台州、绍兴、舟山五地成员单位赴西安、成都开展远程市场宣传推广活动。

【“成都·绍兴周”文化旅游推介】 2020年10月9日，以“巴适绍兴·风雅名城”为主题的绍兴文化旅游推介会在成都举行，这是“成都·绍兴周”系列活动之一。绍兴市文旅部门向成都各界人士推介绍兴深厚的文化底蕴、优秀旅游景点、品质旅游线路，开展绍兴地方戏曲展演，连线直播线上OTA（在线旅游服务商）售卖活动，成都与绍兴两地文旅局签订战略合作协议。市和区、县（市）文广旅游局组团赴四川阿坝州马尔康市、重庆渝中区开展帮扶支援、市场推广工作。

【“西安·绍兴周”文化旅游推介】 2020年11月17日，以“风从大唐来·古越秋色闲”为主题的绍兴文化旅游推介会在西安香格里拉大酒店举行，这是“西安·绍兴周”系列活动之一。绍兴市文广旅游部门向西安各界人士推介绍兴深厚的文化底蕴、优秀旅游景点、品质旅游线路等，展示“风从大唐来”·绍兴“唐诗之路”图片展相关内容，发布绍兴·西安双城记原创剧本杀，西安、绍兴两地重点旅行社签署了游客互送协议，举行了“绍兴市文化旅游西安推广中心”授牌仪式等。绍兴市副市长顾涛在推介会上为西安市绍兴商会举行授牌仪式。“绍兴市文化旅游西安推广中心”由此正式在西安市成立。

2020年11月17日，以“风从大唐来·古越秋色闲”为主题的绍兴文化旅游推介会在西安香格里拉大酒店举行，绍兴市副市长顾涛为西安绍兴商会举行授牌仪式

【“深圳·绍兴周”文化旅游推介】 2020年12月8日，以“深游绍兴·风雅名城”为主题的绍兴文化旅游推介会在深圳华侨城洲际

大酒店举行，这是“深圳·绍兴周”系列活动之一。绍兴市文旅部门向深圳各界人士推介绍兴深厚文化底蕴、优秀旅游景点、品质旅游线路等，深圳、绍兴两地重点旅行社签署了游客互送协议。

【“上海·绍兴周”文化旅游推介】 2020年12月19日，在“上海·绍兴周”开幕式上，中共绍兴市委宣传部领导作题为“东亚文都·诗画江南”的绍兴文旅信息的综合发布。市文广旅游部门组织参与“融入长三角、接轨大上海”绍兴文化旅游推介会，以“吃、住、行、游、购、娱”六要素，推介“色香味”俱佳的绍兴；首发绍兴“二十四节气”明信片，发布绍兴“十大精品”游线；在上海市虹口区、普陀区、宝山区、长宁区等四大主城区，开展绍兴地方戏曲社区巡演活动等。

2021年

【概况】 2021年，绍兴市文化广电旅游局采用“线上、线下”模式开展文化旅游推广交流，线下参加“首届上海旅游产业博览会”“第16届中国（义乌）文化和旅游产品交易博览会”“舌尖上的相遇——中东欧美食与‘诗画浙江·百县千碗’人文交流活动”“2021‘诗画浙江·百县千碗’旅游美食推广活动”“2021杭州都市圈春季大联展”“浙东南联合体（江西）营销”等推广活动，线上开展“绍兴市文旅形象代言‘兰小白’投放活动”“全国网红广电主播（百万粉丝）绍兴采风活动”等，提升绍兴文旅影响力。

【文化旅游创新性宣传推广】 2021年，绍兴市运用文旅IP（知识产权）代言形式，开展绍兴市文旅形象代言“兰小白”投放武汉东湖的宣传推广活动，获人民网等国家级媒体报道4篇；开展“全国网红广电主播（百万粉丝）绍兴采风活动”。围绕“东亚文都”“红色旅游”“研学旅游”“亚运城市”等主题，利用高铁站、公交站台、重点城市街区、超市智慧矩阵媒体等载体开展宣传推广。协助央视CCTV-10拍摄《跟着书本去旅行》（其中“绍兴仿古”系列6集、“鲁迅的绍兴岁月”系列7集）、CCTV-2拍摄《回家吃饭》（绍兴美

2021年4月，参加上海旅游产业博览会

食2集）等。

【拓展市外省外文旅营销市场】 2021年，绍兴市文化旅游部门组织参加“‘诗画浙江·百县千碗’农都美食小镇重点项目推介”“第三届大运河（苏州）文化旅游博览会”“第17届海峡旅游博览会”“2021中国—东盟博览会旅游展”“2021浙江省第十届运动休闲旅游节”等推广活动9次，展示绍兴特色文旅产品。与台州、温州等6市旅游部门联合向宁波市民推出旅游惠民“暖心大礼包”，助力浙东冬季文化旅游市场消费提档升级。

【建设“诗画浙江·百县千碗·绍兴佳肴”体系】 2021年，绍兴市制定《“百县千碗·绍兴佳肴”“十个一”工作方案》，举办首届美食讲解员大赛，开展“十佳冷盘”“十佳小吃”评选活动，建设“诗画浙江·百县千碗·绍兴佳肴”数字驾驶舱，开通绍兴电视台《绍兴文旅行》专栏，宣传“诗画浙江·百县千碗·绍兴佳肴”地方美食特色。至年末，绍兴市认定市级美食体验店（示范店、旗舰店）36家；获评省级美食体验店17家，省级美食街区（镇）1个。

【参加第16届中国义乌文化和旅游产品交易博览会】 2021年9月25日至27日，绍兴市参加第16届中国义乌文化和旅游产品交易博览会。绍兴馆以“水乡水韵”为主题，18家文旅企业参展，集中展现以纺织之都、同山烧之乡、原创动漫、大佛龙井、竹编工艺、黄酒为代表的文化和特色产品。绍兴市获“展会组织一等奖”“优秀展台奖”。市文旅集团等7家企业获“优秀参展企业奖”，《妙色清声笔筒》等7件作品获“工艺美术奖”。

【“绍兴红色旅游”高铁站宣传】 2021年8月12日，以“绍兴红色旅游”为主题的绍兴文旅宣传广告在上海市虹桥高铁站做广告投放，时间共计12周，共计客流总量2919.84万人次，在全国十大高铁站排名第一。9月8日，以“绍兴红色旅游”为主题的绍兴

2021年8月12日，以“绍兴红色旅游”为主题的绍兴文旅宣传广告在上海市虹桥高铁站做广告投放

自 2021 年 11 月 1 日起在央视 CCTV-10 社教中心科教频道播出《跟着书本去旅行》——"绍兴访古"系列节目

文旅宣传广告分别在杭州火车东站、宁波高铁站做广告投放，其中杭州东站发布时间为 28 天，宁波站发布时间为 40 天，其间两站合计发送旅客为 249.2 万人次。

【《跟着书本去旅行》节目宣传】《跟着书本去旅行》——"绍兴访古"系列节目通过专家学者对绍兴遗迹与非遗、名人故居、历史文化的讲述与解读，向全国的小学生和电视观众系统展现绍兴连绵不断的历史文脉、逐步打开绍兴异常厚重的历史书卷，从而加大对绍兴研学旅行的介绍，更好地打响绍兴"研学第一城"的知名度与美誉度。《跟着书本去旅行》——"绍兴访古"系列节目自 2021 年 11 月 1 日起在 CCTV-10 央视社教中心科教频道播出，总共 12 期。

2019 — 2021

各区、县（市）文化旅游局

越城区文化广电旅游局

【概况】2019—2021 年，越城区文旅系统以党的十八大、十九大和十九届历次全会精神为指导，以推动文化建设高质量发展为目标，努力改善城区文化阵地建设，不断培育特色文化团队，全面繁荣文化活动，逐步建成与越城区经济社会发展水平相适应的群众文化服务体系，为构建“和谐越城”提供强有力的思想保障和精神动力。

一、夯实阵地建设，带动文化惠民，提升公共文化服务水平

（一）公共文化设施不断完善

2019 年，顺利通过浙江省公共文化服务重点县建设验收和“五个百分百”、《基本公共文化服务标准化》认定；2021 年，新扩建区图书馆，总藏书量达到 56 万册；区文化馆新馆和区非物质文化遗产展览馆于 2020 年正式开馆，面积达到部颁二级馆标准；2021 年，全区 17 个镇街综合文化站建设达到省级标准，并免费对外开放。实现文化分馆全覆盖、村（社区）文化活动室全覆盖。截至 2021 年底，共建成 13 家镇街图书分馆和 15 家城市书房（农村书屋），并对外开放。2021 年，越城区图书馆荣获浙江省第一批“满意图书馆”称号，越城区文化馆获评“国家一级馆”。

（二）文化惠民服务不断提升

2019—2021 年，开展送书、送戏、送展览、送讲座下乡等活动，共送书下乡 17 万册、送戏下乡 300 余次；组织戏曲进校园、文化走亲等交流活动 45 场；推行 24 小时自助图书馆、信用借阅、“E 点到家”等借阅服务，推动全民阅读进机关、村（社区）、家庭、校园、企业等。2019—2021 年开展公益培训 1968 课时，免费服务群众 3.48 万余人次，不断丰富群众文化生活。2019—2021 年开展“大树下”等阅读活动 440 场，做精少儿阅读品牌。

（三）非遗文化传承卓有成效

先后公布了五批区级非遗项目名录，三批非遗代表性传承人名录，形成了门类齐全、项目丰富、梯次有序的三级名录保护体系。截至 2021 年底，有三级非遗项目 108 项、三级非遗代表性传承人 54 名，拥有三级非遗传承基地 23 个；积极打造“品味文脉 · 传承端午”、非遗集市等节庆品牌活动，促进非遗生活化、产业化；广泛开展非遗进礼堂、进社区、进学校等活动，推出“古曌今韵 · 非遗时光”公益课程等。每年面向镇街村居群众举办各类活态展示活动 20 余场次，累计参与人数 10 万余人次。

（四）文化品质建设持续推高

一是推进省级文化基因解码工程。截至 2021 年，完成文化元素普查入库 444 个，解码 20 项区域重点文化元素，形成 5 个重点文化元素详细转化规划和 15 个重点文化元素初步转化规划。2021 年，高规格承办浙江省“文化基因解码工程”暨文化标识建设工作现场会，解码成绩走在全省前列。二是文艺精品创作频获佳绩。2019 年创作越歌《唱支山歌给党听》，

应邀参加央视戏曲频道《一鸣惊人》栏目组拍摄；2021年开展“迎建党百年·享美好生活”系列主题活动、“红色”系列主题活动等12场线下活动及5场线上活动，唱响“红色”旋律。三是壮大文化队伍建设。截至2021年底，越城区共组建25支文艺团队，采取“送出去、引进来”等多种形式，加快戏曲、音乐、舞蹈、美术等各类舞台艺术人才培养。

二、坚持项目引领，整合文旅资源，打造越城区文旅融合亮点

（一）双创工作全面推进

自2020年启动浙江省全域旅游示范区和AAAA级景区城双创工作以来，先后成立越城区全域旅游示范区（AAAA级景区城）工作领导小组和越城区旅游专班，召开越城区旅游发展大会暨创建推进会，制定印发《越城区全域旅游示范区创建的实施方案》《越城区创建浙江省景区城和景区镇（街道）实施方案》，编制完成《越城区全域旅游发展规划》和《越城区文化和旅游“十四五”规划》，出台《关于加快推进越城区全域旅游发展的政策意见》和奖励政策，深入推进“百城千镇万村”景区化建设，持续开展唐诗之路、古运河、古越文化三大文化带建设工程。2021年，创建浙江省全域旅游示范区。

（二）文旅项目稳步实施

坚持古城保护利用，逐步统筹推进越子城整体开发建设、历史街区提档升级、名人故居拓展提升、非核心功能疏解等工程，高标准推进浙东运河文化园、风越里、871LOOP等重点项目，建成开放鲁迅故里高品质步行街和徐渭艺术馆。2021年，入库41个重大文旅项目，完成56.4亿元投资额，完成率达到110%；以微改造的绣花功夫提升全域品质，共入库123个“微改造、精提升”项目，完成2.77亿元投资额，绍兴饭店、绍兴古城博物馆群、张桂铭艺术馆等入选省单项试点名单。

（三）供给体系有效完善

全区旅游产品质量不断攀升，旅游体系逐步形成。截至2021年，区属A级景区13家、星级饭店13家、旅行社48家、1个省级旅游度假区、4个景区镇及126个A级景区村，初步形成以古城旅游和乡村旅游为两大核心的全域旅游体系。开辟越城区10条精品游线和5条红色游线，加快串联区域资源；增设乡镇游客服务中心，加快串联东部乡村资源，提升旅游咨询服务品质。强化构建服务格局，推进旅游厕所、慢行系统等一批基础设施建设；建设全域旅游及景区城标识系统，在重要景区、核心旅游吸引物、重点历史街区等游客主要集散场所设置越城区全域旅游图，提供全域旅游信息服务。

（四）市场宣传不断增强

每年赴上海、成都、西安等地开展旅游专场推介，积极拓宽客源市场；编印越城文旅读本《诗词咏越300首》，开展旅游宣传活动；有序推出越城区“百县千碗”系列活动。截至2021年，共评选出“百县千碗·越宴十八味”区属旗舰店8家、示范店12家和体验店29家，

2021年，越城区举办“诗画浙江·百县千碗·绍兴佳肴”——金秋美食节活动

全面打响“游在绍兴、食在越地”的美食 IP，以“美景 + 美食”带动全域旅游产业联动升级；举办 2021 首届越城区文旅嘉年华，发布越城区全域旅游宣传口号和形象标识，不断深化全域理念。

三、强化行业管理，高效推进执法，护航文化旅游市场安全

（一）安全生产有保障

全力做好文旅市场精密智控及疫情防控“守小门”工作，成立局疫情防控工作领导小组，制定新冠疫情防控管理制度，统筹开展疫情各项工作；扎实推进安全生产工作，以五一、端午、国庆等节假日为契机，常态化推行驻局机关及驻景区专班工作机制；做好暴雨、梅雨季等景区安全生产检查，及时排查安全隐患，两手齐抓市场安全。

（二）执法行动有成效

以“常规检查 + 双随机抽查”“白加黑”“5+2”的监管模式，不间断对网吧、书店、娱乐场所、旅行社、景区、校园周边等场所开展执法检查；抓实“扫黄打非”行动，深入推进“净网”“护苗”“秋风”“固边”等专项整治；联合市、区级相关部门（单位）开展联合执法专项行动，进一步推进执法工作高效、规范。三年来，年均检查 2800 余家文化旅游场所，检查人员 2733 人次，行政处罚立案调查 138 件，办结案件 133 件，其中，公开案件 6 件，重大案件 3 件，移交 1 家。区文化市场综合行政执法队获评 2019 年度区级“十佳”基层站所；2021 年区文化市场综合行政执法队被国家版权局授予 2020 年度查处重大侵权盗版案件有功单位和有功个人荣誉称号。

（三）市场管理有抓手

以审批踏勘、执法检查、走访调研等为契机，落实企业安全生产主体责任；组织全区各行业参加安全生产培训，牢固树立安全生产理念；有序推进旅游团队管理、申报，督促相关旅行社做好旅游用车安全，全面落实旅行社责任险。2019—2021 年，完成审批服务场所 800 余家次。“文广窗口”15 次被评为月度“服务优胜窗口”，12 次获评“服务优胜个人”，连续三年被评为“行政服务示范窗口”，2020 年被评为越城区“十佳”基层站所（科室）。

（四）行业自律有规章

截至 2021 年，已组建网吧行业协会、印刷行业协会、娱乐行业协会，为政府与企业建立起良性互动关系；制定《行业自律公约》，形成行业自觉遵守规章，进一步夯实管理体系；积极组织开展消防演习，提升企业安全生产素养。2021 年，联合属地，自觉组建“治安夜巡队”，使片区夜间报警率大幅下降。连续三年各行业开展敬老院慰问活动，在公益活动中树立企业良好形象。

（五）文化宣传入人心

结合“4·26”世界知识产权日等开展主题宣传活动，向社会普及法律知识，提升全民安全素养。精心组织基层培训，有序开展“扫黄打非”业务培训，调动基层社区参与“扫黄打非”的自觉性、积极性，使文化执法与基层治理有机结合。

四、健全文物制度，活化文物利用，用心守护越城文物记忆

（一）筑牢文物制度基础

2019 年出台越城区首份文物工作规范性文件《关于加强越城区不可移动文物保护管理工作的实施意见》，2021 年出台名人故居保护利用规范性文件《关于越城区名人故居保护利用工作的实施意见》，2019 年发布《古城

范围内地下文物勘察工作流程》。依托属地管理，以“一村（社区）一人”原则组建全区227人的业余文保员队伍；建立文物保护单位（点）和第三次全国文物普查登录文物保护项目申报、补助机制，设立业余文保员队伍建设专项补助，加强一线文物保护力量，提高基层工作积极性。

（二）织密文物安全网络

层层落实文物安全主体责任，主管部门与镇街、镇街与村（社区）每年签订文物安全责任书，实施232家文物安全直接责任人公告公示；开展文物安全大排查大整治大提升攻坚行动，建立全区文物安全联系制，重点督查督导28处省级以上文物保护单位安全工作；年均开展3次文物安全主题培训讲座和消防演习；陆续实施全国重点文物保护单位吕府、绍兴古桥群（越城区），省级文物保护单位石屋禅院造像、绍兴钱业会馆、鲍氏旧宅建筑群，市级文物保护单位邹家花园、谢家台门、东安村戏台等多项重点文物保护与安防工程，争取国家、省级资金投入516万元；年均开展20项文物应急抢救和日常保养维护工作；鼓励属地镇街牵头实施文物修缮保护，完成县级文物保护单位邵力子故居、文物保护点南池民居、蕺山水井等区（市、县）级以下文物保护单位及一般文物保护项目；加大数字科技投入，进行文物保护数字化改革应用场景建设和28处省级以上文物保护单位安防监控联网工程。

（三）实施文物培育工程

2019年，完成区级首批文保点评审；2019年，越城区大善寺塔、汉建初元年买地刻石成功入选第八批全国重点文物保护单位，越城区成为绍兴市唯一入选的县区，使越城区实辖区全国重点文物保护单位数量居绍兴市首位。2019—2021年申报省级文物保护单位2处、全省第一批不可移动革命文物13处，公布区级文物保护单位11处，登记区级文物保护点25处；2019年，完成2处第八批省级文物保护单位记录档案编制，完成第八批省级文物保护单位和全国重点文物保护单位共4处保护范围和建设控制地带的划定；2019年，完成12处第一批区级文物保护点建档、立碑工作，完成10处市级文物保护点立碑工作。

（四）创新文物考古发掘

规范化实施考古调查前置，率先在绍兴市推行土地出让考古前置工作，完成考古调查面积居全省前列。年均向省文物局报请75项用地考古调查、勘探申请，高效助推全区做地工作和项目建设；配合省文物考古研究所实施常禧路、大湖头遗址、亭山遗址、南山遗址等考古发掘项目，出土大量战国至唐代文物。截至2021年，在越城区首个抢救性考古发掘项目常禧路一、二期工程中，累计清理战国至宋代墓葬41座、战国祭祀灰坑1处，出土精美汉代铜镜、铁剑、越窑青瓷、唐代铭文砖，以及战国时期仿铜礼器、仿玉礼器和大量印纹硬陶残片。截至2021年，完成黄酒小镇、绍兴高新技术产业开发区、绍兴袍江经济技术开发区文物保护区域考古调查评估，评估总面积约7264万平方米（108960亩），属省内最大的文物保护区域评估面积。

（五）落实文物展示宣传

2019—2021年，编纂《环东鉴湖历史文化圈概况（越城篇）》《越城区各级文物保护单位保护范围与建设控制地带图集》《重华在亭山——越城区常禧路考古成果展特集》《越城文物览胜》系列读物2册；2020—2021年，推出《千年风华　万虹卧波》《三千台门映名城》

主题宣传片；2019—2021年，举办“越州访古”流动展览、“线上参观越城云博物馆”活动、“重华在亭山”常禧路考古成果专题汇报会及展览、越城区不可移动革命文物图片展；为群众提供《王阳明在绍兴》《王阳明与阳明洞天》陈列讲解服务，年均接待7.2万人次。

五、部门协同推进，场景争创特色，加快智慧文旅数字改革

（一）上联下通，做好规定动作

2021年，建立数字化工作专班，制订越城文旅数字化改革方案，并确定“1+4+9+9+N”的总体框架；做好党政机关整体智治、数字政府、数字经济、数字社会、数字法治五大综合应用，涉及局相关业务的平台对接，做好对上、对外联系各部门的同时，对内沟通衔接各科室，从业务梳理推进到技术支持，协同科室共同完成各项工作。

（二）汇聚条线，打造核心业务

全面梳理越城文旅核心业务，采集全区景区、酒店、文化场馆、文保单位等总计16类旅游基础数据和31类文化基础数据，建成文旅数据库。实现实时客流与视频监控、文旅数据统计分析等功能，打通天气、交通等跨部门数据，为部门研判决策提供支撑。通过服务端手绘一张图，提供全区景区、酒店、文旅场所导游导览功能，便于游客吃住行游购娱服务。一期项目已于2021年6月完成并上线运行，基本实现文旅数据一键浏览、文旅信息一屏覆盖、文旅游览一站服务。

（三）研讨摸索，建设特色应用

以“文物安全监管”为突破口，围绕信息管理、文物安全、属地管理3个核心业务，打通文物、气象、消防、公安等跨业务跨层级数据共享，汇集9个相关部门和17个属地镇街的15类资源数据，使部门、镇街、文保员形成有序联动的业务流程体系。2021年，不可移动文物应用场景，入选浙江省文旅数字化改革试点项目，古桥安全监测、火灾监测2个工作应用场景成功入选浙江省文物安全“揭榜挂帅”项目建设。

六、持续向上对接，有序铺开管理，有效承接文化旅游事权

近年来，越城区不断承接相关事权，履行县、区级文化、旅游、文物、执法等职能。2019年1月签订非物质文化遗产管理工作事项移交备忘录，承接62个省、市级非遗项目；2019年5月签订旅游事权移交备忘录，承担越城区辖区53家旅行社及15家星级饭店行业管理（涉及咨询投诉受理）、旅游统计工作（市文旅集团除外）、旅游规划编制和实施、乡村旅游相关工作、旅游标识标牌建设与管理（市文旅集团除外）等6大类21项职能；2020年8月签订A级旅游景区和民宿相关管理权下放的移交备忘，承接了市级下放的1家AAAAA级景区（鲁迅故里·沈园景区）、2家AAAA级景区（东湖景区、大禹陵景区）、2家AAA级景区（周恩来纪念馆及绍兴黄酒城）、1家AA级景区（府山景区）的管理事权及民宿管理事权。以机构改革为契机，2019年成立越城区文化市场综合行政执法队，2021年增挂越城区文物局牌子，进一步理顺关系、强化职能。

2021 年越城区文化广电旅游局负责人一览表

单位地址	姓名	职务	联系电话	分管工作
绍兴市胜利东路 600 号 11 楼	周志红	党组书记、局长	0575-85736878	主持全面工作
	张洪豪	副局长	0575-85781976	协助党组书记、局长分管群众文化、非物质文化遗产保护、文物保护等方面工作。联系文化科（非物质文化遗产保护科）、文物保护科和区图书馆、区文化馆（区非物质文化遗产保护中心）、文物保护所
	何　燕	党组成员、副局长	0575-85226603	协助党组书记、局长分管旅游等方面工作。联系旅游科和浙江省会稽山度假区景区管理处、浙江省会稽山旅游开发中心（越城区旅游形象推广中心）
	洪淑萍	党组成员、区文化市场综合行政执法队队长	0575-85120892	协助党组书记、局长分管办公室、数字化改革等方面工作，主持区文化市场综合行政执法队日常工作
	陈铁镖	党组成员	0575-85080256	协助党组书记、局长分管市场管理、广播电视、行政审批服务、疫情防控、安全生产（应急联动）等方面工作，联系市场管理与执法指导科（广播电视科）

2021 年越城区文化广电旅游局内设机构一览表

部门	负责人	联系电话
办公室（人事财务科）	章金波	0575-85121778
文化科（非物质文化遗产保护科）	沈　伟	0575-88068677
市场管理与执法指导科（广播电视科）	任良华	0575-85121267
旅游科	何灵灵	0575-88066732
文物保护科	张　慧	0575-85559267

2021 年越城区文化广电旅游局直属事业单位一览表

单位名称	地址	邮编	负责人	联系电话	核定编制数（个）
越城区文化市场行政综合执法队	越城区胜利东路 600 号 11 楼	312000	洪淑萍	0575-85120892	24
越城区图书馆	越城区延安路 565 号	312000	沈萍萍	0575-88401316	20
越城区文化馆	越城区人民中路 61 号	312000	朱　曼	0575-85117450	11
浙江省会稽山旅游开发中心（越城区旅游形象推广中心）	越城区胜利东路 600 号 11 楼	312000	王姗姗	0575-85226601	6
浙江省会稽山度假区景区管理处	越城区胜利东路 600 号 11 楼	312000	陈铁镖	0575-85080256	5
越城区文物保护所	越城区胜利东路 600 号 11 楼	312000	张　慧	0575-85559267	3

2019年

【开展“放歌新时代·文化进万家”新春系列活动】 1—3月，越城区文化馆开展“放歌新时代·文化进万家”新春系列活动共11场。其中，地方戏曲（曲艺）莲花落、越剧、鹦哥戏专场演出3场，新春年俗艺术展、群众美术作品展2场，以“赋新词·说非遗”故事讲演、“颂祖国·赞新春”声乐、“爱祖国·咏家乡”朗诵为主题的少儿才艺大赛3场，面塑、戏曲脸谱、剪纸、棕榈叶编织技艺等非物质文化遗产展示3场。

【举办特色旅游活动】 3—4月，越城区举办第二十四届吼山桃花节，推出百人侦探团桃花时空事件、桃影迷踪秀、小猪巡游、花间古早游园会等系列活动。4月13—14日，举办第三届镜湖国家湿地公园风筝节，推出专业团队风筝表演秀、“风筝DIY”等系列活动。5月，举办2019富盛南宋文化旅游月活动，开展南宋御街宋文化体验秀、抹茶马拉松、悠游风筝露营音乐节、徒步英雄大会、贡帝·托斯卡纳异国风情派、富盛南宋文化旅游月通关文牒等系列活动，共吸引游客3万余人次。

2019年5月，开展富盛南宋文化旅游月·南宋御街宋文化体验秀活动

【会稽铜镜获中国文化产品交易博览会金奖】 5月6日，越城区非遗中心选送、绍兴市铭越青铜研究院创作的会稽铜镜《五福丹凤纹镜》，获第十四届中国（义乌）文化产品交易博览会工艺美术奖金奖；《龙虎纹镜》获2019年非遗薪传奖传统工艺大展优秀奖；会稽铜镜《五福丹凤纹镜》入选首批浙江省优秀非遗旅游名单并荣获第九届中国（浙江）工艺美术精品博览会银奖、2019绍兴市文化创意产品暨旅游商品大赛银奖。

【开展“文化和自然遗产日”系列活动】 6月1日，越城区举办“文化和自然遗产日”青少年革命知识竞赛活动，配合开展越马系列·绍兴名人跑2019阳明定向跑，提供“王阳明在绍兴”“王阳明与阳明洞天”公益讲解，共接待参观游客58900人次。

【创新“非遗”活态传承形式】 6月1日，举办“品味端午，传承文脉”第九届“我们的节日·端午节”裹粽子活动。9月13日，开展“月圆人团圆·花好人更好”2019中秋祭月暨中秋赏月吟诵诗会。11月1日至3日，举办“非物质文化遗产保护与国家战略浙江越城学术会议”，并在现场进行非遗活态展示。每季度在“相约若耶溪”公益课中开设捏面人、丝网花、莲花落、剪纸、太极等非遗课程，定期开展“古畈今韵·非遗时光”剪纸、面塑、棕叶编织、布艺系列亲子体验课程，不断创新非遗活态传承新形式。

【开展越城区文化馆图书馆改造提升工程】 6月22日越城区文化馆新馆（绍兴剧院附楼）装修改造工程开工，11月完成建设并通过验收。新馆总面积约5000平方米，内设舞蹈室、书画室、录音室、排练房、烘焙教室、琴房等多个功能室，原绍兴剧院东首营业房改建区级非遗展示场馆及传习教室。越城区图书馆对外服务功能和设施提升工程于 10 月完工并投入使用，馆舍装修改造项目面积约为 1450 平方米，包括幼儿借阅室、报告厅、报刊借阅室、悦影厅、地方文献室、电子阅览室等多个功能室。

【越歌《唱支山歌给党听》荣登央视舞台】 8 月，越城区文化馆新编越歌《唱支山歌给党听》应邀参加中央电视台戏曲频道《一鸣惊人》栏目组拍摄，10 月国庆节期间在该栏目播出。作品由绍兴市曲艺名家汪嘉宝作曲，区文化馆戏曲曲艺队员丁洁楣、胡敏霞演唱，舞蹈干部陈天、张斯奇伴舞。另有绍兴词调《十全十美》参加第五届浙江省农村文化礼堂“我们的村晚”直播现场表演。

【庆祝新中国成立 70 周年系列活动】 9 月 27 日，越城区举行“歌唱伟大祖国 · 共筑同心越城”庆祝中华人民共和国成立 70 周年越城区机关干部红歌赛决赛，15 支合唱队参赛；9 月 29 日，举行“一路同心 · 初心始终”共和国同龄人肖像展开幕式，70 位参与拍摄的共和国同龄人到场观展，展览为期 9 天。29 日晚，区文化广电旅游局联合区委宣传部举办“壮丽七十年 · 奋斗新时代”晚会，共同庆祝中华人民共和国成立 70 周年。

【2 家树兰书房建成开馆】 9 月 28 日，“府山街道”树兰书房开馆，建筑面积约 300 平方米，藏书近 1 万册；10 月 25 日“众谷知行”树兰书房开馆，建筑面积约 400 平方米，藏书近 6000 册，是城市书房建设与企业的首次合作。两家书房均配套门禁、监控和图书自助借还系统，具备智慧化图书借阅功能，可满足读者就地阅读、自助图书借阅、自助信息查阅、无线 WiFi 等多项服务。

2019 年 9 月 28 日，举行绍兴树兰书房迎恩门馆开馆仪式

【首发《诗词咏越 300 首》旅游读本和浙东唐诗之路（越城）手绘导览图】 10 月 25 日，越城区首发《诗词咏越 300 首》旅游读本和浙东唐诗之路（越城）手绘导览图，系绍兴市首本以诗词为主要内容的旅游读本，分稽山、鉴水、越城三个篇章，每章以诗词歌赋、名篇佳句为脉络，重点描绘会稽山、阳明洞、香炉峰、大禹陵、秦望山等山水人文景观。以浙东唐诗之路中的越城为中心，收录从南北朝至民国时期近 300 首诗词，串联起 30 多个景点。

2019 年 10 月 25 日，举行《诗词咏越 300 首》与手绘导览图首发式

【承办“同心 · 越城”大会文众谷知行化建设专场论坛】 10 月 25 日，越城区文化广电旅游局承办以“高质量推进越城文化事业及文化产业发展”为主题的“同心 · 越城”大会文众谷知行化建设专场论坛，进行“越游乡村”经典线路发布和专题推介，并赠发《诗词咏越

2019年首发《诗词咏越300首》旅游读本

2019年，越城区文化市场综合行政执法队挂牌成立

300首》旅游读本。杨志今、谢国明等专家学者深入解读越城区历史文化资源优势，立足中心城区文化首位度建设要求，梳理越城区文旅融合、文化产业发展和城市文化体系建设思路，为越城区文化建设把脉定向。

2020 年

【全面实施文物平安工程】 9—11月，越城区开展辖区内世界文化遗产大运河遗产河道、遗产点和其他遗产要素的基本情况、保存情况、管理情况普查，核查遗产保护标识设置，编制《大运河浙东运河（越城区段）遗产保护名录》；实施绍兴古桥群（越城区）首次全面清理养护，启动绍兴古桥群（越城区）结构安全监测项目，实施吕府平安工程二期——吕府消防工程，完成鲍氏旧宅建筑群老宅部分抢修性修缮工程等，完成摩崖题刻墨拓52处。

【开展“千年文脉诗韵越城”诗路文化月活动】 11月14日，“千年文脉诗韵越城”2020越城区诗路文化月活动启动，安排诗词大赛、诗路音乐会、诗路摄影赛、诗路定向赛、诗路抖音大赛等十大系列文化活动，历时1个月。其间公布首批诗路普及基地。

【区文化馆和非遗展览馆新馆投入使用】 12月4日，越城区文化馆新馆、越城区非物质文化遗产展览馆新馆开馆并投入使用，总面积约5000平方米，内设舞蹈室、书画室、录音室、排练房、烘焙教室、琴房等多个功能室，常年开设“相约若耶溪”公益培训、“古瞟今韵”非遗活态展陈等群众喜闻乐见的文化活动。

2021 年

【开展庆祝中国共产党成立百年主题系列活动】 5月25日，开展“再唱山歌给党听”获奖戏曲（曲艺）作品演唱会1场，线下观看700人次，线上观看64.79万人次；6月26日，承办“奋斗百年路　启航新征程，‘首位’引领，‘率先’启航”——越城区庆祝中国共产党成立100周年文艺演出，线下观看1000人次，线上观看62万人次；5—11月，开展16场“中国共产党成立100周年”地方戏曲曲艺专场，惠民演出16场，640人次观看；4—6月，在区非遗展馆举办“中国共产党成立百年主题展览”7场，共计7939人次观展；6月21日，举办“庆建党百年·享美好生活”越城区第二届群众声乐大赛。

2021年，越城区开展“再唱山歌给党听”获奖戏曲（曲艺）作品演唱会

【开展“人民的非遗人民共享”文化和自然遗产日暨端午雅集等非遗活动】 6月8日，

2021 年，举办“越彩非遗·匠心传梦”第六届越城区非遗集市

开展“人民的非遗人民共享”文化和自然遗产日暨端午雅集活动，活动期间公布越城区第六批非物质文化遗产代表名录，并对越城区第一批非物质文化遗产传承基地进行授牌；7 月 16 日，开展越文化·越幸福“碧荷盛开乡风拂来”2021 绍兴有戏——非遗兴乡大巡游（越城站）活动；10 月 9 日，举办“越彩非遗·匠心传梦”第六届越城区非遗集市。

【举办首届越城区文化旅游嘉年华系列活动】 7 月 30 日，越城区举办首届文旅嘉年华系列活动启动仪式。此后 5 个月，公布全新的宣传口号和标识、发布十大全域精品游线和五条红色游线、发放文旅消费券。

【开展“诗画浙江·百县千碗”系列主题活动】 9—12 月，越城区以“诗画浙江·百县千碗”为主题开展系列活动，评选出“百县千碗·越宴十八味”区属旗舰店 4 家、示范店 6 家和体验店 16 家，拍摄了“越宴十八味”宣传片；开展“六进”活动，将“越宴十八味”带进景区、学校、社区、星级酒店、机关食堂、高速公路服务区，在城站火车站投放了“越宴十八味”宣传屏。

【建成不可移动文物智慧管理服务系统】 11 月，越城区顺利完成浙江省文化和旅游厅数字化改革试点项目——越城区不可移动文物智慧管理服务系统并投入使用，汇集来自省、市、区 9 个相关部门和 17 个属地镇街的 17 类资源数据，构建多跨协同的文物智治应用场景。该系统成功入选浙江省文化和旅游数字化改革最佳应用名单，其中文物安全火灾监测处置模块和古桥安全监测模块两项在浙江省文物局第一批“文物安全”应用场景建设试点“揭榜挂帅”项目名单中榜上有名。

【出台《绍兴市越城区人民政府关于越城区名人故居保护利用工作的实施意见》】 11 月 15 日，越城区出台名人故居保护利用规范性文件《绍兴市越城区人民政府关于越城区名人故居保护利用工作的实施意见》，建立区名人故居保护利用工作领导小组，设立区名人故居保护利用专项资金，提出镇街申报与部门统筹相结合的名人故居维修保护计划制定办法。5—12 月，完成全区名人故居资源复核 40 处，提升 3 处名人故居布展，开展 10 项名人故居养护修缮和环境整治项目，推进 5 处名人故居开放利用。

【编纂“越城文物览胜”系列丛书《屋檐下》】 6 月，越城区编纂“越城文物览胜”系列丛书《屋檐下》，共收录越城区辖区内文物保护单位（点）名人故居、府邸民居、宗祠家堂类文物建筑 58 处。

【开展文物保护宣传活动】 12 月，摄制推出《三千台门映名城》宣传片及《越州访古》《红色文物青年说》等系列短视频，举办越城区常禧路考古成果专题汇报会及“重华在亭山——考古成果展”，并在越城区文物保护所举办吕府（王阳明纪念馆）讲解员业务比赛。

柯桥区文化广电旅游局

【概况】柯桥区文化广电旅游局(简称“区文旅局”）由原柯桥区文化广电新闻出版局、柯桥区旅游局按照上级机构改革精神整合组建。2019年以来，区文旅局积极贯彻落实中央、省、市、区关于文化旅游工作的指示精神，以文旅融合理念，推进全区文化旅游工作持续领跑竞跑，取得显著成效。

一、抓机构融合

（一）完成文旅机构融合组建

2019年，完成局机关“三定”规定草案起草并由区委办发文，区文化广电旅游局于当年1月28日正式挂牌组建；根据省、市统一部署，区文化市场行综合政执法队于当年10月18日正式挂牌组建。2019年，根据机构改革精神，同步推进了行政审批事项调整、划转，将23项划转至区委宣传部。2021年，柯桥区挂牌成立区文物局，为绍兴市首家。

（二）深化下属事业单位改革

在前期充分准备基础上，于2020年完成区文化馆（非遗保护中心）、区图书馆、区博物馆（文保所）等3家单位的分设工作，同时配齐配强了“三馆”领导班子，推进了党组织及工、青、妇等组织建设。

（三）启动国有院团机制改革

于2020年草拟《关于绍兴市柯桥区小百花越剧艺术传习中心深化改革的方案》，经过充分酝酿，推进绍兴小百花国有院团内部机制改革工作。

二、抓产业提振

（一）推进全域旅游创建

于2019年2月成功创建浙江省全域旅游示范区，顺利通过浙江省AAAA级景区城创建验收；于2020年创成全省首批AAAAA级景区城，省内仅有3家。2021年，启动柯桥创建国家全域旅游示范区、鉴湖旅游度假区创建国家级旅游度假区“双创”工作。同步推进全域景区化工作。2020年，省AAA级景区村创建通过率在绍兴市领先；2021年，柯桥景区镇创建实现全覆盖，景区村覆盖率超90%，湖塘街道香林村成功创建全国乡村旅游重点村。

（二）激发产业投资活力

东方山水乐园二期“酷玩王国”项目于2019年开园迎客，柯桥历史文化街区项目于2021年元旦试运行，总投资50亿元的旅悦集团总部项目于2021年落户柯桥，开启柯桥文旅产业发展“总部经济”模式。截至2021年，全区共有文旅投资项目43个，总投资437.84亿元，柯桥文化旅游项目投资评价指数保持全省第一。推进旅游业“微改造、精提升”，项目总投资排名全省第一、综合评价指数排名全省第四。为提振产业发展，积极落实疫情补助政策，于2020年发放文旅消费券400余万元，兑现奖补资金1880万元，柯桥区当年度在绍兴各县（市、区）中首个实现旅游经济正增长，实现旅游总收入 306.13 亿元。

（三）发展夜间文旅经济

依托丰富的景区核心资源与文旅消费配套基础，深挖景区夜游潜能，举办首届柯桥文旅产品网络消费季直播活动，创新夜间文旅消费业态，开展全域旅游酷玩消费季系列活动、推出“夜鲁镇·周末市集”活动，积极推动柯桥区夜间文旅消费繁荣。相关工作经验在全省夜间文旅消费工作推进会上作典型发言，人民网、《浙江日报》等对柯桥区夜间文旅消费热进行了聚焦报道。

三、抓文化引领

（一）贯彻公共文化服务新要求

在 2019 年浙江省首批、绍兴市首个顺利通过浙江省基本公共文化服务标准化认定验收的基础上，持续提升全区现代公共文化服务建设水平，于 2020 年提前一年完成区民生实事工程——城市书房三年建设目标，建设完成书房 20 家，建成数量居绍兴市第一。2021 年，全区创建省级文化强镇（街）4 个、文化示范村（社区）15 个；实现一级文化站全覆盖，其中省特级文化站 7 个；1 个镇（街道）文化站、6 个村文化礼堂入选省公共文化场馆服务功能拓展先行先试试点单位，4 个村（社区）被评为首批省美育村（社区），数量均为绍兴市第一。2021 年，柯桥区成功入选省第二批戏曲之乡。

（二）攀登精品文艺创作新高峰

越剧现代戏《云水渡》于 2020 年成功首演，全面展示新时代柯桥精神；越剧电影《李慧娘》获第 33 届中国电影金鸡奖最佳戏曲片提名；绍兴莲花落小戏《一刨花》获浙江省“群星奖”，莲花落小戏《阳关路上》获 2020 年浙江省新农村建设题材小戏会演金奖，绍兴莲花落《崇高》《龙山星火》入选第十二届中国曲艺牡丹奖。2021 年，结合中国共产党成立 100 周年，创排“莲花颂党恩”绍兴莲花落原创作品演唱会、《百年铸辉煌，永远跟党走》越剧折子戏专场，越剧《一钱太守》《云水渡》《王阳明》入选浙江省文旅厅庆祝中国共产党成立 100 周年百场优秀舞台艺术作品。

（三）落地文化惠民服务新手段

持续推进以“幸福水乡才艺秀”“百花大舞台”“鉴湖之春广场文化月”“相约礼堂·周末剧场”等为代表的品牌群众文化活动，坚持开展“文艺五进”，创新推出精品文艺演出进景区等工作。“百花大舞台”每年开展惠民演出活动 50 余场次；“鉴湖之春”广场文化活动每年开展 30 余场次；“文艺五进”送戏下乡活动每年开展 80 余场次。

四、抓传承保护

（一）推进文物安全工作

完成羊山造像及摩崖石刻（含石佛寺）保护工程、舜王庙基础抢险加固工程、兰若寺宋代大墓（考古墓地）环境修复综合整治等一批文物工程。推进乡村文物资源振兴三年行动计划，完成 2 批次 26 项乡村文物修缮工程。在绍兴市成立首批文物“护宝”志愿者队伍，实现各级文保单位（点）“一对一”专人专管。在省内率先建立文物监控管理平台，实现国保、省保单位监控全覆盖。2021 年，柯桥文博事业发展水平位列全省第六名，连续 5 年保持绍兴市第一、全省领先。

（二）强化考古博物工作

探索建立“先考古、后出让”的地下文物保护工作机制，抢救性发掘 20 座古墓葬，“绍兴兰亭野生动物园一期墓地”入选 2021 年度浙江省考古十大重要发现。曹素民故居等 4 处不可移动革命文物和 17 件（套）可移动革命文物入选浙江省第一批革命文物名录。2020年，举办“文化和自然遗产日”浙江省主场城市（绍兴）系列活动，共有485.9万人次在线观看，“一眼千年——杭绍台高速柯桥区段考古成果展”同步推出；2021年，依托区博物馆资源，推出“红色百年·柯桥印记——庆祝中国共产党成立100周年柯桥区党史回眸”展览。

（三）提升非遗保护水平

柯桥区非遗馆新馆于2021年开馆，入选第二批“浙江省华侨国际文化交流基地”、第十批浙江省社会科学普及基地。王坛镇舜王庙会入选国家级非物质文化遗产名录。连续举办柯桥非遗嘉年华，影响力持续扩大。2019年，《弘扬价值　守正出新　柯桥区国遗项目绍兴莲花落在传承发展中大放异彩》的保护实践案例入选全国50个国遗项目优秀保护实践案例，为浙江省唯一入选的曲艺类案例。

五、抓市场管理

（一）抓旅游行业管理

完成柯桥区全域旅游导游词——《走遍柯桥》编写、印刷工作，向全区主要景区景点、酒店、旅行社发放，要求作为工具书展示应用。开展旅行社、饭店评星创牌业务指导，开展旅行社安全生产专项整治，做好假日旅游安全工作。牵头开展假日文旅市场相关工作。2021年，扎实开展“平安护航建党百年”文化和旅游市场百日攻坚、旅游领域安全隐患大排查大整治、文旅领域遏重大控较大生产安全事故整治攻坚战等专项行动。“绍兴田娃旅行社有限公司未经许可经营旅行社案”在文化和旅游部视频会议上交流经验，受到点名表扬。

（二）抓广电安全播出

组织开展了“护航新中国成立70周年安全播出应急演练”。要求中广有线柯桥分公司做好中国教育电视台空中课堂频道的接收传送工作，助力全区中小学“停课不停学”。向省、市部门申请柯桥区广播电视总台电视播控系统试播，试播期6个月。

（三）抓文化市场安全

2019年，结合国务院安全生产工作组对柯桥区进行督导及全国扫黑办对浙江省进行专项督导，对全区网吧、娱乐场所负责人进行安全生产法制培训及召开扫黑除恶线索收集工作会议。2020年，根据全国、省、市“扫黄打非”工作电视电话会议精神，对照区新闻出版局工作要求，联合区“扫黄打非”办，重点关注出版物市场“扫黄打非”工作，共出动检查155人次，检查215家，立案2起，没收非法书籍224册。

六、抓形象推广

（一）进行城市文旅品牌发布

2019年，在上海举行“老绍兴·金柯桥”城市品牌发布会，推出首个文创空间、四大系列文创产品、三条主题游线，利用形象发布、宣传造势、活动落地等形式进行营销推广，形成品牌传播力。

（二）组织地域文化交流活动

2019年，开展了“风范传承”——师生堂开馆仪式及相关活动（绍兴小百花），组织柯桥文艺工作者随中国曲协赴赞比亚、坦桑尼亚、南非等国参加庆祝中华人民共和国成立70周年·曲艺唱响“一带一路”文艺演出活动。承办了“风从东方来”长三角（沪苏浙皖）曲艺精品巡演、浙江省文联“献礼祖国”系列文艺活动《说唱颂祖国》曲艺名家走基层柯桥专场、浙江省绍兴柯桥（融杭接沪联甬）曲艺走亲启动仪式。承办了“5·18”国际博物馆日浙江主场活动。2019年以来，先后承办了第六届、第七届中国曲艺高峰论坛。

（三）创新线上文旅宣传手段

区长带队柯岩、湖塘、安昌等八个镇街主任（镇长）成立抖音主播团，为柯桥文旅品牌代言，短视频总播放量达到 293 万人次，点赞量达 5.1 万人次。开展“金柯桥文化旅游节”一直播平台网红直播活动 9 场，平均每场观看量达 1000 万人次；探索推出“老绍兴·金柯桥”抖音系列作品——阿良嬉柯桥，反响良好。推出美食视频号——柯桥贪吃舌。推出文旅网络消费季活动，其中“桥首以盼·享游柯桥”2021 年第二届柯桥文旅产品网络消费季推出柯桥四大主题线路、九条线路产品，90 分钟的直播吸引近百万人次参与，总销售额突破 10 万元，其中柯桥土特产美食销售累计超过 650 千克。

七、抓数字转型

（一）开发全域旅游 App

投资 100 万元，开发全域旅游 App“柯好玩”，充分满足外地游客“指南游”、周边游客“深度游”、本地居民“休闲游”等多方需求。升级全域旅游 App“柯好玩”线上体验，完成 465 处文旅资源点位数字化归集。

（二）上线柯桥文旅数字应用

全面推进文旅数字化转型，大渡社区文化应用入选省数字社会首批最佳应用、省首批“智慧旅游 + 未来社区”试点；“柯好玩”“柯好阅”“柯宝藏”等特色应用入驻“浙里办”；建设地方文献图书数字化查阅平台，首个打通非遗数据库和非遗网底层数据，开发应用不可移动文物数字化综合监管平台。

（三）建设数字文化场馆

区文化馆、图书馆、博物馆等公共文化服务阵地相继开展了数字化建设，推出线上图书、线上演出、线上培训、线上文物鉴赏等服务。

八、抓融合创新

（一）创新文旅融合推介

以戏为媒，持续打造“跟着小百花·享游金柯桥”文旅 IP（知识产权），形成“戏曲 + 旅游”文旅综合宣传推介品牌。2021 年，“跟着小百花·享游金柯桥”走进上海、杭州等重点城市，举办推介活动 22 场，影响目标人群 150 万人以上，省委宣传部副部长来颖杰专门批示：“柯桥区用好越剧品牌资源，‘名团、名家、名戏’实现旅游景点常态演出，打造越剧文化延伸产业业态，值得省级层面和各地借鉴。”

（二）深化唐诗之路建设

开展“稽山鉴水唐诗路”研讨会暨游线体验活动，结合浙江文旅总评榜活动，组织了柯桥浙东唐诗之路成果发布会；完成《稽山镜水唐诗三百首》《稽山镜水故事一百则》“柯桥浙东唐诗之路系列丛书”编制，推出柯桥诗路“水、陆、空、山间、云端”5 条黄金游线，与绍兴文理学院合作开展“重走诗路、地名解码”（100 处诗路地名）活动；创排越剧小戏《回乡偶书》。

（三）激发运河文化活力

做好大运河文化带资源保护利用工作，围绕浙东运河柯桥段，重点打造古纤道、柯桥历史文化街区等历史人文景观，展现江南水乡魅力。2019 年，先后受到时任省委书记车俊、省长袁家军等肯定；投资 2 亿元，建设浙东古运河和鉴湖两条水上游线，实现全程贯通，打造全新文旅体验。

2021年柯桥区文化广电旅游局负责人一览表

单位地址	姓名	职务	联系电话	分管工作
绍兴市柯桥区柯桥街道百花路20号	鲁立新	党工委书记、局长	85272188	主持全面工作
	李建忠	党工委副书记、副局长	85272088	协助党工委书记、局长负责文旅推广交流工作，负责区小百花越剧艺术传习中心、文化旅游推广中心等日常工作，分管推广交流科
	胡兴林	党工委委员、副局长	85272121	协助党工委书记、局长负责党务行政、组织人事、纪律监察、行风效能、工青妇、文旅产业、创建等工作，分管办公室、人事科、产业发展科
	石伟平	党工委委员、副局长	89989868	协助党工委书记、局长负责公共文化服务、文物博物等工作，分管公共服务科（艺术科）、文化遗产保护科，联系文化馆（非遗保护中心）、图书馆、博物馆（文保所）
	陈水平	党工委委员、文化市场综合行政执法队队长	85272158	协助局长负责文旅市场管理、行政审批、安全生产、数字化改革等工作，负责文化市场综合行政执法队日常工作，分管行业管理科（广电科）、行政服务科
	王　雷	党工委委员、办公室负责人	85272288	负责办公室工作

2021 年柯桥区文化广电旅游局内设机构一览表

部门	负责人	联系电话
办公室	王　雷	85272288
人事科	沈琛幸	85272153
公共服务科（艺术科）	王香宜	85272171
文化遗产保护科	韩红祥	85272166
产业发展科	严绍南	89989862
推广交流科	徐志海	89989860
行业管理科（广电科）	张森虎	89989867
行政服务科	俞伟芬	81181927

2021 年柯桥区文化广电旅游局所属事业单位一览表

单位名称	地址	邮编	负责人	联系电话	核定编制数（个）
柯桥区文化市场综合行政执法队	绍兴市柯桥区柯桥街道百花路 20 号	312030	陈水平	85272158	11
柯桥区旅游发展中心	绍兴市柯桥区柯桥街道百花路 20 号	312030	王　雷	85272288	7
柯桥区小百花越剧艺术传习中心（绍兴小百花越剧团、绍兴小百花越剧学校）	绍兴市柯桥区柯桥街道百花路 18 号	312030	李建忠	85272088	70
柯桥区文化旅游形象推广中心	绍兴市柯桥区柯桥街道百花路 20 号	312030	黄　萍	89989861	11
柯桥区文化馆（柯桥区非物质文化遗产保护中心）	绍兴市柯桥区柯桥街道明珠路 389 号	312030	余其斌	85282801	37
柯桥区图书馆	绍兴市柯桥区柯桥街道明珠路 396 号	312030	陈关根	85282888	26
柯桥区博物馆（柯桥区文物保护管理所）	绍兴市柯桥区柯桥街道明珠路 398 号	312030	高幸江	85282989	27

2019 年

【成功创建浙江省全域旅游示范区】 2019 年 2 月 23 日，浙江省文化和旅游厅发文公布首批浙江省全域旅游示范县（市、区）名单（25 家），绍兴市柯桥区入选。柯桥区于 2017 年启动省级全域旅游示范区创建工作，取得显著效果。2019 年，全区共接待国内外游客总人数为 2901.96 万人次，同比增长 18.14%。旅游总收入 301.08 亿元，同比增长 18.71%。同年，柯桥区启动国家全域旅游示范区创建工作。

【通过省首批公共文化服务标准化认定验收】 2019 年 4 月 23 日，浙江省文化和旅游厅完成《浙江省基本公共文化服务标准（2015—2020）》和“五个百分百”建设认定验收公示环节，柯桥区于当年通过浙江省基本公共文化服务标准化认定验收，成为全省首批、绍兴市首个通过认定的单位。按照公共文化服务体系建设标准、规范、普惠、为民的基本理念，柯桥区抓规划制定和投入保障、抓基础巩固和能力提升、抓工作特色和路径创新，全面推动全区公共文化服务标准化建设达到省标要求。同时，结合柯桥实际与群众需求，努力探索公共文化服务新手段、新方法、新路径，发挥优势、体现特色，获得了验收组肯定。

【“老绍兴·金柯桥”品牌发布】 2019 年 8 月 2 日，柯桥区在纽约、上海、柯桥三城联动同步发布“老绍兴·金柯桥”城市品牌，持续提升城市品牌的知名度和影响力，同时数百款文创产品以“稽山鉴水”“诗路踏歌”“文人印记”“花样四季”“情味柯桥”五大主题

2019 年 8 月 2 日，“老绍兴·金柯桥”品牌发布

首次亮相，展现“老绍兴·金柯桥”独特的人文历史、产业及生活等多方面印记。在携程、同程等 OTA（在线旅游服务商）平台推出金色年华“诗路”研学游、金色未来产业游、金色风情乡村游三条主题旅游线路。

【举办第六届中国曲艺绍兴（柯桥）高峰论坛】 2019 年 10 月 14—16 日，以“融媒体时代下的网络曲艺评论与传播”为主题的第六届中国曲艺绍兴（柯桥）高峰论坛在柯桥区举办，开展了中国曲艺牡丹奖艺术团“送欢笑”走进柯桥专场演出、主题论坛等活动，70 余位专家学者共同研讨新时期曲艺发展的现状和未来，倪齐全、潘家富、潘海良、施金裕等绍兴本土曲艺明星，以及郭达、陈寒柏等众多曲艺界名角在中国曲艺牡丹奖艺术团“送欢笑”走进柯桥专场演出中登台献艺。

2019 年 10 月 14 日，第六届中国曲艺绍兴（柯桥）高峰论坛在柯桥区举行

2020 年

【举办“夜鲁镇·周末市集”活动】 2020 年 7 月 11 日，首期“夜鲁镇·周末市集”活动在柯岩鲁镇举行。活动逢周六晚举办，当年度共推出鲁镇非遗夜市、面包的诱惑、夏日里的书香、夏日水蜜桃等不同主题专场 10 场，场均吸引游客 5000 人次。

【举办首届柯桥文旅产品网络消费季直播活动】 2020 年 7 月 12 日晚七点，绍兴市柯桥区文化广电旅游局联合同程旅游，在柯岩风景区鲁镇内开展“桥首以盼·享游柯桥”首届柯桥文旅产品网络消费季直播活动，线上推广柯桥旅游产品，解锁柯桥新玩法，叠加直播营销“带货”。1 个小时直播观看达 201.6 万人次，点赞 108.1 万人，2 万元文旅消费券火热发放，4 款柯桥好物土特产抢购一空，亲子酷玩之旅和柯桥芳华之旅两条游线售罄。

柯桥鲁镇夜市

【创新开展“跟着小百花·享游金柯桥”文旅融合主题推介活动】 2020 年 12 月 3 日，首场“跟着小百花·享游金柯桥”文旅融合主题推介活动走进上海浦东大戏院，唱响“戏曲 + 旅游”大戏，吴凤花、陈飞等“梅花”化身

2021 年，“跟着小百花·享游金柯桥”举办推介活动

柯桥文化旅游代言人，为柯桥文化旅游宣传推广。该活动先后在上海、杭州、温州、宁波等地主要商圈和剧院举办。2021 年，“跟着小百花·享游金柯桥”举办推介活动 22 场，影响目标人群 150 万以上，获省委宣传部副部长来颖杰批示肯定。

【创建浙江省首批 AAAAA 级景区城】 2020 年 12 月 31 日，浙江省文化和旅游厅发文公布首批浙江省 AAAAA 级景区城名单，绍兴市柯桥区入选，全省仅有 3 家。同时，柯桥区安昌街道入选省 AAAAA 级景区镇名单。作为首批省 AAAAA 级景区城，柯桥区突出“水城”特色，积极打造“城在景中、景浮水中、水融诗中”的城市旅游新体验，营造了“平台 + 产业”景景享游、“传统 + 现代”人人乐游、“白天 + 夜间”时时可游、“景区 + 城区”处处宜游、

浙江省文化和旅游厅文件

浙文旅资源〔2020〕52 号

浙江省文化和旅游厅关于公布 2020 年度全省 4A 级以上景区城、5A 级景区镇名单的通知

各市、有关县（市、区）文化和旅游局：

根据《浙江省景区城建设指南》和《浙江省景区镇建设指南》相关规定要求，经各地申报、省级验收和公示，现认定杭州市淳安县、绍兴市柯桥区、新昌县为浙江省首批 5A级景区城；认定杭州市桐庐县、宁波市宁海县、温州市鹿城区、温州市平阳县、湖州市南浔区、嘉兴市南湖区、嘉兴市桐乡市、绍兴市诸暨市、金华市义乌市、衢州市开化县、舟山市嵊泗县、台州市天台县、丽水市龙泉市等 13 家县（市、区）城区为省 4A级景区城；建德寿昌镇、余杭瓶窑镇、宁海前童镇、苍南霞关镇、德清莫干山镇、柯桥安昌街道为省 5A级景区镇（乡、街道）。

浙江省文化和旅游厅关于公布 2020 年度全省 AAAA 级以上景区城、AAAAA 级景区镇名单的通知

“项目 + 配套”路路畅游的全域旅游特色。

2021 年

【柯桥区非遗馆新馆开馆】 2021 年 1 月 1 日上午，柯桥区非物质文化遗产馆新馆开馆仪式在柯桥历史文化街区举行，浙江省文化和旅游厅党组成员、副厅长叶菁，柯桥区委书记沈志江，柯桥区委副书记、区长赵如浪，浙江省非遗保护中心主任郭艺，绍兴市文化广电旅游局局长何俊杰、副局长葛建民，柯桥区委常委马海明等领导出席仪式，柯桥区文化广电旅游局向捐赠非遗展品、藏品的非遗传承基地、保护单位和非遗传承人代表颁发了展品捐赠证书。王星记扇、安昌扯白糖、平水日铸茶等部分区内代表性非遗项目在馆内进行了活态展示。绍兴小百花在古镇举行了“古镇连城·好戏连台”小百花精品巡演专场演出。柯桥区非遗馆新馆位于柯桥历史文化街区西南角，是目前省内最大的地方非遗综合性展馆，用地面积约 2975 平方米，总建筑面积 5000 平方米。

【召开旅游“双创”大会】 2021 年 4 月 21 日，柯桥区旅游高质量发展大会暨国家全域旅游示范区、国家级旅游度假区创建工作推进会在区行政中心报告厅召开，标志着柯桥区正式启动国家全域旅游示范区、国家级旅游度假区创建进程。浙江省文旅厅党组书记、厅长褚子育，绍兴市文化广电旅游局党委委员、副局长杨颂周出席会议。厅长褚子育在发言中充分肯定了柯桥区旅游高质量发展和“双创”工作取得的成绩，希望柯桥能始终保持领跑状态，对标全国一流，进一步干在实处、走在前列，力争在全域旅游发展、文旅融合发展、文旅项目建设、精雕细琢功夫等方面领跑全省，努力摸索出一套可在全省复制推广的“柯桥经验”。柯桥区正式启动了 268 个旅游业“微改造、精提升”提升项目，自 2021 年起，柯桥区全域旅游创建激励资金增加到 5000 万元 / 年。

【承办 2020 浙江文化和旅游总评榜颁奖仪式】 2021 年 4 月 21 日下午，2020 浙江文化和旅游总评榜颁奖仪式暨“数智赋能文化和旅游发展新时代”分享会在柯岩景区举行。活动由浙江省文化和旅游厅、浙江省旅游协会、浙江日报报业集团指导，由《浙江日报》、《钱江晚报》、浙江在线、天目新闻客户端和《江南游报》共同主办，来自全省十一市的获奖单位代表、各地市文旅局代表、新闻媒体等 150 余人参加活动。活动揭晓了 2020 浙江文旅融合高质量发展十佳县（市、区）、十大数智景区、

2021 年 4 月 21 日，柯桥区旅游高质量发展大会暨国家全域旅游示范区、国家级旅游度假区创建工作推进会在区行政中心报告厅召开

2021 年 4 月 21 日下午，2020 浙江文化和旅游总评榜颁奖仪式暨“数智赋能文化和旅游发展新时代”分享会在柯岩景区举行，会上揭晓了 2020 年浙江文旅融合高质量发展十佳县（市、区）

十佳度假型酒店、十佳文化遗产民宿、文旅促消费创新优秀案例等奖项，柯桥区获评2020浙江文旅融合高质量发展十佳县（市、区）。

【举行唐诗之路主题发布活动】 2021年4月21日，作为浙江文化和旅游总评榜颁奖仪式暨“数字化启动文旅发展新引擎”分享会特色亮点环节，柯桥“浙东唐诗之路”建设成果发布会同步进行，面向全省旅游业，集中展示了柯桥浙东唐诗之路打造的5条黄金游线和柯桥“浙东唐诗之路”系列丛书《一诗一图一故事》，并以视频形式向社会各界全面介绍了近年来柯桥区委区政府对标“三大文化带”建设全方位打造“稽山鉴水唐诗路”的建设成果。柯桥浙东唐诗之路黄金游线包括“水上、陆地、山间、空中、云端”五条诗路文化体验游路线，重点包括浙东古运河水上游线、鉴湖直升机场空中游线、数字技术云端游线、高铁快乐游陆地游线等柯桥特色精华；柯桥“浙东唐诗之路”系列丛书《一诗一图一故事》全方位梳理了柯桥诗路文化脉络渊源，印证了柯桥作为浙东“唐诗之路”核心地的历史文化地位。

柯桥浙东唐诗之路系列丛书《一诗一图一故事》

【区图书馆获评浙江省首批“满意图书馆”】 2021年5月11日，浙江省文化和旅游厅正式公布第一批“满意图书馆”达标榜单。通过自行申报、专家审查、实地考评等环节，

柯桥区图书馆外景

柯桥区图书馆在服务体系建设、业务一体化建设、移动阅读引领、地方文献数字化、便民服务设施建设等领域，以优异的综合评分排名全省区县馆前列，成功创建全省首批“满意图书馆”。2021年，柯桥区图书馆全年借还图书190.4万册次，1家企业分馆被评为全国总工会“职工书屋”。

【柯桥非遗保护发展指数位列浙江省第六】 2021年5月27日，浙江省文化和旅游厅发布2020年度浙江省非遗保护发展指数评估指标数据，柯桥区以78.19分排名浙江省第六位、绍兴市第一位，自2017年连续五年排名浙江省前列、绍兴市第一。近年来，柯桥区以活化历史文化、传承城市文脉为原则，加快构建文化传承创新体系，深入挖掘非遗文化资源，以“见人见物见生活”为理念，让非遗在“活态传承”中焕发活力，不断续写柯桥文化自信。

【“绍兴舜王庙会”入列国家级非遗代表性项目名录】 2021年6月10日，国务院发布《关于公布第五批国家级非物质文化遗产代表性项目名录的通知》，绍兴舜王庙会入选第五批国家级非遗代表性项目名录。10月29日，“国遗盛会，舜德王坛”2021绍兴虞舜文化旅游节在柯桥区王坛镇拉开帷幕，浙江省文化和旅游厅副厅长叶菁宣读了“绍兴舜王庙会”入选第五批国家级非物质文化遗产代表性项目名录相关文件。

【红色文旅唱响中国共产党成立百年赞歌】 2021 年 6 月 28 日，“百年铸辉煌，永远跟党走”绍兴小百花越剧团庆祝中国共产党成立 100 周年主题晚会在百花剧院举行，本场晚会以党史为纲，用越剧演绎红色经典、传承红色基因。主题晚会主要由《革命自有后来人》《永不消逝的电波》《红梅赞》《公仆》四出红色经典折子戏组成，展现中国共产党领导人民群众浴血奋斗建立新中国的丰功伟绩，热情讴歌了党带领中国人民从站起来、富起来到强起来的伟大成就，绍兴小百花吴凤花、吴素英、陈飞、张琳四朵“梅花”领衔主演。

2021 年 6 月 28 日，“百年铸辉煌，永远跟党走”越剧折子戏专场在百花剧院举行

【大渡社区入选浙江省首批“旅游大脑 + 智慧旅游”应用场景落地未来社区试点名单和数字社会第一批最佳应用名单】 2021 年 8 月 5 日，省文化和旅游厅发文公布浙江省首批“旅游大脑 + 智慧旅游”应用场景落地未来社区试点名单，柯桥区“大渡社区”被列入首批试点名单。试点社区根据《浙江省未来社区建设试点工作方案》及《关于高质量加快推进未来社区试点建设工作的意见》精神，在“城市大脑 + 未来社区”文化多跨场景落地未来社区基础上，聚焦“一心三化九场景”，坚持旅游为民、惠民的功能定位，推进智慧旅游场景落地，打

数字化大渡社区

造“升级版未来社区”。2021 年 10 月 19 日，浙江省发展和改革委员会公布数字社会第一批最佳应用名单，大渡社区文化应用入选。

【成立绍兴市首支文物“护宝”志愿队伍】 2021 年 9 月 25 日，柯桥区文物“护宝”志愿者队伍成立仪式在全国重点文保单位平水镇东桃村陶山越国贵族墓举行。成立仪式上，向文物“护宝”志愿者队伍进行了授旗，并为志愿者颁发了证书，全体志愿者开展了志愿宣誓活动。随后，全体“护宝”志愿者开展首次志愿服务，在区博物馆（文保所）工作人员带领下检查了越国贵族墓。柯桥区首批文物“护宝”志愿者队伍共有成员 48 名，创新设立“护宝”志愿者队伍，意在发挥社会和民间力量，广泛宣传文物保护法律、法规，形成政府主导、全社会广泛参与的文物安全群防群治新格局。

【举行第七届中国曲艺绍兴（柯桥）高峰论坛】 2021 年 10 月 20 日至 22 日，第七届中国曲艺绍兴（柯桥）高峰论坛在柯桥区举行，中国曲协主席姜昆出席论坛，并向国家级非物质文化遗产项目绍兴莲花落教学传承基地——柯岩中心小学捐赠亲手写的书法作品《少儿莲歌》。论坛以“创新驱动曲艺事业实现高质量发展”为主题，举办了“牡丹心向党”中国曲艺牡丹奖艺术团“送欢笑”专场、中国曲协学雷锋志愿服务团队活动；创新推出“艺道馨声·鉴湖论艺”曲艺名家访谈活动，组织开展“重走鉴湖诗路·同绘共富画卷”全国曲艺名家采风活动；新华网、中国网、文旅中国App、《浙江日报》等16家主流媒体进行了宣传报道。借力中国曲艺高峰论坛活动，柯桥“中国曲艺之乡”对外影响力持续扩大。

【荣膺2021年全国市辖区旅游综合实力百强区第十一位】 2021年11月18日，《中国文化报》公布第二届全国市辖区旅游研究成果《全国市辖区旅游研究报告2021》暨“2021年全国市辖区旅游综合实力百强区”“2021年全国市辖区旅游发展潜力百佳区”名单。其中，柯桥区位列2021年全国市辖区旅游综合实力百强区第十一位。该报告由北京华夏佰强旅游咨询中心及全国市辖区旅游研究课题组在北京联合发布，旨在进一步推动我国城市旅游迈向高质量发展新阶段，科学、全面地分析评价我国市辖区旅游发展现状。

【获评第二批浙江省“戏曲之乡”】 2021年11月18日，浙江省文化和旅游厅公布第二批浙江省“戏曲之乡”名单，柯桥区榜上有名。柯桥区年投入资金2800万元，以专业院团为龙头，以传承普及传统艺术为宗旨，以发展成果惠民为目的，积极弘扬以越剧艺术为代表的地方戏曲文化，实现专业越剧院团年演出场次超百场、越剧艺术传承班社超百家、越剧流播范围覆盖率百分百“三个一百”，持续擦亮柯桥越剧文化金名片。

【入选浙江省首批公共文化服务现代化先行县（市、区）创建对象名单】 2021年12月10日，浙江省文化和旅游厅公示浙江省公共文化服务现代化先行县（领航项目）（第一批）评审结果，柯桥区入选该项目创建对象名单。

【实现一级文化站全覆盖】 2021年12月23日，浙江省文化和旅游厅公布浙江省第七次乡镇（街道）综合文化站评估定级结果，浙江省共有1366个文化站参加了评估定级。柯桥区安昌街道文化站、杨汛桥街道文化站、福全街道文化站、钱清街道文化站、柯桥街道文化站、兰亭街道文化站、王坛镇文化站被评为省特级综合文化站，其余镇（街道）文化站被评为省一级综合文化站。至此，柯桥全区实现一级文化站全覆盖，其中特级文化站覆盖率44%。

【“绍兴兰亭野生动物园一期墓地”入选2021年度浙江省考古十大重要发现】 2021年12月26日，2021年度浙江考古重要发现评选结果出炉，绍兴兰亭野生动物园一期墓地入选浙江省考古十大重要发现。兰亭野生动物园一期墓地共发现从战国到明清时期的墓葬55座，以六朝和唐墓居多，其中两座纪年明确的西晋时期大墓，为浙江地区罕见，且保存较好，墓葬出现在兰亭，与书圣王羲之年代相近，是考古重要发现。此外，兰亭西晋大墓通过数字化记录，进行整体搬迁保护，也是其重大特色。

上虞区文化广电旅游局

【概况】 2019年以来，上虞区文化广电旅游局以习近平新时代中国特色社会主义思想为指导，深入贯彻落实中共十九大和十九届三中、四中、五中全会精神和习近平总书记系列重要讲话精神，围绕省市区文旅工作战略部署，不断加强文旅工作统领，加快文旅深度融合，加速创新创优工作，加强文旅发展保障，为打造“重要窗口”、全面建设高水平“创新强区、品质名城”，率先走出争创社会主义现代化先行省的区域发展之路贡献文旅力量。

一、改革创新，加快积蓄高质量发展势能

（一）推进机构改革

2019年初挂牌成立绍兴市上虞区文化广电旅游局，文旅融合体制机制日益理顺；根据上级有关综合行政执法改革的工作要求，完成区文化市场综合行政执法改革；稳妥有序推进相关事业单位改革，新设风景旅游管理服务中心，撤销区文化总站，更名区文物管理服务中心、区越窑青瓷研究所、区艺术推广服务中心等，确保总体平稳有序；2021年8月，增挂绍兴市上虞区文物局牌子。同时，深入开展法人治理结构改革，正式成立区图书馆理事会、区文化馆理事会，积极筹备博物馆理事会，通过建章立制、理顺权责，使法人治理结构的运行有了相对完备的制度保障。

（二）推进文旅数字化改革

对标省、市数字化改革重点任务，确定“1+9+9+X”的重点工作架构，即建设1个上虞智慧文旅综合应用平台、打造X个区级特色集成应用和系统，实现上虞文旅在“制度”“治理”“智慧”方面整体跃升。投入400万元的“智慧文体”平台已搭建完成数据库，实现与上级系统文旅信息的互联互通，与横向部门相关数据的交换共享。配套“智享虞乐”公众号正式运营，提供统一信息发布、活动发布、公共预约、上虞文化VR、区文化地图、场馆实时人流、统一视频分析等服务与管理功能。

（三）开启文旅高质量发展新征程

深入调研、全域谋划，计划年底前完成《新时代孝德文化传承地规划（2021—2025年）》编制。该规划以孝德文化建设为主梁，将为“十四五”期间上虞文旅融合高质量发展提供引领。

二、提质增效，持续提升公共文化服务品质

（一）建设品质提升

文化地标建设成为加快上虞城市塑韵的重要抓手，完成上虞图书馆改造工程，上虞博物馆异地新建工程、上虞剧院改造等加快推进，其中新博物馆布展设计施工一体化工程完成方案评审并做好施工准备。“十五分钟阅读圈”建设深入落实，2019—2021年，全区已建成城市书房10家、天香书吧28家。推动乡镇综合文化站改造升级，完成补助资金3000余万元，乡镇综合文化站全部实现提档升级。2020年，

上虞区在浙江省基层公共文化服务评估中名列第二十四位，位居绍兴市第二名。

（二）服务能力提高

实施公共文化供给侧结构性改革，精准对接乡镇、村社需求，创新阳光文化演出、文化馆业务培训下沉、图书馆点单式送书、阳光剧场等服务载体，推进文化资源“超市式”供给、城乡“一体化”流转。进一步擦亮曹娥江文化客厅金名片，通过加强机制探索、增强政策保障，不断调动文化机构和社会资本的主动性、积极性，优化提升上虞青现代国际陶艺中心、罗步臻艺术馆、非遗馆、娥江影视厅等文化场馆运营水平，推动公共文化产品多样化、品质化升级。实施图书馆服务大提升行动，基本实现全区公共图书馆图书资源统一管理、查询、流通等服务。

（三）文化惠民提质

2019—2021 年，图书馆、文化馆、博物馆每年举办各类讲座、展览、阅读活动、公益培训、文化走亲 300 余场，参与群众超过 20 万人次。文化惠民行动深入开展，每年为每个乡镇（街道）送文艺演出 15 场左右，为文化礼堂安排各类讲座、培训等文化活动 3000 余项，送图书 3 万册，送电影 4500 场。2021 年“文化下乡”工程被列为区政府十大民生实事之一，实现阳光文化惠民演出、送戏下乡行政村全覆盖，惠及 45 万人次。同时，全区文物建筑及文旅系统所属遗址公园、文化景区等全面实施免费参观政策。

三、活态传承，不断优化文化遗产保护利用

（一）“文化基因解码”工程深入实施

根植上虞地域文化，以梳理挖掘文化资源为基础、转化传递文化价值为媒介，深入实施文化基因解码工程。2020 年，上虞区孝德文化基因解码工作在浙江省推进会上作经验交流；2021 年，经过全面摸排、深入调研，遴选 347 个文化元素录入浙江省文化基因库，完成 22 个重点文化基因解码工作报告。该项工作有力促进上虞特色文化资源创造性转化、创新性发展。

（二）省孝德文化传承生态保护区创建深入推进

上虞区孝德文化传承生态保护区于 2020 年被列入浙江省文化传承生态保护区创建培育名单，以此为起点，编制完成孝德文化传承生态保护区总体规划，大力实施三年行动计划，推进非遗保护和资源转化利用、“孝文化 + 多产业”嫁接等举措，组织开展 118 位上虞区和绍兴市级非遗代表性传承人、168 项非遗代表性名录考核评估，开展针对性保护。

（三）文物保护利用三年行动计划深入实施

2018 年制定出台了《绍兴市上虞区不可移动文物（古建筑类）修缮保护五年（2018—2022）行动计划》。2021 年又出台了《上虞区名人故居保护工程三年（2021—2023）行动计划实施方案》，分批对重点名人故居开展维修及活化利用，项目纳入政府投资项目。截至 2021 年，已投入 1.5 亿元，完成了凤凰山考古遗址公园、小越春晖学堂、道墟全记台门、长塘马一浮故居、汤浦徐光宪故居、驿亭上虞县工委旧址等 6 处政府投资项目和章镇镇上安山抗币厂、小越倪元璐故居等 8 处政府补助项目。丰惠钱氏大宅院修缮工程、丰惠孔庙修缮项目、小越罗家古建筑修缮项目、小越陈家祠堂修缮工程正在有序推进中。相关五年行动计划和三年行动计划其余项目预计再投入 1.5 亿元。

四、激发活力，深入推进文旅产业融合发展

（一）加快文旅产业带培育

大力推进曹娥江文创走廊建设，引入“人民文创”文化产业园项目落户e游小镇。举办首届人民文创国际创意大赛，引进景德镇陶瓷大学高等研究院落户瓷源文化小镇并正式运营。接轨省市政策动向，持续完善上虞区文化产业发展政策，为开展文旅企业梯度培育提供保障。

（二）加强文旅品牌打造

抢抓大运河国家文化公园、浙江省诗路文化带、绍兴市三大文化带建设机遇，联动相关部门和乡镇，以孝德文化小镇、瓷源文化小镇、大东山景区等重点文旅项目建设为抓手，打造全域旅游功能区和文旅融合示范IP（知识产权）。同时以“文化铸魂提质年”实施抓手，推进孝德主题区歌创作、门户打造、城雕建设等系列标识建设项目，着力凸显孝德文化主体地位。下一步将结合文旅资源普查、文化基因解码、文创产品开发等工作，择优启动3—5个文化标识建设，为进一步打响上虞文旅名片提供支撑。

（三）提升旅游目的地品质

全面推进“百千万”工程，过去三年共计争创AAA级景区村33个、AAAA级景区镇3个、AAA级景区镇12个，截至2021年上虞区村庄景区化率已达62%，乡镇景区化率已达75%。创建工作成果显著，“山居岭南”被列入省级民宿助力乡村振兴改革试点，岭南乡成功创建第四批省级旅游风情小镇，丰惠镇被列入第五批省级旅游风情小镇创建名单；长塘桃花源景区、竹隐陈溪景区通过国家AAAA级景区资源评估，下管耕读管溪景区被列入国家AAA级景区。实施“微改造、精提升”五年行动计划，对全区旅游设施、景点形象等实施精致化、特色化升级，2021年共计摸排“微改造、精提升”项目114个，计划投资1.7亿元，已完成投资1.39亿元，完成率81.76%，在上半年全省各地市微改造综合评价指数中排名第十一位。

五、聚焦精品，加快发展新时代文艺事业

（一）文艺创作出新出彩

不断推出立足上虞文化、紧扣时代主题的文艺精品，区文化馆每年精品文艺创作在省、市各类比赛中成绩突出，位居绍兴市榜首。2021年，与浙江省小百花越剧院共同编排现代越剧大戏《祝家庄里的年轻人》并在浙江音乐学院完成首演，为上虞区庆祝中国共产党成立100周年打造献礼精品。

（二）人才培养厚植沃土

近年来，通过与浙江省小百花越剧院签订战略协议、聘请名师名家顾问等举措，搭建起以振兴越剧表演艺术为导向、大力开展人才引进培育、促进出人出戏出精品的合作平台，以拜师学艺、上挂下派、现场授课、剧目传承、联合创编等多种形式，提振上虞小百花越剧团人才力量，涌现出李燕、潘越兰、梁钰等青年骨干，剧团艺术表现力和冲奖实力显著提高。同时，深入实施民间人才“万人计划”、乡村振兴领雁计划、基层文化队伍“培土育种”工程，加强政策资金保障，加大培训赛比力度，文艺队伍建设呈现出多领域专业型、复合型人才共同发展态势。

（三）大型演出亮点纷呈

完成市九运会开闭幕式文体表演任务，充分展示了上虞的风度与高度，兑现了要把开闭幕式办成市运会史上最精彩、最靓丽的开（闭）

幕式的承诺。举办“天籁浙江”暨浙东唐诗之路主题晚会，整场活动在线吸引约115万人观看，央视新闻频道、中新网、新华网、腾讯网等40余家主流媒体积极报道。高质量筹备上虞区庆祝中国共产党成立100周年晚会，《渡江渡江》《大围涂》等展现上虞人民革命精神的新编节目广受好评，2021年6月28日晚演出，央视四套报道。

六、清源浚流，优化完善文旅市场监管体系

（一）抓好疫情防控

通过周密部署、严格督查，督促全区景区、文化场所落实“限时、预约、错峰”要求，对春节、清明、五一、十一等重要时段和重点场所开展严格管控、密集巡防，确保疫情期间文旅行业安全平稳运行，同时抓好疫情期间文旅市场管理，实现游客退团处置率达100%，涉疫投诉处置率达100%、满意率达100%。扎实开展抗疫文艺创作和宣传，策划创作主题歌曲《我们有爱》《春来报》《天使的格言》，越剧联唱《众志成城抗疫风》等原创音乐作品和大量视觉艺术作品，选送61部文艺作品至省文旅厅，以文艺力量描绘逆行英雄群像、凝聚抗疫必胜信心。

（二）筑牢安全防线

牢固树立“安全无小事”“稳定就是第一政治”的理念，扎实开展遏制较大安全事故攻坚行动、假日旅游市场管理、文旅行业安全普查、平安护航中国共产党成立100周年攻坚战和防汛防台等各项工作，全员上阵、连续作战开展节假日、一级响应等重点时段驻点巡查、应急处置，组织做好景区、旅行社、歌厅、星级酒店等安全知识培训和应急演练，建立健全行业安全责任体系。全区文旅市场平稳有序，实现安全无事故。

（三）强化能力建设

加强重点领域安全防范，从维护意识形态高度抓好抓实扫黑除恶、扫黄打非、校园周边整治等工作，营造良好市场环境。建设完善新领域管理能力，加强旅游新业态监管，对新纳入管理范畴的培训类机构开展调研摸排。加强业务能力建设，上虞区文化市场综合行政执法队连续多年获绍兴市文化市场综合执法业务考核第一名、竞赛第一名，多次荣获省市表彰，其中两名队员荣获“2019—2020年度全国文化市场综合执法重大案件办案人员”称号。

2021年上虞区文化广电旅游局负责人一览表

单位地址	姓名	职务	联系电话	分管工作
上虞区市民中心二路1号	王银苗	党委书记、局长	82787767	主持全面工作
	郑杰峰	党委委员、副局长	82319978	协助书记、局长负责公共文化（曹娥江文化客厅）、群众文化、非遗传承、乡镇（街道）文化建设、企业文化建设、青瓷文化传承发展、考古遗址公园项目建设等工作，参与瓷源文化小镇培育建设，分管文化艺术科，联系文化馆、图书馆、越窑青瓷研究所（陶艺中心）
	张　淳	党委委员、副局长	82319989	协助书记、局长负责数字化改革、文物保护、博物馆事业发展、博物馆异地新建工程、安全生产、广播电视安全管理、旅游领域安全管理、信访、维稳、平安创建等工作，分管文博事业科、行业管理科，联系文物管理服务中心、博物馆
	阮秀华	党委委员、副局长	82319987	协助书记、局长负责党务、纪检、组织人事、意识形态、财务管理、内部审计、工青妇老、建议提案办理和专业文化等，分管办公室，联系公共文化服务中心、机车网络公司、结对村（社区）
	李　芳	风景旅游管理服务中心主任	82192999	协助局长负责文化旅游产业、文旅市场推广、全域旅游示范区创建、旅游数据统计、省“百千万”工程、旅游行业管理等工作，参与三大文化带、曹娥江文创走廊培育建设，主持风景旅游管理服务中心工作，分管产业发展科，联系挂钩单位
	徐建龙	党委委员、文化市场综合行政执法队队长	82116661	协助书记、局长负责行政审批、行政执法、“扫黄打非”、“扫黑除恶”、文明城市创建、行业协会管理、“河长制”、剧院改造等工作，参与曹娥江文化艺术中心建设，主持文化市场综合行政执法队工作，联系艺术推广服务中心、电影公司

2021 年上虞区文化广电旅游局内设机构一览表

部门	负责人	联系电话
办公室	龚吉丹	82135233
文化艺术科	柯妮赛	82131098
行业管理科	陈　剑	82192900
产业发展科	沈雁飞	82319985
文博事业科	吴春云	82192929

2021 年上虞区文化广电旅游局所属事业单位一览表

单位名称	地址	邮编	负责人	联系电话	核定编制数（个）
文化馆	百官街道市民中心二路 1 号	312300	杜留阳	82129655	18
图书馆	百官街道市民中心一路 2 号	312300	宋星亮	82530757	18
博物馆	曹娥街道逸园路 26 号	312399	徐国联	82202520	14（含两名周转编制）
文物管理服务中心	百官街道人民中路 228 号	312300	王坚梁	82139982	8
青瓷研究所	百官街道市民中心二路 1 号	312300	刘　吉	81285110	8
公共文化服务中心	百官街道市民中心二路 1 号	312300	罗小利	82213717	38 个，提前转用一个
艺术推广服务中心	百官街道江扬南路 70 号	312300	徐　峰	82169551	3
电影公司	百官街道江扬南路 8 号	312300	梁　栋	82397652	19
执法大队	百官街道市民中心二路 1 号	312300	徐建龙	82214774	11
旅服中心	百官街道市民中心二路 1 号	312300	李　芳	82192999	9

2019 年

【凤凰山考古遗址公园(一期)开园】 2019年1月22日，举行凤凰山考古遗址公园(一期)开园仪式，区委副书记王奇洲致辞，区领导潘立峰、吴光裕、胡宝荣、徐光华，省文物局、省文物考古研究所、绍兴市文广旅游局相关领导和专家出席开园仪式。开园后，先后接待“中外名校赛艇运动员”“上海主流媒体上虞行”“国内外木球运动员”等50余个考察调研团参观凤凰山考古遗址公园（一期），共接待中外游客8万余人次，成为打响“瓷之源”品牌的重要平台，在促进全域旅游同时，切实提升了越窑青瓷文化的影响力和美誉度。

凤凰山考古遗址公园

【举办“天籁浙江”暨“诗话曹娥江·浙东唐诗之路发祥地”主题晚会】 2019年4月20日晚，“天籁浙江”暨“诗话曹娥江·浙东唐诗之路发祥地”主题晚会在信义广场举行。本场晚会以时间为轴，分为上篇、中篇、下篇、尾声4个篇章，以经典唐诗为线索，串联起从古至今上虞文化发展的丰富内涵及独特魅力，《曹娥碑》《忆东山》《唐诗之路》《山居赋》《读唐诗》等原创作品一一亮相，数十位朗诵大咖前来助阵，腾讯网全程直播，线上线下观看人数总计超过115万人。央视新闻频道、中新网、新华网等40余家主流媒体相关报道。

2019年4月20日晚，天籁浙江暨“诗话曹娥江·浙东唐诗之路发祥地”主题晚会在信义广场正式举行

【举行景德镇陶瓷大学上虞陶瓷高等研究院揭牌仪式】 2019年4月24日，景德镇陶瓷大学上虞陶瓷高等研究院揭牌仪式在上虞科创中心举行。上虞陶瓷高等研究院将通过深入推进人才引进与交流、产业融合与创新、平台支撑与提质，推动陶大教育、技术、人力资源优势等，与上虞的经济、产业、文化优势相融合，实现“双赢”。

【上虞区非遗馆、凤凰山考古遗址公园被列为浙江省旅游业“微改造、精提升”单项试点单位】 2021年5月25日，根据《浙江省旅游业“微改造、精提升”五年行动计划(2021—2025年)》文件要求，上虞区非遗馆、凤凰山考古遗址公园被列为浙江省旅游业“微改造、精提升”单项试点单位，并总结试点经验，强

上虞区非遗馆、凤凰山考古遗址公园俯瞰图

化引领示范，推动全区旅游业“微改造、精提升”走向新高。

【举办罗步臻艺术馆书画精品展】 2019年6月15日，“诗画曹娥江·沪虞墨缘行”上海名家书画展在罗步臻艺术馆顺利开展。共计展出上海水墨缘工作室的7位知名画家精心创作的书画作品56幅，内容涵盖人物、山水、花鸟等题材，作品生动形象，气韵浑然天成、匠心独具。11月10日，“重走浙东唐诗路·绘写工笔丹青缘”——中国当代工笔画名家精品展在罗步臻艺术馆开幕，共展出国内工笔画精品182幅，以新时代工笔画家的创作风貌及工笔精品向祖国献礼。

【通过省基本公共文化服务标准认定】 2019年7月，上虞区通过省文化和旅游厅第二批关于浙江省基本公共文化服务标准（2015—2020年）的达标认定。上虞区文广旅游局推进城乡文化场馆和设施建设，全区乡镇实现文化站和文化分馆全覆盖、文化员全面下派，“阳光文化”等惠民文化举措切实将优质文化产品下沉到镇、村，同时通过实施“十百千”两年提升计划，重点镇、村已基本达成建设任务和提升目标，基层文化阵地建设成效凸显。

东山村文化礼堂

【上虞区文化产业发展暨曹娥江文创走廊建设领导小组办公室成立并实体化办公】 2019年8月1日，上虞区文化产业发展暨曹娥江文创走廊建设领导小组办公室成立并实体化办公。相继草拟《关于加快文化产业发展的实施意见》和《促进文化产业发展的若干政策意见》初稿，印发《促进文化产业发展的若干政策意见的实施细则》文件。

【承办“娥江颂”群众文化月文艺作品才艺大赛】 2019年9—11月，2019年度上虞区“娥江颂”群众文化月文艺作品大赛全面展开。共有农村、社区、企业等140余个优秀原创文艺作品报名参赛，最终产生一等奖4个、二等奖10个、三等奖15个、优秀奖16个。组织初赛3场、决赛3场、展演1场，以人民群众喜闻乐见的文艺形式向中华人民共和国成立70周年献礼。

【绍兴市九运会开（闭）幕式演出任务圆满完成】 上虞区承接绍兴市九运会开（闭）幕式文体表演任务。2019年4月，启动首轮节目排练，10名文艺骨干分赴5所学校定点指导，全程参与，共组织进行三轮群众演员排练，组织排演节目120个单元约72000人次。2019年10月12日晚，绍兴市第九届运动会暨第二届市民运动会开幕式在上虞体育场亮相，并举行开幕式文体表演。10月22日晚，闭幕式在华通体育馆举行。

2020年

【乡镇(街道)综合文化站提档升级】 2020年，新建综合文化站2个，改扩建3个，补助资金990.78万元。在加强基层文化阵地效能建设基础上，鼓励引导综合文化站开展特色化、社会化的运营创新，百官街道和道墟街道综合文化站已引入第三方运营团队。

【孝德文化传承生态保护区被列入浙江省文化传承生态保护区创建培育名单】 2020年9月2日，上虞区孝德文化传承生态保护区被列入浙江省文化传承生态保护区创建培育名单，以此为起点，编制完成孝德文化传承生态保护区总体规划，大力实施三年行动计划，推进非遗保护和资源转化利用、“孝文化+多产业”嫁接等举措，组织开展118位上虞区和绍兴市级非遗代表性传承人、168项非遗代表性名录考核评估，开展针对性保护。2021年通过省中期评估。

孝德文化传承生态保护区

【加强青瓷文化传承保护】 2020年，完成凤凰山考古遗址公园项目，入选浙江省第三批省级考古遗址公园，打造文旅融合上虞样本；完成仿古龙窑建设，完成第一届上虞越窑青瓷柴烧开窑节、第二届全国越窑青瓷研发大奖赛等系列活动筹备工作；央视《远方的家——大运河系列》栏目专篇报道上虞越窑青瓷文化，反响热烈。

【“人民文创”文化产业创意园落户上虞区】 2020年6月9日，人民日报社旗下文创品牌“人民文创”文化产业创意园落户上虞区。

【与浙江省小百花越剧院签订战略合作协议】 2020年7月27日，绍兴市上虞区文化广电旅游局与浙江省小百花越剧院签订战略合作协议，在上虞区建立艺术创作研究基地，打响院地合作品牌，共同振兴越剧表演艺术。

【中鑫艺术博物馆被评为国家二级馆】 2020年12月，第四批全国博物馆定级评估中，中鑫艺术博物馆被评为国家二级博物馆，系本次评估中浙江省唯一一家非国有二级博物馆。中鑫艺术博物馆是一家由文化部门审批、民政部门登记的非国有博物馆，占地面积近20亩，建筑面积12000平方米，为江南园林建筑风格，收藏木器、瓷器、玉器、青铜器、石器、书画等各类文物共1万余件（套），有紫檀、黄花梨家具馆、红木家具馆、青瓷馆、文房杂件馆、艺雕馆、建筑构件馆、青田石雕馆、书画馆等十大展馆。

【央媒“浙东唐诗之路”研讨会举行】 2020年12月26日，“诗源东山·文化上虞”央媒“浙东唐诗之路”研讨会在上虞区举行。主题为“孝德之乡，越中望邑”，全面展示上虞优渥的历史资源、深厚的人文底蕴，彰显上虞独有的城市魅力。

2021年

【竹隐陈溪景区通过国家AAAA级旅游景区景观质量评审】 2021年1月21日，经创建单位自主申报，省、市专家指导评审，竹隐陈溪景区通过国家AAAA级旅游景区景观质量评审，被列入创建AAAA级旅游景区预备名单。

【举办“寒之友社”辛丑展览暨“寒之友”春季雅集】 2021年4月23日，为庆祝中国共产党成立100周年，纪念著名爱国民主人士、杰出的政治活动家何香凝和著名教育家、乡贤经亨颐，在上虞博物馆举办“寒之友社”辛丑

2021 年 4 月 23 日，“寒之友社”辛丑展览暨“寒之友”春季雅集在上虞博物馆举办

展览暨“寒之友”春季雅集。展览展出近现代艺术家何香凝、经亨颐、黄宾虹、陈树人等，以及当代艺术家童衍方、罗步臻、池长庆、金心明等创作的近百件书画作品，展览日期从 4 月 23 日至 5 月 9 日。

【组织承办庆祝中国共产党成立 100 周年主题晚会】 2021 年 6 月 28 日，为集中展示党的伟大历程，充分展示党的伟大成就和宝贵经验，由上虞区文化广电旅游局承办的庆祝中国共产党成立 100 周年主题晚会在华通体育馆举行，本次晚会主题紧紧围绕“建党百年”。整台晚会以时间为中轴，分为峥嵘岁月、火热年代、百年梦圆三个篇章，围绕一百年来上虞涌现出的革命志士和先进事迹，激励和动员全区广大党员干部群众为全面建设高水平“创新强区、品质名城”而努力奋斗。

2021 年 6 月 28 日，庆祝中国共产党成立 100 周年主题晚会在华通体育馆举行

【排练庆祝中国共产党成立 100 周年原创大戏《祝家庄里的年轻人》】 5 月 10 日，《祝

2021 年 5 月 10 日，排练庆祝建党 100 周年原创大戏《祝家庄里的年轻人》

家庄里的年轻人》在浙江音乐学院完成内部彩排。彩排当日，省人大常委会副秘书长、省委办公厅主任张国强，浙江开放大学校长张建国，省文化和旅游厅副厅长朱海闵，以及上虞区四套班子徐军、金进富、顾世明、章颖芳、周尊隆等负责人和现场 300 余名特邀嘉宾亲临现场观摩。11 月，《祝家庄里的年轻人》被列入浙江省文化艺术发展基金扶持项目和绍兴市精神文明建设五个一工程奖扶持项目。

【上虞剧院改造提升工程启动】 2021 年 8 月，上虞剧院启动全面升级改造。总投资 1200 万元，保留剧院基础原貌主功能，对原场馆舞台观众厅、消防系统、监控系统、舞台灯光音响机械系统等进行全面升级改造，推动老城区公共文化设施有机更新。

【张村樱花谷景区、丁宅仙果小镇、伞艺小镇景区成功通过国家 AAA 级旅游景区景观质量评审】 2021 年 8 月 18 日，经创建单位自主申报，市专家评审会、实地检查指导，张村樱花谷景区、丁宅仙果小镇、伞艺小镇景区成功通过国家 AAA 级旅游景区景观质量评审，被列入创建 AAA 级旅游景区预备名单。

【上虞博物馆异地新建工程有力推进】 上虞博物馆新馆位于曹娥庙西侧，中华孝德园东侧，项目总投资 2.23 亿元，总用地面积 11470 平方米，建筑面积 19166.49 平方米。2021 年

2021 年 12 月，区公共文化服务中心获“最美文旅人”抗疫先进团队称号

2021 年 12 月，孝德文化入选首批“浙江文化标识”

10 月 28 日工程土建项目竣工。

【锻造抗疫战线“文旅铁军”】 2021 年 12 月，发生新冠肺炎疫情，上虞区文化广电旅游局按照上级部门统一部署，组织全体干部走在前列，勇立潮头，高质量完成大通社区疫情防控工作，战时党支部、局机关党委获评抗疫先进集体。区公共文化服务中心获得由绍兴市文化广电旅游局颁发的第二届绍兴市“最美文旅人”抗疫先进团队称号。

【孝德文化入选首批“浙江文化标识”】 2021 年 12 月，经过全面摸排、深入调研，遴选 347 个文化元素录入浙江省文化基因库，完成 22 个重点文化基因解码工作报告，孝德文化入选首批“浙江文化标识”，孝德文化基因解码入选浙江省“优秀解码项目”。

诸暨市文化广电旅游局

【概况】 2019年以来，诸暨市文化广电旅游局紧紧围绕上级决策部署，锚定打造“长三角健康休闲文化旅游目的地”的总目标，坚持文旅融合、以文彰旅发展思路，紧扣数字化、品牌化、品质化、清单化的工作理念，扎实推进各项重点工作任务，不断在文旅促进高质量发展共同富裕示范区、打造精神文明高地的道路上取得新成绩。

一、聚焦全域创建，主客共享得到新提升

（一）示范引领提升文旅供给质量

系统梳理挖掘文旅资源，推进全域统筹规划，提升旅游风貌。成立诸暨市文化健康休闲发展委员会，召开全域旅游发展大会，先后制定出台《诸暨市全域旅游总体规划》《诸暨市创建浙江省全域旅游示范区实施意见》《诸暨市旅游“十四五”规划》。全面开展全域旅游创建工作，于2021年创成浙江省全域旅游示范县（市、区），主城区获评浙江省AAAA级景区城。持续开展“万千百”创建工程，指导镇乡开展景区镇、景区村创建工作。至2021年底，绍兴市拥有国家A级旅游景区16家、A级景区镇18个、AAA级景区村28个、省级旅游风情小镇2家，A级景区村实现全覆盖。深入实施旅游业“微改造、精提升”行动，聚焦环境“精美”、设施“精良”、服务“精心”、体验“精致”、运营“精细”五大方面改造提升，制定出台《诸暨市旅游业“微改造、精提升”五年行动计划（2021—2025年）》。2021年，在各镇街、相关部门的共同努力下，绍兴市共实施“微改造”项目352项，完成投资10.4亿元，全面提升了游客满意度和体验感，综合考评指数位列浙江省第一方阵。

（二）项目建设推动文旅融合发展

主动融入浙东唐诗之路文化带、钱塘江诗路文化带和古越文化带建设，积极推进“云溪九里”文旅康养小镇、春风十里、珍珠小镇、尧舜度假养生谷、开元芳草地乡村酒店等文旅项目建设，加强精品文旅项目的准入、落地与推进工作。2019—2021年，累计总投资达113.37亿元，14个项目被列入省“四十百千”文旅项目库。

（三）产业发力拓宽文旅市场蓝海

围绕“六稳”“六保”，扎实推进省级文化和旅游消费试点城市工作。制定出台《关于加快推进全域旅游发展的若干政策意见》，加快兑现全域旅游发展政策，截至2021年底，累计向符合条件的旅行社、民宿等多家文旅市场主体发放奖补资金约2052万元。聚焦营销推广、品牌提升两大主题，不断优化夜间经济、美食美宿美旅等文旅新场景，深化诸暨十碗、西施宴等“诸暨老味道”特色美食产品，创成绍兴市文旅夜间消费集聚区2家。成功举办西施文化节、春季旅游节、五泄观瀑节、西湖—西施荷花会、金秋惠游季等节庆活动；结合西施马拉松、世界珍珠大会、环法挑战赛、CBA联赛等赛事活动，借助调频93兆赫、调

频 104.5 兆赫和高铁高速等平台投放诸暨文旅形象广告，做好城市旅游推介；深入贯彻落实与杭同城、杭绍甬一体化发展战略，通过西施文化进地铁推广、杭州西湖—诸暨西施文旅战略合作等系列举措，全面打响“西施故里·好美诸暨”文旅品牌。红色旅游稳步发展，拥有东、南、西、北及城区 5 条“初心之路”共计 14 个红色教育基地。

二、聚焦文化引领，惠文风尚得到新成效

（一）阵地铺设促进文化触手可享

聚焦城乡一体化，全方位、多层次布局“市—镇—村”三级文化基础设施，形成以“图书馆 + 浣江书房 + 浣江书吧 + 图书流通站 + 图书分馆 + 农家书屋 + 数字图书馆”为基点的书香网络、以“文化馆 + 综合文化站 + 文化分馆 + 文化礼堂”为基点的群文网络，绍兴市镇乡（街道）综合文化站一级以上建成率达 100%，居绍兴首位，实现文化分馆镇街全覆盖、文化礼堂和农家书屋行政村全覆盖，绍兴市每万人公共文化设施面积达 3579 平方米。加快文化阵地数字设施建设，已建成的 15 家浣江书房实现自助借阅全覆盖，自助借还机和电子书借阅机、无人值守门禁和监控系统配备齐全，人脸识别技术等全自助功能已投入应用，实现了以自助图书馆形式全年无休对外开放。西施大剧院获“长三角文博艺术空间优秀公共文化空间案例奖”。

（二）锻铸品牌促进阅读蔚然成风

围绕进一步擦亮“书香暨阳”阅读品牌辨识度与影响力目标，不断丰富阅读、悦读、乐读三大书香场景的内容供给，推出“全民读书月”“图书馆之夜”“阅读马拉松”“童声读书会”“未成年人读书节”等特色系列活动。成立“暨阳阅读联盟”“暨阳朗诵团”两大品质阅读推广队伍，已发展至千人力量，每年针对不同层次读者群体开展“讲、阅、展、画、演”多样化推广活动百余场。推动文化阵地社会化运营管理模式，推出“城市书房+”书店、学校、社区服务中心、咖啡店等建设运营模式，并逐步形成志愿者招募、培训、激励的长效机制。“数字阅读”场景获得广泛应用，打造诸暨市数字图书馆、西施传说特色资源库等线上平台，上线电子书（期刊）、讲座、展览、培训等各类资源 200 余万种，推出线上下单、线下寄送的“信阅”图书服务，助力市民借阅“零次跑”，已有 276.5 万人次体验了数字阅读服务。

（三）文化惠民促进服务精准供给

以“我们的舞台演艺秀”“我们的展厅艺术秀”“我们的节日我来秀”“我们的课堂教我秀”4 个系列为主要内容，深化“我们的文化”系列群众文艺活动。每年常态化开展“舞动诸暨”舞蹈大赛、“唱响诸暨”十佳歌手大赛、群文创作大赛、“梦想诸暨”团队秀、“潮涌浣江”系列展览等大型活动，推出“市民学堂”“流动课堂”“文艺专家门诊进基层”服务模式，每年实现文化下乡巡演 100 场次、送电影下乡 7296 场次、免费市民培训超 1 万人次，推动文艺资源、文化服务向镇乡街道下沉，加速实现城乡公共文化服务均等化、一体化、品质化。常态化推动线下活动上“云”，推出一系列线上主题展览、线上讲座、公益培训抖音直播、非遗小戏云展播等活动，观看量超百万。建立“总队+专家+社会组织”的公共文化志愿服务队伍模式，绍兴市文旅志愿者队伍和业余文艺团队总数达 2300 余支，实现镇乡（街道）三团三社全覆盖、村社区文艺团队全覆盖。

三、聚焦传承转化，地域文化焕发新活力

（一）常抓不懈守牢文物保护底线

围绕申报、保护两大工作思路，不断优化文物保护管理机制，先后出台《关于进一步加强文化遗产保护的实施意见》《诸暨市文物安全三年行动计划》，设立“诸暨市文物局”，强化红色文物、名人故居等关键领域文物保护力度，持续推进全域范围内文物保护项目的建设、完善、优化。2019—2021年累计完成文物保护工程51项，总计投入资金约4817万元（含民间资金），落实绍兴市92个市级以上文保单位的文物安全直接责任人公告公示牌安装，完成中共诸暨县委一大会址、金萧支队成立旧址、宣中华故居等多项名人故居修缮工程。开展白蚁危害调查，获省文物局立项为2021年文物建筑白蚁防治示范项目。积极提升不可移动文物保护级别，截至2021年底，绍兴市共有各级文保单位（点）187个，包括全国重点文物保护单位2个、省级文物保护单位14个、市县级文物保护单位77个、文物保护点94个。

（二）深化挖掘助力文化研究集成

推进文化基因解码工程，梳理出涉及中华优秀传统文化、革命文化、社会主义先进文化三大文化类型的文化元素452个，重点完成西施传说、枫桥经验、同山烧等20个具有地域特色的文化元素解码工作项目，其中枫桥经验、西施传说、诸北根据地等3个项目获评浙江省“优秀解码项目”，“西施传说”入选首批“浙江文化印记”。完成西施传说记录工作与保护研究项目并顺利通过文化和旅游部民族民间文艺发展中心和浙江省文化和旅游厅验收，启动“草塔抖狮子”非遗记录工作与保护研究项目试点工作。

（三）活化传承助力遗产焕发生机

每年组织开展“国际博物馆日”“文化和自然遗产日”等节庆活动，成功举办越地雅韵——古代文房用具艺术展、“烈酒一杯家千年——诸暨博物馆酒文化之旅”直播、“幸得有你·民安泰来”诸暨市抗击新冠肺炎疫情实物展暨艺术作品展、诸暨西路乱弹兴乡大巡演、源流——好美诸暨文化·创意展、红船从“浙”里起航——中国共产党在浙江主题展览等大型主题活动。启动诸暨市博物馆陈列改造工程，建成诸暨市非遗客厅。积极打造一批具有地域特色的诸暨文艺精品，创排西路乱弹小戏《一袋药》并参加2021“浙江好腔调”浙江省传统戏剧展演系列活动，西路乱弹小戏《梅花催春》获2021第三届华东六省一市现代地方小戏大赛金奖、浙江省新农村建设题材小戏会演荣获金奖、“中华颂”第十一届全国小戏小品曲艺大展优秀节目和小戏类最佳人气节目奖，西路乱弹小戏《抖狮结义》获“诗路传薪”2021年浙江传统体育非物质文化遗产项目舞台展演创新奖。编辑出版《诸山毓秀·浣水流芳——诸暨市博物馆文物藏品图录》《南孟文化》《西施故事》《诸暨百样老家生》等图书。

四、聚焦行业发展，市场发展得到新保障

（一）严防紧守确保防疫常抓不懈

针对复杂多变的新冠肺炎疫情防控形势，迅速组建工作专班，积极行动，抓好疫情防控常态化，多措并举筑牢诸暨文化和旅游系统疫情防控屏障，做细做实新形势下疫情防控工作，妥善处理好旅游消费退费等疫情相关旅游投诉。严格落实文旅场馆常态化“守小门”工作，建立落实绍兴市15个A级景区预约制度，贯彻A级景区“限量、预约、错峰”开放要求，实现游客间隔入园、错峰浏览，防止人员瞬时

集聚。加强文旅市场执法检查，维护假日期间安全生产秩序，保证室内景区、图书馆、文化馆保持通风换气、清洁消毒状态，确保网吧、影剧院、歌舞厅等文化娱乐密闭场所接待人数不超过核定要求，实现卫生防疫标准要求覆盖全域文旅主体。

（二）安全监管推进市场稳健发展

把好安全生产一根弦，以日常检查与重点监控相结合，对歌舞娱乐场所、重点景区、星级宾馆、网吧和旅行社进行安全生产检查，不断探索新业态监管新机制新办法，全力护航文化旅游市场长效安全、稳健发展。开展了“防风险、保平安、迎大庆”消防安全执法行动、清理网络安全风险隐患专项行动、文旅领域安全风险普查、旅游领域安全隐患大排查大整治百日攻坚行动、校园周边出版物市场专项整治、歌舞娱乐场所进行违禁曲库专项整治行动、“双随机”检查等系列行动和非法卫星电视接收设施整治工作，累计巡查出动文化和旅游市场检查4467人次，检查6808家次。配合出台《诸暨市旅游新业态项目安全生产监督管理试行办法》（诸安委〔2021〕5号），会同市场监管局、市应急管理等部门加强对旅游新业态的安全监管工作。

（三）综合施力促进文旅行业升级

积极主动对接旅游企业，开展标准化管理、旅游业务知识培训、技能比武等培训活动，指导文旅行业市场主体开展品质提升、星级复核等创建工作，加快推进文旅行业品质提升工作，增添文旅市场活力。至2021年底，绍兴市共有星级饭店6家，其中五星级2家、四星级3家；等级民宿7家，其中浙江省金宿级民宿1家、银宿级民宿5家；旅行社总计40家。

（四）数字赋能加速文旅工作转型

根据省、市关于数字化改革的总体部署，成立诸暨市文化广电旅游局数字化改革领导小组。领导小组下设办公室和7个工作组。拟订《诸暨市文化广电旅游局数字化改革方案》，按照“1+4+N”的数字化改革总框架，聚焦跨部门数据共享和业务协同两大关键，系统梳理承接上级的任务清单、现有应用的底数清单、下步工作的需求清单和具有诸暨特色的应用清单，并以清单化形式将改革任务分解至各科室，全面推进诸暨市文旅数字化改革工作，建成诸暨市全域旅游数据中心，谋划推进“安监通”“旅游出行一件事”等子场景应用。

五、聚焦人才活源，文旅发展得到新动力

优化党建引领、清廉建设、人事管理三大板块，强化“求新、补钙、务实”新时代人才培养要求，以规章制度、培养方案、考核办法等形式，不折不扣做好学习教育、调查研究、检视问题、整改落实等工作，为文化旅游事业发展提供永续人才源泉。扎实开展“不忘初心、牢记使命”主题教育工作，不断推动党史学习教育走深走实，出台制定《关于开展党史学习教育的实施方案》《2021年党风廉政与作风建设工作计划》等文件，严格落实组织生活制度，认真开展“三会一课”、主题党日、周一夜学、“先锋微家”等活动，推进“两学一做”学习教育制度化常态化。

2021年诸暨市文化广电旅游局负责人一览表

单位地址	姓名	职务	联系号码	分管工作
诸暨市暨阳街道东二路39号	何永钢	党组书记、局长	87239536	主持全面工作
	郑轩扬	党组成员、副局长	87106780	协助党组书记、局长负责数字化改革、党建、人事、意识形态、群团、内部审计、内部管理、财务、信访、文化和旅游产业发展、文化和旅游业统计、文化和旅游整体形象宣传推广、绍兴市重大文化和旅游活动的指导协调、对外及对港澳台的大型文化和旅游交流活动和联系镇乡等工作。分管党建室（挂内部审计科牌子）、办公室、产业发展科（挂推广交流中心牌子），联系新华书店
	郑文明	党组成员、总规划师	87251132	协助党组书记、局长负责文化和旅游资源普查和开发、全域旅游、重大文旅项目建设、五泄旅游度假区、东白湖生态旅游区、白塔湖国家湿地公园保护管理等工作。分管规划建设科、生态资源科
	毛桂舟	党组成员、副局长	87239562	协助党组书记、局长负责文化遗产、文物考古、文物安全、文化基因解码、博物馆管理、西施文化研究、文明城市创建等工作，分管文化遗产保护科、诸暨市博物馆（挂诸暨市非物质文化遗产保护中心、诸暨市文物保护管理中心牌子）、诸暨剧院、诸暨市影业有限公司
	张　琪	党组成员、副局长	87239177	协助党组书记、局长负责公共文化旅游服务、群众文化活动管理、艺术生产和艺术创作、对外文化交流、安全生产、应急管理、法治政府、疫情防控、文化和旅游市场监管、文化和旅游市场综合执法、行政审批服务、广播电视事业发展和行业管理等工作。分管公共服务科、行业管理与政策法规科（挂行政审批服务科牌子）、诸暨市文化市场综合行政执法队、诸暨市文化馆、诸暨市图书馆、诸暨市文化艺术中心、西施大剧院
	骆仁东	党组成员、副局长	89091728	诸暨市文旅集团挂职，不作分工
	郭　裕	诸暨市文化市场综合行政执法队队长	87253122	主持文化市场综合行政执法队日常工作
	王　白	党组成员、公共服务科科长	87231329	协助副局长抓好公共文化旅游服务、群众文化活动管理、艺术生产和艺术创作、对外文化交流等工作

2021年诸暨市文化广电旅游局内设机构一览表

部门	负责人	联系电话
办公室	余　勇	88598223
党建室（挂内部审计科牌子）	钱　莉	88598174
公共服务科	王　白	87231329
文化遗产保护科	何建国	88591136
行业管理与政策法规科（挂行政审批服务科牌子）	斯惠中	88598161
规划建设科	胡连军	88598189
产业发展科（挂推广交流中心牌子）	周　洁	88598250
生态资源科	张　红	88598221

2021年诸暨市文化广电旅游局所属事业单位一览表

单位名称	地址	邮编	负责人	联系电话	核定编制数（个）
诸暨市文化市场行综合政执法队	诸暨市暨阳街道东二路39号	311800	郭　裕	87253122	16
诸暨市文化馆	诸暨市暨阳街道高湖路39号	311800	王建义	87239521	22
诸暨市图书馆	诸暨市浦阳路77号	311800	郑　永	87224019	20
诸暨市博物馆（挂诸暨市非物质文化遗产保护中心、诸暨市文物保护管理中心牌子）	诸暨市暨阳街道东一路18号	311800	孟琼晖	87376389	22
诸暨市文化艺术中心	诸暨市暨阳街道高湖路39号	311800	周接根	87239700	46
诸暨剧院	诸暨市暨阳街道浣纱中路46号	311800	钱国坚	87025668	不定编
诸暨市白塔湖湿地生态研究所	诸暨市暨阳街道东二路39号	311800	杨海炳	87106786	3
诸暨市东白湖生态保护工程技术管理站	诸暨市暨阳街道东二路39号	311800	林效霄	88598163	3

2019 年

【《但愿人长久》获 2019 年浙江省“群星奖”】 2019 年 3 月，浙江省“群星奖”获奖作品名单公布，由诸暨市文化馆创排的小品《但愿人长久》获戏剧类奖项。“群星奖”是中华人民共和国文化和旅游部设立的全国性最高文艺奖项，浙江省“群星奖”则代表了全省文艺奖项的最高水准，每三年举办一届。《但愿人长久》讲述了在“抱团养老”的老年公寓里三对老人之间的故事，展现了老年人质朴、热烈而丰富的爱情观。

【举行“西子倾城·好美诸暨”2019 诸暨春季旅游节】 2019 年 4 月 11 日，由诸暨市人民政府主办的“西子倾城·好美诸暨”2019 诸暨春季旅游节暨文旅新品（杭州）发布会在杭州开幕，开启了“与杭同城”新时代，拉开了“西湖与西施相约”的精彩序幕。本次旅游节结合繁花盛开、水果采摘、青山飞瀑春季时令，借助“西施”“西湖”两大强势 IP，提炼古越文化、西施文化，融入西施快闪、主题推介、非遗展示、战略协作等多种创新元素，挖掘文旅新亮点，开展了推介活动。

2019 年 4 月 11 日，“西子倾城·好美诸暨”2019 诸暨春季旅游节暨文旅新品（杭州）发布会期间开展西湖西施快闪活动

【举行全民读书节启动仪式暨“书香点亮生活”大型诗歌朗诵晚会】 为了更好地发挥公共图书馆在推进全民阅读中的主阵地作用，推动“书香暨阳”建设，2019 年 4 月 22 日，由中共诸暨市委宣传部、诸暨市教育体育局、诸暨市文化广电旅游局、诸暨市广播电视台联合主办的全民读书节启动仪式暨“书香点亮生活”大型诗歌朗诵晚会在诸暨电视台演播大厅举行，主要议程有诗歌朗诵、歌舞表演以及阅读达人、优秀阅读推广人、诸暨市书香家庭等“书香暨阳”建设成果表彰等。

2019 年 4 月 22 日，全民读书节启动仪式暨“书香点亮生活”大型诗歌朗诵晚会现场

【绍兴首个红色主题馆——“晓松书屋”建成】 2019 年 5 月 11 日，绍兴首个红色主题馆——“晓松书屋”建成并开放。该书屋是以诸暨籍少将寿晓松命名的军事文献专题阅览室，藏有 1200 余册军事专题图书。馆内书籍及军事纪念品是寿晓松以个人名义捐赠给诸暨市图书馆的。“晓松书屋”是对寿晓松为家乡图书馆事业做出贡献表示的敬意，也为广大军事爱好者提供了一条便捷之路，为读者了解军事历史提供了便利。

【举办“越地雅韵——古代文房用具艺术展”】 2019 年 5 月 14 日，“越地雅韵——古代文房用具艺术展”在诸暨市博物馆开展，为期 2 个月。该展览为“5·18”国际博物馆日系列活动之一，整合了市博物馆馆藏和民间收

2019年5月14日，“越地雅韵——古代文房用具艺术展”开展现场

2019年9月27日，“我和我的祖国”——诸暨市庆祝中华人民共和国成立70周年文艺晚会现场

藏的历代文房珍品，共展出藏品100余件。展览分文房雅器·清供、场景模拟、现场互动三大板块，展品涵盖笔架、笔掭、墨盒、墨锭、镇纸、砚台、水丞、印章、花觚、香炉等实物，配合以场景模拟再现古代文房陈设，并邀请非遗传承人现场进行造纸、制笔等传习活动，让观众和学生参与互动。

【开展全国非遗记录工作与保护研究项目试点工作】 2019年6月，由文化和旅游部民族民间文艺发展中心牵头的全国非物质文化遗产记录与保护研究项目工程的试点工作立项启动。作为国家级课题，该项目以非遗保护传承突出的浙江省（诸暨市和象山县）为试点，诸暨的国家级非遗项目“西施传说”作为民间文学类试点顺利通过验收，为今后全国做好民间文学类的非遗项目保护工作提供了范本。2021年9月，文化和旅游部民族民间文艺发展中心与诸暨市非物质文化遗产保护中心签订任务书，确定在诸暨市启动“线狮（草塔抖狮子）”记录与保护研究项目工程的试点工作，开启诸暨市第二个“国遗”记录项目。完成项目立项工作，逐步开展“线狮（草塔抖狮子）”口述史记录工作。

【举办“我和我的祖国”——诸暨市庆祝中华人民共和国成立70周年文艺晚会】 2019年9月27日晚，“我和我的祖国”——诸暨市庆祝中华人民共和国成立70周年文艺晚会在西施大剧院举行。晚会由“歌颂新中国”“礼赞新征程”“拥抱新时代”三个篇章组成，以歌曲演唱、诗朗诵、情景剧交响乐、器乐独奏等艺术形式表达了对祖国的挚爱之情和对诸暨撤县设市30周年的美好祝愿。活动共有演职人员1000余人。

【“线狮”获2019年浙江传统体育类非物质文化遗产大会“创新奖”】 2019年10月26日，由浙江省非物质文化遗产保护协会、天台县人民政府、台州市文化和广电旅游体育局共同主办的“诗路传薪”——2019年浙江传统体育类非物质文化遗产大会暨天台山文旅融合高峰论坛在天台县举行，来自全省13个县、市的15支传统体育非物质文化遗产展演队伍共300多人参加了展演。诸暨市国遗项目“线狮”（草塔抖狮子）获“创新奖”，诸暨市文化广电旅游局获“优秀组织奖”。

2019年11月，诸暨旅游地铁专列亮相杭州地铁1号线

【开启“诸暨·西施号”地铁之旅】根据“与杭同城”战略部署，2019 年 11 月，诸暨旅游地铁专列亮相杭州地铁 1 号线。共计 6 节车厢，分为文化之旅、山水之旅、研学之旅、氧气之旅、乡村之旅、美食之旅等 6 个板块，在车身两侧、车顶、车地、车门、车窗、看板等不同展位上通过“实景照 + 手绘图”的形式展示诸暨市不同的文化旅游产品和线路。

【创成浙江省全域旅游示范县（市、区）】 2019 年 12 月 3 日，诸暨市召开全域旅游发展大会暨创建省全域旅游示范县（市、区）动员大会，全面启动创建工作。先后成立诸暨市文化健康休闲发展委员会，制定出台《诸暨市全域旅游总体规划》《诸暨市创建浙江省全域旅游示范区的实施意见》，分解、布置诸暨市全域旅游创建工作任务，于 2021 年创建成为浙江省全域旅游示范县（市、区），主城区获评浙江省 AAAA 级景区城。

2019 年 12 月 3 日上午，诸暨市全域旅游发展大会暨创建省全域旅游示范县（市、区）动员大会现场

2020 年

【举办 2020 诸暨市文化创意产品暨旅游商品大赛】 2020 年 2 月，启动 2020 诸暨市文化创意产品暨旅游商品大赛，绍兴市 23 个镇乡（街道）和上海、温州、衢州等地近 80 家企业参赛，参赛作品共计 7 类 149 件（套）。8 月完成评选，公布获奖作品 30 件（套），其中银奖作品 5 件、铜奖作品 7 件、优秀奖作品 18 件。

【举办“幸得有‘你’，民安泰来——诸暨市抗击新冠肺炎疫情实物展暨艺术作品展”】 2020 年 6 月 13 日，“幸得有‘你’，民安泰来——诸暨市抗击新冠肺炎疫情实物展暨艺术作品展”在诸暨市博物馆开展。展览分为三大篇章，充分展现了诸暨人的“石板道地掼乌龟”的实干精神、“小布衫里脱出”的担当精神、“三不相信试试看”的挑战精神，展出 52 件（套）见证实物、155 份纪实照片及影像记录、53 件书画作品。其中，包括该市医务工作者的一线请战书、战“疫”日记、首批援鄂医疗队员出征机票等，以及《劳模赵林中的微博日记》和民间艺术爱好者创作的各类战“疫”主题作品和纪实照片。

2020 年 6 月，“幸得有‘你’，民安泰来——诸暨市抗击新冠肺炎疫情实物展暨艺术作品展”现场

【诸暨市入选浙江省文化和消费试点城市】 2020 年 7 月，经组织专家评审、浙江省文化和旅游厅厅长办公会议审议，省发展改革委、省财政厅、省商务厅研究审定，诸暨市入选浙江省文化和旅游消费试点城市名单。诸暨市充分利用优质的自然资源和人文资源，围绕“六稳”“六保”，扎实推进省级文化和旅游消费试点城市创建工作，成立消费促进专题小组，明确小组人员及工作职责，制定出台《关

于加快推进全域旅游发展的若干政策意见》，加快兑现全域旅游发展政策。聚焦营销推广、品牌提升两大主题，不断优化夜间经济、美食美宿美旅等文旅新场景，推出一批文旅消费示范项目、示范产品，深化诸暨十碗、西施宴等“百县千碗”特色美食产品，飨街、唐韵广场创建绍兴市文旅夜间消费集聚区，“西施故里 · 好美诸暨”文旅形象获得极大提升。

【举行杭州西湖 · 诸暨西施荷花会启动仪式暨杭州人免费游诸暨发布会】 2020 年 7 月 11 日，“同萍共振　荷力共赢”——2020 杭州西湖 · 诸暨西施荷花会启动仪式暨杭州人免费游诸暨发布会在诸暨市五泄镇十四都村开幕。以“共绘一幅画、共跳一支舞、共吟一首诗”的形式，推出“杭州西湖—西施故里”系列旅游套票，举行“诗画浙江 · 百县千碗 · 诸暨老味道”授牌仪式，开展花样旅行团自驾游、杭州西湖—诸暨西施荷花展、荷塘夜市、国学体验课、西施故里荷花神女纪念仪式等系列活动，连接杭州、诸暨两座城。活动当天吸引 40 辆自驾游车队、数百位专业主播、旅游达人、抗疫医护人员等共同参与，通过央视新闻 +、今日头条、新浪微博、一直播、浙江 + 等平台直播，吸引近 70 万人次线上观看。

2020 年 7 月 11 日，“同‘萍’共振　‘荷’力共赢”——2020 杭州西湖 · 诸暨西施荷花会启动仪式暨杭州人免费游诸暨发布会现场

【文化纪录片《诸暨三贤》开拍】 2020 年 9 月 6 日，由中央电视台戏曲和音乐频道、

2020 年 9 月 6 日，文化纪录片《诸暨三贤》开机仪式现场

诸暨市人民政府主办的文化纪录片《诸暨三贤》开机仪式在西施故里景区举行，全国政协常委、中国书法家协会主席苏士澍受聘为《诸暨三贤》文化顾问。该纪录片旨在通过翔实的史料展示王冕、杨维桢、陈洪绶三位先贤的文化价值、精神风骨和历史贡献，为中国文化历史留下一份珍贵的影像资料。共摄制 15 集，每位先贤 5 集，每集 6 分钟，11 月 29 日在中央电视台戏曲频道播出。

【“2021 诸暨越剧班”成立】 为更好地推进越剧艺术传承与发展，2020 年 10 月，诸暨市文化广电旅游局与浙江省艺术职业学院签订合作协议，成立“2021 诸暨越剧班”，计划招收五年一贯制定向委培越剧演员 20 名，为诸暨市文化艺术中心的进一步发展打下有力的人才储备基础。

【《诸山毓秀　浣水流芳——诸暨市博物馆文物藏品图录》出版】 2020 年 11 月，由诸暨市博物馆编著的《诸山毓秀　浣水流芳——诸暨市博物馆文物藏品图录》出版发行。该书从博物馆 3000 多件文物藏品中，精选具有代表性和时代特色的 272 件藏品汇编而成。图录以史为线，按各时期重点和特色分为“史前文明”“古越遗珍”“汉唐风华”“宋元文昌”“明清物阜”“近代撷英”6 个篇章，全方位展示诸暨 6000 多年的悠久历史和一脉相承的地域文化。

【民族交响乐作品《梁祝》的原创者、中国著名作曲家何占豪作品交响音乐会暨古筝协奏曲《越国西施》举行全球首演】 2020年11月13日，民族交响乐作品《梁祝》的原创者、中国著名作曲家何占豪作品交响音乐会暨古筝协奏曲《越国西施》全球首演在西施大剧院举行。古筝协奏曲《越国西施》是何占豪近年来弘扬中华优秀传统文化的又一力作，以憧憬、戏水、战乱、宫怨、挣脱五个段落演绎了西施的传奇人生。

2020年11月13日，著名作曲家何占豪作品交响音乐会暨古筝协奏曲《越国西施》举行全球首演

【举办中国·诸暨第九届西施文化节】 2020年11月13日，中国·诸暨第九届西施文化节在西施大剧院开幕。此次文化节推出了世界淡水珍珠博物馆开馆仪式、华夏金石学馆开馆仪式、枫桥三贤文化馆开工仪式、《诸暨三贤》文化纪录片开播仪式、《诸暨市志》首发仪式、“百县千碗·诸暨老味道”——2020诸暨市文化旅游美食节等系列活动。西施文化节的举办，进一步擦亮了诸暨西施文化的鲜亮底色，进一步展现西施故里的美丽风采，对提升“好美诸暨”影响力、开启现代化建设新征程产生重要的推动作用。

【诸暨三贤研究会成立】 为更好地挖掘三贤文化背后的历史底蕴，充分展示“诸暨三贤”独特的文化现象和精神风骨，让更多的人了解三贤文化、学习三贤文化，2020年11月29日，市博物馆牵头组建的诸暨三贤研究会正式成立。研究会凝聚了众多知名学者和诗书画印等方面的专家。今后将围绕三贤主题，组织理论研讨、举办诗词讲座、开展书画教育和展览，以及出版相关研究成果等。

2021年

【华夏金石学馆开馆】 2021年1月1日上午，华夏金石学馆开馆仪式在诸暨市举行。华夏金石学馆位于诸暨城西五泄江文化生态公园内，建筑面积6000余平方米，投资1.2亿元，由主楼金石学馆和附楼图书馆组成，内设金文“青铜幻金”、碑版“秦汉魏唐”、砖瓦“泥石八重”、书画“国色添香”四个专题展厅。藏品以诸暨乡贤捐赠的书画、金石拓片、古砖、瓦当、书籍为主，共计24299件（张）。

2021年1月1日，华夏金石学馆开馆现场

【建立诸暨市全域旅游数据中心】 2021年1月，诸暨市全域旅游数据中心上线运行。该项目于2019年启动，以解决文旅系统在行业管理、产业监测和服务群众上存在的难点、痛点为出发点，总体框架包括“一心两轴四平台”，通过联通省、市、县三级数据，实现对诸暨文旅市场运行情况的实时一屏掌控、动态监测，建立文旅产业和旅游经济运行数字化分析制度，为文旅企业管理、行业监管、计划调度、营销宣传、游客出行等提供科学精准的指导依据。

【举办“五彩唤醒·好美诸暨”2021 春季旅游节】 2021 年 4 月 9 日，举办“五彩唤醒·好美诸暨”2021 春季旅游节，诸暨春季文旅新品发布会暨五泄观瀑节启动仪式在杭州举行，通过向杭州市民游客推介多项春季文旅产品，开展双城合作，文旅赋能，全面助推诸暨全域旅游建设。发布会以“五彩游线”为契机，以颜色为向导，推出了胭脂红、黛瓦青、千岁绿、珍珠白、碧波蓝五彩诸暨游线，受到 20 多家媒体平台宣传报道，视频直播观看达 16 万人次，线上推广阅读超 200 万人次。当天五泄观瀑节启动仪式在五泄风景区同步举行，来自全国各地的 500 名游客组成五彩方阵走进五泄风景区，打卡“老照片美陈点”、体验“共绘一幅画”、录制“声音明信片”、观赏汉服秀表演。9—11 日，“诗画浙江·百县千碗”——诸暨老味道文化旅游美食特展在杭州湖滨步行街亮相。

2021 年 4 月 9 日，“五彩唤醒·好美诸暨”2021 春季旅游节现场

【经典原创剧目《西施断缆》复排】 2021 年 5 月，诸暨市文化艺术中心邀请国家一级导演陈伟龙对经典原创剧目《西施断缆》进行复排。本次复排在原版的基础上进行了提炼深化、再度提高，对舞美、服装及人物造型进行了重新设计，对音乐唱腔作了精益求精的适度提升，新、老两代演员刻画人物更显深刻，充满了艺术活力。全新面貌的《西施断缆》受邀参加了“红动绍兴全城有戏”庆祝中国共产党成立 100 周年优秀艺术作品展演、2021 浙江省传统戏曲演出季暨浙江省经典保留剧目展演，入选“浙江省经典保留剧目”名单。

【举办“红船从‘浙’里起航——中国共产党在浙江（1921—1949）”大型巡展】 2021 年 5 月 27 日，由浙江省博物馆（浙江革命历史纪念馆）、浙江日报报业集团、中共诸暨市委宣传部、诸暨市文化广电旅游局联合主办的“红船从‘浙’里起航——中国共产党在浙江（1921—1949）”大型巡展在诸暨市博物馆开幕。展览聚焦 1921—1949 年中国共产党领导下的浙江革命，彰显首创、奋斗、奉献的“红船精神”。按时间顺序，共分“扬帆起航”“冲破迷雾”“劈波斩浪”“红旗潮涌”四个单元。展览持续至 7 月 5 日。

2021 年 5 月，经典原创剧目《西施断缆》演出现场

【举行“初心之旅·红动诸暨”——诸暨市红色旅游启动仪式】 2021 年 6 月 6 日上午，“初心之旅·红动诸暨”——诸暨市红色旅游启动仪式在同山镇丽坞底村举行，本次活动由浙江旅游投资集团、诸暨市党史学习教育领导小组共同主办，诸暨市委组织部、市委宣传部、市文化广电旅游局承办。浙江旅游投资集团领导、诸暨市领导、相关部门及各镇街分管负责人，以及“红动诸暨”讲解员、绍兴市党员教育培训基地负责人、星级旅行社负责人、省中旅游客等近 300 人参加本次活动。活动现场发布了 5 条诸暨红色旅游经典线路，对“红动诸暨”讲解员大赛获奖选手及“浙里红”红色

2021 年 6 月 6 日，“初心之旅 红动诸暨”诸暨市红色旅游启动仪式现场

教育基地、党员教育培训基地进行表彰，并对“浙里红·诸暨行”旅行团进行授旗。活动以“线上 + 线下”方式，通过天目新闻、西施号 App、诸暨之声微信公众平台等媒体全程直播。

【举办“沪上域见·好美诸暨”2021 诸暨文旅长三角（上海）推介会】 2021 年 9 月 27 日，由诸暨市人民政府主办，诸暨市文化广电旅游局、诸暨市文化旅游集团有限公司承办的“沪上域见·好美诸暨”2021 诸暨文旅长三角（上海）推介会在上海大酒店举行，邀请 50 家上海旅行社、30 家主流媒体参加，向大家作了“西施故里·好美诸暨”宣传推介和珍珠小镇、飨街、十四都村、“诗画浙江·百县千碗·诸暨老味道”等专题推介。活动现场，2021 年诸暨市金秋惠游季系列活动启动，“好美诸暨”金秋惠游季美团秒杀活动发布，“寻美西施故里”万人游活动发团。市文化旅游集团还分别与“美团”及上海市旅游行业协会旅行社分会签订了合作协议，在项目招商与客源互送等方面将展开深入合作。

2021 年 9 月 27 日，“沪上域见·好美诸暨”2021 诸暨文旅长三角（上海）推介会现场

【西路乱弹小戏《梅花催春》荣获第三届“华东六省一市现代地方小戏大赛”金奖】 2021 年 10 月 17 日至 20 日，第三届“华东六省一市现代地方小戏大赛”在江苏省射阳县举行。本届大赛由江苏、上海、浙江、山东、安徽、江西、福建等六省一市文化和旅游厅（局）共同主办，由盐城市文化广电和旅游局、射阳县人民政府承办。大赛产生大奖 3 个、金奖 8 名、银奖和优秀组织奖若干名。由诸暨市文化广电旅游局报送、诸暨市非物质文化遗产保护中心演出的西路乱弹小戏《梅花催春》喜获金奖，为浙江省唯一。

【西路乱弹小戏《抖狮结义》获“诗路传薪”2021 年浙江传统体育类非物质文化遗产项目舞台展演创新奖】 2021 年 10 月 26 日至 28 日，由浙江省非物质文化遗产保护协会和永康市人民政府主办，浙江省非遗保护协会传统体育专业委员会、永康市方岩风景名胜区管委会、永康市文化和广电旅游体育局承办的“诗路传薪”2021 年浙江传统体育类非物质文化遗产项目舞台展演暨代表性传承人培训班在永康市举行。由诸暨市非物质文化遗产保护中心演出的西路乱弹小戏《抖狮结义》受邀参加舞台展演，并获全省“非物质文化遗产项目舞台展演创新奖”。

【小品《暗“渡”成婚》获浙江省第三十二届群众戏剧小品大赛金奖】 2021 年 11 月 1 日至 2 日，浙江省第三十二届群众戏剧小品大赛在东阳市举行。大赛由浙江省文化和旅游厅主办，浙江省文化馆、东阳市人民政府、金华市文化广电旅游局承办，东阳市文化和广电旅游体育局、金华市文化馆执行承办，东阳市文化馆执行。比赛现场，由舟山市、杭州市、宁波市等选拔推荐的 24 件作品逐一亮相，由诸暨市文化馆选送的小品《暗“渡”成婚》获金奖。

嵊州市文化广电旅游局

【概况】 2019—2021年，嵊州市文化广电旅游局围绕市委、市政府中心工作，高度重视文化和旅游业发展，坚持创新、协调、绿色、开放、共享的新发展理念，以改革为动力，以融合为契机，着力优化发展结构和方式，实现绍兴市文化和旅游产业呈现持续、快速、健康发展的良好态势，各项工作都取得了一定成效。

一、做好文化传承，越剧事业薪火相传

（一）体制机制不断改革

积极推动越剧文化传承保护工作，完成省级越剧文化传承生态保护区中期评估工作，截至2021年底，已作为省厅唯一一家向文化和旅游部申报越剧文化（嵊州）生态保护区项目。积极推动越剧申报人类非物质文化遗产代表作工作，成立由市领导挂帅的工作领导小组，起草并完善“十四五”期间推动越剧申遗工作计划，并正式挂牌成立非遗保护中心。出台《嵊州市越剧传承和创新发展基金管理办法》，推进社会力量参与越剧事业发展工作。抓住机构改革契机，将嵊州市越剧艺术保护传承中心（嵊州市越剧团）成建制从差额拨款单位转为全额拨款单位，并获得中宣部第八届全国服务农民、服务基层文化建设先进集体，文化和旅游部全国文化和旅游系统先进集体。

（二）精品佳作惊艳舞台

原创越剧现代戏《核桃树之恋》成功入选庆祝中国共产党成立100周年优秀舞台艺术作品展演，成为全国唯一的一部晋京演出的越剧舞台艺术作品，并获得第十七届中国戏剧节优秀剧目奖、第三十五届田汉戏剧奖剧目入围奖、2021深圳市青年戏剧节戏曲类“最佳剧目”，2021年度浙产优秀原创舞台艺术作品、2021年度浙江十佳红色经典剧目等奖项。歌曲《永远的船娘》入选庆祝中国共产党成立100周年——“百年百首”全国优秀新创歌曲名单。越剧电影《汉文皇后》入选2021年度“浙江省文化艺术发展基金”资助项目。原创越剧现代戏《傲雪芬芳》入选2020年度浙江省文化艺术基金资助项目。《袁雪芬》斩获第三十三届田汉戏剧奖剧目奖。越歌《村村都有俏花旦》获第二十届浙江省群众音乐大赛银奖，并入围2022年全国第十九届群星奖浙江省备选节目。《貂蝉与吕布》《大漠骊歌》等剧目实现再创作。创作以“雪夜访戴”“刘阮遇仙”“大禹治水”为主题的唐诗之路越剧小戏。文旅作品《诗路越韵》厅堂版进行试验演出。

（三）越剧活动精彩纷呈

三年来新建越剧小站150个，累计建成小站180个。探索开展“越剧+”研学游，成功举办“青春飞越——第五届全国越剧戏迷大会暨全国爱越小站大学生站魅力嵊州行”、暑期准大学生越剧培训、越剧研学营等活动。成功举办多届“嵊州·中国民间”越剧节、首届越剧千人唱活动、越剧文化主题旅游论坛等文旅活动。举办民营剧团庆祝中国共产党成立100周年优秀剧目展演活动、“相约越乡”全国票友擂台赛、“越剧是这样长大的——‘5·18’国际博物馆日”等主题活动及专题展览，定时

定点开展越剧演出活动，结合优质戏迷角折子戏演出，基本实现越剧天天演。以“越剧走入年轻人的视线”为宣传标识，与腾讯网展开合作，力推“王者荣耀”越剧主题皮肤。

（四）人才培育落地开花

成立“越剧之家”实验团，搭建创作实践平台，助推越剧人才培养，研究出台《嵊州市越剧青年人才培养计划》，从经典传承、名家传艺、外出深造等方面对青年人才进行立体式培养。推进嵊州越剧艺校中本一体化等办学模式，与浙江音乐学院合作，启动中职与应用型本科一体化（“3＋4”）培养试点工作。借越剧精品创作之际，探索实施现代学徒制等校企合作育人机制，邀请杨小青、周冠均等省内一流专家组建嵊州市越剧团名家导师团。越校传承班品牌不断提升，第三届传承班自创大戏《许·仙》专场毕业公演。成立越剧教育网络学校，推进“越剧进课堂”实践活动，学生学唱累计达7000人次，举办嵊州市越剧小明星比赛等活动，越剧生态涵养不断提升。

二、做强城乡建设，全域旅游繁荣昌盛

（一）项目建设有序推进

成功创建省级全域旅游示范县（市、区）。积极推进各类文旅重点项目建设，投资40亿元的越剧小镇被评为国家AAA级旅游景区，被列入省第三批特色小镇创建名单。签约落地总投资达55亿元的中国唐诗之城项目，已被列入省重大产业项目预备类项目，即将开工建设。投资20亿元的开元旅业高星级酒店项目已顺利开工建设，截至2021年底主体已结项。嵊州文化博物馆群、嵊州市博物馆、温泉湖项目、嵊州文化传媒中心都在加紧建设中。

（二）旅游设施不断夯实

截至2021年底，绍兴市有景区镇12家，覆盖率达80%，景区村134个，其中AAA级景区村24个。创建省级金宿1家、银宿4家，绍兴市精品民宿3家，嵊州市精品民宿13家。清风驿站、星期八驿站被评为省三级旅游驿站。完成乡村旅游基础设施项目建设共计66个，完成游步道建设46.35千米，建成景观平台22个、停车位300余个、旅游厕所4座。拟订“微改造、精提升”五年计划，实施各类项目155个，总投资达4.6亿元，截至2021年底已开工124个，完成投资额2.34亿元。

（三）营销宣传稳步推进

纳入浙江省文旅产业融合试验区名单。做强做大夜游经济，积极打造绍兴市夜间消费集聚区，越剧小镇、剡溪夜集、吾悦美食街被评为绍兴市文旅夜间消费集聚区。深入推进“诗画浙江·百县千碗”工程，评出9家美食体验店、6家美食示范店，同时绍兴市4家单位获省级美食体验（示范）店，6家单位获绍兴市体验店、示范店、旗舰店称号；积极对接央视《味道》栏目，推荐“鲈鱼宴”菜品参与节目拍摄。举办“致敬百年路·启航新征程”嵊州市主题游线发布暨首发体验启动仪式。启动“王羲之”IP（知识产权）设计制作工作，已完成动画表情包及人物形象动画宣传片。

三、做优品牌推广，嵊州文旅发光发热

（一）做好宣传工作发出文旅声音

荣获“中国十佳特色文化旅游城市”“长三角最具魅力旅游度假康养目的地”“中国小吃文化名城”等称号。赴上海、杭州、成都、深圳等旅游客源市场，通过展馆设计、组织布展、展示互动，参与中国国际旅游商品博览会、浙江省特色旅游商品展评会、绍兴大运河文化旅游博览会、丽水文化旅游推介会等展览推介活动，有针对性地推介绍兴市特色文旅资源，

开拓旅游市场。借助第十八届书法朝圣活动、《核桃树之恋》晋京展演等活动契机，《人民日报》、新华社、《光明日报》等23家重点新闻媒体到现场参与挖掘报道，相关报道已被新华每日电讯、《人民日报》（海外版）、新华网等150多个媒体转载。

（二）抓好数字建设赋能文旅改革

浙里好玩品牌馆（嵊州“数字＋越剧”）入选省文化和旅游数字化改革试点项目，2021年底正在筹备上线。嵊州市崇仁村建筑群消防安全数字化应用模块入选省文物局第一批“文物安全”应用场景建设试点“揭榜挂帅”名单。创新出台《嵊州市文化广电旅游局数字化改革方案》，开发完成“嵊州智慧旅游导览”H5小程序，推出嵊州旅游手绘地图，并在“文旅嵊州”微信平台上线。做大做强“文旅嵊州”微信公众号，完成“文旅嵊州”子菜单搭建工作。

（三）开展节会活动打响文旅品牌

拓展越乡品牌效益，顺利开展“弘越传世——纪念越剧115周年诞辰暨第二十届嵊州·中国民间越剧艺术节”、全国文化和自然遗产日、第十八届书法朝圣等系列重大节庆活动活动。有序推进浦口街道乡村民乐节、黄泽镇蟠桃采摘节和金庭镇桃形李大赛等乡村旅游节庆活动。通过“花样嵊行，越乡等你”直播活动、“诗路越韵，品味嵊州”暨2020中国电信5G点亮诗画浙江首场直播活动等线上活动，进一步擦亮文旅新名片。推动浙东唐诗之路核心区建设，做好浙江省首届诗路诗词IP大会、“享诗路风华、品诗韵兴”嵊州唐诗之路推广宣传活动，开展2021年嵊州市诗路越剧文化讲解员大赛、浙东唐诗之路文化旅游商品（非遗作品）大赛等赛事活动。成功举办“嵊”情相伴 “抖”在越乡——2019文旅新媒体达人嵊州采风活动、“听家乡戏·品家乡味”——万人游嵊州活动千人团首发仪式、“中国旅游日·宣扬文明旅游”等系列活动。

四、做大文化阵地，民生福祉日益殷实

（一）文物遗址保护点亮新辉煌

编制嵊州市文物安全及名人故居保护利用三年行动计划（2021—2023年）。推进二期文物平安工程，其中崇仁村建筑群楼长制成为亮点，中新网（中国新闻网）以《守护老祖宗的智慧 浙江千年古镇为老台门设立“楼长”》为题做了相关报道。小黄山遗址初步纳入上山文化遗址群申报世界文化遗产预备名单（建议）,31件小黄山文物精品亮相国家博物馆。崇仁村建筑群消防工程被国家文物局列入全国文物消防安全百项重点工程、国内投资规模最大的文物消防工程，顺利通过省级验收。全面完成城隍庙（二期）、瞻山庙（二期）、振德台门等省级项目库修缮项目。红色革命文物省工委旧址修缮工程在中国共产党成立100周年前通过验收并投入使用。推进澄潭江（苍岩段）防汛工程苍岩基成台门整体平移工程，被中央电视台、浙江之声《浙江新闻联播》等媒体报道，并被省专家赞誉为“优良工程”。完成国保华堂王氏宗祠、崇仁村建筑群（四期）、省保灵鹅王氏纯节坊、嵊县古城墙（三期）保护修缮方案编制并通过省文物局评审，争取资金1274万元。

（二）公共文化服务增添新亮点

文化“三走进”系列活动被浙江省文化和旅游厅评为第四批浙江省公共文化服务体系示范区（项目）。“打造越剧文化圈 高质量推进公共文化服务一体化建设”项目入选浙江省公共文化服务现代化领航项目创建名单。嵊州

市（越剧）获评 2021—2023 年中国民间文化艺术之乡。实施“文化惠民”工程，三年来累计完成送戏下乡 895 场、送书下乡 104757 册、送电影下乡 15100 场，新增 8 家城市书房和 2 家集镇书房。图书馆获得浙江省第一批“满意图书馆”称号，荣获省文化和旅游厅举办的中国共产党成立百年主题阅读活动优秀领读组织和优秀领读项目等奖项。举办全民星戏曲歌曲大赛、十大戏迷角大展演和越剧文化进礼堂等全域性会演活动；举办“全民阅读·嵊图有请”全民阅读盛典、“我们的村晚”、越商大会迎春联欢、“五一”颁奖大会等节庆主题演出。推进山海协作工程，常态化举办“嵊州—青田文化走亲专场演出暨山海协作文化交流活动”，承办“天目风·越乡情”临安·嵊州文化走亲、王一敏娘家戏班赴甘霖镇等系列活动。

（三）非遗传承实现新突破

组织统筹多方力量对嵊州竹编等 18 项重点文化元素进行基因解码，“中国越剧之乡”入选首批“浙江文化标识”培育项目。非遗中心正式挂牌成立，全面梳理嵊州市级非遗项目及传承情况，鼓励和支持代表性传承人开展传习活动，新设立越剧、竹编、根雕等 10 家非遗传习所，培养后继人才，注重非遗活态传承。设立吾悦广场非遗集市线下平台和“山乘”非遗线上商城，线上线下齐发力，扩大非遗影响力，推动非遗走进群众。依托“越越”“迷迷”卡通形象推出越剧面膜、U 盘、鼠标垫等非遗文创产品。竹编系列产品、根雕“嘻哈”、戏剧服装镜框等被评为省非遗旅游商品。组织参加成都国际非遗节、中国（淮阳）非物质文化遗产展演、义乌文交会、浙江省非遗博览会等展会活动；举办嵊州市首届民间工艺手工技艺大展示、“雕圣杯”民间工艺大赛、“浙东唐诗之路”旅游商品（非遗作品）文创大赛等赛事活动。

五、做细行业监管，文旅市场安定有序

（一）执法力量不断加强

推进文化市场综合行政执法队伍体制改革，整合文化旅游执法力量，实行局队合一管理。会同多部门研究出台《嵊州市旅游新业态安全监督管理办法》，认真落实安全工作责任制，扎实开展文化市场“扫黄打非”专项行动、“双随机”抽查监管、文物安全检查、“扫黑除恶”行动及“平安护航建党百年”旅游领域安全隐患大排查大整治专项行动，积极查办大案要案。以智慧旅游大数据管理系统建设为契机，进一步加强文旅市场动态监管和行业规范化管理，努力营造全域旅游安全、健康、和谐氛围。

（二）疫情防控稳步推进

紧紧围绕市委、市政府“两手硬、两战赢”总体部署，切实做好绍兴市文化旅游市场疫情防控工作，促进文旅产业复苏和激发文旅消费新业态。疫情防控初期，调剂 250 万元旅游发展专项资金支持文旅市场恢复活力；落实 232 万元等级民宿、A 级景区、旅游企业专项补助资金；同时积极争取绍兴市、市消费专班发放文旅消费券。高效处理涉疫旅游投诉 56 起，处理率 100%，没有引发一起社会舆情和网络舆情事件。沟通创作《众志成城，防控疫情》《逆行的亲人》《你最美》等积极向上的戏曲、顺口溜作品 25 件，整合公共文化资源，打造移动剧院、居家云阅读、“馆长讲故事”、“文耕艺作”空中直播课堂等一系列线上活动，访问量达 30 万人次。嵊州市文广旅游局防控疫情文艺宣传小分队入选浙江省文化和旅游系统 2020 抗疫“二月英雄榜”。

（三）评星晋级有力推进

推进旅游行业经营管理和服务水平有效提升，嵊州宾馆通过四星级酒店复评，柏星·超级大酒店被评为四星级旅游饭店、银桂品质饭店，并获评浙江省2021年度节水标杆单位（节水标杆酒店）。鼓励优质旅行社评星晋级，乐优假期旅行社有限公司、大众旅行社有限公司被评为四星级品质旅行社，江南文化旅游有限公司被评为三星级品质旅行社。

2021年嵊州市文化广电旅游局负责人一览表

单位地址	姓名	职务	联系电话	分管工作
嵊州市官河路528号	孙赛英	党委书记、局长	83332368	主持局党委、局行政及温泉旅游度假区管委会全面工作
	吴一赞	专职副书记	83058993	负责党务纪检、机构编制、干部人事、体制改革、考评考核、对口扶贫协作、联系乡镇（村）及工青妇群团等工作。协助局长负责行政事务、政务公开、信访工作、考核工作、人大政协等工作。协助局长负责绍兴市文化旅游产业发展、文化旅游宣传推广、新闻信息、招商选资等工作；负责市节会办相关工作。分管办公室、人事科（党建科）、产业发展科
	李　炀	党委委员、副局长	83336388	负责财务管理、内部审计等工作；负责专业文化、文化遗产、文化交流、诗路文化带、博物馆管理等工作。协助局长负责文化旅游公共服务事业发展、图书馆事业等工作。分管艺术科（文化遗产科）、公共服务科。联系越剧艺术保护传承中心、文化馆、越剧艺校、文物保护中心、越剧博物馆、越剧研究中心（非遗中心）、图书馆、文化艺术中心、越剧艺术中心、新华书店
	邹　锋	党委委员、综合行政执法队副队长	83331188	负责文化市场综合行政执法队工作。协助局长负责行政审批、文化广电旅游行业管理及安全生产监督管理、法制宣传、依法行政、文明城市创建、信用体系建设、文化旅游行业协会等工作。分管市场管理与执法指导科（行政审批服务科与其合署办公）。联系电影产业发展服务中心
	竺剑育	党委委员	83032646	负责文化旅游重大项目规划建设、文化旅游专项规划、全域旅游、红色旅游、乡村振兴等工作；负责温泉旅游度假区工作；负责大花园、诗路建设等相关工作。分管规划建设科

2021 年嵊州市文化广电旅游局内设机构一览表

部门	负责人	联系电话
办公室	袁巧妮	83013306
规划建设科	唐忠建	83029616
艺术科	周泽玲	83035656
人事科（党建科）	周子斌	83037922
公共服务科	李福江	83186598
产业发展科	周勇潭	83013755
市场管理与执法指导科（行政审批科）	王　璟	83185118

2021 年嵊州市文化广电旅游局所属事业单位一览表

单位名称	地址	邮编	负责人	联系电话	核定编制数
嵊州市图书馆	嵊州市剡湖街道龙会中路 26 号	312400	张小英	83036309	16
嵊州市文化馆	嵊州市三江街道官河南路 368 号	312400	姚华江	83330598	22
嵊州市越剧博物馆	嵊州市百步街 8 号	312400	俞　伟	83014253	5
嵊州市文物保护中心	嵊州市百步街 6 号	312400	王鑫君	83017187	8
嵊州市越剧艺术保护传承中心	嵊州市百步街 3 号	312400	朱杭灿	89308288	60
嵊州市越剧艺术学校	嵊州市越承路 1 号	312400	钱江南	83025906	46
嵊州市非物质文化遗产保护中心	嵊州市百步街 6 号	312400	娄少峰	89301319	5
嵊州市文化艺术中心	嵊州市剡湖街道北直街 136 号	312400	梁成钢	83030222	6
嵊州市电影产业发展服务中心	嵊州市剡湖街道北直街 53 号	312400	钱明军	83019353	20
嵊州市文化旅游服务中心	嵊州市官河路 528 号	312400	史祁伟	83015299	12
嵊州市文化旅游产业发展中心	嵊州市官河路 528 号	312400	陈炳松	83015299	19
嵊州市文化市场综合行政执法队	嵊州市百步街 6 号	312400	陈学锋	83024624	16

2019年

【入选“中国民间文化艺术之乡”】2019年1月9日，凭借越剧入选2018—2020年度“中国民间文化艺术之乡”名单。以“一团（嵊州市越剧团）、一馆（越剧博物馆）、一校（嵊州越剧艺校）、一节（中国民间越剧节）、一网（中国越剧戏迷网）、一会（全国越剧戏迷大会）、一镇（越剧小镇）、一业（越剧文化产业）、一角（越剧戏迷角）、一区（越剧文化生态区）”的“十个一”工作载体，扎实推进“中国越剧诞生地——嵊州越剧文化生态区”试点工作。

【举办第十八届绍兴（嵊州）·中国民间越剧节暨第四届全国越剧戏迷大会】2019年3月27日，第十八届绍兴（嵊州）·中国民间越剧节暨第四届全国越剧戏迷大会开幕式在嵊州市越剧小镇举行。活动充分运用“越剧+”“互联网+”等手段传承弘扬越剧文化，开展嵊州市文化旅游月系列活动，集中在越剧诞生日前后开展“相约越乡”全国票友擂台赛、嵊州市越剧团惠民演出、中国越剧戏迷网第三届达人赛·爱越小站荟萃、“全城唱响越剧”暨十大戏迷角折子戏展演、越剧博物馆第四届越迷“梁祝”嘉年华等活动，构成了“魅力越剧文化旅游周”闪亮的文化旅游风景线。

【开展第十六届中国嵊州国际书法朝圣节暨“花样周末·剡溪风情”系列活动】2019年4月11日，由浙江省书法家协会、嵊州市人民政府联合主办的第十六届中国嵊州国际书法朝圣节暨“花样周末·剡溪风情”系列活动，在嵊州举行。系列活动包括嵊州文

2021年6月19日，第十八届中国嵊州书法朝圣活动在金庭王羲之归隐地隆重举行

旅数时代大会暨嵊州文化旅游推介会、朝圣仪式、金庭笔会、卫夫人墓修缮落成仪式、“卫夫人杯”全国妇女书法展开幕式、书圣故里——浙江嵊州·山东兰山书法作品联展、全国著名书法家系列公益讲座、浙江省诗词名家“行吟剡溪·艇湖雅集”“学在嵊州”“听家乡戏、品家乡味”万人游嵊州活动千人团首发仪式。

【举行首届根雕艺术节暨嵊州根雕艺术精品展开幕仪式】2019年5月27日上午，在文创园主题馆内举行2019嵊州首届根雕艺术节暨嵊州根雕艺术精品展开幕仪式，展出时间为1个月，共集中展出绍兴市根雕艺术从业者及爱好者创作的150件根雕作品供市民鉴赏。举办艺术节活动目的就是要进一步传承优秀地域文化，弘扬“雕圣”精神，挖掘和培养绍兴市根雕新生代人才，进一步提升嵊州根雕文化的影响力。

【开展浙江省诗路文化产业发展主题活动暨首批诗路旅游目的地发布活动】2019年12月12日，由省委宣传部、省发展和改革委员会、省文化和旅游厅、浙江日报报业集团主办的浙江省诗路文化产业发展主题活动暨首批诗路旅游目的地发布会在嵊州举行。活动旨在展现浙江打造诗路旅游目的地成果，助力嵊州文旅融

合样板地升级，深度推进浙江诗路文化产业发展。活动当天，《浙东唐诗之路核心区（嵊州）旅游总体规划》首次对外公布。规划将剡溪及其沿线、金庭镇书圣小镇、温泉养生小镇、百丈飞瀑景区等区块统一有效部署，致力于将嵊州打造为唐诗主题沉浸式体验地。

2020 年

【开展“花样‘嵊’行、越乡等你”活动】 2020 年 3 月 31 日起，开展“花样‘嵊’行、越乡等你”系列直播活动。活动分 10 期，多角度全方位介绍绍兴市 15 个乡镇（街道）的美景美食、文化产品及当地特色产业等，同时邀请当地党政主要领导走进直播间推介当地特色。据不完全统计，此次活动直播观看累计达 46 万人次，直播间送出福利券总价值约 25 万元，充分挖掘嵊州各乡镇（街道）特色旅游资源，进一步加快全域旅游建设步伐。

2020 年 3 月 31 日，绍兴市开展“花样‘嵊’行、越乡等你”系列直播活动

【举办第 24 个世界读书日暨全民阅读系列活动启动仪式】 2020 年 4 月 23 日，图书馆联合新华书店、剡山小学、双塔小学等单位，在市文化广场举办第 24 个世界读书日暨全民阅读系列活动启动仪式。活动内容包括成立剡溪阅读联盟、表彰 2018 年度阅读之星和优秀阅读推广人、“你选书我买单”、“旧书换新绿”、“图书漂流”等，来自学校、社区、部队、媒体及社会阅读组织等 300 余人参加活动，共计漂流图书 1000 余册。

【嵊州·中国唐诗之城文化旅游开发项目成功签约】 2020 年 12 月 30 日，嵊州·中国唐诗之城文化旅游开发项目成功签约，合作方为浙江省二轻集团，项目总投资 53 亿元。旨在保护、传承和利用诗路文化，建设全国首个唐诗文化主题景区，打造诗路文化带地标项目，构建浙东唐诗之路文化高地。

【举办“诗路越韵·品味嵊州”暨 2020 中国电信 5G 点亮诗画浙江首场直播活动】 2020 年 5 月 13 日，绍兴市举办“诗路越韵·品味嵊州”暨 2020 中国电信 5G 点亮诗画浙江首场直播活动。副市长余丹搭档浙视频主播周莎莎开展新闻直播和带货直播。此次直播在浙江新闻客户端、央视频等 10 余个平台上同步播出，点击量破百万，吸引最高 1.2 万人同时在线，总共 10 万人次观看直播。

2020 年 5 月 13 日，绍兴市举办“诗路越韵·品味嵊州”暨 2020 中国电信 5G 点亮诗画浙江首场直播活动现场

【启动 1906 文化主题集市】 2020 年 8 月 15 日晚，“1906 文化主题集市”在中国越剧艺术城正式启动。本次文化集市系列活动以嵊州市级以上非遗代表性项目为依托，由戏曲表演、传统工艺品、文创产品、美食小吃、

农特产品、古玩旧货六大板块构成，举办了“越享上海滩、穿越民国风”“爱上钱塘江、诗画大花园”等主题活动，仅4个周末的晚上时间，近百名与非遗相关的经营者进场经营，总人流量超过5万人次，形成了“夜购嵊州、夜食嵊州、夜游嵊州、夜娱嵊州、夜动嵊州”的良好氛围。

【举办“绍兴有戏——非遗兴乡大巡游”暨第三届“翰墨金庭·书礼小镇”风情文化旅游节开幕式】 2020年9月27日上午，“绍兴有戏——非遗兴乡大巡游”暨第三届“翰墨金庭·书礼小镇”风情文化旅游节开幕式在嵊州市金庭镇华堂村举行，美食摊的香味、喧天的鼓乐，吸引大量的市内外游客。在开幕式上，除了“绍兴有戏——非遗兴乡大巡游”活动以外，还举行了非遗代表性传承人收徒仪式、嵊州市第四批非遗基地授牌仪式、非遗传统技艺项目展览和现场活态展示、王氏后人书法展示等系列活动。

【举办“我爱唱越剧”首届全国越剧戏迷抖音大赛】 2020年10月2日，“我爱唱越剧”首届全国越剧戏迷抖音大赛启动仪式在中国越剧艺术城广场举行。参赛选手自当日起在指定微信平台自行报名，之后发送最佳越剧参赛抖音，活动持续到12月底。主办方以专家评委和网上投票两种形式，评出抖音演唱一、二、三等奖和人气抖王，以及优秀演唱者三十强，分别给予奖励。

【开展首届“越剧千人唱”文旅活动】 2020年10月27日，首届“越剧千人唱”文旅活动在越剧小镇聚贤阁大草坪举行。1000位越剧戏迷参加越剧演唱活动，共唱越剧《红楼梦》里《天上掉下个林妹妹》等经典唱段，通过“戏迷唱戏”凝聚越剧传承发展力量。

2020年10月27日，首届“越剧千人唱”文旅活动在越剧小镇聚贤阁大草坪举行

【举行中国越剧艺术2020“绍兴有戏”活动闭幕式】 2020年10月29日晚，“中国越剧艺术·2020绍兴有戏”闭幕式晚会在施家岙越剧小镇举行。晚会以“百年越剧·千年风雅”为主题，首次采用山水实景的形式进行越剧经典唱段实景演出，通过梦回千年、魏晋风流、唐诗盛观、浪漫永恒四个篇章，把江南的自然风光、千年的文化底蕴和越剧的唯美典雅有机融合，让观众在美的旋律中重温剡溪唐诗之路，回望千年文脉的传承，走进越剧发展的前世今生。

2020年10月29日，“中国越剧艺术·2020绍兴有戏”闭幕式晚会在施家岙越剧小镇举行

【召开“诗路建设浙东先行”浙东唐诗之路建设成果发布会】 2020年12月24日，“诗路建设浙东先行”浙东唐诗之路建设成果发布会在嵊州举行。发布了以东晋名士王子猷在剡溪乘兴泛舟、兴尽而归的典故创作的越歌《剡

2020 年 12 月 24 日，“诗路建设 浙东先行”浙东唐诗之路建设成果发布会在嵊州举行

溪访戴》和以嵊州当地民间传说故事为题材的越剧小戏《刘阮遇仙》，展出 20 多件“浙东唐诗之路”文化旅游产品。嵊州“中国唐诗之城”项目也首次被公布详细规划，建成后将带来大唐建筑风格、剡溪生态游览、戏曲文化演艺、工艺文创产品等“唐城八景”文化体验。

【完成基成台门整体平移工程】 2020 年 7 月 21 日，基成台门无感整体平移工程正式启动，工期历时 8 天，7 月 29 日上午抵达原址西北侧的“新家”。基成台门占地面积 511 平方米、重 372 吨。此次成功实施无感整体平移，为省内第二例大体量古建筑整体平移工程，被中央电视台、新华社、浙江卫视《新闻联播》等媒体争相报道，引发社会较大关注。

2021 年

【开展“春节七天乐”云上直播】 2021 年 2 月 1 日至 7 日，以视频直播的形式在微信端和抖音直播端同步与广大市民朋友见面。白天档节目为文化大讲堂《人文千秋话嵊州》系列、表演艺术课堂《核桃树之恋》唱段学唱系列、视觉艺术课堂系列，晚上档节目为《神虎献祥瑞》少儿舞蹈专场晚会、《深情颂党恩》庆祝中国共产党成立百年文艺晚会、《民族歌剧情》中国经典歌剧唱段专场、《越剧唱党史》新创节目荟萃展播、《越是故乡鸣》央视“角儿来了”转播、《核桃树之恋》嵊州市越剧团精品剧目展播、《剡溪风流越人歌》声乐组曲。

【举办百县千碗·鲈鱼宴活动】 结合唐诗文化资源共推出包含剡溪茗、剡溪一醉、灵运覆卮、满载剡溪船等 10 余种菜品。开展“百县千碗·鲈鱼宴”系列活动，组织赛前培训班、举行示范店评选大赛、进行线上线下推广等活动，评选出 6 家嵊州“鲈鱼宴示范店”和 9 家“鲈鱼宴体验店”，其中 6 家单位获绍兴市“诗画浙江·百县千碗”体验店。

【开展 2021 年“文化和自然遗产日”绍兴市主场（嵊州）系列活动暨第三届非遗兴乡大巡游首站活动】 2021 年 6 月 11 日上午，2021 年“文化和自然遗产日”绍兴市主场（嵊州）系列活动暨第三届非遗兴乡大巡游首站活动正式启动。来自 6 个区（市、县）的 12 个各有千秋的非物质文化遗产传统技艺项目在崇仁镇展示，吸引近 3500 名游客和群众驻足欣赏。在启动仪式上进行了红色研学游说课比赛颁奖、绍兴市首批乡村非遗体验基地授牌、《绍兴市非物质文化遗产保护条例》《浙东唐诗之路文化保护发展条例》立法调研专家聘请、《非遗研学游基地认定标准》《非遗形象门店管理规范》发布、绍兴市非遗兴乡大巡游授旗等活动。同时，举办“红色主题”非遗作品展、绍兴革命文物图片展、非遗法颁布实施 10 周年绍兴市非遗保护成果展、嵊州市革命文物图片展、古镇越剧文化图文展等巡展。

【开展第十八届中国嵊州书法朝圣活动】 2021 年 6 月 19 日，第十八届中国嵊州书法朝圣活动在金庭王羲之归隐地举行，各界代表通过诵读祭文、敬献花篮、鞠躬致敬，虔诚地向书圣表达敬仰与追思之情，弘扬书圣精神和传承书法艺术之心。金庭笔会上，书法爱好者们以笔会友、热情创作优秀书法作品，带来一场别开生面的视觉盛宴与艺术享受。

【举办“致敬百年路·启航新征程”嵊州市主题游线发布暨首发体验启动仪式】 为进一步宣传推介嵊州文化旅游特色资源，提高嵊州文化旅游品牌形象的知名度、美誉度，献礼中国共产党成立100周年“致敬百年路·启航新征程”嵊州市主题游线发布暨首发体验启动仪式于2021年10月27日在越剧小镇举行。活动正式发布五条主题游线路并举行首发体验团接旗仪式，分越剧游和红色游两条线路出发进行游览。启动仪式包含嵊州全域旅游手绘地图首发暨导览系统上线仪式，进一步提升智慧旅游体验。

2021年10月27日，“致敬百年路·启航新征程”嵊州市主题游线发布暨首发体验启动仪式在越剧小镇举行

【举办嵊州市诗路越剧文化讲解员大赛】 为进一步提升讲解员的业务素质和整体水平，促进嵊州旅游景区建设和旅游业发展，2021年5月19日，“寻诗路文化、讲嵊州故事”2021年嵊州市诗路越剧文化讲解员大赛决赛在新华书店举行。比赛不仅展现了嵊州讲解员的良好形象，同时让更多的人了解嵊州深厚的文旅资源，更好地宣传和推介嵊州

2021年5月19日，“寻诗路文化、讲嵊州故事”2021年嵊州市诗路越剧文化讲解员大赛决赛在新华书店举行

文旅产品。

【《核桃树之恋》获多项荣誉】 越剧现代戏《核桃树之恋》从剧本、导演、音乐、表演等多方面进行打磨和修改，入选2021年庆建党百年优秀舞台艺术作品展演，成为全国唯一一部晋京演出的越剧舞台艺术作品，唱响时代和家国的赞歌。该戏剧荣获优秀剧目奖并获第十七届中国戏剧节优秀剧目奖、第三十五届田汉戏剧奖剧目入围奖、2021深圳市青年戏剧节戏曲类“最佳剧目”称号、2021年度浙产优秀原创舞台艺术作品、2021年度浙江十佳红色经典剧目称号。

新昌县文化广电旅游局

【概况】2019—2021 年，新昌县文化广电旅游局紧紧围绕举旗帜、聚民心、育新人、兴文化、展形象的使命任务，立足于满足人民日益增长的美好生活需要，坚持以文塑旅，以旅彰文，不断健全现代化公共服务体系，加强文化遗产保护利用，推进全域旅游建设，丰富旅游业态，强化市场管理，文化事业全面进步，旅游产业高质量发展，文旅融合发展迈出新步伐，人民群众的获得感、幸福感明显增强，文化旅游对全县经济社会发展的贡献度不断提高。

一、站位机构改革新起点

2019 年 1 月，新昌县文化广电旅游局正式成立，由原文化广电新闻出版局、原旅游委员会合并而成，局机关内设 7 个科室；同步成立县文化市场综合行政执法队，并顺利完成局下属事业单位改革。2020 年 3 月完成天姥山管理机构改革，组建天姥山文化旅游发展中心，与新昌县旅游集团在全县面上形成了“三驾马车”拉旅游的机构设置，全面激发了文旅活力。2021年8月13日，新昌县文物局正式挂牌成立。

二、聚焦全域旅游新格局

（一）建设国家全域旅游示范区

坚持把全县作为一个大景区来谋划，编制《新昌县全域旅游发展行动计划（2019—2022）》，成立创建工作领导小组，高质量、全方位推进全域旅游建设，2019 年成功创建首批浙江省全域旅游示范县，2020 年 12 月成功创建第二批国家全域旅游示范区。2019—2021 年，新增智能装备小镇、万丰航空小镇、江南民族村·外婆坑景区、天姥阆苑景区、浙东唐诗文化园等 4 个国家 AAA 级旅游景区；东茗乡、镜岭镇 2 个省级旅游风情小镇。2021 年创成全国全域旅游标准化服务示范县。获评“最美中国文化旅游县”、全域旅游精品目的地、“浙江省文旅产业融合试验区”等，“三百工程”获评 2020 年度中国十大社会治理创新典范。台格服饰创成省五星级购物点。

（二）推进景区城创建

深化“诗城”“茶城”“佛城”三城建设，形成城中有景、城在景中的景城一体化格局，打造“浙东唐诗名城”。2019 年创成浙江省首批 AAAA 级景区城，2020 年创成浙江省首批 AAAAA 级景区城，2021 年创建全国全域旅游标准化服务示范县，新昌县 AAAAA 级景区城被评为浙江省首批 16 颗大花园“耀眼明珠”之一。截至 21 年底，已创建 9 个省级景区镇，其中 AAAA 级景区镇 2 个，AAA 级景区镇 7 个；羽林街道、七星街道、南明街道为 AAAAA 级景区城所在范围。2021 年，新昌县被列为“微改造、精提升”行动省级试点县，梅渚村被列为省级试点村，全力打造精致精美的“小城镇”建设样板和共同富裕示范区先行区。在 2021 年季度累计评价指数中，新昌县以33.14分的成绩，在浙江省 90 个县（市、区）中名列第一；新昌县获浙江省“微改造”最佳实践案例综合奖。

（三）提升乡村旅游

根据东西线规划，建设相关业态、完善相

关配套，形成东中西寻梦唐诗、丹霞风情、运动养生3条主题精品游线。近三年，共下达精品村、A级景区村约460个，总投资约2亿元。截至2021年底，全县A级及以上景区村庄总数为175个，其中AAA级景区村为32个。推进民宿（农家乐）聚集化、品牌化、主题化、多样化和规范化发展，创建等级民宿共18家，其中白金级1家、金级2家、银级15家。建成澄潭梅渚村、回山中宅村2个天姥农味品购中心。将乡村资源与专业的运营团队开展合作，梅渚村实行“共建共享＋实体运作”合作模式，外婆坑村引进乡村运营公司，镜岭镇在外婆坑、安山、雅庄、镜岭等村先行试点，探索乡村市场化运营，东茗乡打响“六看东茗、一切有戏”的乡旅品牌，精心策划主题活动吸引游客，实现“强村富民”目标。外婆坑村被评为第二批全国乡村旅游发展重点村。十九峰乡村旅游产业集聚区被评为2020年浙江省乡村旅游产业集聚区。

（四）丰富旅游业态

加大文旅项目招商。2019—2021年共签约文旅产业项目96个，其中亿元以上项目6个，5亿元以上项目1个，10亿元以上项目4个，总投资超125亿元。推进重大项目建设。韩妃江安岚酒店项目总投资约8亿元，位于穿岩十九峰风景名胜区的峡谷山幽中，于2021年8月1日正式投入营业。狐巴巴星球乐园等大型游娱购业态建成使用，云延酒店、安缇缦生态旅游度假区等大型休闲度假、康养健身项目落地建设，高端民宿成为网红打卡点。鼓山公园、梅渚村发展“夜经济”，打造“夜游”观光、“夜购”消费、“夜食”餐饮，撬动文旅市场发展。加大旅游人才培养，举办酒店服务技能提升培训、乡村民宿培训等。

（五）拓展市场推广

2019年赴杭州、上海、北京、宁波、扬州、丽水、深圳、广州、澳门等地开展文旅宣传和招商推介活动。参加义乌文博会暨国际旅游商品博览会、“浙漾京城”2019第四届浙江戏曲北京周（调腔演出），精心编排综艺文艺晚会，组织演职人员赴长兴、安吉、德清、永康、武义、浦江开展文化走亲活动6场。2020年举办专题推介会，在西安、成都、深圳、上海举办4场专题招商推介会，承办2020年“缘来新昌”云招商推介活动，赴南京参加“新天仙配”黄金旅游路线推介会，新昌旅游品牌进一步打响。2021年实现疗休养市场“零”的突破，从无到有，打破瓶颈，成为省直机关疗休养9条定点线路之一，新昌白云山庄、尊蓝山居为省直机关疗休养定点基地，并进入省直机关疗休养散客服务平台；从点到面，积极对接各地疗休养定点旅行社，在杭州、温州、台州、衢州等地区相继成为定点疗休养线路，实现“零”的突破。深挖研学游市场，创建市级研学营地、市级研学基地和县级研学基地；举办大型研学游活动，推出清风文化、红色基因、非遗传承、民俗体验等特色路线。

三、发展文化事业新阶段

（一）健全公共文化服务体系

以全省公共文化服务重点县建设为载体，不断加强文化阵地建设，对全县乡镇综合文化站进行建设提升并规范运行。2019年底，历时两年的公共文化服务重点县建设通过省级验收。2019年以来共新建8家绍兴天姥书房，完成鼓山书院、非遗戏曲馆、非遗工匠馆等建设，完成唐诗之路主题图书馆建设，完成12家农家书屋“示范点”建设，建立图书流通服务点18个。2021年7月尹桂芳大剧院建成开放。新昌县非遗馆正式选址为历史文化街区吕氏台门42号，并启动装修。新昌县获评第二批浙江省戏曲之乡、2021年度浙江省民间文化艺术之乡、评选省级文化示范户4户、省级乡村文化能人12人。县博物馆成功获评国家三级博物馆、“2020浙江十佳影响力博物馆”。县图书馆通过浙江省第一批“满意图书馆”达标考评。梅渚村获评“浙江省文化示范村”、首批浙江省美育示范村。常态化开展“文化三下乡”“阳光文化进礼堂”等民生实事工程，2019—2021年共送戏下乡244场、送书下乡61696余册、送电影下乡9054场。结合中国共产党成立100周年等，举办2021国庆群众文化月系列活动、第十五届农民文化节、庆祝中国共产党成立100周年大合唱比赛等各类大型群众文化活动687场，公益性讲座、培训、展览312场。积极应对疫情防控新形势，推出各类线上文化服务，组织开展唱红歌等线上活动。

（二）加强文物保护利用

实施文物安全三年行动计划和名人故居三年行动计划，开展全县文物安全大排查大整治大提升大利用攻坚行动和文物安全隐患排查整治。完成新北区抗日民主政府旧址迁建工程和古驿道修缮工程。启动并推进大佛寺石弥勒像本体修缮工程。积极做好岙桥里、下司巷、上石演等拆改区块文物建筑保护工作，指导里江北历史文化街区文物建筑迁建工程。鼓山书院获评“浙江省不可移动文物保护利用优秀案例”并在浙江省文物管理培训会上被推介，同时获评“第十五届全省博物馆陈列展览精品项目”。《天姥古道》获评2019年度省级以上文物保护单位优秀记录档案。

（三）促进非遗传承发展

2019年以来，新增省级非遗代表性传承人2人，市级非遗代表性项目3个、非遗代表性传承人8个，县级非遗代表性项目11个、非遗代表性传承人24个。5个村被评为市级民俗文化村，培育3家非遗民宿，传统砖瓦制作技艺入选首批省优秀非遗旅游商品名录，梅渚村和白云文化艺术村获评首批绍兴市非遗研学游基地。完成非遗戏曲馆、非遗工匠馆建设。完成县非遗数据库建设，整理修改70岁以上市级非遗代表性传承人抢救性记录文稿。积极组织参加绍兴市非遗集市、柯桥非遗嘉年华等活动，大力开展非遗进校园活动，举办“绍兴有戏——新昌非遗兴乡大巡游”，民俗文化年味节等助推乡村旅游。完善《新昌调腔保护振兴计划》，连戏经典剧目《目连救母》完成全本首演，复排《三请樊梨花》等传统大戏，创排《后山叶芽》《梁柏台》等现代戏，创办第八期调腔传承班。国家一级演员王莺获第29届上海白玉兰戏剧表演艺术奖（主角奖）。调腔传承保护发展中心被评为第九届全国先进基层文艺院团。新昌获评浙江省民间文化艺术之乡、浙江省戏曲之乡。启动文化优雅工程和基因解码工程，收集整理录入文化元素405个，解码完成20个重点文化元素，浙东唐诗之路首倡地和精华地文化基因解码入选“文化基因解码工程成果展”。

四、打造文旅融合新特色

（一）专注诗路研究

成立中国唐诗之路研究会新昌研究中心、新昌县诗路研究中心，在浙江省文化产业创新发展研究院下设“诗路发展建设研究中心”并落户新昌鼓山公园天姥阁，出版《天姥山志》《唐诗之路研究——中国唐诗之路研究会成立大会暨第一次学术研讨会论文集》《辞君向天姥——浙东唐诗之路诗歌解读》《全国唐诗之路与天姥山学术研讨会论文集》《吟剡词萃》等著作8部，发表相关论文70多篇，完成6项相关县级社科课题，举办中国唐诗之路研究会成立大会暨第一次学术研讨会、新昌诗路文化政协委员会客厅主题活动等学术会议及活动8次，进一步推动诗路理论研究。唐诗之路博物馆建成开放，并加入全国首个数字诗路声音博物馆。

（二）做强文旅品牌

在大佛龙井、小京生等传统旅游产品基础上，开发“天姥山”系列文创品牌，注册了“李梦白”诗路形象IP，包装了以“新昌炒年糕”为代表的新昌特色小吃，开发了“天姥唐诗宴”系列菜品，推出了“玩转新昌十二时辰”地图。努力打响“诗画浙江·百县千碗”品牌，研发“浙东天姥唐诗宴”和“新昌土菜”系列，现有省级体验店3家，市级体验店、旗舰店4家。举办全县天姥唐诗宴大赛，评选出县级体验店16家，其中示范店6家。2021年研发“新昌土菜”系列，并培育12家体验店。举办原创大型行进式文旅演出《诗路芳菲·梦游天姥》，打造以唐诗之路为主题的“诗路芳菲”演艺项目诗化音乐剧《诗路芳菲》。

（三）注重对外宣传

加大对外宣传，创作唐诗之路歌曲，举办越调唱唐诗演唱会，拍摄《千年诗路》等宣传片，新昌山水诗路被收录在央视《山水新昌》、《发现之旅》、浙江卫视《还有诗和远方》等重量级官媒专栏中，进一步提升新昌知名度。成功举办天姥山唐诗之路国际越野挑战赛、诗画新昌天姥文化季活动、“行走唐诗路 · 寻梦天姥山”新昌十二时辰体验采风、“我是诗路小梦白”、“唐诗之路·全国著名书法家作品展”、诗路星空朗读、浙江小记者体验唐诗之旅、环浙骑游“四美展示”唐诗之路旅游路线设计大赛等活动，深化“唐诗为媒，新天仙配”中国黄金旅游线浪漫之旅，吸引众多游客参与，进一步扩大市场影响力。

五、构建市场管理新秩序

（一）文旅执法不断加强

三年来，出动执法人员7501人次，检查文化经营单位5485家次；行政处罚结案48件，行政处罚287393元，没收非法所得5221元，没收违法物品1602个。2021年，首次侦办未经许可经营旅行社业务案件，填补了新昌县对旅游市场监管的空白。查处办理注册商标案和擅自从事印刷经营活动案，提升规范了印刷业管理秩序。开展“绿叶”专项整治行动，立案查处宾馆违规主动提供一次性用品案4起。依据安局线索移送，查处“TT”酒吧未经批准举办营业性演出以及演出内容危害社会公德案。深化“最多跑一次”改革，规范文化旅游行政审批工作，优化文旅营商环境。

（二）安全形势明显改善

严抓、严管、严处，与经营单位签订安全责任书，并积极开展应急综合演练，实现文化广电旅游领域全年零安全责任事故。开展旅游领域遏重大专项攻坚行动，文化旅游领域安全风险隐患普查行动，护航中国共产党成立百年安全生产隐患大排查大整治行动。完成每年元旦、春节、两会、端午、五一、七一、中秋、国庆、2021年中国共产党成立100周年等重要时段的安全播出保障任务。2021年，加大力度打击旅游用车违法行为，与交通局合作开发“交旅融合系统”，织密旅游用车安全监管网络，进一步压缩黑车及黑旅行社的生存空间，推动行业管理更趋科学化、精细化，开启“旅

游 +”跨界融合管理新征程。

（三）疫情防控严管严控

2020 年新冠疫情发生以来，第一时间启动应急响应，成立领导小组，制订工作方案和防控预案，组建“10+1”工作组，确保行业安全平稳。开创隔离点操作管理新模式，从零起步建立完善 43 项规章和管理规范，成为全县所有隔离观察点的模板并推广应用。积极应对疫情新形势，2020 年率先在绍兴市开展“健康游新昌”消费券发放活动。常态化开展行业隐患排查和“守小门”工作，组织文旅行业从业人员参加全县大规模核酸检测，确保文旅行业安全平稳。发挥优势联合行业力量，成立新昌县文化广电旅游局疫情防控应急小分队，统一服装，打造“有速度、有温度、有力量”的队伍形象。发挥调腔、文化馆等文艺优势，创作了调腔、快板、朗诵诗、歌曲、舞蹈、书法、绘画、篆刻等文艺作品。

2021 年新昌县文化广电旅游局负责人一览表

单位地址	姓名	职务	联系电话	分管工作
新昌县七星街道茶壶峧 39 号	高雪军	党委书记、局长、文化市场行综合政执法队队长	86024338	主持局（队）全面工作
	丁仲阳	党委委员、副局长	86621616	协助局长负责财务审计、文化、公共服务、唐诗之路研究保护、双减等工作；分管公共服务科、非物质文化遗产保护中心、诗路研究中心；联系办公室、县文化馆、县图书馆、县博物馆、县调腔保护传承发展中心（县调腔剧团）及其党支部、县文化中心
	潘春方	党委委员、副局长	86621396	协助局长负责全面从严治党、纪检监察、意识形态和宣传思想、组织人事、信访、维稳、全面深化改革、绩效考核、综合文字、共同富裕、文物、统计、统战、数字化改革、疫情防控、招商引资、市场开发、推广交流、百县千碗等工作；分管办公室、文化遗产保护科、推广交流科，联系文保所、文化馆党支部

单位地址	姓名	职务	联系电话	分管工作
新昌县七星街道茶壶岐39号	王　鑫	党委委员、文化市场行综合政执法队专职副队长	86033007	协助局长负责文化市场综合行政执法、依法治县、平安建设、行业管理、质量监督、行政审批、应急管理、广播电视、碳达峰碳中和等工作；分管文化市场综合行政执法队、行业管理科，联系博物馆党支部
	张保康	党委委员、副局长	86034003	协助局长负责全域旅游、乡村旅游、工业旅游、产业融合、产业发展、数字经济、全县文化和旅游规划编制、研学游规划、景区建设、工程项目建设等工作；分管产业发展科、规划建设科、全域旅游发展中心，联系文化中心党支部
	王樟华	党委委员	86024062	协助局长做好信访、精神文明、文明县城、工会、团妇、档案、史志，同时做好机关内部纪检监察工作，协助做好行风效能建设、作风建设、信息、政务督查、老干部等工作，联系图书馆党支部

2021年新昌县文化广电旅游局内设机构一览表

部门	负责人	联系电话
办公室	潘程程	86012782
公共服务科	丁少卿	86621609
文化遗产保护科	陈伟阳	86621615
产业发展科	吴　静	86383115
行业管理科（行政审批科）	章星君	86033207
规划建设科	赵丽玲	86271257
推广交流科	倪琳霞	85750802

2021年新昌县文化广电旅游局所属事业单位一览表

单位名称	地址	邮编	负责人	联系电话	核定编制数
新昌县文化市场综合行政执法队	七星街道茶壶峧39号	312500	王　鑫	86033007	13
新昌县非物质文化遗产保护中心	七星街道茶壶峧39号	312500	张秋萍	86621608	3
新昌县文化馆	南明街道文体路25号	312500	金志江	86233023	16
新昌县博物馆	七星街道鼓山西路130号	312500	张斯鸿	86338628	15
新昌县图书馆	鼓山西路128号	312500	张君南	86220891	17
新昌县文化中心	南明街道康乐广场1号尹桂芳大剧院	312500	石永中	86022286	4
新昌县调腔保护传承发展中心	南明街道康乐广场1号尹桂芳大剧院	312500	王　莺	86620251	42
新昌县诗路研究中心	七星街道鼓山公园（鼓山书院隔壁）	312500	张秋萍	86621608	5
新昌县全域旅游发展中心	七星街道茶壶峧39号	312500	赵丽玲	86271257	7

2019年

【成功创建国家全域旅游示范区】 2019年2月14日，成功创建首批浙江省全域旅游示范县。2020年12月，新昌成功创建第二批国家全域旅游示范区，成为绍兴市第一个成功创建国家全域旅游示范区的县（市、区）。12月22日至23日，浙江省全域旅游“比学赶超”现场会、全域旅游（新昌）高质量发展研讨活动等在新昌召开，浙江省文旅界共同解码全域旅游发展的“新昌模式”。

2019年12月22日，浙江省2020年全域旅游“比学赶超”现场会在新昌召开

2019年3月22日，“根植沃土、玉兰盛放——第29届上海白玉兰戏剧表演艺术奖主题之夜”在上海大剧院举行

【王莺荣获白玉兰奖】 2019年3月22日，“根植沃土、玉兰盛放——第29届上海白玉

兰戏剧表演艺术奖主题之夜”在上海大剧院举行。新昌调腔首次参评该奖项，县调腔保护传承发展中心书记、主任、国家一级演员王莺喜获白玉兰戏剧表演艺术主角奖（探花）。

【举办“中国诗词大会”第五季浙江（新昌）赛区选拔面试活动】 2019年10月13日，《中国诗词大会》第五季浙江（新昌）赛区选拔面试活动在新昌举行，来自不同地区的近300名参赛选手在诗词舞台上齐齐亮相，一展风采。节目组将通过全国各地地方选拔的方式，最终确定参加《中国诗词大会》录制的选手。只要选手足够优秀，就能进入“百人团”，参与央视《中国诗词大会》第五季的现场录制。

2019年10月13日，“中国诗词大会”第五季浙江（新昌）赛区选拔面试活动在新昌举行

【成立中国唐代文学学会唐诗之路研究会】 2019年11月3日，有关领导和来自全国各地的100多位专家学者齐聚新昌，共同见证中国唐代文学学会唐诗之路研究会成立暨“缘来新昌”浙东唐诗之路建设成果发布盛典，共商“唐诗之路”发展大计。省文化和旅游厅副厅长杨建武、浙江报业集团、浙江在线新闻网站副总编辑蔡李章、新昌县副县长胡玲萍，以及中国唐代文学学会会长陈尚君教授、中国唐代文学学会唐诗之路研究会会长卢盛江教授等专家学者参加大会。

【研发“浙东天姥唐诗宴”】 2019年11月3日，“缘来新昌”浙东唐诗之路建设成果发布会上正式发布“浙东天姥唐诗宴”，菜品共15款，就地取材、古法制作、唐诗赋名。现已成功培育“浙东天姥唐诗宴体验店”16家，其中6家示范店。推出“浙东天姥唐诗宴”之农家土菜系“新昌土菜”，培育体验店12家。“2019、2020、2021浙江文化和旅游总评榜”中，新昌县荣获“诗画浙江·百县千碗”工程示范县区称号。“浙东天姥唐诗宴”带动农民增收，获第一批省文化和旅游促进共同富裕最佳实践案例称号。

【召开全县文化旅游发展大会】 2019年11月18日，新昌县召开以“打造浙江省文旅融合样板地、争创国家全域旅游示范区”为主题的文化旅游发展大会，以“浙东唐诗名城”为重点，打造浙江省首批AAAAA级景区城；省文旅厅厅长褚子育、市委书记马卫光等领导出席大会并作重要讲话；发布了天姥山旅游区

2019年11月3日，成立中国唐代文学学会唐诗之路研究会

2019年11月18日，新昌县召开全县文化旅游发展大会

发展规划、“天姥唐诗宴”和“新昌十二时辰”，启动新昌十大主题游线，开元乡村旅游度假综合体、安缇缦生态旅游度假区等项目现场签约，总投资额 45.5 亿元。

【举办天姥山唐诗之路国际越野挑战赛】 2019 年 12 月 29 日，天姥山唐诗之路国际越野挑战赛在镜岭镇雅庄村举行。赛事设极限挑战赛（50 公里）、精英越野赛（30 公里）、体验赛（6.8 公里）3 个比赛项目，共有来自 26 个国家的 5000 多名选手参加，是全国标杆性大规模越野赛。赛事路线沿途经过唐诗文化传承下来的诸多实景美地，为赛事赋予美景、增添乐趣，让选手们在奔跑之中领略新昌的风景文化。

2019 年 12 月 29 日，天姥山唐诗之路国际越野挑战赛在镜岭镇雅庄村举行

【天姥文工团“三服务”下基层文艺巡演】 2019 年 4 月，新昌县文化馆组建新昌县天姥文工团，围绕“服务企业、服务群众、服务基层”文化“三服务”行动举措，结合地方特色文化艺术、乡村振兴和全域旅游，先后在文化礼堂、旅游景区等地开展巡演，促进文化和旅游真融合、深融合，提升新昌全域旅游发展水平，打造唐诗之路精华地文旅新地标。2019—2021 年，共开展活动 30 场。

2019 年 4 月，新昌县文化馆组建新昌县天姥文工团“三服务”下基层文艺巡演

2020 年

【疫情后首推消费券发放活动】 2020 年 3 月率先在全市开展“健康游新昌”惠民活动，分期发放 10 万张消费券、出台了旅行企业专项奖补等优惠政策，加大推广宣传，多措并举，三季度实现了触底反弹，旅游相关指标逐渐回

开创集中医学观察点运行新模式

疫情后首推消费券发放活动

暖，特别是乡村旅游势头良好，10 月实现了同比正增长。

【浙江卫视《还有诗和远方》栏目组首站进驻新昌】 2020 年 8 月 9 日晚 9:30，浙江卫视首创文旅实践节目《还有诗和远方·诗画浙江篇》正式开播。郦波、张绍刚、尚雯婕、华少和胡海泉 5 位嘉宾走进新昌，以“活动 + 节目 + 直播”的融媒形式立体呈现诗画新昌，收视率排名全国第三，相关话题阅读量破 2 亿人次。

2020 年 8 月 9 日，浙江卫视《还有诗和远方》栏目组首站进驻新昌

【调腔传承班时隔 13 年再次开班】 2007 年第七期调腔传承班时隔 20 年开班，该期学员毕业后如今已成为调腔剧团的业务骨干。为更好地传承国家级非物质文化遗产，2020 年 9 月，第八期调腔传承班时隔 13 年再次开班，共招录学员 35 名。

2020 年 9 月，第八期调腔传承班开班合照

2020 年 10 月 1 日，新昌县原创大型行进式文旅演出“诗路芳菲·梦游天姥”在鼓山公园上演

【打响诗路芳菲品牌】 2020 年 10 月 1 日，新昌县原创大型行进式文旅演出“诗路芳菲·梦游天姥”在鼓山公园上演。演出持续 3 天，以诗舞、诗乐、诗茶、诗戏的形式追忆盛世。新昌籍梅花奖、文华奖得主，浙江小百花越剧团团长蔡浙飞，与浙歌优秀青年舞蹈演员、年度浙江“舞蹈奖”得主李润共同饰演李白形象，上海白玉兰主角奖得主、新昌调腔剧团团长王莺饰演贺知章。

2021 年

【大佛寺石弥勒像本体修缮工程正式启动】 2021 年 4 月 1 日，大佛寺石弥勒像本体修缮工程正式启动。这是石弥勒像 30 年来首

2021 年 4 月 1 日，大佛寺石弥勒像本体修缮工程正式启动

次大修，意义重大。根据文物保护的总原则，大佛修缮施工采用传统工艺，计划工期为一年半。

【“微改造、精提升”试点工作浙江省靠前】 全力打造精致精美的“小城镇”建设样板地和共同富裕示范区先行区。将“微改造、精提升”作为提升城市品质的主抓手，成立工作领导小组，编制《新昌县旅游业“微改造、精提升”五年行动计划》。浙江省旅游业微改造 2021 年季度累计评价指数排名中，新昌县以 33.14 分的高分（满分 45 分），在浙江省 90 个县（市、区）中位列第一名。

“微改造、精提升”试点工作先行区

【实现疗休养市场“零”的突破】 从无到有，打破瓶颈，2021 年新昌成为省直机关疗休养 9 条定点线路之一，新昌白云山庄、尊蓝山居为省直机关疗休养定点基地，并进入省直机关疗休养散客服务平台；从点到面，在省直机关推广的同时，积极对接各地疗休养定点

实现疗休养市场“零”的突破

旅行社，在杭州、温州、台州、衢州等地区相继成为定点疗休养线路，实现“零”的突破。

【尹桂芳大剧院建成开放】 2021 年 7 月 20 日，尹桂芳大剧院正式启用。总建筑面积 2.73 万平方米，建筑高度约 23 米，分为主楼及两侧炮楼，大厅可容纳 1200 人观看演出。

2021 年 7 月 20 日，尹桂芳大剧院正式启用

【查处演出市场重大违法案件】 2021 年 10 月，依据公安局线索移送，对涉案的演出经纪机构立案调查，经查当事人未经批准举办营业性演出以及演出内容危害社会公德事实清楚、证据充分，依法对当事人进行行政处罚，没收违法所得并加处罚款共计人民币 15 万元。表现了文化队伍对违法行为决不姑息的态度，严厉打击重大违法行为。

2019 — 2021

文旅融合重要新闻报道辑录

30余万字《浙江禹迹图》再现大禹治水之路 穿越4000年，探寻禹的足迹

“稽山何巍巍，浙江水汤汤”。南宋诗人陆游的一句诗，形象地概括了浙江作为水乡泽国，河道纵横、江湖棋布的水域特色。

无论是4000多年前“三过家门而不入”的传说，还是当代“五水共治”的实施……千百年，提到水，都绕不开那个家喻户晓的治水英雄——大禹。

日前，一张《浙江禹迹图》的正式发布，为大禹研究开拓了新视野。作为我国第一张以省为单元，完备、系统编录大禹文化遗产的分布图，《浙江禹迹图》在传统文化印记的研究、保护、传播、弘扬上，成为一次重要的创新和示范。

大禹是谁？

他更像是一种文化现象

邱志荣是《浙江禹迹图》的主编之一。早在上世纪80年代末，他就写了《大禹和绍兴地名》。这么说起来，他追踪大禹的足迹已有30余年了。

“大禹是个什么样的人，吸引着你们如此投入？”

听到记者的提问，邱志荣微笑着摊开双手：“严格地说，大禹不是人。”

他告诉记者，这个观点是已故的浙江大学教授、历史地理学权威陈桥驿先生当年一再强调的。

陈先生认为，商周以上，史实缺乏文字实证，更多的是一种传说，大禹就是一位传说中的神。这也是为什么“盖九州之中，禹之迹无弗在也，禹之庙无弗有也”。

“所以，大禹更是一个文化现象”，寻访、收集、梳理大禹的行踪和相关古迹，并非要去验证是否真有大禹其人，是否到过此地，而是要通过大禹这个符号，去探究古人的心灵画像和精神脉络。

也正因为如此，大禹的踪迹才能遍布全国各地，尤其以浙江、河南和四川为多，浙江则集中在钱塘江一线。《会稽大禹庙碑》的作者、水利学家李仪祉说，大禹和绍兴的渊源很深。

文献记载，大禹两上会稽山。一是治水成功后，“上茅山，大会计，爵有德，封有功，更名茅山曰会稽”。二是“十年，帝禹东巡狩，至于会稽而崩”，所谓“道死，葬会稽之山”。

翻开新出版的《浙江禹迹图》，可以得到验证。书中共收录禹迹209处，涉及全省11个市，而绍兴最多，达59处，超过了四分之一。

比如，《尚书》中记载大禹是在一个叫涂山的地方娶妻的。《左传》中又称涂山为大禹召集诸侯的所在。这些当然已经无法考证了，但有意思的是，天下涂山不下十处，绍兴居然有四处。

在研究者看来，这种各地皆有禹迹的状况，恰恰印证了禹的形象并非一朝一夕造就，而是在不断的流变中，逐渐成为民族精神的

一种象征。

如果追溯起来，这些禹迹密集地，往往也是水患频发之处。尤其是浙东一带，曾经有数次海侵。在约6000年前到达高峰，今杭嘉湖平原西部和宁绍平原南部皆为一片浅海，这之后，海进海退几度发生，促成了浙东沧海桑田的变化。

所谓大禹者，就是在这种背景下，先人将他们对自然的改造和思考投射而成的一个形象。大禹的形象又影响和激励着这片土地上的后人，4000多年来，深深扎根于浙江山水人文之中。

寻找大禹，其实是寻找我们的根。

禹迹何在?

全省11个地市有209处

虽然浙江尤其绍兴一带，禹迹密集，但说到制作禹迹图的起因，几位主事人不约而同回想到2017年那次访日之旅。

当时，一位日本学者向邱志荣发问："我们绘有一幅《日本禹迹分布图》，细致标注了境内132处禹迹，遍布日本北海道至冲绳的南北各地。你们有没有禹迹图？"

邱志荣不免有些惊讶，他回答："我们绍兴是大禹的重要活动地和埋葬地，禹迹俯首皆是。"然而让他底气不足的是，在当时，国内确实还没有一份系统的禹迹图。

这次经历，让大家深受启发——绍兴大禹文化的形成和研究已有几千年历史，有必要进行一次系统性的展示，《禹迹图》就是一种有效的方式。不久，《绍兴禹迹图》的编绘就启动了，并在2018年4月完成和发布。

这张图在国内外学术界引发强烈反响，也交流到了日本、韩国等国家和地区。之后，应社会各界建议，浙江省人大常委会教科文卫委员会倡导并支持在全省范围开展禹迹普查活动，绍兴市文化广电旅游局、绍兴市鉴湖研究会等单位再次肩负起了重任。在全省各地及相关部门配合支持下，经过一年努力，完成《浙江禹迹图》全部编制、出版工作。

何谓禹迹？编辑团队认为，传说中大禹到过的地方当然是禹迹，另外但凡跟大禹有关的祭祀、遗存、地名、碑记、工程、诗词、歌舞、戏剧等等，皆可纳入广义的禹迹范畴之中，因为收集禹迹的主旨是使得大禹文化的印记和流传得以充分呈现。

但涉及具体的地点，则又需仔细辨别、考量。"禹迹图上的绝大部分地点，我们都实地考察过。"《浙江禹迹图》编者之一，绍兴市鉴湖研究会理事张钧德告诉记者。从上世纪90年代开始，多名学者就开始了对绍兴禹迹的走访、考证，历时已近30年。2018年8月开始，张钧德专程用大半年时间，走遍了浙江11地市的禹迹，有的还去过好几次。

令大家欣喜的是，嘉兴、舟山都在这次编撰过程中首次发现了禹迹。

起初，在嘉兴一直没有找到禹迹的线索，编撰组只好向中国水利史研究会会长谭徐明求助。谭徐明不但爽快答应，还到国家图书馆等多方查阅资料，很快找到了一处禹迹——位于海宁市硖石的禹秦二王庙。嘉兴市文保部门按图索骥进行实地考证，最终确认了该处隋朝建筑遗址，实现了嘉兴市禹迹"零的突破"。

舟山禹迹的发现也实属难得。邱志荣告诉记者，直到接近编撰截止日，舟山还是没有任何发现。大家只好抱着试试看的心态，向浙江工业大学之江学院从事民俗文化研究的学者徐玉红打去了电话。几天后的凌晨两点多，徐玉红发来邮件回复：从台湾方志上找到两处。这一晚，编撰人员兴奋得一夜没睡。

与此同时，另一路人马也传来好消息，受委托的舟山市地名专家王建富等从当地地名录上发现了两处禹迹，并进行了实地考察。至此，舟山一共首次发现了4处大禹史迹——位于当时定海县的禹贡通衢坊，岱山县的禹王殿、大禹王庙、禹王湾。

“正是由于这些珍贵资料的充实，使本图整体质量得到提升。”寻觅禹迹的这一路上，几位主编念念不忘许多助力者，从各地带路的老乡到学术机构的专家，特别是已故的绍兴大禹研究专家、学者周幼涛先生在离世前送来了一批大禹研究资料，可谓珍贵难得。另外，浙江省文物考古研究所的专家傅峥嵘，除了给予野外考察指导，还提供了浙江省第三次文物普查时保存的20多处禹迹的文字及图片……

最终出版的《浙江禹迹图》不仅有正图，还有大量的考释和附录，共计30余万字，是一册厚书。

得益于现场考察和古籍材料的结合，地图按全省11个地市、八大流域和地形地貌划分标注禹迹位置，其中有自然实体类46处、祭祀类119处、人工建筑12处、歌舞类2处、地名类30处。“能直观看到禹迹分布在山区还是平原、内陆或沿海，最大程度方便大众阅读和学术研究。”

为了保证地图在学术上的精准和规范，浙江省测绘资料档案馆提供了底图，浙江省水文局提供水系图，专业人士标注地貌图……“可以说，最终成型的底图，是用五六张地图拼成的。”绘制地图的金小军告诉记者。

图的背面则是《浙江禹迹一览表》，每一处禹迹都标注了地区、所属流域、禹迹名、位置、类别、现状、出处等信息。为体现多学科的研究成果和尽可能还原历史背景，书内还收编“防风氏遗址”4处、“浙江舜迹”37处、“浙江大禹同时代新石器文化遗址”30处等内容。

打开《浙江禹迹图》，源远流长的大禹文化一目了然。

如何尊禹？

传播展示也要转化创新

初夏时节，我们走入绍兴宛委山，传说中的禹穴正是在这座看似平缓却很葱茏的山丘之中。

这里相传是大禹得到天书、取得治水经验之处。禹穴最早出现于司马迁之笔下。《史记·太史公自序》曰：“二十而南游江淮，上会稽，探禹穴……”可以说，司马迁是第一个自觉到访的学人。

一块巨大的飞来石上，可以清晰看到唐代著名诗人贺知章《龙瑞宫记》的碑刻真迹，“黄帝藏书磐石盖门，封宛委穴。禹王开，得书治水，封禹穴”。而这附近也正是王阳明选择用来读书讲学，并作为自己别号的阳明洞天的所在。

大禹、贺知章、王阳明，看似无关，却聚集在这个小小的山丘上。这是一个颇有意味的象征，能明白看出一股文明的脉络传承。

今天，我们制作禹迹图，追寻大禹，尊崇大禹，也是出于这样一个动因。

邱志荣强调，其实在民间，大禹文化是一种活态的传承。他举了一个例子，台州黄岩的《一庙一故事》里有一座北城大王庙，故事里说，神仙看当地多发洪水，就派童子去绍兴请大禹安排平水大王周凯来治水，水患消除以后，当地民众在马鞍山上建立大王庙，供奉大禹和周凯。

显然，大禹对于当地老百姓来说，并非遥不可及的神人，而是现实里倍感亲切的英雄。

不久前，在绍兴市柯桥区图书馆安昌分馆的开馆仪式上，举行了《浙江禹迹图》赠书仪式。老百姓惊喜地发现，原来身边的西扆山即为涂山，为大禹妻子“涂山氏”娘家，也是大禹治水“三过家门而不入”的故事发生地。“家乡的山竟然可以入书，还和全省那么多禹迹相连！”当地村民感慨不已。

当然，虽然此次所得禹迹众多，但是可以肯定的是，有一部分禹迹已淹没在历史中。

比如余姚的秘山图遗址，相传大禹曾把治水的秘图藏在此山之中。但此处已被开发，移山填湖，今仅存一高墩。

再如嵊州的了溪，史载大禹在此治水成功，地平天成，其地遗有“禹粮”，彰显大禹治水伟大精神。而学者们在走访中了解到，“禹粮山”所处之地，几经变迁，已然消失。

“编禹迹图，一来是为了传播和展示大禹文化，二来也希望促成各级各部门对禹迹的保护。”几位编者这样说。

数千年来，禹风浩荡，禹魂长存。沧海桑田，沼泽变为良田；鱼米之乡，水患成为水利，而不变的，是人们对治水英雄的纪念和崇敬。

1995 年，大禹陵恢复中断了 60 年的公祭，吸引了近千人参加。公祭活动加快了大禹陵风景区开发的步伐。公祭前，每年参观人数大约 20 万人；公祭后，大禹陵成了外地游客到绍兴必去的景点，每天最多达到 7000 人。

“北有黄帝陵，南有大禹陵”，成为海内外炎黄子孙的共识。2006 年 5 月，“大禹祭典”入选第一批国家级非物质文化遗产名录。今年的公祭大禹陵典礼吸引了 5000 余人参加，为新中国成立以来规模最大的一次。

文旅融合后，绍兴提出打造文旅融合样板地的目标，而大禹文化是其中重要一环。大禹在治水、立国过程中表现出来的爱国、奉献、求实、科学等品质精神，以及天人合一的思想理念，正是中华民族文化和民族品格的代表。

“怎样活化大禹资源，文化如何转化为旅游和产业，都是值得我们深思的问题。”绍兴市委宣传部副部长、绍兴市文化广电旅游局局长何俊杰也是《浙江禹迹图》的主事人之一，他说，“《浙江禹迹图》是一次有益的尝试，通过资源整合、转化、创新，引发新的效应，为未来做深做透文旅融合提供了更多的可能性。”

而对于《浙江禹迹图》的编辑团队来说，禹迹茫茫，山高水长，考之证之，犹在途中。他们已经在着手准备《中国禹迹图》的编绘了。

（浙江日报记者　竺大文　陆遥　苗丽娜）
（浙江日报 2019 年 5 月 28 日 06 版，新华社、浙江新闻、浙江在线于 2019 年 5 月 28 日同时刊发）

浙江绍兴推“文旅融合·绍兴有戏”公共文化服务品牌

为有效打造公共文化服务品牌，全民提升现代公共文化服务效能，整合文化服务资源，由绍兴市文化广电旅游局主办、绍兴市文化馆承办的“文旅融合·绍兴有戏”公共文化服务品牌新闻发布会近日在绍兴市文化馆剧场隆重举行。

绍兴作为首批全国历史文化名城和首批中国优秀旅游城市，2019年又是绍兴文旅融合发展的开局之年，为彰显绍兴城市文化魅力，提升绍兴的知名度、美誉度和影响力，更好培育绍兴公共文化服务品牌，优化公共文化服务质量，更好地满足人民群众对美好生活的向往，绍兴市文化广电旅游局今年起着力培育了“文旅融合·绍兴有戏”公共文化服务品牌。

中共绍兴市委宣传部副部长、市文广旅游局局长何俊杰在新闻发布会上讲话中指出，绍兴有资源，绍兴需融合，绍兴能融通。文化与旅游的融合提升，是一个以文化带旅游、以旅游促文化的过程，是文化旅游系统每一个工作块面融合发展、优势互补、相得益彰的过程，未来绍兴文旅事业的进一步发展，必将演绎出全新的格局，绍兴文旅融合发展定然有戏。

据介绍，“文旅融合·绍兴有戏”公共文化服务品牌包含以下系列活动：“绍兴有戏·盛世欢歌”精品文艺节目创排、市级赛事及大型展演活动系列、“绍兴有戏·古越新颜”视觉艺术活动系列、“绍兴有戏·全民艺术普及”公益培训系列、“绍兴有戏·文艺专家门诊”志愿服务活动、“绍兴有戏·吹响号角”理论宣传系列活动、“绍兴有戏·绍兴故事汇”系列活动、“绍兴有戏·我们的节日”传统节日系列庆祝活动、“绍兴有戏·非遗资源转化”系列活动、“绍兴有戏·古城赶大集”第五届非遗集市等。此外，包括6个公共文化服务项目的区、县（市）联动活动系列和以7个乡镇（街道）为重点共93项工作清单的文艺播撒乡镇行活动。

发布会还先后发布了“文旅融合·绍兴有戏”公共文化服务品牌原创主题歌《出戏》之莲歌版、《入戏》之阿卡贝拉版和独唱版。并公布了“文旅融合·绍兴有戏”公共文化服务品牌LOGO设计的优秀奖、入围奖、录用奖名单。

（央广网记者　张国亮）

（央广网2019年8月8日，相关报道《绍兴着力培育“文旅融合·绍兴有戏”公共文化服务品牌》刊发在光明日报客户端2019年8月6日，《绍兴文旅融合“好戏连台”》刊发在中青看点移动端2019年8月7日，《绍兴推公共服务服务品牌促文旅融合》刊发在中国青年报客户端2019年8月7日，《戏多故事好，客到绍兴不肯走》刊发在《绍兴晚报》2019年8月7日02版）

《浙江禹迹图》：用一张地图激活全域资源

“绩奠九州垂万世，统承二帝首三王。”大禹，是我国远古时代的治水英雄。“三过家门而不入”“五水共治”的传说，更是让大禹形象家喻户晓、深入人心。

日前，由浙江省绍兴市文化广电旅游局、绍兴市鉴湖研究会等单位编纂的《浙江禹迹图》正式发布。这张禹迹图，使得浙江省大禹文化资源得到进一步梳理和明晰，也为激活浙江甚至全国的大禹文化旅游资源提供了坚实基础。“怎样活化大禹资源，使其发挥更大作用，正在进一步探索。”《浙江禹迹图》的主事人之一、绍兴市委宣传部副部长、绍兴市文化广电旅游局局长何俊杰说，通过资源整合引发新的效应，为未来做深做透文旅融合提供了更多可能。

寻找中华民族的根

古人把大禹走过的地方叫作“禹迹”。《尚书·禹贡》九州的巡行路线以龙门口（河津、韩城间的禹门口）为起点，按冀→兖→青→徐→扬→荆→豫→梁→雍的顺序，最后又回到龙门口。其中扬就是如今的浙江、江苏、安徽等地。

绍兴是禹文化的发端和奠定之地。众所周知的与大禹文化密切相关的会稽山和宛委山就在绍兴。据《越绝书》记载，大禹曾两次到越，第一次即：“禹始也，忧民救水，到大越，上茅山，大会计，爵有德，封有功，更名茅山曰会稽。”大禹第二次到越，病故并葬于会稽山，即：“及其王也，巡狩大越，见耆老，纳诗书，审铨衡，平斗斛。因病亡死，葬会稽。”《史记·夏本纪》也记载：“帝禹东巡狩，至于会稽而崩。”大禹埋葬在绍兴，便有了如今在会稽山上的大禹陵、大禹庙。

宛委山位于绍兴城东南。相传当年大禹在治水时遇到艰难险阻，受玄夷苍水使者指点，便在若耶溪边的宛委山下设斋三月，得到金简玉字之书，读后知晓山河体势、通水之理，治水终于大获成功。此事《水经注》《吴越春秋》等经籍中均有记载。司马迁《史记·太史公自序》中“探禹穴”的“禹穴”即是大禹在宛委山得天书处。

不止会稽山和宛委山，绍兴大禹遗迹遍布，这从编撰完成的《绍兴禹迹图》中的127处禹迹可得到印证。何俊杰认为，严格地说，大禹是一个文化现象，探寻禹迹，并不是要去验证是否真有大禹其人，是否到过此地。“大禹治水的传说流传广泛，是中华民族远古时期治水英雄的缩影和象征，其留下的中华民族传统美德，包括天人合一、献身、求实等，形成了中华文化的基石。”何俊杰说，收集、梳理大禹的行踪和相关古迹，其实是寻找我们的根，是对中华民族优秀文化的传承和弘扬，更是对文化瑰宝进行创造性转化和创新性发展。

串联起全域资源

上世纪80年代末，《浙江禹迹图》的编者就开始关注大禹在浙江的“足迹”，但到

2017年才萌生出制作禹迹图的想法。当年编者到日本访问，得知日本绘有一幅《日本禹迹分布图》，标注的132处禹迹遍布日本北海道至冲绳各地。但在当时，国内还没有一份系统的禹迹图。这让大家认识到，对于大禹文化，有必要进行一次系统性的梳理。不久，绍兴市委宣传部和绍兴市鉴湖研究会联合启动了《绍兴禹迹图》的编绘，并在2018年4月完成。

《绍兴禹迹图》一出，在国内外引发强烈反响，也交流到了日本、韩国。之后，绍兴市文化广电旅游局、绍兴市鉴湖研究会等单位在浙江省各地及相关部门配合支持下，完成了《浙江禹迹图》的编制、出版工作。

据悉，禹迹图上的绝大部分地点，编撰人员都实地考察过。比如起初在嘉兴没有找到禹迹的线索，编撰组向中国水利学会水利史研究会会长谭徐明求助。谭徐明到国家图书馆等多方查阅资料，很快找到了一处禹迹——位于海宁市硖石的禹秦二王庙。相关人员按图索骥进行实地考证，最终确认了该处隋朝建筑遗址。在舟山市，相关专家从地名录上入手，并进行了实地考察，后该市一共发现了4处禹迹。在寻找禹迹的过程中，专业力量也给予很多支撑，比如浙江省文物考古研究所专家提供了20多处关于禹迹的文物的文字及图片，并给予野外考察指导。

最终出版的《浙江禹迹图》不仅有正图，还有大量的考释和附录，共计30余万字。该图按浙江省11个地市、八大流域和地形地貌划分标注禹迹位置，其中有自然实体类46处、祭祀类119处、人工建筑12处、歌舞类2处、地名类30处。该图还能直观显示禹迹分布在山区还是平原、内陆还是沿海，最大限度方便大众阅读和学术研究。据悉，为了保证地图的精准和规范，浙江省测绘资料档案馆提供了底图，浙江省水文局提供水系图，专业人士标注地貌图。为体现多学科的研究成果和尽可能还原历史背景，书内还收编“防风氏遗址”4处、“浙江舜迹”37处等内容。

通过一张地图的编绘，浙江大禹文化家底被摸清，为下一步保护利用打下坚实基础。

盘活全域旅游路线

位于会稽山的大禹陵为全国重点文保单位，由禹陵、禹祠、禹庙以及附属建筑组成。建于明嘉靖年间的大禹陵碑、禹祠内的“禹穴辩”碑、陈列着的与大禹治水传说相关的文物图片、历史资料……无一不让人感受到大禹文化的深厚积淀和源远流长。

在宛委山，禹穴静立在郁郁葱葱的山丘上。在其右边一块飞来石上，有唐代著名诗人贺知章《龙瑞宫记》的碑刻真迹：“黄帝藏书磐石盖门，封宛委穴。禹王开，得书治水，封禹穴。”而这附近也正是王阳明用来读书讲学，并作为自己别号的阳明洞天的所在。大禹、贺知章、王阳明，在这个小小的山丘上，以这样一种形式，传承着中华文明的脉络。而这也是今天制作禹迹图，追寻大禹的动因之一。

追寻大禹，就是要尊崇大禹。如何崇禹？何俊杰认为，在文旅融合后，绍兴提出了“重塑城市文化体系，打造文旅融合的样板地”的目标，大禹文化是其中的重要一环。“通过资源融合、转化、创新，激发全域旅游的效应，为激活绍兴的文化标识提供了更多可能。”何俊杰说。

事实上，大禹文化助推文旅融合的效应已经逐渐凸显。1995年，大禹陵恢复中断了60

年的公祭，吸引了近千人参加。公祭后，大禹陵成了外地游客到绍兴必去的景点，每天最多达到7000人。如今“北有黄帝陵，南有大禹陵”，成为了海内外炎黄子孙的共识。2006年5月，“大禹祭典”入选第一批国家级非物质文化遗产名录。2019年的公祭大禹陵典礼吸引了5000余人参加。

目前《浙江禹迹图》的编辑团队在着手准备《中国禹迹图》的编绘。“中华民族有太多文化符号需要梳理、解码、挖掘。通过禹迹遗存，全面保护、创新文化线路。”何俊杰说，比如围绕禹迹资源，把大禹文化涉及的古村落、古寺庙设计成旅游文化路线，利用研学、游学将其串联起来；再如以大型活动为载体，将禹迹联系起来，撬动绍兴文旅融合。

（中国文化报记者　李佳霖）

（《中国文化报》2019年10月19日06版）

绍兴 π，中国魂

“泼墨成画，枕河而居，舟楫而往，听雨阑珊”，2500 年城址未变，文脉绵延、生生不息的绍兴，是文化圣地，也是全国热门旅游目的地城市之一。11 月 4 日至 11 月 7 日，以“颂咏时代 创赢未来”为主题的“北京·绍兴周”活动将在北京举办。其间，10 多场活动，浙江省绍兴市以更加开放的姿态、更加开阔的视野，全面展现绍兴城市气质、发展特质、文化品质，以期打造更具活力、更高质量、更有高度的绍兴新未来。

传承千年文脉

绍兴地处长江三角洲南翼，浙江省中北部，西接杭州，东临宁波，北濒杭州湾，下辖越城区、柯桥区、上虞区、诸暨市、嵊州市和新昌县，面积 8279 平方公里，常住人口 502 万。绍兴是首批 24 个中国历史文化名城之一，近年来相继获得全国文明城市、联合国人居奖等殊荣。

绍兴历史悠久、文化底蕴深厚，7000 多年前属于河姆渡文化区域，春秋战国时期为越国中心，秦汉时期设立会稽郡，隋唐史称越州，南宋以后定名为绍兴至今。绍兴文化几千年绵延不绝，越王勾践“卧薪尝胆”造就的越文化、“天下黄酒源绍兴”传承的酒文化、越剧绍剧为主体的戏曲文化、兰亭曲水流觞为源头的书法文化、“知行合一”的阳明文化等，都已成为中华文明的璀璨明珠。绍兴古城被誉为“没有围墙的博物馆”，舜禹遗迹、越国古址、秦汉碑刻、唐宋摩崖、明清建筑展现着历史的光辉，鲁迅故里、书圣故里、阳明故里、大禹陵、兰亭、古桥群、古纤道、古运河等文物古迹随处可见。目前，全市共拥有曹娥庙、斯氏古民居建筑群、马寅初故居、大佛寺等全国重点文物保护单位 30 余处，拥有国家级非物质文化遗产保护项目 21 个，绍兴会稽山古香榧群为全球重要农业文化遗产，浙东运河绍兴段为世界文化遗产中国大运河的重要组成部分。

绍兴人杰地灵、历代名人辈出。华夏始祖、治水英雄大禹在此会诸侯、疏山川，并葬于会稽。春秋霸主越王勾践在此卧薪尝胆、图强兴国。绍兴还造就了书圣王羲之、爱国诗人陆游、心学大儒王阳明、青藤老人徐渭等大师，哺育了秋瑾、徐锡麟、陶成章等辛亥志士，更是民族脊梁鲁迅、学界泰斗蔡元培、人口学家马寅初的故乡。历史上，绍兴出过文武状元 27 名、进士 2238 名；现如今，在“两院”院士中，绍兴籍累计达 73 位。

绍兴山清水秀，是典型的江南水乡，境内河道密布、湖泊众多，拥有曹娥江、浦阳江、浙东运河和 14 个千亩以上湖泊。绍兴也是著名的“万桥之乡”，全市桥梁总数超过 1 万座，其中古桥 600 多座。“山阴道上行，如在镜中游”，历史上李白、杜甫、白居易、孟浩然等 400 多位著名诗人都留下了赞美稽山鉴水的绚丽诗篇，形成了浙东“唐诗之路”精华段。目前全市拥有国家级和省级风景名胜区9个，拥有国家级森林公园4个，是全国首批优秀旅游城市之一。

多角度、多形式激活“古越基因”

近年来，绍兴市依托丰厚的文化资源，从多个角度，利用多种形式激活“古越基因”。绍兴市委宣传部副部长、市文广旅游局局长何俊杰表示，在“重塑城市文化体系”目标下，绍兴把“文化”与“产业、城市、生态”并列为城市发展的四梁八柱，逐步搭建起“一廊三带”的π型文态空间架构，在实践中探索如何用故事、文学、艺术、地图和项目等力量激活绍兴文化记忆。

绍兴古城保留了城池和棋盘式街巷的传统格局，古城内现存的鲁迅故里、书圣故里、阳明故里、越子城、八字桥等历史街区面积达8.3平方公里。多年来，绍兴编制了《历史文化名城保护规划》，出台了《绍兴古城保护利用条例》，设立了古城保护基金，确定了“以世界遗产为导向的传统风貌区、以文旅文创为主要功能业态的活力街区和风雅时尚、配套便捷的品质生活社区”古城发展目标。为有效激活绍兴这座千年古城，绍兴制定《故事激活古城计划》，重点筛选了100个故事，并将故事编上二维码，通过“扫码听故事”唤醒古城的历史，采取“年轻人讲传统故事、用新的语言讲古老的故事”的方式，让绍兴的过去跟当代人的生活发生关联，从而有效激活其文化资源。

在绍兴新昌县东茗乡有一个“名不见经传”的自然村——石门坑村。村里的乡贤何国门把他的老师——浙江省书协主席鲍贤伦在2014年北京书展上的隶书巨幛《陶渊明归去来兮辞并序》按原尺寸凿刻在了村西的摩崖壁上，并创建了以《归田乐》为主体的“世外桃源”型山村文化风景区。石门坑村摩崖石刻落成后，迅速成为“网红”，迎来了络绎不绝的游客，并进一步带火了周边村落。一个封闭的小山村，因为书法文化带来了翻天覆地的发展机遇，经过艺术元素的点缀激发了无限可能性。这为发挥艺术家作用和实践文旅相融提供了启示和样本。

浙江省是网络小说创作大省，而绍兴是浙江省内最先将大量网络文学直接转化为旅游IP的城市。2018年8月绍兴发布了国内首条网络文学IP“卷帘见山阴——跟着小笔游绍兴”，并根据《狼毫小笔》这部网络小说精心设计了两条游线：兰亭、漓渚的“书乡兰韵花香线”；平水、王坛、稽东南部山区的“唐诗之路遗韵线”。根据《狼毫小笔》，平水镇复原了日铸岭古道、兰若寺等小说场景。在平水镇的宋家店村有一座即将倒塌的宋家祠堂，宋家后人看到《狼毫小笔》中将宋家祠堂写得那么好，自发捐款500多万元，在政府的补助下全面修复了祠堂，现已成为粉丝们探寻《狼毫小笔》的重要景点之一。

大禹是中华民族千古传颂的治水英雄。浙江是大禹文化保护、传承最好的区域之一，各类禹迹遍布浙江大地，成为浙江历史人文的一笔宝贵财富。大禹和绍兴渊源很深，他曾两上会稽山：一是治水成功后“上茅山，大会计，爵有德，封有功”；二是“道死，葬会稽之山”。近年来，绍兴努力激活大禹文旅资源。2018年4月编制发布了《绍兴禹迹图》，2019年出版发行了我国第一张以省为单元编录大禹文化遗产的分布图——《浙江禹迹图》。《浙江禹迹图》的编制，开拓了大禹研究新的视野，通过禹迹资源整合、转化、创新，激活全域资源，为未来盘活绍兴的文化标识、做深做透文旅融合提供了更多可能。

浙东运河全长 200 公里，流经绍兴 101 公里，至今仍是绍兴重要的水运通道，其“河道本体”“八字桥”“八字桥历史街区”“古纤道”4 个点段被列为世界文化遗产，它们是浙东古运河中最珍贵的闪光点和最具文化价值的地方。为推进运河文化带建设，绍兴制定了运河文化带建设三年行动计划（2018-2020 年），结合全市文创大走廊建设，谋划了近百个项目、总投资近千亿元，通过项目的力量激活浙东运河，包括建设浙东运河博物馆，打造浙东运河博览园和打造古镇集群，其中古镇集群把运河沿线散布的钱清古镇、柯桥古镇、安昌古镇等众多名镇，以及柯岩风景区、鉴湖旅游度假区等旅游平台聚集串联起来，将这些名镇名区串成文商旅核心。

文旅为经济发展注入新动能

多年来，绍兴积极围绕浙江省提出的全面推进“文化浙江”“诗画浙江”建设，打造文化和旅游融合发展 IP 工程的全域型文化和旅游融合发展战略，全力使绍兴的文化和旅游两大产业逐渐形成相互促进、优势互补的发展态势。随着非物质文化遗产进入景区变成旅游工艺品；农副土特产品变成旅游商品；传统民俗变成旅游新体验……文旅正为绍兴经济发展注入新动能。

7 月，绍兴市文化产业发展大会召开，绍兴北文影视娱乐综合体、“云溪九里”浙江文旅康养小镇、嵊州·中国唐诗之城等 12 个文化产业项目的签约，标志着绍兴重塑城市文化体系有了重要突破口。在当天签约的绍兴森林野生动物王国总投资 25 亿元，是备受关注的项目之一。该动物园拟落户绍兴市兰亭文化旅游度假区，主要包括野生动物世界、马戏剧院、动物主题商业街、动物主题酒店等板块，目标是打造成国内一流的动物主题乐园。项目建成以后，将进一步丰富绍兴的文化旅游资源，提升绍兴文化旅游的档次和水平。

节会是许多城市举行大型文艺活动的重要载体。节会带来人流的井喷式增长，成为带动当地文旅产业发展的重要契机。在节会期间，绍兴积极安排相关产业活动，拓展节会产业链，推进绍兴文旅产业发展。例如书法节期间，兰亭景区接待游客人数同比增长 29%。正在修葺的阳明故里等遗迹以及经典越剧《王阳明》，吸引了众多旅游者。同时，绍兴利用“历史与文化、山水与生态、民俗与风情”资源，开发一批特色文创产品，包括举办绍兴城市礼品暨文创旅游商品设计大赛，重点策划以绍兴黄酒、博物馆、乡村土特产为主题的旅游文创商品，实现绍兴文化旅游之城既有卖点，更有买点。

绍兴还以文创大走廊为引领，推动文化与旅游全方位、全链条深度融合。文创大走廊以萧甬线、古运河、新运河、鉴湖为脉络，总面积 300 平方公里，是一条融杭联甬的重要通道。文创大走廊的建设，使得绍兴文化产业特色逐渐形成、项目建设稳步推进、企业培育持续深入、品牌打造初现成效、平台搭建不断优化、产业融合有效推进。比如嵊州依托原先的非遗技术形成工艺美术、戏曲等特色产业方向；新昌以浙东唐诗之路为依托，形成了特色文化旅游产业；上虞区推进打造曹娥江旅游度假区、E 游小镇、杭州湾花田小镇、梁祝文化小镇等产业平台，深入推进文旅融合。

（中国文化报记者　李缩心）

（《中国文化报》2019 年 11 月 2 日 06 版）

绍兴：非遗大市“非遗文章”

“绍兴之所以能成为绍兴，文化的延续性功不可没。它城址未变，文脉未断，生生不息；这种生生不息体现于老百姓的日常生活中，就是以非遗为代表。”

绍兴，被称为没有围墙的博物馆，不用申报的世界文化遗产之城。春秋战国时期，越国在此建城，至今城址未变，距今已有2510年。

这里小桥流水景色独秀，街头巷尾古韵流溢，是首批中国历史文化名城和首批中国优秀旅游城市。

悠远的历史、厚重的文化留下了丰厚的非遗资源：国家级非遗项目24项、省级86项、市级261项、县级652项，国家级非遗代表性传承人21人、省级109人、市级365人、县级451人。

文旅融合的主旋律号角吹响后，这座非遗大市的非遗能量日益被激活，为城市发展赋能的力量渐显。

“非遗是绍兴全域旅游、文旅融合的重要载体，传统文化转化创新的重要引擎，是老百姓奔小康的最好抓手，地位独特，不可或缺。”绍兴市委宣传部副部长、绍兴市文化广电旅游局局长何俊杰对《瞭望东方周刊》表示，“政府要主导、写好非遗文旅融合这篇文章。”

“非遗客厅”开门迎客

迎恩门风情水街，坐拥绍兴古城西城门和浙东古运河，是绍兴正着力打造的传统和时尚交融的人气商业街区，对标街区为成都的太古里。

8月28日，绍兴首家“非遗客厅”在水街正式开门迎客，其亮相仪式颇为隆重：绍兴市政府、市文广旅游局、市旅行社协会、市非遗保护中心等诸多政府部门和机构莅临祝贺，热闹非凡。

这家店面积800平方米，陈列、出售越红茶、青瓷、棕编、铜雕、花雕、竹编等十余种绍兴非遗项目的精美产品，价格从几十元到数千元不等；一张大茶桌，供客人休息、品茶；一处小戏台，可容纳30余人现场落座赏戏，绍兴各大地方戏剧曲艺免费轮流展演；一处空间，专为非遗体验课而设……

这家店的运营方是越红文化有限公司，一家民营企业，老板杨思班是绍兴的市级非遗“越红功夫茶制作技艺”的传承人。

“客厅就是大家的庭院，不仅是自家的越红茶，我们把绍兴很多非遗的东西集中在这里，供大家购买、休闲、体验，希望能挖掘这座宝库的潜能。”非遗客厅负责人张洪光对本刊记者说。

这里的非遗可听、可看、可体验、可消费，恰似一座融入生活的非遗活化馆。

何俊杰说：“文化需要被人去感知，需要人们去享受它、消费它，才能转化价值，不能把非遗供在博物馆的柜子里。”

这是绍兴正在探索的非遗保护新途径、新模式，对这个新生儿，政府和民间资本一起提供了优渥的成长环境，亦对其寄予厚望。

越红公司负责投资、运营，文旅局则不仅参与了整体风格的打造，且在其支持下，店面租金得以优惠，诸多优质非遗资源得以快速整合入驻。此外，“绍兴文化旅游咨询服务点”“绍兴非遗客厅”均由政府授牌，增强了店面的公信力。绍兴市旅行社协会的优势资源介入后，将非遗客厅融入绍兴文旅线路中，带来大量游客，刺激非遗消费。市里举办各类非遗及文化相关的大型活动时，这里可作为承载点之一……

“非遗客厅是引流点，背后可以打通各种资源。”绍兴市文旅局非遗处处长梁智渊向本刊记者介绍，绍兴各类非遗产品轮流在客厅展出销售，戏台是聚集人气的极佳手段，生态茶园、越红茶博物馆等景点可嵌入研学旅游线路，非遗体验课可对接学生等资源……“这是一张巨大的网，每一个链接点都可以注入能量。”

刚开始，越红公司和文旅局都有些忐忑，但市场反馈令他们欣喜，信心倍增。

8月13日是试营业的第一天，“人气爆棚！配了6个工作人员还不够，几乎控制不住场面了。”张洪光连连感叹，那天店内水吧主打饮料柠檬红茶卖断了货，近期每日仅现场产品营业额就在4000—6000元。

“已经超预期啦。仅是水吧收入就够开支房租和员工工资了。”张洪光笑容灿烂。

刚入驻，非遗客厅就成为水街的明星商铺。更大的惊喜是：试营业不到一周，有外地商业项目寻上门，以优渥条件邀请它前去入驻。

梁智渊说：“这种模式具有可复制性，我们已在物色下一个落脚点。”

30余年后，绍兴评话重现

非遗客厅正式亮相当晚，小戏台展演的是市级非遗项目绍兴评话，表演者是小伙子方天，出生于1989年。

几年前，方天还在为工作犯愁，现在已是绍兴本地小有名气的人物，拥有一批铁杆粉丝。他少小喜欢评话，2015年在朋友开的茶馆驻场表演，于他，是当时的谋生手段，不承想却惊动了相关部门。

评话，俗称说书，兴于宋代，茶馆听书曾是古绍兴的十大风情之一。上世纪80年代，绍兴最后的国营书场解体，评话的现场演出亦在大众视野中消失30余年。

评话演出重现市场，且几乎场场爆满，绍兴市文旅局和市非遗保护中心迅速关注到了这个年轻的评话“苗子”，并给予了丰厚的资源支撑，让他加入“把根留住”曲艺创新团队，支持他参加省级、国家级的展演，打造个人品牌。

2018年，方天自立门户创办了越州书苑，身兼老板和说书人。越州书苑位处南二环大禹开元度假村，这里曾是大禹后裔聚居的千年古村落，拥有厚重的历史积淀和文化底蕴，是中高端旅行团在绍兴的常驻点。

绍兴市非遗保护中心协理员徐红介绍，越州书苑是市里重点培育的两个书场之一，每年给予一定的资金扶持外，还会助其链接很多资源，并利用政府的平台为其宣传，合力打造这颗新兴的评话明星，营造地方曲艺氛围。

现在，去越州书苑听一场绍兴评话已经成为旅行社绍兴游路线里的重要环节，散客门票价格从5年前的30元涨到了68元。此外，方天还能接到不少旅行团包场的活，“收入不错，两场就能把书苑的房租挣出来。”

他希望能和非遗保护中心合作开办绍兴评话传习班，曲艺传习班是非遗保护中心曲艺保护传承的重要举措，但目前主要针对国家级非遗项目开展。

对于这个期待，徐红微笑回应：“已经在计划中了。”

茶馆听书颇具市井味道，钟文江代表的非遗项目则更有烟火气——他是浙江老字号崧厦豆坊的老板，也是绍兴非遗“上虞特色豆制品制作技艺”的市级传承人，主打产品是“臭得够劲、香得过瘾”的臭豆腐，以及霉千张、腐乳、素鸡等豆制品。

钟文江颇为骄傲地从抽屉里拿出一本小册子，这是不久前绍兴市文旅局举荐他参加“非遗薪传——浙江省传统美食展评活动”的一份指南，全省118个项目参评，绍兴有3个美食类非遗项目获奖，上虞特色豆制品制作技艺获得“薪传奖”。

“这个奖是对品牌无形资产的一种强大助力。”他说，“在产品硬气的基础上，一个品牌要做大做强，政府的认可很重要，相比咱老百姓自己卖力吆喝，这多有说服力，是吧！”

绍兴这几年力推非遗的传承、活化，身处其中，钟文江感受到了这股巨大的能量。他说，政府举办的各类相关展评活动，只要符合条件，他都会争取参加，因为“入围就是一种认可，对品牌就是无形的助力。”

在徐红眼中，方天和钟文江身上都有一种宝贵的特质：手艺佳且有市场意识，愿意展示自己，能主动对接政府资源，“不是每个传承人都能做到这样。”

2018年，崧厦豆坊被授牌为市级非遗传承基地，公司收入猛增至挂牌前的3-4倍。

最近，乘着非遗传承的东风，钟文江在崧厦豆坊的产品包装上都印上了“中国非物质文化遗产”的标识，他觉得，这会令公司产品更有名，效益更上一层楼。

非遗遇古镇，相看两不厌

8月，绍兴最酷暑难耐的时节。走在安昌古镇景区里，王雷的衬衫已经湿了一大块，但仍难掩兴奋，对景区办公室主任王萍大声说道：“棒极了！这绝对是个好主意，给扯白糖设计个情侣款，包装印上甜言蜜语，文创范，两颗糖卖5块钱，绝对能火。”

王雷是绍兴市柯桥区非遗保护中心主任，安昌古镇是他辖区内的非遗“头牌大户”，为了将古镇和非遗更好地融合发展，他没少操心费力。

安昌古镇始建于北宋，是浙江省首批非遗旅游景区和非遗主题小镇。扯白糖、绍兴宣卷、水乡社戏、手工酱油、腊肠、绍兴师爷故事、越歌……景区里落户了近20个非遗项目，犹如一颗颗明珠熠熠生辉，可谓“非遗遇古镇，相看两不厌”。

陈家店铺是古镇上最早卖扯白糖的商户，80多岁的陈锦水是该项目的市级传承人，也是绍兴城市形象代言人之一。在旺季，他的店一天能卖出300斤扯白糖，需要一家老小齐上阵。主打款250克一包，约30颗，普通透明塑封袋装，售价10元。

现在景区里卖扯白糖的店铺已经有30余家，且产品和15年前几乎没有分别，同质化竞争困境凸显，管理方在想办法帮助他们提档升级，王雷的“情侣文创款”灵感因此而来。

即便还在三伏天，王雷和王萍已经开始谋划古镇的重头戏：年底的非遗嘉年华。

“我手里一年的非遗专项经费是200万

元，四分之一给了嘉年华。”王雷说。

2015年，安昌古镇成为非遗主题小镇，两年后非遗嘉年华启动，且规模逐年扩大，项目从最早的50个增加至70多个，范围从绍兴市扩展到浙江省。

这是政府组织的年度非遗集市之一，为期2天，依托景区本有的大客流量来展示非遗，让游客真切体验和感受非遗魅力，景区则借助非遗丰富的文化内涵，令文化要素转化为旅游产品，使游客获得更丰富的旅游体验，从而提升人气、获得收益，文化、旅游双受益。

据介绍，2016年安昌古镇游客量为80多万，2019年已达340万，3年提升了3倍多。

在何俊杰看来，安昌古镇本就是一个非遗聚集的空间，嘉年华则是在这个空间着力打造的一场大规模的非遗聚集活动，“政府要从更高的站位进行谋划和引领，将绍兴散而广、信息不对称的非遗资源，做好引流和聚集，提供舞台，非遗人不能老是单打独斗，那样能量不足。非遗集市、非遗街区就是大的聚集汇合，三人成团，星星之火可以燎原。”

非遗嘉年华之外，绍兴另有一场大型非遗集市，年底在市中心的城市广场举行，为期3天，至今已举办5届。2019年，该活动共有88个项目参与，参展非遗传承人218人，客流量9.6万人次，现场交易金额46.9万元，意向销售额58.01万元。

高看一眼、厚爱一分

“绍兴之所以能成为绍兴，文化的延续性功不可没。它城址未变，文脉未断，生生不息；这种生生不息体现于老百姓的日常生活中，就是以非遗为代表。”何俊杰说，“所谓非遗‘见人见物见生活’，见人见物指的传承、弘扬，是小圈子的事情，见生活才是普通百姓的事情，它是核心。”

非遗的传承发展、转化创新需要政府、企业和民间手艺人三方形成合力，在何俊杰看来，虽然手艺人是三者中看似最为“弱势”的群体，却是最宝贵的资源。

“手艺人是无法逾越的，要对他们高看一眼，厚爱一分。”何俊杰说，“文化传承靠人，而不能靠事、靠建设、靠政府。”

他说，浙江对企业家向来很好，绍兴则把非遗传承人视为一个个的企业家，能创造财富和价值的市场主体，希望能引导全社会像尊重老师、医生、企业家一样尊重传承人，以激发其内生动力。

评定各级传承人，举办各类活动给予褒奖，搭建各种平台，以及授予各类牌匾，都是政府在为手艺人注入能量，增强信心。据介绍，绍兴授牌的市级以上非遗传承基地有160多家，县级基地170家，另有非遗旅游景区（非遗小镇、民俗文化村）等非遗特色项目和载体50余家。

这座非遗大市正在书写出日益精彩的非遗文章：

7月，包括绍兴花雕在内的绍兴13项非遗旅游商品入选第二批浙江省优秀非遗旅游商品名单，入选总数在全省11个设区市中仅次于杭州；同月，绍兴被列入浙江省级文化和旅游消费试点城市名单。

浙江省文化和旅游厅发布的2019年度浙江省非遗保护发展指数数据显示，绍兴市在全省11个设区市中总排名第3、市本级排名第3，绍兴下属的柯桥区、诸暨市和上虞区三地在全省87个县（市、区）中，分列第3、第13和第14。

浙商精神闻名天下，在绍兴，有一种更具

象的“胆剑精神”，源自越王勾践卧薪尝胆和勾践王者之剑的典故，锲而不舍是其精神内核，这与非遗传承要耐得住寂寞、保持得住定力息息相通。

“整个大环境都在彰显文化自信，文化要成为城市的发展动能，非遗现在迎来了最好的时机，非遗人的情怀和坚守将得以绽放。”何俊杰说。

（《瞭望东方周刊》记者　王剑英）

（新华社 2020 年 11 月 23 日）

东亚文化之都 绍兴走向国际化的平台

绍兴地处沿海，得海风沐浴，海岳精液，善生俊异。千百年来，绍兴人形成了不畏辛劳、博采众长、吐故纳新、开拓进取的品质和精神，有着敢开风气之先、领时代风骚的气度。绍兴历史和文化的源头活水因此流淌不息，并与世界文化碰撞出耀眼的光芒。绍兴成为东亚文化之都，日前已得到中日韩三国的共同认定。这标志着绍兴城市走向国际化，有了新的大平台。

使命重大

绍兴走向国际化新起点

东亚文化之都不是单个国家实施的项目，而是中日韩三国共同实施的中长期文化合作的战略性项目，旨在以尊重文化多样性为基础，通过文化、艺术、旅游及人员的相互交流沟通，增进对彼此文化的理解和尊重，形成东亚文化的共同体。东亚文化之都也是我国立足长远与日韩在文化领域共同推进务实合作、重点打造的东亚区域文化合作与交流品牌、旅游城市和文化城市品牌。

绍兴成为东亚文化之都，将成为重点打造的东亚区域文化旅游品牌。不仅如此，东亚文化之都还开展非物质文化遗产保护与传承、文物保护利用、城市文化与旅游产业发展、城市文化与旅游空间建设、公共服务体系建设等文化城市创建工作，发展文化事业和文化产业，丰富市民文化生活，带动城市文化消费和文化经济繁荣，从而推动城市高质量发展。

东亚文化之都还是中日韩三国共同创立的国际城市文化名片，为当选城市提供了一个内涵丰富、外延广阔、充满活力的国际交流平台，对推动国内城市文化建设、亚洲区域文化交流合作和促进世界文化多样性发展都具有独特的时代价值，是真正的国际城市品牌。

长期以来，绍兴一直行走在国际化的道路上，但步子还不够大，影响力还不大。绍兴当选为东亚文化之都后，在国际舞台上，有了自己更大的展示空间，通过“以文化人、以文惠民、以文兴业、以文旺城”，满足人民对文化的美好生活新期待，能较好地推动城市国际知名度与影响力，推动城市高质量发展和可持续发展。从这个角度说，东亚文化之都，是绍兴走向国际化的新起点。

东亚文化之都是推进国家传播能力建设、讲好中国故事、阐述中国特色、彰显中国精神的主要平台。提高国家文化软实力，是新时代赋予东亚文化之都的新目标、新任务和新使命。

绍兴市人民政府外事办公室主任陈皆烨说，东亚文化之都和历史文化名城一样，都是绍兴的光荣和骄傲。绍兴取得的荣誉很多，但几乎都是国内的荣誉，跨出国门取得的荣誉很少。东亚文化之都是绍兴走出国门取得的第一块牌子。当然，绍兴也取得了一些国际性荣誉，但都只是一个“点”，不是一个城市取得的荣誉。比如仓桥直街曾荣获联合国教科文组织亚太地区文化遗产保护优秀奖，这只是一条街获得的荣誉，而不是整个绍兴。可以说，东亚文化之都是绍兴首块具有国际性的牌子，是绍兴城市走向国际化的标志和新起点。

陈皆烨认为，东亚文化之都这块牌子很值钱。绍兴作为东亚文化之都，已获得了中日韩三国共同认同，这个分量很重。东亚文化是世界文化的重要组成部分，绍兴成为东亚文化之都，意味着在世界文化中有着巨大影响力。绍兴成为东亚文化之都后，东亚国家都将共同来打响绍兴城市和文化的品牌，这是一件大好事。获得东亚文化之都的城市，还将形成一种力量，共同推动城市走向国际化，不断扩大绍兴的国际影响力。

“寻梦绍兴”

搭起国际化交流大平台

“文脉千年，寻梦绍兴”。2021 年，东亚文化之都的绍兴，将搭起一个文化交流的国际平台，让五湖四海的游人来到绍兴，感受绍兴的“国际范”，体验绍兴东亚文化之都的文化魅力。

2021 年，绍兴作为东亚文化之都，将围绕“东亚意识、文化交融、彼此欣赏”的精神和“共生·创新·和谐”理念，不仅让绍兴加快走向国际化，也让更多的东亚国家和其他国家的朋友来到绍兴领略、体验绍兴文化和旅游魅力。绍兴将举办十项重点活动，搭起国际化交流的大平台。

明年 1 月底，文化和旅游部将在绍兴主办“2021 东亚文化之都·中国绍兴活动年”启动仪式暨东亚文化之都城市合作机制，届时，绍兴将启动“祝福·绍兴古城过大年”等一系列活动，线上线下同步开展。东亚文化之都城市代表等中外嘉宾都将参加。“绍兴年”启动仪式线下活动包括入宫式、中日韩文艺演出等内容；连线或线下邀请三国知名文化学者、相关社团组织代表交流互动，加深东亚城市间的交流、彰显绍兴传统与现代融合发展的新成就。

绍兴是中华文明的圣地。绍兴将举行公祭大禹陵典礼暨《东亚禹迹图》绘编启动仪式，以大禹文化为纽带，以“协和万邦”为主题，加强东亚大禹文化研究交流，凝聚绍兴大禹文化的向心力。

绍兴是中华书法的圣地。绍兴将举行兰亭书法节暨中日韩书艺交流活动，邀请国内外著名书法家参加，通过活动加强中日韩书法研究与交流，让书法艺术与旅游融合，开发具有国际视野的文化旅游产品，创造人文精神的现代时尚生活。

绍兴是文学的圣地。绍兴将举行纪念鲁迅诞辰 140 周年系列活动，举办纪念鲁迅先生诞辰 140 周年座谈会，邀请历届鲁迅文学奖获得者、国内外知名媒体代表等开展“东亚文化之都·绍兴”采风行活动；举办纪念《故乡》发表100周年研讨会，组织日本中小学生开展“跟着课本游故乡——绍兴”活动，并邀请国内外人士来鲁迅故里实地考察，创作交流。

绍兴是心学圣地。绍兴将举办阳明心学大会，邀请国内外王阳明学术研究著名专家、学者参加，东亚、东南亚有关国家和全国各地专家学者将围绕会稽山古越文明遗存、中国山水诗创作、阳明心学等开展会稽山国际文化研讨会。

绍兴是中国黄酒的发源地。绍兴将举办中国绍兴黄酒节暨越酒行天下活动，通过黄酒节暨黄酒文化世界行活动举办，进一步扩大黄酒文化在东亚的影响力，提高绍兴作为黄酒之都的国际地位。

此外，绍兴还将举办越马越垒越棋国际体育赛事、绍兴国际马拉松暨亚洲马拉松锦标赛，“东亚之都·诗画绍兴”文化旅游季系列活动、万名日韩游客走进“诗画浙江”（绍兴）活动、中日韩青少年绍兴研学旅行系列活动，赴日韩两国文化交流系列活动等。

市委宣传部副部长、市文化广电旅游局局长何俊杰告诉记者，“2021 东亚文化之都 · 中国绍兴活动年”，将充分发挥绍兴文化底蕴深厚及文旅资源丰富的优势，打造“活力城”，提升“软实力”，塑造“国际范”，持续深化拓展与日韩人文、经贸等领域的全方位合作交流。绍兴举办的一系列大活动，都是国际化交流的大平台，绍兴与日韩等东亚国家之间的交流将更加紧密，绍兴城市由此走向国际化新的快速通道。绍兴将打出大禹、王阳明、鲁迅、黄酒、书法、唐诗之路等具有国际影响力的文化金名片，进一步做好大禹文化、古越文化、阳明文化、鲁迅文化、名人文化、唐诗文化、书法文化、黄酒文化、南宋文化、戏曲文化等绍兴特色文化文章，激活绍兴城市的文化活力，彰显绍兴东亚文化之都的文化影响力、引导力。

放眼世界

把握好走向国际化新机遇

文脉千年绵绵，文化高峰耸立。绍兴文化的内涵和气质，也显示出东亚文化的高度。绍兴城市的风韵、风骨、风味，正向世界展示出绍兴文化动人的风采。

“首批历史文化名城、东亚文化之都是绍兴文旅融合后，要擦亮的两张金名片。这是由绍兴文化旅游未来发展的战略定位决定的。绍兴必须立足于长三角文化旅游独特板块发展自己，成为世界人文交流重要平台。绍兴要重塑文化体系，把古城让给世界，彰显绍兴历史文化的高度，首批历史文化名城和东亚文化之都最具绍兴城市的文化标识度，也最有文化高度。绍兴要走向国际化，也十分需要国家级、世界级大平台。”何俊杰说。

何俊杰认为，东亚文化之都，是绍兴城市发展的新机遇，是绍兴城市发展战略的新的印记和符号。历史文化名城与东亚文化之都如绍兴城市的双翼，只有双翼齐飞，绍兴文化方能更好地走向未来。特别是东亚文化之都，是个国际化的大平台，它立足于东亚，延伸至东盟、欧洲，只要激活好这个平台，绍兴文化旅游的发展和创新，方能呈现出无限的活力。

东亚文化之都，不仅显示出绍兴文化的风度和品质，也显示出绍兴文化和中国文化的高度。长三角已成为世界经济的新中心，是世界经济新的增长极，杭绍甬是长三角城市中最具活力、最引人注目的板块，绍兴又是长三角文化的中心，是长三角经济最活跃的地段，在“融杭联甬接沪”的背景下，绍兴文化旅游将越过长三角，走向大世界。

何俊杰告诉记者，绍兴文化有着无限的活力和张力，东亚文化之都的绍兴，须在国家站位上，将东亚文化之都建设工作常态化，开拓出与欧洲文化之都、东盟文化城市等世界文化之间交流合作的新途径，争取在更宽广的范围内加强与世界的联系。因此，绍兴要进一步抬高站位，放眼世界，把握好走向国际化的新机遇。

（绍兴晚报记者　周能兵）

（《绍兴晚报》2020 年 12 月 29 日 03 版）

千年文脉传承地 彰显中华魅力

在2021年度“东亚文化之都”评选中，我国的绍兴市和敦煌市花开并蒂，一同当选。烟雨绍兴是江南文化的典型代表；飞天敦煌是世界四大文明古国的交汇之处。作为东亚文化的代表和使者，两座古城各展独特魅力，通过开展形式多样的文化活动，加强各领域交流合作与经验共享，带动区域文化合作和城市文化建设。

雨细穿梅坞，风和上柳桥。古往今来，文人墨客笔下的烟雨绍兴成为江南文化的典型代表。“东亚文化之都”落户千年古城对绍兴来说，恰好提供了城市文化建设的具体方向，在不断靠近“东亚文化之都”建设标准的同时，城市本身的文化功能也随之不断完善。

文脉绵延千年　书写城市气质

绍兴文脉绵延数千年，孕育出越王勾践“卧薪尝胆”造就的越文化、“天下黄酒源绍兴”传承的酒文化、越剧绍剧为主体的戏曲文化、兰亭曲水流觞为源头的书法文化、“知行合一”的阳明文化等。时至今日，这些璀璨星光依旧在中华文化长河中熠熠生辉。

自古以来，鉴湖越台多名士。绍兴造就了书圣王羲之、爱国诗人陆游、心学大儒王阳明、青藤老人徐渭等艺术大师，哺育了秋瑾、徐锡麟、陶成章等辛亥志士，更是民族脊梁鲁迅、学界泰斗蔡元培、人口学家马寅初的故乡。历史上，绍兴出过文武状元27名、进士2238名；现如今，在“两院”院士中，绍兴籍累计达77位。

随即而来的，则是因人而兴的文化故事。行走在被誉为“没有围墙的博物馆”的绍兴，舜禹遗迹、越国古址、秦汉碑刻等展现着历史的光辉，鲁迅故里、书圣故里、大禹陵、兰亭等文物古迹随处可见，古运河、古桥群、古纤道等历史遗存展示着这座城市深厚的文化底蕴。

据统计，目前该市共拥有曹娥庙、斯氏古民居建筑群、马寅初故居等全国重点文物保护单位30余处，拥有国家级非物质文化遗产保护项目21个。

灵山秀水塑造出绍兴特有的文化气质，写就的中华文化的江南底色对东亚区域产生了重要影响。

“绍兴的青瓷、黄酒、茶叶、会稽铜镜等物产通过海上丝绸之路运往海外，也将中华文化带到了东亚地区。”在绍兴市文史馆副馆长、绍兴古城保护利用专家任桂全看来，日本的许多地名烙下了越国地名的烙印，正是绍兴影响东亚的佐证之一。

此外，绍兴嘉祥寺吉藏大师创立的三论宗由高丽名僧慧灌传至韩国和日本，慧灌也因此被尊为日本三论宗初祖；日本空海、圆珍法师等曾来绍兴求法、修行，把大批佛典文献带回日本，并回国创宗；大批日本僧侣、留学生将王羲之、王献之父子等很多书法碑帖带回日本……

斜倚灵秀江南　梳理文化脉络

2019年8月，绍兴市委书记马卫光参加文化和旅游部“东亚文化之都”候选城市终审活动时说：“我们将高标准办好各项活动，吸引社会力量共同参与，为促进东亚文化交流合作做出绍兴贡献。”

2020年4月，绍兴市委副书记、市长盛阅春在绍兴市八届人大五次会议上作《政府工作报告》，明确提出争创“东亚文化之都”。

依托着浓厚的文化底蕴和自然资源，绍兴围绕自身文化资源禀赋、公共文化服务建设、非遗活态传承以及文化与旅游融合等各方面，为申请“东亚文化之都”进行了细致规划。

在顶层设计上，绍兴制定并实施了“东亚文化之都”三年创建方案。盛阅春表示，绍兴将设立古城专项基金，按照世界遗产的标准保护利用古城。推进黄酒小镇、蔡元培广场、徐渭艺术馆、浙东运河博物馆等一批重大文旅项目的同时，该地以“文脉千年、寻梦绍兴”为主题，利用书法、黄酒、阳明文化等当地特色元素来系统化、全方位向世界展示绍兴这座东方水城、历史名城的独特风采。

另一方面，该地加大文化保护与传承力度。以其非遗工作保护为例。绍兴现如今共有浙江省级非遗传承基地42个，绍兴市级非遗传承基地110个，国家级非遗项目代表性传承人21人。为进一步加强非遗保护，该地还启动了绍兴市级非遗代表性传承人记录工程，开展浙江省级、国家级非遗传承人走访活动。

守护文化“珍酒”之时，当地还加大对外传播力度，让“酒香”远飘海内外。近年来，随着公祭大禹陵、兰亭书法节、阳明心学大会、“大师对话”等活动的开展，绍兴已成为东亚国家认同的国学高地、心学圣地、书法朝圣之地。谈及此，绍兴市委宣传部副部长、市文化广电旅游局局长何俊杰坦言，这种影响与交流让绍兴成为越来越多东亚游客心之向往的地方。

打造交流平台　推介中华文化

作为海上丝绸之路的重要城市，绍兴与日本、韩国等东亚国家的人文交流由来已久。绍兴与日本的福光町（现南砺市）、芦原町（现芦原市）、西宫市、富士宫市和韩国的丽水市、龙山区、大邱市等多个城市建立了友好城市关系，彼此每年文化交流频繁，有着良好的合作基础。

与此同时，绍兴与日韩经贸往来十分密切。绍兴企业与日韩企业共建了许多重大合作项目。目前，共有290多家日资企业和340多家韩资企业在绍兴投资兴业，韩国和日本也分别成为绍兴市的第一大、第二大进口国。

2019年5月26日，绍兴成功举办中日韩“一带一路”工商大会，中日韩工商界“一带一路”联谊会发表了《中日韩工商界绍兴倡议》，在绍兴成立了中日韩企业交流中心长三角分中心和中日韩工商界“一带一路”联谊会长三角联络办公室。

而今，借力“东亚文化之都”，绍兴将持续擦亮与日韩等东亚国家交流的“金字招牌”。“绍兴市开展对日、韩文化及其他国家的文化交流，能够推进文化包容相鉴，取长补短，维护东亚文化的多样性。”何俊杰说。

“东亚文化之都”落户千年古城绍兴亦让许多海内外侨胞为之振奋。

日本绍兴同乡会会长夏良根曾参加于日本横滨举行的2014年首届“东亚文化之都”活动。“绍兴与日本有着很深的渊源。鲁迅的小说《故乡》入选日本中学教科书，绍兴黄酒被很多日本人所钟爱，日本人很喜欢绍兴江南水乡粉墙黛瓦的氛围。”他憧憬着，入选“东亚文化之都”的绍兴能够吸引更多日本民众到绍兴旅游观光，带动相关企业到绍兴投资兴业。

夏良根痴迷于绍兴黄酒文化，为此，他准备在日本建立绍兴黄酒品酒师制度，持续培养专业的品酒师，让他们在日本推广正宗的绍兴黄酒，让日本社会更加了解绍兴黄酒文化，并加强与日本清酒的合作交流。“希望通过‘东亚文化之都’这一文化平台，在不远的将来，东京会有一家能品尝各种绍兴黄酒和绍兴美食的饭店，成为绍兴文化的传播基地。”

“‘东亚文化之都’的美誉将更好地吸引日韩等国对绍兴的关注，是让世界更好认识古城绍兴的重要平台，将开启东亚各国对绍兴文化研究的热潮。”新西兰绍兴会馆馆长曾险受访时表示，这座有着酒乡、水乡、桥乡、书法之乡、戏曲之乡之誉的古城将迎来更多世界友人。

但入选仅仅只是一个开始。在何俊杰看来，“东亚文化之都”不仅仅是一个称号，而是一个更高要求下的城市文化功能发展和完善的过程。“建设‘东亚文化之都’并非易事，对城市文化传统、相关硬件设施、公共文化服务体系、非遗保护与传承等有着多项具体量化的考核指标，并随着时代的发展有动态的变化。”他直言，对绍兴来说，这恰好提供了城市文化建设的具体方向，在不断靠近“东亚文化之都”建设标准的同时，城市本身的文化功能也随之不断完善。

眼下，绍兴正重塑城市文化体系。浙东运河文化带、浙东唐诗之路文化带、古越文明文化带……一个个文化符号被串珠成链，助力绍兴成长为“东亚文化之都”，在对外交流中将尽显中华文化魅力。

（中国新闻报记者　方堃　李典）

（《中国新闻报》2021 年 1 月 5 日 08 版）

绍兴：一座没有围墙的非遗之城

在鉴湖的桨声灯影里，流淌的不仅是千年唐诗的吟唱，还有鲁迅笔下的社戏、越剧和莲花落；素雅宁静的古城墙根下，阳明文化、兰亭书法陶冶性情，千年越红、古法黄酒闻香识味……这就是“非遗之城”浙江绍兴，它“乘风”文旅经济，“破浪”疫情危机，它的传承保护、活化利用有烟火味、有生命力、有创造精神，在全国走出了独一无二的步伐。

非遗＋抗疫：舞台停摆，绍兴却有戏

2020年初，一场来势汹汹的新冠肺炎疫情席卷全球。在疫情防控期间，绍兴市非遗保护中心闭馆不闭网、服务不打烊，众多非遗项目“在线抗疫”，取得了很好的成效。

绍兴市非遗保护中心第一时间组织非遗传承人创排曲艺作品和创作手工艺品，鼓舞战疫士气，如新创莲花落《众志成城保平安》、绍兴平湖调《风雨同舟心一条》、摊簧《同舟共济渡难关》、词调《你若安好》等，仅绍兴莲花落原创作品就有100多篇。在线上，则推出“发现非遗之美”“居家手作”“展览回顾”“绍兴市非遗中心优秀曲艺作品赏析”等在线专题，发送推文205篇，点击阅读5万余次。

“仅戏曲传承人就有2000多个作品通过网络获得传播，绍兴五大剧种都做了很好的云传播。”绍兴市委宣传部副部长、市文化广电旅游局局长何俊杰介绍，经典剧目《三请樊梨花》以越剧、新昌调腔、绍剧和诸暨西路乱弹“四下锅”的形式重新搬上舞台，并通过腾讯大浙网云端直播，他们还报送、组织曲艺节目参加2020全国非遗曲艺周，选送绍兴莲花落赴苏州参加曲艺主题活动，在舞台经济停歇的疫情期间，绍兴非遗戏曲却没有消声。

“绍兴是一座历史文化名城，2500多年的历史文脉沉淀在非遗传统中，非遗记载了绍兴这座城市的文化自觉、自信和绍兴人对美好生活的追求。经过这几年的不断努力，绍兴非遗已跟百姓生活息息相关，尤其在疫情发生、社会活动停摆后，非遗却散发着自由蓬勃、自发生长的力量，为全民抗疫提供精神滋养和文化力量。”何俊杰说。

绍兴非遗曲艺的活跃，来自长年夯实的非遗保护根基。确认省、市级非遗代表性项目和传承人，编纂非遗文献，绍兴曲艺的培训和传习体系十分完整。

“自启动培训教学以来，我们线下传习班涵盖了平湖调、词调、摊簧、莲花落、宣卷五大绍兴曲种，累计培训30多期，培养正规学员150人。2020年传习班转向‘云教学’，绍兴莲花落以抖音直播形式吸引正规学员128人，围观者2600多人，抖音号拥有了10万粉丝；绍兴摊簧吸纳正规学员19人。传承不易，好在非遗仍然有传人。”绍兴市文化馆馆长、绍兴市非遗保护中心主任许金辉说。

“绍兴有戏”“非遗研学游”“非遗兴乡

大巡游”“非遗客厅”“文化和自然遗产日”“南宋文化节”……在近年来绍兴的非遗保护和活化传承中，“非遗＋旅游”“非遗＋城市”成为其主旋律。

非遗＋旅游：为文化增色，为旅游破局

“非遗要活化利用、传承发展，就要和当下人们的现实需求相结合。在新时代文旅融合这个主旋律中，非遗作为一种典型的文化资源或手段，为旅游插上翅膀，让旅游更加有味、有戏。”何俊杰表示。

绍兴非遗又是如何融入旅游、为其赋能的呢？首先在传统旅游品类上进行了“破局”，以制定标准和认定授牌作抓手，使巧劲撬开了“研学游”这块市场的广阔前景。绍兴率先草拟出《非遗研学游基地认定标准》和《非遗形象门店管理规范》两个地方标准，在全国率先公布首批16家非遗研学游实践基地并使之融入旅游路线。精心设计的18条特色研学体验路线及研学项目，涵盖了绍兴花雕制作工艺、越窑青瓷烧制技艺、铜雕、越剧、越红工夫茶制作技艺等特色非遗，仅2019年暑期就接待非遗研学团队604批次约2万人。2019年，绍兴还认定首批19家市级非遗旅游景区，包括非遗主题小镇7家、民俗文化村12家。2020年，这些非遗基地与当地旅行社碰撞出了火花。

“在全域旅游或乡村旅游这条道路上，非遗也有很大的发挥空间。”何俊杰介绍，2019年“非遗兴乡大巡游”挺进绍兴新昌县、柯桥区、嵊州市和上虞区，2020年覆盖全市各个区、县（市），给绍兴市民和游客带去了精彩纷呈的非遗巡游表演、美味非遗小吃、特色非遗产品。巡游队伍在“鲁迅外婆家”上演了全国闻名的“社戏”，又与绍兴市区“鲁迅故里”联动，大批游客被导流到县乡。

节庆经济也成了嫁接绍兴非遗的绝佳场景。绍兴每年举办“兰亭书法节”“公祭大禹陵”“阳明心学大会”3个节会活动。2020年，全国文物保护单位宋六陵和“南宋”这张文化名片又把绍兴跟杭州联动起来，共同举办了南宋文化节——在这个超大型的“南宋复古现场”，考古界追溯历史文脉，文化界论述南宋文化高峰，非遗界传承南宋的风雅生活和美学细节，百姓则可以在旅游酒店品尝“南宋宴”、在宋六陵遗址旁的抹茶小镇欣赏“仿宋斗茶雅会”……作为南宋文化节一部分的“绍兴非遗集市”已经举办到了第六届，仅2020年一届参观者就达8.4万人次，现场交易金额约48.6万元，参展非遗传承人162人。

绍兴当然懂得要发展非遗旅游还需借助外力，举办跨省市乃至全国性节庆活动就成为重要抓手。作为2020年浙江省“文化和自然遗产日”的主场城市，绍兴在腾讯大浙网“云端”呈现了“购・云端非遗集市”“享・成果集锦show”“赏・文博故事会”“听・非遗‘好声音’”4个板块，全国观众都可以在线买非遗产品、学非遗技艺、赏文博故事、听非遗好戏；其间有10个直播间为绍兴非遗产品直播带货，共有485.9万人次观看直播，1小时内意向销售额近10万元，在线下单200余件非遗文创产品。

配合文化和旅游部非遗司组织的2020年“文化和自然遗产日”非遗购物节，绍兴也积极发动传承人、传承基地到淘宝、天猫、京东、东家等平台新开28家线上店铺，2020年节庆期间销售非遗商品63种，累计营业额约135万元。

“无论是经济活动还是会务，我们都会嫁接非遗产品、项目的销售及展览，非遗已成为绍兴城市形象的代表。”何俊杰说，绍兴就是一座没有围墙的非遗之城。

非遗＋城市：风景处处，皆是绍兴底色

从2013年到2017年，越红博物馆馆长杨思班和他的团队在诸暨成功搭建了文化平台“诸暨市越红博物馆”和产业平台“越江茶业”，之后一直在思考怎样走出诸暨、走向绍兴这个更大舞台。2019年12月，他们得知绍兴迎恩门风情水街里有一个“非遗活化馆”在招商，就提出了“通过越红工夫茶融合其他非遗项目，打造一个综合性的展览、展销、展演非遗场所”的计划，获得了当地政府的支持。

这就是后来的“绍兴非遗客厅”——一个绍兴的新文化地标，它将是今后绍兴推动非遗与旅游融合的重头戏，也创新性地开创了政府、社会力量共建非遗事业的新模式。

“在其中，政府起的是设计、引导和推动者的作用。北海街道是最初项目概念的设计者，绍兴市文旅局和非遗中心是项目蓝图绘制的引导者，帮助我们争取北海街道的优惠政策、协助引进其他非遗项目，使得项目能够快速在当年落地，并克服疫情影响于去年8月开门迎客。”杨思班说，越红博物馆担负的则是建设者和运营者的职责。

据介绍，这是绍兴首个“非遗客厅”，共引进非遗项目30多项；引进市级以上传承人20多位，包括绍兴黄酒酿制技艺的潘兴祥、陈宝良、胡志明，绍兴花雕制作工艺的王文俊、茹水平，越红工夫茶制作技艺的杨思班，绍兴铜雕的赵秀林，越窑青瓷烧制技艺的陈国荣、顾少波等，他们的作品及体验活动深受游客欢迎。非遗展览展销柜台共引进15类100多款商品。另外，“迎恩书场”的绍兴评话、平湖调结合莲花落、越剧等在去年演出15场，非遗研学的绍兴花雕、棕榈叶编制、绍兴评话等去年共接待16个团队……在2020年疫情平稳期，“非遗客厅”平均日流量超过了300人次，月营业额约10万元。2020年中秋国庆双节期间，8天内接待游客1万余人次。

小试牛刀、初露锋芒，绍兴正在积极谋划更多的“非遗门店”“非遗集聚区”和“非遗一条街”。今年将新落户10家“非遗门店”，3年内将在市区古城内落地30家“非遗门店”和“非遗客厅”，作为文旅融合和推广的基地。

非遗的精神之光，已闪耀在绍兴这个城市的文化定位和整体步调中。整座绍兴古城，已作为文化和非遗之城获得当地立法保护，《绍兴古城保护利用条例》已实施一周年，“古城项目群”16个在建重点项目都有非遗的身影。绍兴还在谋划首个本土特色历史文化沉浸式体验街区“绍兴古城非遗一条街”，规划非遗项目入驻，形成非遗集聚区，还有“绍兴古城（古镇）”文商旅集群、柴场弄“风越里”文商旅集聚区……更大格局的三大文化带上，浙东运河文化带就包括了绍兴黄酒酿制技艺、石桥营造技艺、大禹传说与大禹祭典、水乡社戏等非遗，浙东唐诗之路文化带蕴含着越窑青瓷烧制技艺、梁祝传说、刘阮传说、嵊州竹编、越剧等，古越文明文化带上的西施传说、勾践传说、书法、诸暨西路乱弹、绍剧等，这些非物质文化遗产就是“锦上之花”“带上之珠”。

非遗＋未来：“绍兴模式”成就几何

“非遗保护本质上是对过去人们整体生活实践的一种继承和保护，所以绍兴的非遗传承有个根本性原则——见人见物见生活。所谓‘见人’，既包括传承人也包括非遗受众，要让他们参与到非遗保护和旅游融合中；所谓‘见物’就是要通过恰当的方式实现非物质文化遗产的创造性转化，要把抽象的知识、技艺、艺术转变成为具象的产品和可供参与体验的服务；‘见生活’是指一种场景的营造，是非遗与旅游、生活融合后的整体呈现。”何俊杰总结绍兴非遗的成功之道。

许金辉认为，绍兴非遗发展走在全国前列，一是源于硬性指标：截至目前，绍兴市拥有国家级非遗代表性项目24项、浙江省级非遗代表性项目86项、绍兴市级代表性项目261项，涵盖了非遗的十大门类；拥有国家级非遗代表性传承人21名、浙江省级非遗代表性传承人109名、绍兴市级非遗代表性传承人365名。二是源于创造性，比如当地为解决“冒充挂牌非遗门店”的问题，制定了“非遗门店”标准，又大举尝试线上购物，确立了非遗销售、展示模式。三是源于“在地性”，已至六届的非遗集市已成融入古城市民生活的一大品牌。

作为非遗业界的代表，杨思班认为，绍兴的非遗胜在善于借力、借势，常有“四两拨千斤”的创意。比如“非遗客厅”就是抓住了越茶文化这个要点，从而满盘皆活；又如把非遗研学、非遗兴乡等活动装入“绍兴有戏”这个大IP，2020年把“非遗集市”巧妙嫁接到“南宋文化节”这个大IP，做到了“人无我有，人有我新”。

在他们的陈述中，在“绍兴有戏”“非遗集市”“非遗客厅”“非遗研学游”“非遗门店”众多品牌活动和载体的呈现里，绍兴非遗正展示着贴近老百姓的烟火味、鲜活的生命力和极佳的创造力，它正融入这个城市发展的骨血，成为它的精神代言。

（中国文化报记者　郑洁）

（《中国文化报》2021年3月17日04版，
央广网于2021年3月17日，
澎湃新闻于2021年3月30日同时刊发）

借势“东亚文化之都”浙江绍兴欲打造长三角文化高地

“绍兴如何在诸多长三角城市中脱颖而出？文化是核心引擎。”3月29日，浙江省绍兴市委宣传部副部长、绍兴市文广旅游局党委书记、局长何俊杰说，“东亚文化之都”称号花落绍兴，是当地重塑城市文化体系，打造长三角文化高地的新机遇。

当天，2021“东亚文化之都·中国绍兴活动年”新闻发布会在浙江绍兴举行。会上提到，活动开幕式及中国“东亚文化之都”工作机制成立仪式将在3月31日举行。

“东亚文化之都”是中日韩三国共同创立的国际城市文化名片。2021年度“东亚文化之都”花落中国的绍兴市与敦煌市、日本的北九州市及韩国的顺天市。

据悉，2021“东亚文化之都·中国绍兴活动年”主题为“文脉千年 寻梦绍兴”。

何俊杰说，重塑城市文化体系，是绍兴现在及未来城市发展的战略之一。“东亚文化之都”系列活动的举办，是绍兴新一轮城市发展、打造长三角文化高地的推动力。

如何以越文化、黄酒文化、书法文化、阳明文化为基，打造长三角文化高地？

据悉，2021年绍兴将举办10项重点活动，分为“风韵越州、风骨越书、风流越士、风雅诗词、风源心学、风味越酿、风华越游、风采越动、风尚越音、风范越俗、风姿越艺”11个篇章。

越风雅韵彰显千年文脉。但在何俊杰看来，抓住历史与当代的融合，是“东亚文化之都”的定位，也是绍兴重塑城市文化体系和打造长三角文化高地的方向。

在这一着力点上，绍兴将在31日的开幕式上举行中国“东亚文化之都”工作机制成立仪式。机制的成立，将加强中国“东亚文化之都”各城市间的联系，强化“东亚文化之都”品牌对城市发展的赋能作用。

除了为城市发展赋能，“东亚文化之都”也成为绍兴走向国际化的一次机遇。

“没有文旅的国际化，就没有城市的国际化。”何俊杰说，“东亚文化之都”搭建的互通互联平台，将让日韩游客更了解绍兴，推动中国故事走出去，这也是他眼中长三角文化高地应有的品格和担当。

据悉，2021“东亚文化之都·中国绍兴活动年”将围绕大禹、王阳明、鲁迅、黄酒和书法这五张金名片，整合协同60余项相关活动。

这五张金名片，不仅与绍兴息息相关，在日韩也拥有广泛的影响力。如日本有禹迹132处，朝鲜半岛与大禹有关的地名有8处；书圣王羲之的书法被日、韩等国奉为圣物；鲁迅的《故乡》，被列入日韩教科书。

何俊杰说，只有引起日韩民众共鸣，方能讲好中国故事，对得起“东亚文化之都”这一称号。这也是未来绍兴城市文化体系建设的方向。

此外，2021 年绍兴还将举办日韩游客走进“诗画浙江”（绍兴）、2021 中日韩城市围棋争霸赛和越剧、绍剧巡演等活动，促进文化交流互动。

“虽然一系列活动都在 2021 年开展，但我们想把它当成绍兴城市文化体系重塑的抓手，让活动有持久的张力。”何俊杰说。

（中新网记者　方　堃　童笑雨）

（中新网 2021 年 3 月 30 日）

博物馆之城，如何找到新的打开方式？

被誉为“没有围墙的博物馆”的绍兴，在当下数字化时代如何找到新的打开方式？未来如何做好“博物馆 +”文章？

一年一度的国际博物馆日昨天如约而至，线上线下宣传推介活动丰富多彩，值得关注的是，国际知名策展人林书民带着“博物馆的未来趋势”话题来到绍兴，开启了一场关于高质量建设“博物馆之城”、推进文旅融合的“头脑风暴”。

接轨数字化，博物馆“可触、可听、可感知”。以往，博物馆的藏品往往只能看不能摸，如何改变这一看展体验，满足参观者“感受宝贝”的心理需求？“借助 5G 技术，在博物馆可以感受崭新的文化之旅。”林书民举例，埃及博物馆内有一件玻璃瓶展品，把瓶盖打开不仅能释放出香味，还能传出音乐声；德国博物馆通过电子感应器，让参观者“触摸”镇馆之宝……这一观点，令现场诸多绍兴博物馆从业者耳目一新。正在举办钱币文化展的戴葆庭钱币文化博物馆馆长陈宝祥告诉记者，这场讲座令他受益匪浅，也为他今后的策展提供了参考方向。“办展必须结合民众需求，不能是单向的，而应更多地增加互动环节、提升观展体验。”他说。

构建“全息”博物馆，博物馆可以“活”在人们的日常生活中。林书民说，作为旅游城市，我们期待游客来到绍兴、住在绍兴，博物馆也一样，也希望参观者待的时间越久越好。怎样延长停留时间呢？“需要融合，做好‘博物馆 +’的文章。”林书民再次举例，比如美国大都会博物馆可以边售卖化妆品，边完美地呈现展品；惠特尼美术馆所在区域是曼哈顿肉类加工区，美术馆与市场、公园连成一体；巴黎卢浮宫的玻璃金字塔入口，除了是博物馆的大厅，还是一个商场；奥地利未来美术馆，每一块地板都是取电、用网的功能键……总之，运用技术手段，博物馆不仅是保存古物的地方，还可以成为人们的学习中心、社交中心、百货中心、休闲中心。

这一观点，得到了绍兴博物馆馆长金燕的热烈响应。“将博物馆建在购物中心内，把博物馆建成综合体，这正是未来博物馆发展的趋势。”金燕说，就绍兴而言，近年来通过 3D 展示、短视频线上直播、线上展览等模式，博物馆正乘着科技的翅膀走进千家万户。但运用文创、策展等手段，变馆藏为流量、变场馆为景点、变文化故事为文旅产品，却并不多见。比照国内外“大腕”博物馆，绍兴这座“没有围墙的博物馆”，还有很多加法文章需要做，还有很多新路径需要探索。“问题的答案更多地落在我们博物馆自己身上，在新时代如何重新打开自己？”

“在疫情常态化防控的背景下，博物馆迎来了多重挑战，积极探索博物馆发展的新方向、新模式，今天这场‘头脑风暴’开了一个好头。”市委宣传部副部长、市文广旅游局局长何俊杰说，近年来，博物馆“越来越热”，日益成为人民美好生活的重要组成部分。从倡导“爱上博物馆”，打造“没有围墙的博物馆”，到建设“博物馆之城”，我市的博物馆也成为绍兴重塑城市文化体系、实现文旅融合的重要载体。

（记者　汤桂平）

（《绍兴日报》2021 年 5 月 19 日 02 版）

用世界文化遗产标准 激活名人故居

“鉴湖越台名士乡”，名士荟萃的绍兴，名人故居星罗棋布。如何让这些名人故居“活”起来，培育出独特的无法复制的城市文化和城市韵味？绍兴正走出一条以世界文化遗产的标准来保护利用绍兴古城的新路。

日前，绍兴市政府公布《绍兴市名人故居激活三年行动计划（2021—2023年）》，这标志着绍兴市名人故居激活三年行动计划正式启动。这是弘扬绍兴名人文化、展示绍兴“名士乡”风采的新举措，也是浙江省自松阳“拯救老屋行动”推出后，在建筑类文化遗产保护利用方面的又一个独特而富有创新的行动，体现了绍兴作为东亚文化之都、首批历史文化名城的文化自信、文化责任和担当。

周恩来祖居、俞秀松故居要申报“国宝”

绍兴市现存名人故居100余处。《绍兴市名人故居激活三年行动计划》从加强名人故居各项基础工作、提升名人故居保护管理水平、实施名人故居展示利用项目、强化名人故居激活保障能力、做好名人故居宣传引导工作等5个方面明确“激活”任务清单。以名人故居保护为基础，进一步落实调查、维修、整治等保护措施，逐步加强名人故居保护力度。到2023年，全市名人故居档案资料进一步健全，名人故居本体及周边环境得到有效保护，提升名人故居保护级别18处以上，各区（市、县）平均不低于3处；全市对20余处名人故居实施修缮、保养或安防工程，使文物类名人故居保存完好率达到100%；实施名人故居展示利用项目，征收、展示一批具有重要影响价值的名人故居，新增开放名人故居20处以上。

按照要求，绍兴未来的名人故居保护利用工作将以文旅融合为目标，优化名人故居发展布局，构建科学保护、合理利用、机制完善、业态丰富的绍兴市名人故居展示利用体系，打造国内外知名的名人文化旅游目的地，彰显绍兴城市文化特色，在保护和发展中，让名人文化流溢出时代新韵。

“在名人故居激活行动计划中，绍兴市将推荐申报周恩来祖居为全国重点文物保护单位。”绍兴市文化广电旅游局文物处负责人马峰燕博士说。周恩来祖居是保存完整的明清建筑，早在1997年8月，就已成为浙江省文物保护单位。这一建筑是伟大的无产阶级革命家周恩来祖辈的居住地。1939年3月，时任中共中央军委副主席周恩来以国民政府军事委员会政治部副部长的身份视察浙江抗战，回到祖居，在此接待亲友和社会各界人士，组织、布置抗战统战工作，并在此填写家谱。现在，周恩来祖居是浙江省爱国主义教育基地和浙江省清廉教育基地。周恩来祖居前后三进保存十分完好，周恩来祖坟从周恩来二世祖至十八世祖都在绍兴，这是周恩来是绍兴人的明证。“周恩来祖居具有重要的历史文化价值，完全可以申报全国重点文物保护单位。”马峰燕认为。

俞秀松故居于2005年3月公布为浙江省文物保护单位，这次也将推荐为全国重点文物保护单位。俞秀松是中国共产党早期活动家，是最早的中共党员之一，是上海共产主义小组发起人之一，中国社会主义青年团第一任书记。俞秀松故居是俞秀松出生和少年时期生活处所，是清代建筑。马峰燕说：“俞秀松故居原汁原味保存下来，现在是浙江省爱国主义教育基地、浙江省党史教育基地，其历史文化价值很高，也完全可以申报全国重点文物保护单位。”

绍兴市还有一批名人故居要升格为省级文保单位，如梁柏台故居等。名人故居激活计划，就是要让更多的名人故居“靓”起来，成为举世瞩目的“瑰宝”。

一批名人故居要列入“文保”实施“保养”

在绍兴现存的100余处名人故居中，已有80余处列入文物保护单位或保护点，但仍然有一部分名人故居需加强保护。

位于绍兴上虞的明朝名士倪元璐故居，位于绍兴嵊州的人民音乐家任光故居、著名越剧演员傅全香故居、竺水招故居，位于绍兴诸暨的元末明初著名画家、诗人王冕隐居地，绍兴新昌徐诵明故居等都尚未列入文保单位和文保点，这次将全部成为“文保”。

到2023年，绍兴要提升名人故居保护级别18处以上。绍兴越城区今年将冯亦摩故居、西街18号民居、张中晓故居等3处文物公布为区文物保护点，绍兴柯桥区将曹素民故居公布为区文物保护点，将进一步提升娄心田故居、黄炳兴故居等保护级别；绍兴上虞马一浮旧居、曹仲兰故居等将进一步提升保护级别；绍兴诸暨的宣侠父故居、王冕隐居地将公布为诸暨市文物保护单位；绍兴新昌尉家台门、杨信民故居将公布为县文物保护单位。

绍兴市政府主要领导要求，到2023年年末，全市各类名人故居的完好率应达到100%。如何在3年之内，让名人故居完好率达到100%？这次全市各地补充了7处名人故居的名称、时代、地址、保护级别及保存利用情况，力争不让一个名人故居受冷落。而实施名人故居修缮工程，会让更多的名人故居精神起来。

今年，越城区将对明朝大学士朱赓故居遗址、徐锡麟故居、陈建功故居、陶成章故居进行修缮，著名的吕府将于明年开始修缮。明年还将对章学诚故居等实施保养。柯桥区将对陈伯平故居进行修缮上虞区今年对春晖中学旧址（同兴里）（陈春澜故居）、马一浮故居实施修缮，明年将对吴觉农故居、曹仲兰故居等实施修缮。明年，诸暨将对斯宅小洋房、宣侠父故居等实施修缮。嵊州今年将对大夫第台门（周宝奎故居）、傅全香故居实施修缮，明年将对裘沙故居实施修缮。新昌今年将修缮梁柏台故居、尉家台门，明年将修缮张家瑞故居。

绍兴市委市政府已将名人故居保护利用工作，纳入年度考核内容，督促各地做好名人故居的保护和利用工作。

以世界文化遗产标准推进保护利用

绍兴有一些名人故居至今还有居民居住，有一些是名人的后代居住其中。名人故居激活三年行动计划提出，要逐渐征收非名人后代居住的名人故居，名人后代居住的地方则不征收，让名人后代讲好名人故事。

要激活名人故居，就要让更多的名人故居向社会开放。陈建功、冯亦摩、陈伯平、曹素民、范寿康、王一飞、宣中华、任光、裘沙、傅全香、梁柏台故居和尉家台门以及朱赓、倪元璐故居、王冕隐居地等，都要求对外开放，丰富当地的文化旅游资源，让这些名人故居和名人走入人们的生活，让更多的红色资源成为革命文化的展示地。绍兴市文广旅游局还将督促各地开展名人故居周边环境整治工程，改善名人故居保存环境，适度还原名人故居周边历史风貌。

“名人故居不仅是建筑，更是一个城市的文脉和灵魂，一草一木，都承载着鲜活的记忆。我们要用好的方法和手段讲好名人的故事，让人身临其境，与先贤对话。三年行动计划激活的众多名人故居，其价值无与伦比，是历史的精华和文脉在绍兴的延续。”市委宣传部副部长、市文广旅游局局长何俊杰说。

鲜活的名人故居是人们认识历史文化名城的切入口。何俊杰表示，激活名人故居，对其修复保护、合理利用，为当代所有，是让过去的东西鲜活起来。一方面要加强政府引领，另一方面相关各方要参与其中，讲好名人故事，让年轻人喜欢。要通过活动，用串联的思维，让老故事出新出彩。比如将绍兴籍北大校长的故居串联起来，把故居和家乡串联起来，故事就会更吸引人。要吸引更多的人保护名人故居，让名人故居更有内涵。“我对激活名人故居的理解，其实质就是重塑绍兴文化体系。”何俊杰说。

绍兴一直以世界文化遗产的标准来保护利用古城。“泉州：宋元中国的世界海洋商贸中心”项目今年申遗成功，也为同为古城的绍兴提振了信心。文化遗产的核心是对人和历史的尊重。名人文化、名人故居作为文化遗产，其内核是人。从这个角度说，激活名人故居行动，正是以世界文化遗产标准来保护利用“绍兴名人”。

（绍兴晚报记者　周能兵）

（《绍兴晚报》2021年8月18日03版，光明日报、浙江新闻、新华网于2021年8月18日，凤凰网、人民网、澎湃新闻于2021年8月19日同时刊发，相关报道《让百余处名人故居“靓”起来》刊发在《绍兴晚报》2021年7月16日02版）

绍兴大地上的宏大叙事

近日，入住宛委山下安麓酒店的宁波游客包女士一家，到宛委山阳明洞天游览，在禹穴边看到禹迹标识牌时，她用手机扫码后发现，这里居然是传说中大禹治水得到天书的地方！包女士和家人兴致勃勃地游览了这一带。她对儿子说："今天游览的地方，是中华文明的重要起源地。大禹是中华民族的治水英雄，是立国始祖。禹迹标识导读里面有许多大禹故事，回去你也好好看看。"

64 个绍兴禹迹标识牌安装完成后，这些绍兴的禹迹地，已转化成文化旅游资源。越来越多的游客，沿着禹迹标识牌，寻找着绍兴大地上大禹的足迹，追寻着远古时代发生在绍兴大地上中华民族先祖大禹的故事。

永远定格

大禹故事植入绍兴大地

大禹是我国历史上杰出的治水英雄，也是中国古代第一个王朝——夏朝的创立者。大禹传说和大禹故事，一直载于浩如烟海的古今典籍、文史资料中，大禹的故事蕴含着十分丰富的民族传统文化信息，具有重要的历史价值、精神价值、文化价值、学术价值、人文价值、艺术价值，已深深植入中华民族的血脉之中，是中华民族巨大的精神财富。传承好大禹文化，弘扬好大禹精神，具有重要的历史意义和现实意义。

大禹与绍兴关系密切。大禹娶妻会稽涂山，得天书于宛委山，功成于了溪，大会诸侯于会稽，斩防风氏于型塘，死后归葬于会稽山。大禹的故事，在绍兴大地千古流传。大禹后裔为大禹守陵，已有数千年的历史。如何让大禹的故事，永远定格在绍兴大地上，如何让禹迹真实地呈现在世人眼前，并永远流传下去？

绍兴市文化广电旅游局副局长杨颂周说，大禹是绍兴的荣光，传承大禹精神和大禹文化，是当代文旅人的使命和责任。绍兴在顺利编撰《绍兴禹迹图》和《浙江禹迹图》后，目前正着手编撰《东亚禹迹图》和《中国禹迹图》。同时，对于如何让大禹文化资源在现实中转化，绍兴禹迹标识牌落地是一种尝试、一种创新和文旅融合的一种实践。

安装绍兴禹迹点标识牌项目由绍兴市文化广电旅游局发起。去年 12 月，绍兴市文化广电旅游局组织绍兴市鉴湖研究会等承办，一大批专家、学者开始谋划论证并启动项目实施。这些禹迹标识牌安装在绍兴各区（市、县），共有 64 个，游客可在会稽山、天姥山、四明山、鉴湖、浦阳江等各个地方寻访大禹遗存。大禹足迹由此从文献和图中"活化"到绍兴大地上。人们可沿着禹迹标识牌，寻访大禹治水足迹，寻觅大禹故事，感受绍兴大地上立国始祖大禹之风。

杨颂周说，64 个禹迹标识牌的落地，使大禹在绍兴的足迹一目了然，它从根本上确定了绍兴在禹文化中的历史地位，体现了绍兴禹文化在全国的现实地位。禹迹标识牌落地后，古韵弥漫，绍兴大地上到处可找到大禹的故事和遗存。大禹遗迹的一个点是文物性的，游客看到的是一个有局限性的地名。但我们以数字化应用场景，对禹迹遗存进行转换，使之成为旅游数字化应用场景。游客通过扫码，便知道这里的人文历史，还可通过一个点，看到64个数字化禹迹旅游场景。一个个禹迹图规范标识牌，使现实与历史融合，辐射整个地区禹迹。

“大禹在绍兴不是空口无凭，而是有历史依据、有典籍记载的，它不是神话传说故事，而是真实的存在。一个个标识牌，就是一个个大禹遗迹，一个个标识牌，将一个个大禹故事永植在绍兴大地上。人们可以在绍兴‘穿越时空’，感受大禹真实地存在于稽山鉴水之中。这就是绍兴禹迹标识牌的意义。”杨颂周说。

资源活化

禹迹标识助推文旅融合

64个禹迹标识牌如何确定，不是简单的事，而是通过全国权威专家反复勘探、讨论后才确认的。这是文物资源转化为文化旅游资源并保护利用的新尝试。

绍兴禹迹标识牌做成什么样的，也让主办方和承办方颇费了一番功夫。为了让禹迹标识牌让人看了难忘，成为禹迹的标志，主办方和承办方联合请专家学者商讨。杨颂周告诉记者，绍兴禹迹标识牌，元素丰富，内涵深刻，显示出独特的绍兴禹文化内涵。“绍兴禹迹”四字，以隶书撰写，源于《绍兴禹迹图》题字，图与标识形成一体。标识牌上印有大禹像，出自山东武氏祠汉画像石，是中国乃至东亚地区广为流传的大禹刻像，之所以选择此幅大禹像，主要是从禹迹标识牌面向全国以及国际化考虑。标识牌上书有“缵禹之绪”四字篆刻，这四字，出自《诗经·鲁颂·閟宫》的“奄有下土，缵禹之绪”，意为继承大禹未竟的事业，勉励后人学习大禹精神并将其发扬光大。四字篆刻印章，由我国著名篆刻大师张国维刻制。禹迹标识牌上有“会稽山”与“水”元素。会稽山是大禹治水取得经验、地平天成、毕功之地，大禹大会诸侯、归葬之地，也是祭祀大禹以及“会稽”命名之地，有着无可替代的禹文化资源。治水是禹文化的主题，在会稽山之下将《说文解字》中的“水”字纳入其中，更显其治水伟业。水漾标识牌，意味着活化了一个个禹迹。

绍兴禹迹标识牌，由绍兴市文物局、中国水利学会水利史研究会监制，编号基本按《浙江禹迹图》绍兴区域编号排序。

“绍兴禹迹标识”把禹迹从文献和图中延伸“活化”到大地上，是一项具有创新和示范意义的文化工作。禹迹标识牌如何确定，分布状况如何，令人关注。中国水利史研究会副会长、绍兴市鉴湖研究会会长邱志荣说，绍兴共有禹迹127处，我们集聚《绍兴禹迹图》《浙江禹迹图》优势，广泛征求国家、浙江省、绍兴市文物、水利、文史、文旅、传媒等领域专家学者的意见，并得到了中国水利学会水利史研究会等单位的指导和审核，最终确定了禹迹标识的内容和形制，选定了64个禹迹标识点。按区域地点分，越城区18个，柯桥区20个，上虞区7个，嵊州市7个，新昌县10个，诸暨市2个。按类型分，祭祀类23处，包括陵、庙、祠、寺、殿、像等类型；山体类20处，包括山、峰、穴、岩、石、台等类型；水体类13处，包括江、河、湖、溪、浦、塘、桥、井等类型；地名类6处，包括县、乡、村、坊等类型；歌舞类2处。

禹迹原定61个点，在实际安装定点过程

中，当地专家和有关人士提出了更多的禹迹点建议名单，最后经协商又新增了嵊州沙园村艇湖一带了溪桥等3个禹迹点。可以说，禹迹标识活化了大禹文化资源，助推了文旅融合发展。

邱志荣告诉记者，绍兴禹迹标识牌，有两大鲜明特色。每个禹迹标识碑，重600公斤，90公分高，以白玉般花岗石做成。每个标识牌都能永久保存。另外，64个点，每一个点通过二维码都可以看到禹迹点所在的位置——今天的地图位置、古代地图位置，每个点都有500到600字的简介，有3至7张照片，有附录，特别是重要碑文还有解释和说明。一个地方禹迹牌密集，说明此地大禹文化深厚，如会稽山下，禹迹分布十分密集，有会稽山、大禹庙、大禹祠、窆石、禹河、宛委山、龙瑞宫、禹穴、禹陵村、禹宗庙、大禹像、禹贡桥、禹足石等许多禹迹遗存，是大禹文化的集中展示地。

宏大叙事

书写大禹文化崭新篇章

“削平水土穷沧海，畚锸东南尽会稽。”自古以来，人们就祭祀大禹，歌咏大禹治水之功德，崇尚大禹之精神。大禹的足迹遍布中国，绵延数千年的大禹故事，传遍中国，传遍世界。世界许多国家都有纪念大禹的文化遗存。

禹迹标识牌落地绍兴大地，是新时期绍兴书写大禹故事的辉煌篇章。中国水利学会水利史研究会会长谭徐明指出，禹是沁入中华民族文化基因的祖先之神、道德之神和治水之神，禹迹标识对于弘扬传统文化非常必要。绍兴首开其先，为禹迹留存地区树立了榜样，意义重大。

谭徐明认为，禹迹始于西周，是以九州为华夏疆域，形成最早中国地理概念的历史见证。她建议绍兴禹迹标识用石刻，注意知识产权的使用和保护。

绍兴是越文化核心区，越文化、胆剑精神的源泉是大禹治水精神。绍兴市委宣传部副部长、市文广旅游局局长何俊杰认为，绍兴禹迹标识从图上落到大地，是解码大禹文化、激活文旅资源、做深融合文章的成功探索，也是重塑城市文化体系、打造中国文化高地的具体实践，是以“文化密码”破解高质量发展难题的一次实践。

何俊杰告诉记者，大禹距今4100多年，是中国历史上第一个信而有征的上古人物，对中华民族有着巨大的影响。作为治水英雄、立国始祖，大禹创造并建构了中华文化的基本形态，奠定了人类生存和发展的价值取向。绍兴流传着许多大禹的传说，并有着丰富的遗存。近年来，大禹文化研究证实，大禹传说遍及全国乃至东亚、东南亚。如果仔细分析这些传说，人们就会发现其中有两个基本指向：一是治水的传说，总是将大禹引向神话；二是立国的传说，总是将大禹引向历史人物。绍兴大禹传说的历史价值，主要都指向他立国的传说，这是绍兴与其他区域大禹传说的最大不同。如果将绍兴这些传说与河姆渡文化遗址、小黄山遗址、良渚文化考古相印证，就可以使我们鲜明地了解和把握中华民族跨入文明时代这段历史的真实情况。绍兴禹迹的研究和文化示范因此应运而生，这是大禹文化研究从文字到实体、从资源到标准、从理论到实践的一次有益探索，是文化遗产活化转化的一次生动实践和创新。

山水是人类生态环境的主要基础和人类实践活动的重要对象，各个历史时期，人们总是根据自身的需求和力量对山水加以利用。在中国，“禹禅会稽”是山川之祭的起点，大禹在会稽山“得天书”“娶妻”“会盟”“归葬”

这几件大事,使会稽山成为名垂千古的“圣山”。因为有了大禹及文化的传承，会稽山居秦汉时中华九大名山之首。也是因为有了大禹，绍兴大禹文化与山川、河流相融。而禹迹标识正是让山水、文化和远古故事，通过数字化的方式，融为一体。何俊杰认为，这是文化旅游与山水及远古故事的融合。“2018年4月《绍兴禹迹图》对外发布后，在国内外学术界引发强烈反响，成果也交流到了日本、韩国等国家和地区。我清晰地记得，2018年谷雨日，八十余岁的日本友人大脇良夫先生、植村善博先生应邀来绍参加祭禹时，表露出对绍兴发自内心的欢喜和称赞。为什么会这样？因为绍兴是大禹重要活动地和归葬地，禹迹俯拾皆是，这是一次意义深远的文化探索。”

禹迹标识牌安装在绍兴大地，涉及地理、水利、农业、科技、文化、旅游的跨界融合，是绍兴传统文化创造性转化的新实践。“在绍兴的大地上，让中华先祖的历史故事真实地呈现出来，让人们可观可游可感，可以与之对话，可以感受中华先祖的伟大，并让无数人汲取先人的力量。从这个角度说，64个禹迹标识牌，是绍兴大地上的宏大叙事，书写着中华文明的辉煌篇章，向世界讲述着大禹在绍兴的生动故事。”何俊杰说。

（首席记者　周能兵）

（《绍兴日报》2021年12月6日03版）

走进绍兴　读懂中国　看见世界
——浙江绍兴“文旅融合”三周年实践与探索

稽山鉴水浅吟唱，山阴道上尽风流。12月7日，以“文脉千年·寻梦绍兴”为主题的2021年“东亚文化之都·中国绍兴活动年”系列活动落下帷幕。自2018年12月25日绍兴市文化广电旅游局正式挂牌至今，作为浙江省绍兴市文化和旅游机构融合后的第一任局长何俊杰坦言：“擦亮‘历史文化名城’‘东亚文化之都’两张金名片，是绍兴市委、市政府提出‘建设新时代文化高地’目标下，积聚力量实现绍兴文旅新突破的重要抓手。”3年来，绍兴文旅人聚焦“重塑城市文化体系、打造最佳旅游目的地和争创文旅融合样板地”三大目标，以“融合、转化、创新、服务”四大理念为牵引，一手抓疫情防控、一手抓消费激活，一手抓产业布局、一手抓文化创新，积极构建绍兴文创大走廊、“浙东唐诗之路”文化带、浙东运河文化带、古越文明文化带的“一廊三带”文态布局，串起绍兴全域文旅的“π”形空间结构，走出了绍兴文旅融合“踏浪而歌，奋勇前行”的新境界。如今，“东亚文化之都”、国家文化和旅游消费试点城市、中国研学旅行目的地3个标志性成果一一落地，绍兴文旅正成为浙江“重要窗口”和高质量建设共同富裕示范区的一道亮丽风景。

以文铸魂　打好文化牌

文化是绍兴城市的灵魂。早在10万年前，绍兴这片大地上就有人类繁衍生息。走进绍兴，最令人回味和留恋的是绍兴这座城市从骨子里透出的文化气质和江南韵味。历史文化的厚重深邃、山川河流的情韵满溢、老街古巷的沉静悠长、亭台楼阁的大气闲适，还有7000多年的人类文明史、2500多年的建城史……这里的一切是那么风姿绰约、儒雅脱俗、神采奕奕，让人流连忘返。

绍兴位于东经120度、北纬30度处，四季分明，温和湿润，冷暖怡人。2000多年的历史长河中，众多的才俊达人、名士大家造就了这个城市一个又一个文化高地，铸成了一座又一座文化高峰，给绍兴留下了丰富的历史遗存，也赋予绍兴独特而深厚的文化底蕴。素有“山清水秀之乡、历史文物之邦、名人荟萃之地”盛誉的绍兴，是中国首批历史文化名城，有国家级重点文保单位32处、国家级非遗代表性项目26个。越王勾践“卧薪尝胆”的越文化，“天下黄酒源绍兴”的酒文化，以兰亭雅集为源头的书法文化，以宋六陵为标识的宋韵文化以“知行合一致良知”为核心的阳明文化和以越剧、绍剧为主打的戏曲文化，以及以八字桥等古桥群为主体的桥文化，可谓妇孺皆知、家喻户晓。

以文铸魂，建立鲁迅文学实景地、阳明心学发源地、红色旅游瞻仰地等文化旅游高地，讲好“一带一路”绍兴文化故事，大禹文化、阳明文化、鲁迅文化、书法文化、戏曲文化、黄酒文化、唐诗文化、运河文化，从绍兴走向国际；通过举办公祭大禹陵、“大师对话”等系列活动，扩大“朋友圈”、提升黏合度，进一步拉近绍兴与世界对话的距离；依托浙江越秀外国语学院，开展文化和旅游产业研究、研发核心IP、培养国际化传播人才；成立绍兴市文化和旅游产业研究院，开通绍兴文旅国际网，打开向世界宣传绍兴千年文脉与现代风采的窗口。一系列“组合拳”让绍兴文化走出国门、走向世界。

“精致典雅、诗情画意的宋韵文化是具有中国气派、浙江辨识度的重要文化标识，它是中华优秀传统文化的重要组成部分，也蕴含着浙江优秀传统文化的精神内核。绍兴之名，与南宋密不可分，作为曾经的南宋都城和南宋皇陵所在地，绍兴这座城市到处都流淌着宋之韵味。”在浙江省钱塘江文化研究会副会长、浙江大学人文旅游研究中心主任傅建祥看来，南宋给绍兴留下了一笔光辉璀璨的文化宝藏。这些亘古弥新的气息，如经冬之古树，若不息之河流，与城市长相伴、永相依，形成了绍兴独特的文化品位，构成了绍兴城特有的人文精神。10月18日，第六届“两宋论坛”在河南开封开幕。“两宋论坛”由杭州、开封两市发起，自2016年始已在两地轮流举办5届。今年起，绍兴作为南宋重要的文化中心之一，加入“两宋论坛”合作城市，担起了共同传承弘扬两宋文化的重任。

以水塑形　打好江南牌

“百舸千舟摇摇摇，一河两岸桥桥桥。”水道纵横的绍兴，因水而生，因水而美，因水而兴，自古就有“无桥不成市，无桥不成路，无桥不成村”之说。蜿蜒的水巷、流动的清波、摇曳的乌篷船……赋予了这个城市无限的温柔。在绍兴全域旅游建设推进过程中，美丽乡村建设与乡村旅游融合发展成为热门话题。随着“五星达标、3A创建”的展开，绍兴各个乡村因地制宜、科学规划，村庄环境整洁优美，农产品种植有声有色，农舍民宿人气渐旺，独特的村居旅游品牌一一打响，红色上旺、花满棠棣、富桂香林、醉梅东村、江南桃源……绍兴处处是田园江南、美丽乡村。

“绍兴的江南味不仅体现在怡人的风景上，更融入本土的人文中。”这是上海游客孟斌在他的朋友圈发布的绍兴印象。漫步在越城区皋埠镇坝内村，黑瓦白墙的农舍整洁清爽，修饰一新的农舍墙体上书有唐代诗人李白的《田园言怀》、张志和的《渔歌子》，仿古设计的宣传栏上绘有各种反映民风民俗、乡村特色的宣传画，房前屋后栽种着各类绿植花卉，步行道边构筑着精巧别致的景观小园林，河水清澈，凉亭、栈道错落有致，满目皆是江南独有的“小桥流水人家”景象。

在绍兴，有关大禹治水的佳话和传说在民间广为流传。“禹迹”是我国古代文献对大禹活动足迹的记载。2018年4月16日，由绍兴市委宣传部和绍兴市鉴湖研究会联合编制的《绍兴禹迹图》正式发布，这是我国第一张区域性、系统性编录大禹在绍兴的文化遗产分布图，也为开展大禹文化研究、保护和传播提供了一手资料。紧接着，绍兴“2019年公祭大禹陵典礼”前夕，由绍兴市文化广电旅游局、绍兴市水利局联合主办，绍兴市鉴湖研究会等单位编制的《浙江禹迹图》也由中国文史出版社出版发行。截至目前，绍兴市域内共有64处禹迹标识得以最终确定。绍兴市鉴湖研究会会长邱志荣认为，《绍兴禹迹图》《浙江禹迹图》的成功编制和发布，对于开展大禹文化研究、保护是一次重要的创新和示范，具有很高的学术价值和重要的社会意义。绍兴市文化广电旅游局今年又启动了《中国禹迹图》《东亚禹迹图》的编制工作，通过禹迹图开展学术研究、实现共同认知、加快推进绍兴文旅国际化步伐。

如果把水比作是绍兴古城的血脉，桥则是古城的骨架。唤醒千年繁华，尽显水乡风情。在被当地人称为“夜鲁镇”的绍兴迎恩门风情水街，笔者看到一幢幢黄白相间的商铺在浙东古运河两岸拔地而起，一条独具江南水乡风情的商业街映入眼帘。8 月 28 日晚，“绍兴市省级文化和旅游消费试点城市暨‘绍兴非遗客厅’开门迎客启动仪式”就在这里举行。“古城商业的复兴，离不开古城文化的市场化。迎恩门本质上就是一个大 IP。为保持水街的文化活力，我们引进了许多文化产业入驻，首家‘绍兴非遗客厅’——‘越红·绍兴非遗客厅’就在其中，集合了全市 30 余项优秀非遗资源，融展示、展演、展销、体验、培训、教学等多种功能于一体，是优秀非遗资源对外展示窗口和服务阵地。”迎恩门风情水街总经理吴延波介绍，今年 1 月至 8 月，水街客流量累计达 230 万人次，同比去年增长 2 倍多；销售额突破 1 亿元，同比去年增长近 5 倍。现在每逢周末和节假日，这里便成了许多年轻人的打卡点。

以诗串珠　打好诗路牌

“山阴道上行，如在镜中游”。“浙东唐诗之路”始自钱塘江边的西兴渡口，经杭州萧山到绍兴鉴湖，沿浙东运河至上虞曹娥江，然后沿江而行入嵊州剡溪，经天姥山，最后抵台州天台石梁飞瀑，全长近 200 公里。在 1300 多年前的盛唐，绍兴是每位诗坛大家心中的“必到打卡地”。据考证，唐朝曾有 451 位诗人踏上浙东土地，占《全唐诗》收录诗人总数 2200 余人的 1/5。元代文学家辛文房编纂《唐才子传》，共收录大唐才子 278 人，其中就有 173 人到过浙东并在绍兴留下了 1400 多首脍炙人口的诗。

“浙东唐诗之路”最早由绍兴新昌学者竺岳兵于 1991 年提出，1993 年经中国唐代文学学会多次论证命名。此后，“浙东唐诗之路”成为中国文学史上一个专用名词，是继丝绸之路、茶马古道之后的又一条文化古道。作为国务院批复确定的中国具有江南水乡特色的文化和生态旅游城市、首批国家历史文化名城、联合国人居奖城市、“东亚文化之都”，绍兴凭借优美山水风光和深厚的文化积淀，让“浙东唐诗之路”成为绍兴文旅新征程的金钥匙。绍兴市还专门成立由市委书记、市长担任组长，市委宣传部部长、常务副市长、分管副市长担任副组长，相关局办和县市区一把手担任成员的绍兴诗路文化带建设领导小组，上下联动，一体化推进诗路文化带建设。

据统计，绍兴市列入唐诗之路浙江省级重点项目 23 个，被列入大运河诗路浙江省级重点项目 15 个，被列入钱塘江诗路浙江省级重点项目 12 个。绍兴市文化和旅游系统入库管理诗路重点项目 216 个，计划总投资达 1789.04 亿元。万丰航空特色小镇是绍兴市以重点项目建设为抓手，加快培育和形成“浙东唐诗之路”核心景区的一个缩影。11 月 20 日，“浙东唐诗之路”稽东红豆杉基地机坪进行点对点试飞取得圆满成功。据介绍，鉴湖直升机场占地面积 100 亩，总建筑面积 4 万平方米，是亚洲最大公务直升机场，也是浙中地区的核心直升机基地。鉴湖直升机场的投入使用，打开了空中俯瞰会稽美景的展示窗口。“浙东空中唐诗之路”以万丰航空小镇和鉴湖直升机场为依托，小型固定翼飞机和直升机为旅游交通工具，将天姥山、大佛寺、穿岩十九峰等名山景点分段串联，从高空展现“千岩竞秀、万壑争流”的绍兴山水人文美景，以新的视角为游客带来不一样的体验，让千百年前“我欲因之梦吴越，一夜飞渡镜湖月”的梦想照进现实。

“聚焦诗路精华地建设，深入挖掘唐诗文化资源，谋划实施高质量文旅项目，持续推进优秀传统文化活化利用，全力打造浙东诗路‘耀眼明珠’，为加快重塑城市文化体系、建设长三角最具文化标识度城市提供坚实支撑。”在绍兴市委书记盛阅春看来，诗路文化带建设是推进全域旅游的重要载体，也是促进文商旅融合发展的有效抓手，对提升城市综合竞争力具有重要意义。绍兴作为“浙东唐诗之路”精华地，盛阅春要求各级各部门要以高度的责任感和使命感，聚焦彰显“历史＋人文”优势，讲好绍兴故事，演绎唐诗风情，不断提升千年古城的知名度与影响力。

以人兴城　打好名人牌

“鉴湖越台名士乡”。绍兴人杰地灵、英才辈出，名人故居星罗棋布。大禹、勾践、范蠡、马臻、王羲之、陆游、王阳明、徐文长、蔡元培、秋瑾……绍兴在我国历史文献中记载的历代各个领域的代表人物数不胜数。如何让这些名人故居“活”起来，让名人文化流溢出时代新韵，进而打造国内外知名的名人文化旅游目的地，绍兴亮出了自己的妙招——以世界文化遗产的标准，激活“沉睡”的名人故居。

启动《绍兴市名人故居激活三年行动计划（2021—2023年）》。据统计，绍兴现存的100余处名人故居中，已有80余处被列入保护范围，包括明朝名士倪元璐故居，人民音乐家任光故居，越剧名家傅全香故居，越剧名家竺水招故居，元末明初知名画家、诗人王冕隐居地，知名教育家徐诵明故居等。“名人故居不仅是建筑，更是一个城市的文脉和灵魂，一草一木，都承载着鲜活的记忆。我们通过各种形式和手段讲好名人故事，让人身临其境，与先贤对话。三年行动计划激活了众多名人故居，其价值无与伦比，是历史的精华和文脉在绍兴的延续。”绍兴市文化广电旅游局文物处负责人马峰燕说，名人故居激活计划让更多的名人故居“靓”起来。

全力打造“没有围墙的博物馆”，通过国有博物馆的牵引，鼓励民间收藏界、名人团队进行交易交流、志愿服务，创新发展绍兴研学游线路。行走在被誉为“没有围墙的博物馆”的绍兴，舜禹遗迹、越国古址、书圣故里、大禹陵以及古运河、古桥群、古纤道等，让人心生敬畏。非遗进景区，非遗兴乡游，百工百技“研学游”，非遗走进人们生活；以艺术激活山村旅游，以网络文学激活古镇遗存，以地图串联全域资源；万名绍兴人，美好绍兴游；爱上博物馆，让文物“活”起来，让博物馆“活”起来；海内外学子纷纷来绍兴研学……文旅融合，成为绍兴美好生活的新期待。“课本里的城市”成为来绍游客对绍兴城市印象的高频赞词。

一代文豪鲁迅是绍兴人的骄傲，也是绍兴城市精神的坐标。今年适逢鲁迅诞辰140周年、逝世85周年。不久前，笔者在绍兴市越城区孙端街道安桥头村一个小院里见到鲁迅长孙、今年已经68岁的周令飞，他已经在鲁迅外婆家安家落户。“安桥头是祖父的外婆家，他笔下的许多故事都取材于这片土地。鲁迅小时候经常随母亲到外婆家，并与安桥头的孩子结下深厚的友谊，鲁迅外婆家的人和事深深印在他的心中。住在这里与住在闹市区相比，完全是两种感觉，这里宁静、亲切，有着鲁迅的童趣。”周令飞说，去年他就带了一批硕士研究生在此创作，今年又带一批团队来创作《社戏》动漫人物故事，学生们很快在鲁迅外婆家找到了创作灵感。今年是鲁迅作品《故乡》发表100周年，学生们希望到鲁迅故乡寻觅创作力量。明年是鲁迅《社戏》发表100周年，2024年是《祝福》发表100周年，这些作品中的人物，许多都源自安桥头村。接下来，周令飞还会带更多的学生来到安桥头村体验生活并开展艺术创作。

9月18日，绍兴市文化广电旅游局与浙江特立宙动画影视有限公司共同签约，央视10年联播的动画片《少年师爷》中的卡通人物“小师爷”和“兰小白”，正式成为绍兴文旅形象IP。据介绍，“小师爷”代表了绍兴本土的师爷文化，“兰小白”的创意来源于王羲之鹅池，两者都彰显了绍兴的传统地域文化特色。作为绍兴未来文化和旅游推广营销的一个重要IP，将有力地赋能绍兴城市宣传，助推绍兴文旅“出圈”。

以城为媒　打好国际牌

绍兴是中国的，也是世界的。一直关注“东亚文化之都·中国绍兴活动年”活动的绍兴市政协委员、绍兴古城保护专家、绍兴市城建档案馆研究馆员屠剑虹认为，最能体现绍兴城市风貌的是“三山万户巷盘曲，百桥千街水纵横”的格局。中国城市规划大师吴良镛曾说，绍兴古城在规划结构、功能上是合理的、科学的，在形态上是隽美的，可视为建筑与环境设计密切结合的佳例。1980年，在新加坡举行的东南亚城市规划学术会议上，绍兴古城曾被作为中国古代城市规划的杰作进行专题介绍。1981年，绍兴古城模型又在法国巴黎蓬皮杜艺术中心举办的“人·建筑·环境”展览会上展出，引起了强烈反响。屠剑虹认为，绍兴要挖掘好桥文化、地名文化等特色文化，绍兴每一座桥、每一座山、每一条河都有文化、有故事，这是罕见的。

“东亚文化之都”的成功申办成为绍兴高质量推进城市国际化建设步伐的新机遇。自2019年8月被文化和旅游部列为“东亚文化之都”候选城市以来，绍兴聚焦打出“大禹、王阳明、鲁迅、书法、黄酒”5张牌，紧紧围绕书法文化、阳明文化、黄酒文化、越剧文化、节会赛事、纺织博览等特色文化元素，精准对标创建标准和要求，形成了全市创建“东亚文化之都”的共识。如今，绍兴的国际“朋友圈”越来越大。

浙江越秀外国语学院华文文学与华人文化研究中心主任朱文斌坦言，绍兴成为“东亚文化之都”，意味着绍兴城市国际化迈上新台阶。虽然受新冠肺炎疫情影响，2021年“东亚文化之都·中国绍兴活动年”启动时，只通过线上和日、韩城市进行互动，但是活动内容丰富多彩，尤其是绍兴送出的文旅金名片，受到国际社会的关注。“大禹在日、韩被称为禹王，许多地方都有祭祀的遗存。绍兴黄酒一直畅销日、韩等国家，王阳明在日、韩等国受到推崇，鲁迅在日、韩等国成为专家研究的热点，影响力都很大。兰亭和中国书法深受日、韩等国人士喜爱。‘浙东唐诗之路’吸引了许多日、韩游客。绍兴佛、道文化也对日、韩产生了吸引力。绍兴还有许多物产在日、韩等国影响力巨大。”朱文斌说。

绍兴还每年从市级土地出让金中提取5%作为绍兴古城保护利用资金，深化古城规划编制，探索古城文商旅开发运作模式。在文创大走廊建设方面，2019年至2022年，绍兴实施重点文旅项目100个左右，总投资近千亿元，文旅产业成为全市重要的新兴支柱产业；在文旅融合项目方面，打造兰亭胜地，全力推进兰亭文化旅游度假区建设，将“唐诗之路”转化为“旅游之路”；活化绍兴古运河，在全市创新打造10个以上文旅融合IP（游线）；在景区，非遗产品变成旅游工艺品，农副土特产变成旅游商品，传统民俗变成旅游新体验……文化和旅游的高质量融合正成为促进绍兴社会经济发展的新动能。

文融旅彰　打好产业牌

文化资源是旅游发展的核心资源，旅游资源是文化传播的重要依托。作为首批中国优秀旅游城市，绍兴有国家级和省级风景名胜区9个、国家级森林公园4个，AAAA级以上旅游景区19个。近年来，绍兴市委、市政府高度重视文化和旅游发展，自2020年开始创建“浙江省文化和旅游消费试点城市”和“2021年度东亚文化之都”以来，全市围绕推进文化和旅游消费，着力打造“东亚文化之都”“中国最佳研学旅游目的地城市”“绍兴古城（古镇）文商旅集群”“圣地兰亭文旅核心产业平台”“浙东唐诗名城”“绍兴越国遗址公园建设和宋六陵遗址公园”“绍兴有戏”和“绍兴黄酒”8张省级文旅金名片。

组建绍兴市消费专班和文旅消费组，将文化和旅游消费工作纳入政府年度考核指标体系，市财政每年拨款1.2亿元刺激文旅消费，出台消费政策推进文旅消费常态化，充分运用长三角一体化、杭州都市圈、浙东经济合作区、浙东南文化和旅游联合体等重要平台推广营销，有效推动了全市文化和旅游消费市场的快速复苏和振兴发展。

以创建国家文化和旅游消费试点城市为契机，激活“历史＋人文”“风貌＋产业”“魅力＋活力”的文商旅融合因子。出台《绍兴市“十四五”文化旅游发展规划》《绍兴古城保护利用条例》，设立旅游发展专项资金。东方山水欢乐岛、兜率天景区、中国唐诗之城、绍兴名人馆、徐渭艺术馆等一批重大文化和旅游项目相继建成。笔者了解到，未来5年，绍兴还将投资1000亿元，高标准推进“阳明故里”等古城项目群、新博物馆、黄酒小镇、兰亭文化旅游度假区、天姥山景区等标志性项目建设和一批旅游综合体建设。10月27日，由文化和旅游部、国家发展改革委、财政部开展的“国家文化和旅游消费试点示范工作”正式发布第二批试点城市名单，绍兴市成功入选全国第二批国家文化和旅游消费试点城市。

打造“活力城”、提升“国际范”，绍兴相继举办公祭大禹陵典礼、阳明心学大会、中国兰亭书法节、中国美术高峰论坛、中国黄酒节、国际马拉松、“绍兴周”、鲁迅诞辰140周年、徐渭诞辰500周年、中日韩工商大会、国际友城大会、中非经贸合作发展绍兴峰会等系列活动，吸引了众多国际游客前来观光旅游、商务考察和投资兴业。今年1月至10月，韩国在绍投资13家企业，合同外资353万美元，实到外资20万美元。

承载着传统智慧与浓浓乡愁的非遗，成为珍贵的旅游资源。作为首批绍兴市非遗研学游实践基地之一的诸暨市越红茶叶博物馆的研学游项目负责人陈惠良介绍，去年一年，基地就举办大小活动150多场，接待研学游学生1万多人次，营收达到100多万元。在这里，一张菜单式的非遗研学游活动线路表贴在博物馆入口处的墙上，每一条线路和每一个项目都明码标价。参与活动的学生可以根据自己的需求自主“点单”，选择不同的内容。事实上，在绍兴，越红茶叶博物馆并非特例。这种非遗研学游的热度，蔓延在16家首批绍兴市非遗研学游实践基地之中。像鲁迅故里等成熟的传统景区，非遗研学游已经到了一课难求的程度。11月8日，《2021中国研学旅行发展报告》《中国研学旅行发展的绍兴实践》《2021研学旅行热门城市&2021研学旅行企业案例》由中国旅游研究院在绍兴正式对外发布，绍兴成为中国首个最佳研学旅行目的地城市。

据统计，2021年上半年，绍兴共接待游客1388.9万人次，同比增长67.9%，较2019年同期恢复95.3%，实现旅游总收入159.5亿元，同比增长67.8%，较2019年同期恢复91.5%。“走进绍兴，读懂中国，看见世界。这些年来，我们始终牢记习近平总书记的殷切嘱托，大力传承弘扬中华优秀传统文化，努力推动绍兴历史文化不断焕发出新时代风采。特别是成为‘东亚文化之都’以来，我们把‘东亚文化之都·中国绍兴活动年’作为市重大文化盛事，全力办好‘风雅绍兴’等十大系列100多项活动，精心组织开展赴日、韩展演交流等活动，不断把更富魅力活力的千年古城推向东亚、推向世界，为绍兴与东亚各领域全方位友好合作注入更加丰厚的文化滋养、更加坚实的民意基础。接下来，绍兴将一鼓作气，乘势而上，加快建成国际化的旅游目的地，让更多的中外游客走进绍兴。”盛阅春说。

（中国文化报记者徐继宏）

（《中国文化报》2021年12月25日04版）

图书在版编目（CIP）数据

绍兴市文化广电旅游文物工作年鉴. 2019—2021 / 绍兴市文化广电旅游局编. —北京 : 方志出版社，2023.5
ISBN 978-7-5144-5493-2

Ⅰ. ①绍… Ⅱ. ①绍… Ⅲ. ①地方文化－文化事业－绍兴－2019-2021－年鉴②广播电视－绍兴－2019-2021－年鉴③地方旅游业－绍兴－2019-2021－年鉴④文物工作－绍兴－2019-2021－年鉴 Ⅳ. ①G127.553-54

中国版本图书馆 CIP 数据核字（2022）第 244365 号

责任编辑： 刘方圆
责任校对： 刘玉霞
责任印制： 梅中英
出 版 者： 方志出版社
地　　址： 北京市朝阳区潘家园东里 9 号（国家方志馆 4 层）
邮　　编： 100021
网　　址： http://www.zgfzcb.cn
发　　行： 方志出版社图书营销中心（010-67110500）
印　　刷： 杭州佳园彩色印刷有限公司
开　　本： 787 毫米 ×1092 毫米　　1/16
印　　张： 23.25
字　　数： 544 千字
版　　次： 2023 年 5 月第 1 版
版　　次： 2023 年 5 月第 1 次印刷
定　　价： 260.00 元